レヴィナスと
「場所」の倫理

藤岡俊博［著］

東京大学出版会

本書は，第３回東京大学南原繁記念出版賞を受けて刊行された．
This volume is the third recipient of the University of Tokyo
Nambara Shigeru Publication Prize.

Emmanuel Levinas et l’éthique du “lieu”
Toshihiro FUJIOKA
University of Tokyo Press, 2014
ISBN 978-4-13-016033-9

レヴィナスと「場所」の倫理／目　次

凡例　viii

第Ⅳ部　非場所の倫理

凡例

○エマニュエル・レヴィナスの著作の引用に際しては以下に示す略号を用い、続けて原著頁数と対応する邦訳頁数を記す（EE, p. 15/19など）。論文集から引用を行う場合には、論文題名と論文の初出年を記したあとに著作題名を略号によって示す（Emmanuel Levinas, «La trace de l'autre» [1963], in EDE, p. 187/270など）。基本的に初版ないし初版と丁付が異ならない版を利用するが、適宜poche版も参照している。以下の著作に収録されていないテクストについてはそのつど指示する（参考文献参照）。

著作（略号のアルファベット順）

ADV: *L'au-delà du verset*, Paris, Minuit, 1982.
AE: *Autrement qu'être ou au-delà de l'essence*, La Haye, Martinus Nijhoff, 1974.
AHN: *À l'heure des nations*, Paris, Minuit, 1988.
DL: *Difficile liberté. Essais sur le judaïsme* [1963/1976], 4e éd., Paris, Albin Michel, 2006.（ただし、初版にのみ所収のテクストを引用する際にはDL1と記す）
DQVI: *De Dieu qui vient à l'idée* [1982], 2e éd. revue et augmentée, Paris, Vrin, 1998.
DSAS: *Du sacré au saint. Cinq nouvelles lectures talmudiques*, Paris, Minuit, 1977.
EDE: *En découvrant l'existence avec Husserl et Heidegger* [1949], 2e éd. corrigée, Paris, Vrin, 1967.
EE: *De l'existence à l'existant* [1947/1978], 2e éd. augmentée, Paris, Vrin, 2004.

EI: *Éthique et infini*, Paris, Fayard, 1982.
EN: *Entre nous. Essais sur le penser-à-l'autre*, Paris, Grasset, 1991.
HAH: *Humanisme de l'autre homme*, Montpellier, Fata Morgana, 1972.
HS: *Hors sujet*, Montpellier, Fata Morgana, 1987.
NP: *Noms propres*, Montpellier, Fata Morgana, 1976.
QLT: *Quatre lectures talmudiques*, Paris, Minuit, 1968.
SMB: *Sur Maurice Blanchot*, Montpellier, Fata Morgana, 1975.
TA: *Le temps et l'autre* [1948/1979], 7e éd., Paris, PUF, «Quadrige», 1998.
THI: *Théorie de l'intuition dans la phénoménologie de Husserl* [1930], 8e éd., Paris, Vrin, 2001.
TI: *Totalité et infini. Essai sur l'extériorité* [1961], 4e éd., La Haye, Martinus Nijhoff, 1984.
TrI: *Transcendance et intelligibilité* [1983], Genève, Labor et Fides, 1996.

レヴィナス以外の編者によるもの

AQS: *Autrement que savoir*, avec des études de Guy Petitdemange et Jacques Rolland, Paris, Osiris, 1988.
AT: *Altérité et transcendance*, préfacé par Pierre Hayat, Saint-Clément-la-Rivière, Fata Morgana, 1995.
CH: Catherine Chalier et Miguel Abensour (dir.), *Cahier de l'Herne. Emmanuel Lévinas*, Paris, L'Herne, 1991.
DE: *De l'évasion* [1935], précédé d'un essai de Jacques Rolland, Paris, Le Livre de poche, 1998.
DMT: *Dieu, la mort et le temps*, établissement du texte, notes et postface de Jacques Rolland, Paris, Grasset, 1993.
EPP: *Éthique comme philosophie première* [1982], préfacé et annoté par Jacques Rolland, Paris, Payot & Rivages, 1998.
IH: *Les imprévus de l'histoire*, préfacé par Pierre Hayat, Fontfroide-le-Haut, Fata Morgana, 1994.
IdI: *L'intrigue de l'infini*, textes réunis et présentés par Marie-Anne Lescourret, Paris, Flammarion, «Champs», 1994.

LC: *Liberté et commandement*［1953］, préfacé par Pierre Hayat, Saint-Clément-la-Rivière, Fata Morgana, 1994.

NLT: *Nouvelles lectures talmudiques*, Paris, Minuit, 1996.

QRPH: *Quelques réflexions sur la philosophie de l'hitlérisme*［1934］, suivi d'un essai de Miguel Abensour, Paris, Payot & Rivages, 1997.

○本書で頻繁に参照するマルティン・ハイデガー『存在と時間』の引用に際しては、SuZ の略号を用い、原著 Martin Heidegger, *Sein und Zeit*［1927］, 18. Aufl., Tübingen, Max Niemeyer, 2001 および邦訳マルティン・ハイデガー『存在と時間　上・下』（細谷貞雄訳、ちくま学芸文庫、一九九四年）のページ数を示した。

○そのほかの著作についても既訳を参照したものがあるが、引用者の判断で翻訳を適宜変更した箇所がある。また、煩瑣さを避けるため、それらの著作の邦訳頁数を逐一記載することはしなかった。

○引用文中、原文が斜体によって強調されている箇所は傍点、ギュメなどの引用符は「」、大文字で始まる単語は《》で表した。なお、訳文の読みやすさを考慮し、引用者の判断で適宜〈〉を用いた箇所がある。また、引用文における中略、語の対応関係や意味の補足は〔〕によって示した。

序　レヴィナスの「場所」へ

(1) 本書の主題と概要

本書はフランスの哲学者エマニュエル・レヴィナス（Emmanuel Levinas, 1906-1995）[1]の思想を「場所（lieu/place）」[2]の概念を中心に読解し、レヴィナスの「倫理（éthique）」がこの概念をめぐってどのように組み立てられているのかを明らかにすることを目的とする。

一九〇六年、レヴィナスはロシア帝政末期リトアニアのカウナス（ポーランド名コヴノ）にユダヤ系書籍商の長男として生まれた。第一次世界大戦の勃発にともない、一家は激化したポグロムを避けてウクライナに疎開する。その後リトアニアに戻ったレヴィナスは、ドイツの大学への入学を希望したものの資格不十分のため許可されず、一九二三年にフランス最東端のストラスブール大学に入学する。一九二八年からは留学先のフライブルク大学でエトムント・フッサール、マルティン・ハイデガーに師事し、第三課程博士論文『フッサール現象学における直観の理論』（一九三〇年）をはじめとする研究によってフランスに現象学を紹介した。フランスに帰化しパリに居を定めるのは一九三〇年のことである。[3]

四半世紀というさして長くはない期間、しかも青年期までのこの略歴だけから、レヴィナスを遍歴の哲学者と呼ぶことは難しいだろう。同時期のフランスではすでにさまざまな亡命哲学者が精力的に活動を行っていたし、三〇年代後半からはさらに多くのユダヤ系哲学者が迫害を逃れて亡命先を求めていくことになる。その意味ではレヴィナスの移動はまったく例外的なものではない。

しかし、その著作に目を通してみると、レヴィナスがたえず「外部」への欲望に衝き動かされていたこともまた事実であるように思われる。実際、その形跡は目に見える形で、「外部性についての試論」という副題をもつ国家博士論文『全体性と無限』（一九六一年）をはじめとして、「外へ」と題された『存在するとは別の仕方で　あるいは存在の彼方へ』（一九七四年）の最終章、さらには晩年の論集『主体の外』（一九八七年）といったいくつかのテクストの表題上に容易に見いだすことができる。哲学者としてのレヴィナスの出発を告げる論考である「逃走について」（一九三五年）をそこに加えてもよい。

これらのテクストの題名がすでに示しているように、外部を言語化すること、外部が思考に到来するさまを語ることは、その著作全体を通じたレヴィナスの課題であった。たとえば、レヴィナスが提示した概念のなかでもっとも人口に膾炙したものである「顔（visage）」について、レヴィナスは「顔の〈常軌を－逸した〉外部性」(4)を強調している。この点で、まさに「顔と外部性」と題された『全体性と無限』の第三部が、知覚世界における視覚の優位と、知覚の地平（horizon）への依存を問いに付すことから始められていることは重要である。そこで顔の外部性は、視覚によって即座に包摂され内部化されてしまうような知覚世界における対象の空間的外在性とは異なる仕方で探し求められているからであり、レヴィナスが強い意味での「他性（altérité）」を認めるのは、知覚や了解によって把握されることのない卓越した外部に対してのみだったからである。

外部そのものだけでなく、外部への運動もまたさまざまな形で主題化されている。(5)とりわけ、『全体性と無限』の冒頭で詳しく論じられる、《同》（le Même）が《他》（l'Autre）を目指す「形而上学的欲望」がその典型である。

《同》が《他》へ向かいつつも、《他》の他性がふたたび《同》に回収されることのないこの運動を、レヴィナスは還帰を願うことのない欲望、「私たちの祖国であったことがない国への欲望」[6]と呼んでいる。よく知られているように、レヴィナスは、故郷のイタケ島に帰還するオデュッセウスに、故郷を永遠に去り未知の土地へと歩を進めていくアブラハムを対置しているが[7]、このようなアブラハムの「彷徨（errance）」あるいは「流謫（exil）」のイメージが、絶対的な外部へ向かう形而上学的欲望という哲学的概念を下支えしているのである。

それではこうした絶対的な外部、絶対的な他性は、どのような仕方で導き出されるのだろうか。この点に関してレヴィナスの論述はきわめて特徴的な道をたどっていく。すなわちレヴィナスは、絶対的に他なるものを直接的に提示しようと試みるのではなく、まず第一に、同じものでしかありえないものを記述していくのである。『全体性と無限』において第二部「内部性と家政」が第三部「顔と外部性」に先立つのはそのためであり、そこでは「相対的にではなく絶対的に《同》である[8]」ような「自我（le Moi）」の内部性のさまざまな様態が検討されている。そして形而上学的欲望が外部を目指す運動であるのに対し、この自我の方は、「世界内でわが家（*chez soi*）に存在することで滞在し（*séjourner*）、自己同定する（*s'identifier*）[9]」ものとして定義される。自我にとって、自らを取り巻く世界は最初は「他なるもの」であるが、自我は「世界のうちに場所（lieu）と家（maison）を見いだす」（同）ことから出発して、周囲のものを文字どおり同化していく。単に空気や水（レヴィナスはこれらを「元基（élément）」と呼ぶ）を生命活動の維持のために同化したり（「享受（jouissance）」と術語化される）、私とは「他なるもの」を物理的に所有することによってそれを「わがもの」とするばかりではない。さきに触れたように、視覚が世界内の事物を一つのパースペクティヴのうちに包摂し了解するかぎりにおいて、私たちの知覚世界はすでに《同》の圏域であった。少なくとも『全体性と無限』のレヴィナスに従えば、自我は「わが家」を打ちたてる「場所の本源的な掌握[10]」によって世界のなかに中心をもち、そこから発して遠心的に《同》の領域を拡大していく。こうしてレヴィナスが目指す絶対的な外部性の問いは、《同》という内部性がどこまでその領野を広げているのかという問いに置き換えることができる。

本書は、レヴィナスが《同》の基盤と見なしている「場所」という主題に焦点を当てながら、ここまで示唆してきたようなさまざまな空間性の様態の分析によってレヴィナスの思想を包括的に解釈する試みである。

(2) レヴィナスにおける「場所」の問題

西洋哲学史のなかで「場所（lieu/place）」[11]は一定の主題系を構成しているが、レヴィナスはその伝統に従ったいわゆる「場所論」を提出しているわけではない。「場所」そのものについてもっとも直接的に語られている『実存から実存者へ』（一九四七年）のなかで、レヴィナスは主体が「定位（position）」する「場所《リュー》」を主体の成立の根拠と見なしているのだが[12]、そのときでもレヴィナスは場所とはなにかを解明しようと努めているわけではないのである。したがって本書の考察も、レヴィナスが「場所」をどのように考えていたのかではなく、レヴィナスの思想が「場所」に関わる諸主題（空間性の諸様態）をめぐってどのように形成されているのかに向けられる。とはいえ、とりわけ六〇年代後半から、レヴィナスが自らの思想の力点を「場所」から「非場所（non-lieu）」へと移していくとき、そこには「場所」をめぐる哲学史の一端がなにがしかの影響を及ぼしていることもたしかである。

西洋哲学史において最初に体系的な場所論を展開したのは、アリストテレス『自然学』第四巻だとされている。『形而上学』のなかで存在の諸様態の一つとして「どこに（*ποῦ*）」が挙げられるように[13]、存在する事物はかならずどこかに存在しているのであり、存在しない事物はどこにも存在しない（208a29-30）。アリストテレスの場所論の大前提は、場所それ自体が存在するという主張である。アリストテレスによれば、場所が存在することは「相互置換（*ἀντιμετάστασις*）」の事実から明らかである。たとえば、いま水があるところから水が出ていくと、そこには水のかわりに空気が入るが、水と空気の入れ替わりが起こるその当の場所は、水でも空気でもないからである（208b1-8）。

実のところ、すでにプラトン『ティマイオス』でも、「およそあるものはすべて、どこか一定の場所に、一定の空間を占めてあるのでなければならない、地にもなければ、天のどこかにもないようなものは所詮何もないのでなければならない」[14]（52b）という臆見が語られており、アリストテレス自身、場所がなにかをはじめて論究した人物としてプラトンを高く評価している（209b11-17）。ただし同書において《χώρα》という語は、通常の用法に従って「ものが占める場所・位置」や「土地・国」といった空間的広がりを意味する一方で、感性的でも叡智的でもない「第三種の現実」を指す名としても用いられている奇妙な概念である。それに対して、『ティマイオス』における「受容するもの」としての《χώρα》を質料と同一視するアリストテレスは、プラトンを離れてむしろ《τόπος》がなんであるのかを詳しく問うていく[15]。

かくしてアリストテレスは『自然学』第四巻第四章において、場所に本質的に属すると考えられる属性を次のように列挙する。(1)場所は、それがその事物の場所であるところのその事物を包むものである。(2)場所は、それが包む事物の一部ではない。(3)その事物の「第一の場所」は、その事物より小さくもなく大きくもない。(4)場所は、おのおのの事物から取り残されることができ、おのおのの事物から分離されることができる。(5)場所にはすべて上下がある。(6)おのおのの事物は自然に従って運ばれて、それぞれに固有の場所に留まる（210b34-211a6）。このうち(1)(2)(3)の属性から、場所は当の事物を包むものであり、それと境を接しているが、決してその事物の部分ではない、ということが帰結する。ジョゼフ・モローに従えば「正確な意味での場所、個々の場所ないし第一の場所とは、事物と厳密に等しい大きさをもった容れ物である[16]」。物体はつねにその場所の「なかに」あると言われるが、同じくモローの例を借りるならば、それは球が箱のなかに入っているような仕方ではなく、むしろナイフの刀身が鞘に収まっているような仕方でそうなのである。しかし、このように場所が当の事物と正確に限界面を共有しているとしても、場所そのものが存在すると想定するならば、⑷の属性が要求するように、場所はあくまでも当の事物とは区別されなければならない。このことと関連して、アリストテレスの場所論に特徴的なのは⑸および⑹の属性である。場所にはあらかじめ上下が定まっており、軽いものが上方に、重いものが下方に向かうように、おのおのの事物はその自然＝本性に従った自らに固有の場所に落ち着く。アリストテレスにおいては、場所それ自体がこの種の事物の運動の原因であり、場所にはそれに固有の事物を引き寄せる力があると考えられている。これはのちにアンリ・ベルクソンが学位論文『意識に直接与えられたものに関する試論』（一八八九年）に付した副論文「アリストテレスは場所についてなにを考えたか」で明確に反駁している点である。「〔…〕自然的な場所は、自然的な運動の目的ではなくその帰結でありいわば所産であるから、われわれは進んでこう言いたい。すなわち自然的な場所は、原因ではなくむしろ結果の役割を演じるのである[17]」。

以上の場所の属性から出発して、アリストテレスは運動する事物を俎上に載せて議論を進めていくが、上記⑸と⑹の属性がすでに示唆しているように、『自然学』における場所の規定は、天界を最終的な限界とする同心円状の構造を描くことになる。アリストテレスの挙げる例によれば、川のなかの舟のように、動いているもの（川の水）のなかで、そのなかにあるもの（舟）が運動しているとき、この舟を包んでいる川の水は、舟を含みつつ自らも動いている点で場所ではなく容器としての役割を果たしているのであり、この舟の場所と見なされるべきはむしろそれ自体としては動いていない川全体である。「したがって、包むものの第一の〔すなわち包まれているものに最も近い〕不動の限界、これが場所である[18]」（212a20）。ところで、もはやなにものも外側からそれを包むことのないようなものは天界にほかならない。ベルクソンはアリストテレスの天体論をも参照しながら、彼の場所論をいくつもの元素からなる層状構造として次のように解説する。「また、〔当の元素とは〕異なるある物体は、通過されるこの元素を第一の場所として用い、この元素それ自体は自らを包む元素を固有の場所として用い、最後にあらゆる元素は天界を共通の場所として用いる、ということが帰結する。したがって、天界の各部分は、他の諸部分に囲まれているかぎりにおいて場所を占める。しかし、全体としての天界は、その外側にそれが含まれうるような空虚も物体的元素も存在しないから、場所をもたない[19]」。最終的に『自然学』の場所論が到達するのは、こうした全体としての絶対的な共通の場所、すなわち、不断に円運動を繰り返しながら自己同一的でありつづける天界である。「かくして場所の理論は、宇宙論に訴えることで完成する。宇宙論のみが、不変の諸項を基礎づけ、絶対的な場所を定義することができるのである。この基礎は、《全体》の球形とその円環運動、すなわち、《全体》が自らの中心の周りを回る回転のうちに見いだされる[20]」。

しかし、結局のところ、以上の議論を通してアリストテレスが《τόπος》という語のもとに考えようとしたのはなんだったのか。絶対的な場所である大文字の「全体」は、古代世界の宇宙論的な諸前提を取り除くならば、こんにちわれわれが「空間（espace）」という語で想像するものといかなる仕方で異なるのか。実際、アリストテレス以降の哲学史は、中世・ルネサンス期の無限をめぐる議論を経て（クザーヌス、ブルーノら[21]）、デカルトの機械論やニュートンの絶対空間に基づいた近代的な自然観のなかでアリストテレスの自然学のくびきから脱するとともに、固定的な場所を相対化して場所を空間に置き換えていく方向へと進んでいく。たしかにデカルトは『哲学原理』のなかで「内的場所（locus internus）」と「外的場所（locus externus）」とを区別し、場所と空間の差異についても語ってはいる。しかし、デカルトが内的場所と呼んでいるのは、物体とまったく等しい大きさと形をもった「空間」であり、物体の体積そのものである。「また空間すなわち内的場所と、そのうちに含まれている物体的物体とは、ことがらとしては別のものではなく、ただ普通にわれわれが捉える仕方の点で違うにすぎない[22]」。そして外的場所は、当の事物を外側から囲んでいる表面であると言われており、この場所は他の事物との関係において相対的に定まるものである。より一般的に、空間（内的場所）においては延長が問題となるのに対し、（外的）場所という語で示されるのは物体の位置である。ある物体の位置を決定するには、当の物体とは別の不動な物体を基準としなければならないが、どの物体に注目するかによって当の物体の場所は変わるとも変わらないとも言いうる。たとえば海上を進む船のなかで、船尾に座っているひとは、船の諸部分との関係においてはつねに同じ場所に留まっているが、海岸との関係で言えばたえず場所を変えている。さらに船が東から西へ進むのとまったく同じだけ地球が西から東へ動くと考えたとして、天界のある不動の点を基準とするなら、このひとは場所を変えていないと言える。アリストテレスが望んだのとは異なり、「〔…〕いかなるものについても、われわれの思惟によって定める以外には、恒久的な場所なるものは存在しない[23]〔…〕」のである。前掲のベルクソンの論文に至っては、アリストテレスの場所論を対象としているにもかかわらず、実際には「空間を場所に置き換えることで、われわれにはなによりもまず空間に関係づけられると思われる論議を、彼が解決するというよりはむしろ避けてしまったように見える理論[24]」を解明しようとするのである。

　このような場所に対する空間の優位を正面から覆そうとしたのは、自身の哲学の多くの重要な局面でアリストテレスを詳細に検討しているハイデガーである。ハイデガーはすでに『存在と時間』（一九二七年）における世界性の分析のなかで、「延長せるもの」というデカルトの世界解釈を棄却し、現存在の世界を「用具的存在者」からなる具体的な「環境世界（Umwelt）」として記述していた[25]が、一九三五年の講義『形而上学入門』ではギリシア人の思惟を「空間（Raum）」という語彙のもとで理解しようとする試みを糾弾している。「ギリシア人たちは「空間」に当たる語をもっていない。このことはまったく偶然ではない。というのもギリシア人たちは空間的なものを延長から経験するのではなく、*χώρα* としての場所（Ort／*τόπος*）から経験したからである。これは場所をも空間をも意味するのではなく、そこに立つものを通して占められ、塞がれるものである。場所は〈もの〉（Ding）それ自体に属している[26]」。この前提に立って、〈もの〉とはなにかを問うなかで技術の本質を捉えようとした後期ハイデガーはさらに、数学的な「空間」は〈もの〉が打ち立てる「場所」から出発してはじめて意味をもつという議論を提出している。「〔…〕空間的広がりは自らの本質を場所から受け取るのであって、「空間そのもの」からではない[27]」。かくして、西洋哲学史における場所の概念の歴史を丹念にたどったエドワード・ケーシーの大著『場所の運命』（一九九七年）は、ハイデガーをはじめとする現代哲学者における「場所の再出現」を論じることで締めくくられている[28]。場所とは「それ自身から発してそれ自身のうちに自らを示すものであり、そのまったき潜勢力〔…〕を身をもって知るためには、場所のなかに存在しなければならない[29]」とするなら、ハイデガーはアリストテレスの場所論のうちに含まれていた現象学的な議論の萌芽を育て上げ、哲学史が隠蔽してきた豊かさをこの対象に与え返したということになるだろう。

そして場所をめぐる哲学史にレヴィナスが関わってくるのは、まさにこの場面においてである。というのも、ハイデガーが場所を肯定的に論じている同じ時期に、レヴィナスはハイデガーの最新の議論を引き受けつつ、かつての師が称揚している場所への回帰を批判するとともに、あたかも「デカルト的省察」の批判的再開を試みるもう一人の師フッサールを踏襲するかのように、精神的なものの理解における「デカルト的秩序」の復権を唱えているからである[30]。さらに、この時期の場所批判を展開させて七〇年代のテクスト群でレヴィナスが提示する「非場所」という概念は、ハイデガーの哲学が代表する「場所の再出現」に対する積極的な反駁であると言える。

ただし本書第I部の冒頭から見ていくように、レヴィナスは三〇年代の現象学研究において、人間の生が展開される具体的な空間の復権を現象学の大きな寄与として重視していた。具体的空間とは、数学的ないし幾何学的な純粋空間ではなく、われわれがさしあたりたいていはそこに存在しているような、上下・左右・前後をそなえた日常的な世界である。実際、「場所」とは、単に物体が占める空間的部分や、運動における位置である以上に、われわれの生を根本的な仕方で取り巻く具体的な状況でもあるのではないだろうか。アリストテレスやデカルトが哲学的な定式化を試みた場所の概念は、場所というこの対象がもつ豊かな含意そのものによって乗り越えられてしまうのではないだろうか。この点で、先述のケーシー『場所の運命』の冒頭の一段落は、本書が「場所」の語のもとで考えたい幅広い意味を示唆してくれる。

空間や時間についてなにが当てはまるにせよ、場所については次のことが完全に当てはまる。われわれは場所に浸っており、場所なしで済ますことはできない、ということだ。そもそも存在するとは――なんらかの仕方で実存するとは――どこかに存在することであり、どこかに存在するとはなんらかの種類の場所のうちに存在することである。場所は、われわれが吸う空気、われわれが立つ地面、われわれがもつ身体と同じように必要である。われわれはさまざまな場所に囲まれている。われわれはそのうえを歩き、そのなかを歩く。われわれはそのなかで生き、そのなかで他者たちと関わり、そのなかで死ぬ。われわれが行う事柄で、場所をそなえていないものはなにもない。そうでない仕方などありうるだろうか。この第一の事実を認めないなどということができるだろうか。(31)

レヴィナスが現象学における具体的空間から出発して『全体性と無限』で定式化するに至る《同》の領域とは、まさにここで述べられているような「場所」である。レヴィナスは《同》の基盤としての「場所」(狭義の定位の場所と「わが家」)の積極的意義を認めつつも、この「場所」を中心に広がる《同》の領域に包含されえない《他》の次元を導出することで、のちの「非場所」への通路を組み立てていく。本書が問題とするのは、レヴィナスの思想のさまざまな局面における「場所」の主題の錯綜した様態である。(32)

実のところ、哲学史上のさまざまな場所論との関係は希薄であるものの、レヴィナスの思想の内部において「場所」はそれほど目立たない主題ではない。先述の『実存から実存者へ』で提示される主体が定位する「場所」、『全体性と無限』の《同》の根拠としての「場所」、「異教(paganisme)」の概念とともに行われるハイデガーの「場所」批判、そしてこの批判を梃子として展開される七〇年代以降の「非場所」の議論といったように、「場所」の主題はむしろレヴィナスの思想の各段階を示す道標でさえある。しかし、この主題の見やすさと反比例して――あるいはこの見やすさゆえに――レヴィナスにおける「場所」および「非場所」の概念は、従来の先行研究においては他の主題との関連で簡単に言及されることが多く、それ自体として本格的な研究対象とはなってこなかった。最近になってジャン゠ルイ・クレティアン[33]、ジョエル・アンセル[34]らによって問題系がまとめられてきているが、これらの概括的研究は、「場所」の主題をめぐるレヴィナスの思想展開のさまざまな位相を十分に論じたとは言いがたい。というのも、レヴィナスの「場所」の議論は、この概念がもつ広範な含意ゆえに、レヴィナスの著作を幅広く読解することのみならず、そこに伏在している他の哲学者や著述家との思想交流の実態をも考慮に入れることを要求するからである。レヴィナス自身、他の思想家を明示的に参照することがきわめて少ないだけに、レヴィナスがなにを前提に自らの議論を組み立てているのかを捉えることが重要となる。それゆえ本書は、三〇年代から七〇年代までのレヴィナスの主要著作を時系列的にたどりながら、歴史的研究がいまだ手薄であるレヴィナスの「場所」の議論の思想史的位置を標定することをも目指すことになる[35]。

(3) 本書の構成

本書は全五部に分けられる。

第Ⅰ部「具体性の諸相」では一九三〇年代のレヴィナスの論考を取り上げる。まずフッサール、ハイデガーのもとでの現象学研究から出発したレヴィナスが、現象学が試みている具体的な生の分析をどのように評価していたのかを見たうえで（第一章）、レヴィナスが独自の哲学を展開しはじめる論文「ヒトラー主義に関する若干の考察」（一九三四年）および「逃走について」（一九三五年）を追いながら（第二章）、レヴィナスの哲学の端緒が具体的な生と実存の粗暴さに対する両義的な関心によって特徴づけられていることを明らかにする。最後に、同時期にレヴィナスが執筆している数本のユダヤ教論考の読解によって、生の具体性からの脱却の可能性がユダヤ教のうちに認められていることを確認する（第三章）。第Ⅰ部は全体として、世界への内在／世界からの超脱、存在の自然性とその批判といった、生涯にわたるレヴィナスの関心の出発点を示すことで、第Ⅱ部以降への導入となる。

第Ⅱ部「環境世界と根源的場所」では、初期レヴィナスの主要著作『実存から実存者へ』（一九四七年）を中心に読解する。まずハイデガー『存在と時間』（一九二七年）との比較によってレヴィナス自身の「世界」概念を調査し（第一章）、同著作でレヴィナスが提示する〈ある〉（il y a）の議論を分析することを通じて、存在論的差異の改鋳によってハイデガーの「世界」概念を乗り越えようとするレヴィナスの試みを検討する（第二章）。その際、〈ある〉の概念の導入に際して哲学者・民族学者リュシアン・レヴィ＝ブリュールの議論が果たした役割を明らかにする（同第三節）。以上で『実存から実存者へ』の議論の大綱を踏まえたうえで、ハイデガーの「環境世界」の議論との対照によってレヴィナスの「場所（lieu）」の概念を精査する（第三章）。ハイデガーが示したように、現存在を取り巻く環境世界のうちにおのおのの位置を占める「用具的存在者」は、相互の指示連関に応じてそのふさわしい居場所を有しており、現存在もまた環境世界内に整序された存在者の配置に従った振る舞いを取るのだが、それに対してレヴィナスは、「場所」の所有および「ここ（ici）」への局所化こそが存在者の成立の根拠であるという仕方で議論を転換し、〈ある〉という場所の不在からの主体化の出来事を動態的に捉えるのである。本書は、人間存在の根本的な「地理性（géo-graphicité）」をレヴィナスへの参照に基づいて提唱する地理学者エリック・ダルデルの著作の批判的読解によって、レヴィナスの「場所」の議論の焦点を環境世界論の側から逆照射する（同第三節）。第Ⅱ部全体を貫く環境世界と根源的場所という対立は、《同》の議論が本格的に展開される『全体性と無限』を解釈する際の本書の立場を提示するものでもある。

第Ⅲ部「居住と彷徨」は、レヴィナスが精力的に論文を発表していく五〇年代から主著『全体性と無限』（一九六一年）までのテクストを対象とする。まず五〇年代のレヴィナスの思想の軸線を、存在論の「根源性」への批判、ハイデガーの「居住」思想に対する反応、フッサールの再解釈という三点から提示する（第一章）。次に『全体性と無限』

第二部「内部性と家政」の集中的読解に基づいて、レヴィナスがハイデガーの居住思想をどのように吸収し自らの哲学のうちに組み込んでいったのかを明らかにする（第二章）。「享受（jouissance）」の概念を中心に展開されるレヴィナス自身の環境世界論を俎上に載せることで、根源的な「場所」の所有に依拠した「わが家」という内部性が《同》としてその領域を拡大していく様態が記述される。ついで、レヴィナスにおける「他者」の議論が、この《同》を超越するものとしてはじめて導出されていく筋道を、特にレヴィナスの「場所」批判と深く結びついた「異教（paganisme）」の概念を中心に追っていく（第三章）。まずハイデガーの居住思想を異教的な「場所」への執着と断じたテクスト「ハイデガー、ガガーリン、われわれ」（一九六一年）を『全体性と無限』との関連で読解したうえで（同第一節）、異教・無神論・一神教という三層構造が『全体性と無限』の理論体系を下支えしていることを示す（同第二節）。さらにレヴィナスが使用する異教の概念の発想源と推測されるフランツ・ローゼンツヴァイクの思想との比較検討を行い、場所への固着・世界への内在性という異教の哲学的含意と、哲学と神学との積極的協働を目指す両者の企図をテクストに沿ってあとづける（同第三節）。最後に、異教をめぐる以上の議論を踏まえたうえで、あらためてレヴィナスとハイデガーの思想が対峙する様態を検討する（同第四節）。問題となるのは、存在の神秘から眼を背けた日常的な現存在の「彷徨（Irre）」を語るハイデガーの小論「真理の本質について」（一九四三年）と、レヴィナスによるその解釈である。この比較を通じて、第Ⅲ部では最終的に、両者において居住／彷徨が単純な対立としては捉えられない対概念であることを示しつつ、レヴィナスとハイデガーの思想的対立を同一の議論の枠組みのなかで捉え返すことが目指される。

第Ⅳ部「非場所の倫理」では、七〇年代の中心的著作である『存在するとは別の仕方で』（一九七四年）周辺のテクスト群を扱う。まず『全体性と無限』出版後にレヴィナスが発表した諸論文の分析によって、「場所」から「非場所」へと議論の根幹を移したレヴィナスの思想の内的運動を解釈する（第一章）。特に、この時期の論文ではじめて本格的に論じられることになる「痕跡（trace）」および「近さ（proximité）」の概念に焦点を合わせ、レヴィナスの言わば「場所論的転回」を準備した概念構成を整理する。次に、『存在するとは別の仕方で』の読解によって七〇年代のレヴィナスの思想の営みを「非場所の倫理」として取り出していく（第二章）。問題となるのは、「他者のための一者＝他者のかわりの一者（l'un-pour-l'autre）」という「身代わり（substitution）」の構造である。さらに、同著作でレヴィナスがしばしば用いる「われここに（me voici）」という聖書表現を取り上げ、自らが占める場所によってではなく他者の「呼び声」への「応答」によって与えられる主体性の様態を記述する（同第三節）。「非場所」自体は形式的な概念であり、この概念は実際には「身代わり」に代表される諸概念によって具体的な内実を与えられるのだが、それに加えてレヴィナスは他の思想家や著述家に依拠しながら「非場所の倫理」を語ることがある。本書では、『存在するとは別の仕方で』と同時期に書かれ、同書の議論と密接な関係をもっているレヴィナスの詩人論「パウル・ツェラン　存在から他者へ」と「今日のエドモン・ジャベス」（いずれも一九七二年）を取り上げ、「場所」と詩作との連関を問うハイデガーの詩論との対比において、これらの詩人とレヴィナスの思想交流のさまを論じる（第三章第一節および第二節）。最後に、ウジェーヌ・ミンコウスキー、フーベルトゥス・テレンバッハといった精神病理学者の議論を参照しながら、『存在するとは別の仕方で』の結論部でいささか唐突に現れる「雰囲気（atmosphère）」の概念を論じていく（同第三節）。その際、レヴィナスの最初期の論文「仏独両文化における精神性の理解」（一九三三年）がすでにこの主題に目配せをしていたことに着目することによって、具体的空間に対する初期の関心と、雰囲気として迫ってくる他性の侵襲を耐え支える主体という後期の関心が接続する論点を読み解いていく。後期テクストを扱う第Ⅳ部は、全体として、レヴィナスの哲学著作の時系列的な読解に基づいて本書が抽出する「非場所の倫理」の総括である。

第Ⅴ部「レヴィナスとイスラエル」は、上記四部では直接扱っていないレヴィナスのユダヤ教論考を取り上げ、「場所」の主題と密接な関係を有する「約束の地（terre promise）」およびイスラエル国の問題を論じる。まずレヴィナスの議論の前提となっているイスラエルと「離散（diaspora）」のあいだの緊張関係を明るみに出すために、ユダヤ人子弟へのユダヤ教育を実践した教育者としてのレヴィナスの活動の軌跡をたどる（第一章）。ついで、イスラエルが劇的な勝利を収めエルサレムを占有するに至った一九六七年の第三次中東戦争（「六日戦争」）の前後に発表された、レヴィナスのユダヤ教論考およびタルムード講話「約された地か許された地か」（一九六五年）を読解する（第二章）。レヴィナスにとって、「約束の地」の所有は普遍的な「正義（justice）」の名においてのみ正当化されるものであるが、いかなる正義がそこで問題となっているのかが問われなければならない。本書は「約束の地」の議論を『存在するとは別の仕方で』の正義論と照合しながら、この地における場所／非場所の二重性を倫理的要請と政治的要請とが拮抗する局面として解釈していく。その際、生涯を通してフランスに留まったレヴィナスの身振りを、六日戦争後にイスラエルに移住したアンドレ・ネエルらと対置して分析する。さらに「高さ（hauteur）」の主題に注目することで、「場所かつ非場所」というユートピア的な両立が、レヴィナスが論じる主体性とイスラエルの双方に共通して見られる構造であることを示す。第V部は、レヴィナスの思想を構成する哲学著作とユダヤ教論考という二つの次元を、「場所」の主題を軸に架橋する試みである。

第Ⅰ部　具体性の諸相

　フライブルク大学への留学後の一九二九年に論文「エトムント・フッサール氏の『イデーン』について」を発表し、その翌年に『フッサール現象学における直観の理論』でストラスブール大学の第三課程博士号を取得したレヴィナスは、一九三〇年代からさまざまな雑誌に精力的に論考を発表している。この時期のレヴィナスの活動について強調すべきことは、のちにレヴィナスの思想を構成することになる哲学とユダヤ教という二つの軸線が、すでに三〇年代半ばから明確に現れはじめている点である。レヴィナスはフランスへの現象学の紹介者の一人として、『フランス内外哲学誌』（*Revue philosophique de la France et de l'étranger*）や『哲学探究』（*Recherches philosophiques*）誌に現象学関連の研究や書評を発表する一方で、一九三五年から世界ユダヤ連盟（l'Alliance Israélite Universelle: AIU）の機関誌である『平和と権利』（*Paix et Droit*）誌に数多くのテクストを寄せている。これはレヴィナスが一九三四年に世界ユダヤ連盟の職員として勤務をはじめたことが直接の原因であるが、そこでは同時に、中世ユダヤ哲学や神秘主義の碩学ヤーコプ・ゴルディン（ジャコブ・ゴルダン）との邂逅(1)や、生涯を通じてレヴィナスの重要な参照点の一つでありつづけたフランツ・ローゼンツヴァイクの思想の発見といった(2)、さまざまな出会いが交錯していた。レヴィナスのユダヤ性への「目覚め」をどこに位置づけるのかは議論が分かれるところであり、厳密に特定することはおそらく不可能であるが、少なくとも一九三三年から三五年という時期に一つの決定的な契機が存在していたことは間違いないだろう。レヴィナスが三〇年代に発表したテクストのなかでもっとも重要なものである「ヒトラー主義哲学に関する若干の考察」および「逃走について」は、存在への繋縛という初期レヴィナスの主要な哲学的モチーフとユダヤ的条件の引き受けとの結節点として読解することができる。

　レヴィナスの思想において哲学とユダヤ教が交差する様態を分析することは本書を貫く主題の一つであるが、ここではまず現象学に関する三〇年代のテクストを中心に、レヴィナスが空間性の問題をどのように捉えていたのかを見ていくことにしよう。

第一章　現象学による具体的空間の復権

第一節　「フライブルク、フッサール、現象学」

一九三一年、レヴィナスは一九二八年から二九年にかけて留学したフライブルク〔フライブルク・イム・ブライスガウ〕を紹介する論文「フライブルク、フッサール、現象学」を『ドイツおよびドイツ語圏諸国雑誌』（*Revue d'Allemagne et des pays de langue allemande*）に発表する。ライン川を挟んでストラスブールの南方およそ八〇キロメートルに位置するフライブルクは、〈自然〉を体現する〈黒い森〉（シュヴァルツヴァルト）に囲まれた大学都市であるが、この町に「生の跳躍」を与えていたのは〈文化〉を担うフライブルク大学であり、多くの学生が同大学が提供する医学や化学といった諸学問の豊饒さに浴していた。しかしレヴィナスにとって、フライブルクとはなによりもまず、一九一六年にゲッティンゲンから転任したエトムント・フッサールが築いた「現象学の町」である。(3) フッサールのもとに集まった熱狂的な弟子たちにとって、現象学という「〔…〕この新しい哲学は、一つの新しい理論である以上に、生の新しい理想、歴史の新しい一頁、ほとんど一つの新しい宗教である」(4) とレヴィナスは伝えている。

現象学がもたらした「生の新しい理想」とは、レヴィナス自身にとって、生そのものを十全な仕方で記述することを意味していた。われわれの眼差しに対して与えられ示されるものを「現象（phénomène）」と呼ぶとすれば、必然的にすべての学問は現象についての学であると言えるが、現象学は現象に、それがわれわれの生において果たしている役割や機能を通じて接近する。その他の学問がさまざまな現象を理論的な視座のうえで分析するのに対し、現象学は個々の現象の意義や射程、その「重み（poids）」を生のうちで把握する。そして、「〔…〕現象の哲学的意義、究極的な意義が獲得されるのは、われわれが現象を意識的な生のなかに、すなわち、われわれの具体的な実存（notre existence concrète）の個別性、分割不可能性のなかに置き直したときである」(5)。つまり現象学は、個々の現象を、それが生起する個別的な場面から切り離して抽象的かつ一般的に扱うかわりに、それがわれわれの生のうちで生起する仕方をあるがままに記述することを目指すのである。

　現象を抽象から救おうとする現象学の歩みを逆照射するために、レヴィナスはニュートンの物理学を引き合いに出している。対象の客観性を確保するという要請に基づいたニュートン物理学は、上下・左右・遠近といった経験的な空間表象を認めず、客体的空間からこのような主観性の残滓を排除する。それによって、空間それ自体はわれわれにとって不可視な容器となると同時に、空間内の位置や移動は数値化され一般的な法則でもって把握されうるようになる。無論レヴィナスはここで、近代科学の成立を促した絶対的客観性、純粋空間の価値を貶めようとしているのではない。そうではなく、近代科学が構築する世界、「われわれの環境世界（monde ambiant）を超越した世界」は、われわれが有している「個別的なもの、歴史的なもの、人間的なもの」についての了解、すなわち「価値と重みをもった実存」（同）に対する了解とは根本的に異なるのではないか、とレヴィナスは問うのである。このことは、ニュートンを批判するバークリーやヒュームの感覚主義においても同様であるとされる。バークリーが幾何学的概念における経験的起源を問い、感覚的なものによって世界を画定することを通じて生の直接性・具体性に接近しようと試みたときであっても、今度はこの感覚そのものが物象化され、人間の生のみずみずしい具体性は取り逃がされてしまう。

それでは、現象学はどのような仕方でこの具体性を射程に収めることができるのだろうか。レヴィナスの説明を聞いてみよう。

> 《人間的なもの》の真の本性、意識に固有の本質を特定すること、これが現象学者たちに課せられた第一の課題である。われわれは彼らの回答を知っている。意識であるようなものすべてが、事物のようにそれ自身に閉じ込もっているわけではない。それは《世界》に向かっている。人間のうちにある最高度に具体的なものとは、人間の人間自身に対する超越である。あるいは現象学者たちの言葉を使えば志向性である。(6)

意識とその対象との関係は、殻に閉じ込もった純粋な意識と外的対象との関係ではない。意識をそれ自体として自立したものと見なすとすれば、意識は事物と同じカテゴリーのもとで物象化されてしまうと同時に、この意識と意識を超越した対象との関係はふたたび、たがいに独立した二つの項の関係に陥ってしまう。したがって、意識とその対象との関係を適切に把握するためには、単に意識が超越的な対象へ向かうと考えるのではなく、意識それ自身が自らを超越していると考える必要がある。つまり、意識とはつねにある対象についての意識であって、おのおのの意識の行為すなわち「志向」はそのつど自らの対象との個別的かつ特殊な関わりを意味するのである。一九三〇年代のレヴィナスがフッサールの現象学のうちに認めた重要性は、なによりもまず、この意識の自らの超越としての「志向性(intentionnalité)」のうちに存していた。(7)

意識がつねにすでに対象と一定の関係を取り結んでいるという、志向性がもつ個別的な性格のうちに、レヴィナスはまさに人間の具体的生の十全な表現を見ていた。そして、意識がつねに世界内の対象と関係づけられる以上、われわれの具体的生が展開される世界とは、表象や意志、欲望などの形を取ったさまざまな志向が充満している世界であり、意識はこの世界を外側から見つめているのではなく、自らを超越して対象と関係づけられながらつねに世界に内在している。志向性とは「世界がそこから出発して理解されるべき具体的なもの」[8]であって、われわれの生の具体性を問うこととは、「世界へのわれわれの内属」[9]の様態を示すことにほかならない。ここでレヴィナスは、ニュートン物理学が前提とする絶対的空間性に対して、志向性によって捉えることができる具体的空間を提示している。

> 実際、幾何学的空間は一つの抽象である。われわれに延長を明かす具体的な状況とは、空間内のわれわれの現前である。〔…〕われわれがもつことになる空間とは、なによりもまず、動き回ったり遠ざかったり近づいたりする可能性によって構成される環境＝雰囲気（ambiance）である。したがってそれは上下や左右をもった非均質的な空間（un espace non homogène）であり、動き回ったり方向を変えたりする可能性を促すさまざまな日用品に全面的に関係づけられた空間である。[10]

われわれは先在する容れ物としての空間のなかに事後的に位置づけられるのではなく、すでに世界に内在している。そして、われわれが多種多様な志向によって諸対象と取り結ぶ具体的な関係から出発してはじめて、これらの対象が可能にすると同時に制限する日常的な空間が描かれる。こうして、フッサール現象学がもたらした志向性という概念のうちに「具体的空間の発見ないし復権」（同）が読み込まれるとともに、人間的生の具体的空間がわれわれを取り巻く「環境世界」として導入されることになる。空間はわれわれの生と分離した形で議論の俎上に載せられるのではない。のちのレヴィナスの表現を用いれば、空間とは取りも直さず「空間の経験」[11]を意味するのである。

ところで、この「フライブルク、フッサール、現象学」というテクストは、フッサールの後任として一九二八年にマールブルクから転任してきたマルティン・ハイデガーへの言及で締めくくられている。「その名はいまやドイツの栄光である」と表明しつつ、ハイデガーの「〔…〕注目すべき成功はすでに彼の並外れた威厳を示している」[12]と記すレヴィナスの筆致のうちに、ハイデガーに対する一定の距離を感じ取ることは不可能ではない[13]。実際、このテクストにはフッサールとハイデガーという二人の師に関するレヴィナスの両義的な評価が現れているように思われる。

第二節　フッサールからハイデガーへ

前節で取り上げた具体的空間という問題におけるレヴィナスとフッサールおよびハイデガーの関係について指摘しておくべきことは、このテクストでレヴィナスが重視していた志向性による具体的空間の復権は、フッサールの現象学に直接的に由来するというよりもむしろ、『存在と時間』（一九二七年）におけるハイデガーの「現存在（Dasein）」分析に触発されたものだということである。『存在と時間』で提示される「環境世界」および現存在の根本的構制である「世界内存在（In-der-Welt-sein）」については後述するが、レヴィナスが言及している「日用品」に関連づけられた具体的空間は、まさに「道具（Zeug）」に関するハイデガーの議論に依拠したものだろう。また、「特権的な志向」ないし「最高度に形而上学的な態度」としてわれわれに「無（néant）」を開示する「不安（angoisse）」への言及も[14]、『存在と時間』および『形而上学とはなにか』（一九二九年）を踏まえたものであるのは間違いない。極言すれば、このテクストは「フライブルク、フッサール、現象学」ではなく「フライブルク、ハイデガー、存在論」と題されていても不思議ではないほど、ハイデガーの哲学がレヴィナスの現象学理解に早くから浸透していたことを示しているのである[15]。

無論このことは当時の読者がすでに指摘していたことであって、たとえば、ゲッティンゲンでフッサールに師事したのちにストラスブール大学神学科で教鞭を執っていたジャン・ヘーリンクは、レヴィナスの『フッサール現象学における直観の理論』の書評（一九三二年）で、レヴィナスのフッサール解釈に潜んでいる、現象学に対する存在論の優位を看破していた。

歴史的な推測をあえて述べることをお許しいただけるならば、レヴィナス氏の解説においてはあたかも――そしてこれがこの事態の独創性のかなりの部分をなしているのだが――レヴィナス氏が果実によって樹木を、つまりハイデガーという形而上学によってフッサールという現象学を説明しようと試みているかのようである、とわれわれは申し上げたい。ハイデガーにおいて、存在論的なものと存在的なものの優位は明らかであるからだ。〔…〕いずれにせよ、フッサールの思想のなかに、フッサールにはまったく異質な関心事を導入するという危険が冒されているのではないだろうか(16)。

後年になって、レヴィナス自身、自らの博士論文がフッサールの学説のうちにハイデガー的な要素を見いだすことに努めていたと認めると同時に、フッサールの哲学が存在と存在者というハイデガー的な問題設定をすでに含んでいるという発想が完全には誤りではないという見解を示しているが(17)、レヴィナスが記述していた具体的空間の復権がフッサールに由来するのか、それともハイデガーに由来するのかという問題は、二人の現象学の師に対するレヴィナスの関係を考察する際に重要である。というのも、意識による自らの超越である志向性を世界への具体的な内在の様態に還元することは、一九四〇年に発表された「エトムント・フッサールの業績」では、レヴィナス自身の手によって完全に棄却されているからだ。そこでレヴィナスは、フッサールの志向性を、現象学的還元を外的視点から遂行する

「モナド」と見なし、それをハイデガーの世界内存在とは対蹠的な「世界外存在（Ausser-der-Welt-sein）」として解釈する。[18] この論点は、一方でレヴィナスによるフッサールの再解釈およびフッサールとハイデガーの差異化に関わると同時に、『フッサール現象学における直観の理論』で素描されのちに定式化されるに至るフッサールの観照主義に対する批判の軸線上に置かれるものであろう。

生涯にわたるレヴィナスのフッサール解釈の過程を厳密にあとづけることは本書の枠を超える課題であり、そこに深く立ち入ることはできない。本書の展開にとってはむしろ、この時期のレヴィナスがハイデガーに対してどのような立場を取っているのかを丹念に探ることが肝要である。「フライブルク、フッサール、現象学」でレヴィナスが依拠していたハイデガーの議論とはどのようなものなのか。ハイデガーの『存在と時間』を紹介したレヴィナスの論文「マルティン・ハイデガーと存在論」（一九三二年）を中心に見ていきたい。

第三節　「マルティン・ハイデガーと存在論」

レヴィナスの「マルティン・ハイデガーと存在論」はまず『フランス内外哲学誌』に掲載されたのち、大幅な修正を施されたうえで『フッサール、ハイデガーとともに実存を発見しつつ』（初版一九四九年）に収録された。このテクストは、いくつかの中心的主題を取り上げてハイデガーの『存在と時間』の解説を行った、「充実していると同時に良心的な実存論的存在論への手引き」[19] であり、フッサールの場合と同様、現象学のフランスへの導入という点で非常に重要な意味をもっている。そのことを踏まえ、ここではまず単行本収録時に削除されたこのテクストの冒頭部分を見ていくことで、レヴィナスが『存在と時間』をそのなかに位置づけていた歴史的コンテクストを確認しておく。

レヴィナスは、前章で見た「フライブルク、フッサール、現象学」の最終部分と同じく、ハイデガーがドイツの哲学界で獲得している名声と栄光について触れたあと、ハイデガーの思想史的位置およびその独創性を明らかにするために、当時の哲学の主要な関心であった認識問題を取り上げる。認識問題を卓越した哲学的問題として打ち立てたのはマールブルク学派を中心とした新カント派であるが、新カント派こそ「ハイデガーが最高度の激しさで対立している運動[20]」であった。

認識問題における「いかにして事物を認識するか」という問いは「いかにして思惟が事物と一致するか」という問いに書き換えることができるが、そのとき認識問題は少なからぬ困難に遭遇する。意識とその対象との関係についてと同様、この定式が自由な思惟の活動および対象との分離を前提とするかぎりにおいて、思惟とその対象は、接触することのない二つの項に陥ってしまうからである。それゆえ認識問題は「いかにして主体は、対象に到達するために自分自身から抜け出るか」という問いに帰着する。この問いは必然的に主体概念の再考を要請するが、認識論における主体のモデルはあくまでもデカルトのコギトであり、そこでは「思惟する実体」という内在から現実界の残りの領野への超越が問題となる。

しかし、レヴィナスによれば、存在の全体的領野のうちに特殊な位置を有する「思惟する実体」として理解された主体の概念もまた、困難な課題に直面する。第一に、仮に「思惟する実体」が超越を遂行するとしても、思惟された対象は観念として思惟のうちに含まれてしまい、結果的に思惟そのものに還元されてしまう。この矛盾を克服するためにデカルトは神の存在証明を行い、現代の認識論は真理を担保する基準を求めたのだったが、いずれも、自閉した主体の内側に存在との一致を求めるかぎりにおいて観念論なのである。「思惟する実体」として理解された主体概念が至る第二の困難は、時間の問題に関わる。すなわち、主体が実体であるとすればそれは時間的に存在するものであるが、主体を時間から純化してしまう観念論は、われわれの意識的生が対象と取り結ぶ関係、つまりは「われわれ自身がそうである個別的な存在によって、実際に生きられ成就された関係[21]」を捉えることができないのである。

すでに見たように、レヴィナスにとって、この「実際に生きられ成就された関係」を探求することが現象学の第一の課題であった。そしてレヴィナスに従えば、「現象学者たちの美しき誇り」[22]であるハイデガーの仕事こそ、認識論から帰結する以上のような困難への解決策を提供するものである。認識論との対比において見た場合、『存在と時間』のもっとも大きな貢献は言うまでもなく「世界内存在」の議論だろう。

人間は先在する抽象的な空間のなかに事後的に措定されるのではなく、世界内存在という根本的構制をそなえた「現存在」として、つねにすでに世界のうちに存在している――ハイデガーが『存在と時間』で提起しているこの議論は、認識論が主流をなしていた二〇世紀初頭において、人間と空間との関係をあらたな仕方で思考するよう促したものであると言える。とはいえ空間性に関するハイデガーの問題設定はそれ自体として提起されたものではなく、あくまでも『存在と時間』の巻頭言が表明していた「存在の意味の問い」[23]の探究という課題から導出されるものであった。存在の意味の問いを立てるに際して、ハイデガーはまず「問いを立てる」という構造を現象学的に分析しているが（第二節）、人間という現存在はまさに「われわれ自身が各自それであり、そして問うということを存在可能性（Seinsmöglichkeit）の一つとしてもっている存在者」[24]として、存在の意味の問いを適切に設定するために要請される。そもそも、「存在とはなんであるか」という問いを立てることができるということは、われわれがすでに「である」ということの意味を、漠然とした仕方であれ「事実（Faktum）」として了解しているからである。それゆえ、現存在がそのうちに身を置いている「存在了解（Seinsverständnis）」を明らかにすることが、存在一般への問いに至るために必要となる。この前提から出発してハイデガーは、最終的には『存在と時間』のほぼ全体を割くことになる現存在の分析論を開始する。

それではこの「範例的存在者」（同）である現存在は、そのほかの存在者と比べていかなる性格をもっているのか。第一に、存在者である現存在は実際に存在するのであり、現存在が「なんであるか」というその本質存在

(essentia)はその事実存在(existentia)、すなわちそれが存在するということから理解されなければならない(本質存在に対する事実存在の優位)。第二に、なんらかの存在了解を有するという形で存在と関わっている現存在は、つねに自分自身の存在を存在している(「各私性(Jemeinigkeit)」)。とはいえ、現存在はそのつどさまざまな仕方で存在しているのであるから、現存在は自分の「可能性」を存在していることになる。そこからハイデガーの現存在の分析論を貫く重要な区別の一つである「本来性(Eigentlichkeit)」および「非本来性(Uneigentlichkeit)」が生じる。(25)

さきに見たように、レヴィナスはまずハイデガーの哲学を認識論との関係のうちに位置づけていたが、実際、以上の前提から開始され現存在の本質を世界内存在のうちに見て取るハイデガーの分析は、当時の認識論に対する根底的な異議申し立てを含んでいた。ハイデガーによれば、当時の認識論も依然として主観と客観の関係という図式を通して認識問題を扱っており、認識をあくまでも主観の「内部」にあるものとして想定したうえで、認識がいかにして「外へ(hinaus)」抜け出て「超越(Transzendenz)」を獲得するのかという問いを設定しており、そこではこの認識する主観がいかにして存在するのかという問いは看過されている。それに対し、ハイデガーの視角においては「認識することは世界内存在としての現存在の一つの存在様態」(26)であり、それゆえ認識問題を適切に扱うためにはまず第一に世界内存在という構造の解明が求められるのである。そして「存在者をそれが第一に、そしてたいてい存在しているさま」(27)を示すという原則を立てるハイデガーにとって、現存在の空間性の分析が向かうべき対象は、日常的な現存在のもっとも身近な世界、すなわち現存在を取り巻く「環境世界(Umwelt)」であった。(28)こうしてハイデガーは、「用具性(Zuhandenheit)」をそなえた存在者(「道具」)と現存在との関係である「配慮(Besorgen)」を、客体的存在者を前にした観想的態度や理論的知識に先行するものとして提示していくことになる。

一瞥すると『存在と時間』の要約にすぎないようにも見えるレヴィナスの論文「マルティン・ハイデガーと存在論」は、実のところ単なる解説の域を超えて、ハイデガーによる現存在の世界性の分析における具体的な空間把握の様態をきわめて高く評価している。レヴィナスはこの論文を一九四九年の論文集に収録するにあたり、「世界内への本質的な参入〔被拘束性〕によって性格づけられる存在こそが環境〔雰囲気〕のような事実を発見することができるのであり、空間というこのうえなく貧しい概念はこの事実から出発して意味を獲得する」[29]という一文をあらたに書き加えることで、延長というデカルト的な空間認識に対する環境世界の優位を強調しているのである。この加筆がひときわ興味深いのは、それがハイデガーのナチス加担の問題がすでに明るみに出はじめていた時期になされたものだからだ。つまり具体的空間および環境世界という主題は、「つねに叡智を保証しているとは限らない一つの哲学」が導入した数々の新しいモチーフのなかで、「一九三九〜一九四五年という時期」を経てもなおレヴィナスの関心を惹起しつづけたものだったのである。[30]

それだからこそ、第二次世界大戦後のレヴィナスが独自の哲学を練り上げていく際につねに問題となるのは、ハイデガーの世界内存在の解釈とその乗り越えである。ハイデガーの世界内存在の空間性、および、それに対して提出されたレヴィナス自身の世界概念については第Ⅱ部で詳述するが、そのまえに一九三三年から第二次世界大戦までのあいだに発表されたレヴィナスの論考を検討することによって、ここまで見てきたレヴィナスの現象学解釈がレヴィナス自身の思想形成のなかでいかなる展開ないし変容を被っているのかを確認していく。

第二章　存在への繋縛と存在からの逃走

第一節　「具体的なものの神秘主義」

論文「フライブルク、フッサール、現象学」というテクストは、すでに見た現象学による具体的空間の復権を評価しつつも、それが端的な具体性の称揚に結びつくものではないことを表明している。さきに引用した箇所に付された注でレヴィナスは、以下のような言葉でこの点への注意を促していた。

> 次のことを指摘しておこう。フッサールは、個別的なものや具体的なものの特権的役割を盲目的に受け入れていたわけではない。またマルティン・ハイデガーは、いかにして「現実的な人間的実存」の分析がわれわれを、「存在としての存在」の問題を定式化する際にアリストテレスが垣間見ていたこのうえなき哲学的次元へと導くのかを、見事な仕方で示すことができた。フライブルクには具体的なものの神秘主義（*mysticisme du concret*）は存在しない。[1]

斜体で強調された「具体的なものの神秘主義」という措辞のもとで、ここでレヴィナスがなにを念頭に置いているのかは定かではない。(2) しかし、レヴィナスのこの言葉を裏返して読めば、それが「盲目的」な仕方で、つまりは「哲学的」ではない仕方で、「現実的な人間的実存」の特権性を信奉する態度であると想定することは可能だろう。皮肉なことに、「フライブルクには具体的なものの神秘主義は存在しない」と書いたわずか二年後、レヴィナスはまさにこうした反理性的な態度に直面することになる。現在のところレヴィナスがリトアニア語で執筆した唯一のテクストとされている一九三三年の「仏独両文化における精神性の理解」(3)は、両国の哲学における「精神」の捉え方をやや図式的とも言える仕方で整理し紹介したものだが、そこにはドイツにおける精神分析の隆盛についての言及に続いて以下のような一節が見られる。

> ドイツ人たちにとって、精神分析のみが精神的なものの哲学的表現であるわけではない。この概念は、ドイツで数多く現れているいわゆる「生の哲学」においても具現化されている。ニーチェ、ジンメル、ディルタイ、シェーラー、そして最近ではハイデガーと彼の「実存哲学」が、ドイツの精神的理想がまとっているさまざまな形態である。最後に挙げた潮流は、ドイツの大学青年たちにとりわけ強い影響を及ぼしている。精神的現実について語る際、ハイデガーは「意識」ではなく「実存」という言葉を用いる（実存哲学という彼の哲学の名称はそこに由来する）。そうすることで彼は、魂の具体性（la concrétude de l'âme）とその劇的な性格をより一層強調しようとしているのである。
>
> 今日ドイツで勢力を振るっている過激な諸政党がこの精神性という概念に魅了されていることを指摘しないでおくのは困難である。彼らは理性を信用しない。理性は彼らの生命力に対立するからである。彼らの実存の一切が「否」を言うときには、理性が「諾」と言うとしても彼らはそれに耳を貸さない。苦痛を押さえつけようとする理

> 性よりも苦痛そのものの方が現実的であるということ、真理とは永遠の諸観念の公正な観察から出るのではなく、生き残るために闘う実存の恐ろしい叫びであるということ——ドイツ人たちはそう信じている。魂の奥底から届く神秘的な声を聴いていると想像すれば、我を忘れ均衡を失ってしまうのはたやすい。ここで問題となっているのがドイツ的理想の歪曲なのはたしかであるが、この理想は、誤りに陥っているときであっても、フランス的な魂の迷いと悪徳には対立しているということを強調しておくのは興味深い。[4]〔強調は引用者〕

このテクストが発表された一九三三年とは、言うまでもなくヒトラーが首相に就任し国家社会主義ドイツ労働者党による内閣が成立した年であり、ハイデガーがフライブルク大学総長に就任した年だった。レヴィナスがすでにこのテクストで、ハイデガーの「実存哲学」や「ヒトラー主義」に見られる「魂の具体性」への注意を喚起していたことは注目に値する。のちにレヴィナスは、自分の伝記は「ナチスの恐怖の予感とその記憶とに支配されている」[5]と書くことになるが、「フライブルク、フッサール、現象学」および「仏独両文化における精神性の理解」というテクストを、それ以後展開されるレヴィナス自身の思想との関連で見た場合、レヴィナスの哲学的道程の端緒がこの「具体的なものの神秘主義」に対する両義的な関心によってしるしづけられていると言うこともできるだろう。そして具体性に対するこの両義的な関心がもっとも鮮明な形で現れているのが、一九三五年前後の諸論文、すなわち一九三四年の「ヒトラー主義哲学に関する若干の考察」、一九三五年の「逃走について」、そして『平和と権利』誌所収のユダヤ教論文である。次にこれらのテクストの読解を通じて、この時期のレヴィナスが具体性の問題にどのような関心を向けていたのかを見ていくことにしたい。

第二節　存在への繋縛――「ヒトラー主義哲学に関する若干の考察」

「ヒトラー主義哲学に関する若干の考察」（以下「ヒトラー主義論文」と略記）は『エスプリ』誌一九三四年一一月号に発表された論文であり、「仏独両文化における精神性の理解」では暗示的に言及されるに留まっていた「ヒトラー主義哲学」の特徴をより直接的に論じたものである。この論文はジョルジュ・バタイユ「ファシズムの心理構造」（一九三三年）とならんで、ファシズムをめぐる当時の時代状況に鋭く切り込んだ先駆的業績だったにもかかわらず、レヴィナス自身の手で論文集に再録されることがなかった。レヴィナスの回顧的な証言によると、彼はこの論文で「哲学」と「ヒトラー主義」という二つの語を結びつけて「悪魔の哲学」について語ってしまったことを恥じるがゆえに、それを自分の文献目録から除外していたのだという(6)。しかし、今日この論文は、現象学研究から出発したレヴィナスが独自の思想を展開していく際の出発点として位置づけられており、数度にわたって異なる版に収録されたのち、現在ではミゲル・アバンスールの編集により独立した著作として刊行されている。

この論文の概要とその意義は、すでにアバンスールの長大な解説のうちにほぼ尽くされていると思われるが、ここではこの論文を簡潔に要約しつつ、本書の関心に直結する要点のみに触れることとしたい(7)。

「ヒトラーの哲学は稚拙である。しかし、そこに費やされている原始的潜勢力は、基礎的な力がもつ圧力のもとで、つまらぬ美辞麗句を粉砕させてしまう(8)」という一節で始まるこの論文は、ヒトラー主義が覚醒させた「ドイツ的魂の秘められた郷愁」、その「基礎的な諸感情」の究明に向かう。この「基礎的な諸感情」をそれ自体として糾弾するかわりに、それがはらむ「一つの哲学」を明るみに出すことがレヴィナスの企図だが、そのためにまずレヴィナスは、これまでの西洋思想史を人間の自由とそれを制限する条件という観点から振り返っていく。その際、ヒトラー主義を単に自由主義に対立するものとして捉えるのではなく、自由とその制限をめぐる思想の系譜を見据えながら考察の俎上に載せるというのがこの論文の主眼である。

西洋の思想的伝統において、精神の自由はつねに具体的な現実から身を引き離す能力として考えられてきた。人間存在に重くのしかかる「もっとも根深い制限」である歴史に対して最初の「素晴らしき音信」をもたらしたのはユダヤ教であり、ユダヤ教では「悔悛（repentir）」に基づく「赦し（pardon）」によって可能となるような、不可逆的な時間からの人間の解放が構想されていた。[9]「時間はその不可逆性そのものを失う。時間は手負いの獣のようにして、いらだちながらも人間の足元にくずおれる。そして時間は人間を解放するのである」。[10]十字架のもとでの解放を告げるキリスト教もまた、同様に不可逆的な時間からの人間の自由を述べ伝えたのであり、キリスト教において「具体的人間が身を落ち着けている世界」と魂に与えられた「再開の能力」との矛盾は見かけだけのものにすぎない。人々の物質的ないし社会的条件がいかなるものであれ、魂はそれとは無関係に、「かつてあったもの、自らをつなぎ止めていたものすべて、自らを巻き込んでいたものすべて」[11]から身を引き離す能力を有しているからだ。恩寵による解放（キリスト教）と自律（近代哲学）という観念の相違はあるとしても、このような「自由に関するユダヤ－キリスト教的なライト・モチーフ」は、「具体的実存の荒々しい世界と仮借なき歴史の外部に精神の究極的な基底を据えた」[12]近代哲学にまで浸透している。たしかに、下部構造によって上部構造が決定されていると考えたマルクス主義は、西洋の思想史上はじめて以上のような人間観に異議を申し立てたのだったが、レヴィナスに従えば、マルクス主義が明るみに出した社会階級への繋縛はいささかも根底的なものではない。マルクス主義が考える人間の意識は、社会的条件による決定性を克服することができないほどに無力なわけではないのであって、人間はまさに「自らの社会的状況を自覚すること」によって、社会的状況として課せられる運命論から解放されることができるのである。[13]

ユダヤ－キリスト教から近代自由主義に至るまで覆されることのなかった人間の自由をめぐるこうした見解との関

係でレヴィナスは「ヒトラー主義哲学」の独自性を位置づけることになるが、その鍵となるのは「身体（corps）」の経験である。「ヨーロッパ的な人間の概念に真に対立する考え方が可能となるのは、人間がそこに釘づけにされている状況（la situation à laquelle il est rivé）が、彼にただ付け加わっているのではなく、彼の存在の基底そのものをなしている場合のみであろう。この逆説的な要請を実現しているように思われるのが、われわれの身体の経験である(14)」。

不可逆的な時間や社会的決定性と同様に、身体もまた人間の自由を制限するものであり、ソクラテス以来、身体は精神によって克服されるべき障碍、そこから逃れるべき牢獄として捉えられてきた。しかしレヴィナスは、われわれが自身の身体と取り結ぶさまざまな関係を粗野な事実として還元しようと努めてきた西洋的伝統のうちに、われわれと身体との合一を否認する身振りを看取する。たしかに、身体的苦痛においてはつねにそこから逃れたいという痛切な欲求が働く。しかし、この欲求は身体に対する精神の抵抗を示すどころか、むしろ、この苦痛からは逃れられないという絶望を表してはいないだろうか。そして身体的苦痛の本質をなしているのは、この苦痛そのものではなく、この苦痛を乗り越えることはできないという絶望なのではないだろうか。

身体的苦痛において顕著なものとして現れる身体との解消不可能な結びつきを不可避的なものとして受け入れ、そこに積極的な意味を見いだすこと、すなわち「〔…〕《自我》への身体の固着はそれ自体で価値をもつ(15)」ということの発見、これこそが「ヒトラー主義哲学」がもたらした新しい観念であるとレヴィナスは言う。西洋の思想史的伝統に関する以上の考察に基づいて、レヴィナスは「ヒトラー主義哲学」の独自性を身体との新しい関係の創出という観点から次のようにまとめている。

このような身体感情を、西洋的精神は一度も甘受したことはなかったのだが、新しい人間観の根底にあるのはこの身体感情に与えられた重要性である。生物学的なもの、および、それが含む宿命的なものの一切は、精神的生の一つの対象以上のもの、精神的生の核心と化したのである。血の神秘的な声、遺伝と過去の呼び声は——身体はその謎めいた運搬手段なのだが——最高度に自由な《自我》によって解決されるべき問題という性質を失ってしまった。〔…〕人間の本質はもはや自由のうちにあるのではなく、一種の繋縛（enchaînement）のうちにある。真に自己自身であること、それは《自我》の自由とはつねに異質なさまざまな偶発事のうえをふたたび飛翔することではない。むしろ逆に、われわれの身体に独自の、不可避的な根源的繋縛を自覚することであり、とりわけこの繋縛を受け入れることなのである(16)。

身体からの不可能な脱出を志向するかわりに、身体への繋縛を積極的価値に転換することが問題となるとき、身体が謎めいた仕方で宿す「血の神秘的な声」への聴従は、そのような生物学的な宿命性をあえて召喚しようとする試みへと容易に転じうるだろう。それゆえ、いまや「人種が存在しないのであれば、人種を捏造しなければならない(17)！」のであり、かくして身体に対する精神の自由は、それが西洋的伝統において占めてきた「人間の本質」という座を、「精神の具体化（concrétisation de l'esprit）」による身体への繋縛に明け渡すことになる。「ヒトラー主義哲学」においては、民主主義や議会制といった既存の政治制度の是非ではなく、まさに「人間の人間性そのもの」が問われているのである(18)。

さきに「フライブルク、フッサール、現象学」に関して見たように、レヴィナスにとって現象学が従来の哲学にもたらした寄与とは、世界のうちに身を置いた現実的な人間存在の具体的様態を分析するその方法にあった。それでは、このような現象学による具体性の復権への評価と、「ヒトラー主義論文」のなかで暗示されている「具体的なものの神秘主義」の拒絶はいかなる関係にあるのだろうか。この点について、「ヒトラー主義論文」の現行版に長文の解説を寄せているアバンスールは、「具体性の神格化という覆いに隠れて、具体的なものへの方向づけと実存の粗暴化（brutalisation）とのあいだの不吉な混同が据えつけられた」[19]のだと指摘しているが、具体性に対するレヴィナスの両義的な関心という視点からレヴィナスの思想全般を見渡すならば、四〇年代以降本格的に展開されることになるレヴィナスの思想はこの「具体的なもの」の内実をあらためて問い直すことから始まっているのではないかと考えられる。第Ⅱ部から詳しく見ていくように、レヴィナスが「他者（autrui）」の「他性（altérité）」を問題とするのは、つねに、われわれが日常的に身を置いている具体的な世界との関係においてだからである。その際にレヴィナスは、「具体的なもの」という言葉のもとで漠然と了解されている、世界内での人間存在のさまざまな様態を「同じもの」《同》と「他なるもの」《他》とに腑分けすることを通して、「同じもの」に還元されることのない他性を導出するための理路を組み立てていく。その前段階としてレヴィナスが行うのは、「ヒトラー主義論文」で論じられていた「身体への繋縛」を「存在への繋縛」と読み替えることによって、「具体的なもの」からそれを基礎づける存在そのものへと遡行することだった。「ヒトラー主義論文」の翌年に発表された論文「逃走について」が含んでいる以上の論点は、その意味でのちのレヴィナスの哲学的道程を予示したものとなっている。

第三節　存在からの逃走――「逃走について」

一九三五年に『哲学探究』誌に掲載された「逃走について」は、「逃走（évasion）」という現代文学の一つの大きな主題を補助線とすることによって、「存在（être）」からの脱却の方途を哲学的に模索したものである。この論文はさきの「ヒトラー主義論文」と同様に短い雑誌論文でありながら、一九八二年にジャック・ロランの編集により単行本として刊行されて以来、レヴィナスの思索の独自性がはじめて開陳された論文であるという評価を受けている。レヴィナスは初期の主要著作である『実存から実存者へ』（一九四七年）において、「存在の彼方の善（Bien au-delà de l'être）」というプラトン的定式に「存在の悪（mal de l'être）」、さらには「存在することの悪（mal d'être）」を対置しているが[20]、のちの著作でこのように明確に示されることになる存在に対する断罪の意味を理解するに際して「逃走について」が果たす役割は大きい。というのも、この論文で繰り返し前景化されているのは、逃走という措辞が惹起しうるある種の華々しさとはほど遠い、存在の「重さ」だからだ。

「存在する」とは、いかなる制限も受けない至高の自由をともなった軽やかな「遊び」を意味するのではなく、むしろ影のようにつきまとって離れない自らの存在を引きずっていくことだとする『実存から実存者へ』の議論は[21]、「逃走について」の前年にレヴィナスが発表したルイ・ラヴェル『全体的現前』（一九三四年）の書評のうちにその萌芽を見ることができる。この書評の冒頭からレヴィナスは、「戦争と、それに先立つ暗鬱な予感の数々、そしてそのあとに続いた危機」によって、人間は「至高の、動じることのない理性が汲み尽くすことも満足させることもできなかった実存という感情[22]」をもつに至ったと書いている。レヴィナスは「人間を有限な存在のうちに閉じ込める現代のドイツ哲学」という言葉でハイデガーを暗に引き合いに出しつつ「存在論の復興」に言及しているが、存在論の復興とは「この実存の重みないし重力」の発見であり、そしてこの発見は「実存は価値と嵩（*volume*）を有する」という感情に由来すると述べる。「存在がある（*il y a de l'être*）」、すなわち、存在は透明かつ抽象的な仕方で考えられるのではなく、ある具体性（のちのレヴィナスの用語を用いるならば「物質性（matérialité）」）をそなえた仕方で「ある」ということ——そこにレヴィナスは認識論に対する存在論の復興の鍵を見るのである[23]。

ラヴェルが明るみに出した時間の構造において、人間存在の根本的様態とは「全体的存在（l'être total）」への「融即（participation）」としての「現在（présent）」であり、レヴィナスによれば、この「現在の復権」によってラヴェルの哲学は「ドイツの哲学者たちの言う悲劇的絶望」を打ち破っているとされる[24]。つまり「われわれの運命は現在のうちで作られ、決定される」のであり「〔…〕われわれは運命の奴隷ではなく主人なのである」[25]。「仏独両文化における精神性の理解」および「ヒトラー主義論文」との関連でこの指摘を捉え直すならば、時間構造における根本的な優位を現在のうちに見いだすラヴェルの哲学は、実存を過去による決定性から解放しようとする点でレヴィナス自身にとっても重要な視点を提供していたと言える。その意味で、この時期のレヴィナスを、存在論の復興という次元でハイデガーとの差異化を図ったラヴェルやガブリエル・マルセルらの「フランス流存在論」の側に同化させる試みはたしかに有効だろう[26]。しかし同時に、レヴィナスとラヴェルの近さを強調するだけでなく、ラヴェルにおける「現在的永遠性」からは「具体的時間の生き生きとした豊かさ」[27]が奪われているのではないかというレヴィナスの疑念についても指摘しておく必要があるだろう。この疑念はのちの論文「現実とその影」（一九四八年）を中心に展開される芸術批判に結びついていくが、実際「現実とその影」では、彫像が体現するのは運命に縛りつけられた不動の瞬間であり、そこにおいて現在の瞬間は決して引き受けられることのない「非人称的で匿名の瞬間」[28]であると言われている。この議論を含むレヴィナスの芸術論についてはのちに見るが、ここでは、レヴィナスがラヴェルを引き合いに出しながら、ハイデガーに代表されるドイツ哲学における実存の具体性に関して一定の評価と一定の留保とをふたたび表明していることを確認しておきたい。

ラヴェルを通じて見られた存在論の復興という文脈に関して、レヴィナス自身は「逃走について」のなかでどのような態度表明を行っているのだろうか。現代文学における「逃走」のモチーフは単なる流行語ではなく「世紀の病」であり、それは「われわれの世代による存在の哲学へのもっとも根本的な断罪として現れている」[29]と述べたあと、レヴィナスは次のように続けている。

存在がある（*il y a de l'être*）――価値と重みをもった存在（l'être qui vaut et qui pèse）がある――という基礎的

な真理が、この真理の粗暴性と深刻さに見合った深遠さをともなって現れている。生という愉快な遊び（jeu）は、その遊びとしての性格を失ってしまう。それは、遊びがさまざまな苦痛によって脅かされて不快なものになるからではなく、苦痛の核心が、苦痛を中断することの不可能性と、釘づけにされている（être rivé）という強烈な感情によって成り立っているからである。〔…〕それゆえこの存在の経験全体において重要なのは、われわれの実存がもつ新しい性格の発見ではなく、われわれの実存の事実そのもの、われわれの現前の非罷免性（inamovibilité）の発見なのである。[30]

「存在がある」という表現から読み取れる存在の一種の物質性と存在の重みについての指摘、ならびに、苦痛そのものよりも苦痛に「釘づけ」にされていることこそが苦痛の核心をなしているという言明など、「ヒトラー主義論文」とラヴェルへの書評で模索された思想がこの「逃走について」に発展的に盛り込まれていることがはっきりと見て取れるが、それに加えて、ここでの「価値と重みをもった存在」という表現が一九三二年の「フライブルク、フッサール、現象学」でも用いられていたことに注意したい（ただし、後者においては「存在（être）」ではなく「実存（existence）」）[31]。この表現は「フライブルク、フッサール、現象学」では、科学が捉えることのできない環境世界の具体性を表していたが[32]、ここではむしろ存在それ自体の「粗暴性」を示すために使われている。強調すべきは、存在のこの価値や重さはあらたに発見された一つの性格ではなく、打ち消すことのできない存在の「事実性（facticité）」を意味しているという点である。

事実性をめぐる議論はレヴィナスがハイデガーから継承した重要な論点の一つだが、両者の議論の近さと相違とに気を配る必要がある。ハイデガーにおいて、「存在しており、そして存在しないわけにはいかない」という現存在の事実性（Faktizität）は、世界内存在としての現存在がその「現（Da）」のなかに投げ入れられているという「被投性（Geworfenheit）」として解釈され、それを開示するのは現存在の「情態性（Befindlichkeit）」であった[33]。現存在の「気分（Stimmung）」はたいていは「存在していること」に眼を向けておらず、とりわけ気分が高揚しているときにはまったくこの被投性を気にかけることがないのだが、気分が失調した状態である「ふさぎ（Verstimmung）」においては存在の「重荷的性格（Lastcharakter）」があらわになると言われる[34]。それに対し、レヴィナスにおいて存在の「重荷的性格」を明らかにするのは身体的苦痛である。「ヒトラー主義論文」では身体的苦痛が一般的な仕方で問題とされているにすぎなかったが、「逃走について」から『実存から実存者へ』に至る一連のテクストで、レヴィナスは苦痛をともなういくつかの身体的現象を存在論的観点から分析している。身体的苦痛の分析を通じて存在そのものへ接近する理由について、レヴィナスは「時間と他者」で次のように述べている。「道徳的な痛みにおいては、ひとは誇りをもった態度やしかつめらしい態度を保つことができ、したがってすでにこの痛みから解放されることができるのに対して、身体的苦痛は、それがどの程度のものであっても、実存の瞬間から身を引きはがすことの不可能性なのである。それは存在の仮借なさそのものなのだ[35]」。そして、身体的苦痛においてあらわになる存在への繋縛は同時に、「〔…〕自我は自己自身であるという事実[36]」という根底的な繋縛をも意味する。

「逃走について」では、この存在から退くことの不可能性、否応のない存在の事実性を開示する身体的な「不快（malaise）」として、おもに「羞恥（honte）」と「吐き気（nausée）」が取り上げられている。現象面での相違はあるものの、いずれの不快感も自己の存在への解消不可能な結びつきを示している点で共通の経験だとされる。羞恥が生じるのは「隠したいと思っているものを隠すことができない[37]」ときであり、それは曝されている自己自身から逃れることができずに自己自身に釘づけにされているという事実にほかならない。また、吐き気は不快の本性をより根源的な仕方で示す現象としてレヴィナスが重視しているものだが、吐き気とは、身体の内部から突き上げられることで外部へと追い立てられながらも決して成就することのない脱出の試みであり、結局はこの脱出の不可能性、すなわち自己への繋縛を絶望的な仕方で確証するものである。[38]

興味深いことに、この論文は「逃走について」と題されながらも、実際には以上のような不快の分析を通じてむしろ逃走の不可能性を論じており、「逃走の哲学（une philosophie de l'évasion）」を素描するという課題はのちの著作に委ねられている。[39] レヴィナスが「永遠性」の問題に言及していることに注意すると、この「逃走の哲学」の探求は四〇年代の諸研究、すなわちさきに触れた論文「現実とその影」や、レヴィナスが「他者」の問題系を本格的に展開しはじめる『実存から実存者へ』および「時間と他者」へと繰り越されていると推測できるが、「逃走について」の編者ジャック・ロランをはじめとして、この「逃走について」のうちにレヴィナスの七〇年代の主著『存在するとは別の仕方で　あるいは存在の彼方へ』（一九七四年）の議論の原型を読み取る論者も存在する。[40] それに対しては、この論文のレヴィナスはあくまでも存在論の枠内で自身の哲学を組み立てているのであって、「存在の彼方」ではなく「新しい存在論」を探求しているのだとする異論も提出されている。[41]

本書としては、ここでレヴィナスが用いている逃走という概念が「存在するとは別の仕方で」を意味しているのか（ロラン）、それとも「別の仕方で存在すること」を意味しているのか（アンセル）という議論[42]以上に、この「逃走について」が「ヒトラー主義論文」と同様、西洋哲学全体の問い直しという視点をすでに含んでおり、その点でのちのレヴィナスの歩みを予感させるものであることを強調したい。レヴィナスは、「かくして逃走の欲求（besoin）は〔…〕われわれを哲学の核心へと導く」とし、逃走という概念によって「存在としての存在」という古代からの哲学的問いを刷新することができると述べたあとで、「純粋存在とは〔…〕、存在という既成事実のうちに身を落ち着け、そこから抜け出ることのできない一つの文明のしるしにほかならないのではないだろうか」と続けている。[43] つまり、存在への繋縛から身を引き離す方途を模索するという「逃走の哲学」は、「存在という既成事実」を甘受する「文明」とは異なった「文明」をその基盤としているということになる。このことは「逃走について」を締めくくる最終段落で明確に表明されている。

しかしながら、観念論がたどった道のなかにではなく、観念論が切望したもののなかに、疑いの余地なく西洋文明の価値がある。すなわち、観念論は当初の着想においては存在を乗り越えようとしているのである。存在を受け入れるすべての文明、存在が含む悲劇的絶望と存在が正当化するさまざまな犯罪を受け入れるすべての文明は、野蛮（barbare）の名に値する。

それゆえ観念論の正当な要求を満たすために――とはいえ観念論の錯誤に陥ることなく――開かれる唯一の道とは、恐れることなく存在の全重量とその普遍性をはかることであり、実存が成就するまさにそのときにこの実存を打ち破るような出来事の代わりとはなりえない行為や思考の無益さを認めることである。つまるところ、そのような行為や思考によって逃走の独創性が覆い隠されてはならないのである。あらたな道を通って存在から抜け出ることが問題である。そのためには、常識や諸国民の叡智（la sagesse des nations）にとってこのうえなく明白に思われるいくつかの概念を転倒する危険を冒さなければならない(44)。

レヴィナスは、実在論と鋭く対立することで存在を超克しようとした観念論の試みのうちに「西洋文明の価値」を読み取りつつも、観念論とは別の方途をたどって存在から脱出しなければならないと言う。なぜなら観念論は、存在者を実在から観念へと移動させはしたものの、存在者の存在そのものを問題とすることがなかったからであり、それゆえ観念論によってはこの存在そのものを乗り越える「出来事」は思考不可能だからである。そのためにレヴィナスは、「野蛮」と呼ばれるにふさわしい「文明」を明確に拒否する一方で、西洋の観念論的伝統とも一定の距離を取りつつ、存在からの脱出を志向するための「あらたな道」を模索することになる。すでに多くの論者が指摘しているように[45]、レヴィナスはこのあらたな道を探すための一つの手がかりを、「諸国民の叡智」とは異質なイスラエルの叡智のうちに求めているように思われる。そのことを確認するためには、「逃走について」と並行してレヴィナスが発表しているユダヤ教に関する論考を見ていくことが必要である。

第三章　異教とユダヤ教

第一節　異教とユダヤ－キリスト教的連帯

フランスに帰化したのち世界ユダヤ連盟の教育部門の職員として勤務をはじめたレヴィナスは、ここまで検討してきた哲学論文を発表するかたわらで、一九三五年以降、同連盟の機関誌である『平和と権利』誌にも数本の短い論文を寄稿している。レヴィナスが『全体性と無限』によって国家博士号を取得し、ポワチエ、ナンテール、ソルボンヌの各大学で教鞭を執るようになるのはようやく一九六〇年代からであり、それまでのおよそ三〇年間にわたるレヴィナスの活動の中心は世界ユダヤ連盟および連盟の管轄下にある東方ユダヤ師範学校（École Normale Israélite Orientale: ENIO）であった。『平和と権利』誌に発表されたテクストの多くは、反ユダヤ主義の波に曝された同時代のユダヤ教のあり方を問う主旨のものだが、そこでは当時の時代状況に対する社会批判的な視点に加えて、レヴィナスの哲学論文にも呼応する思想が展開されている点が注目される。すなわち「逃走について」の結論部分で暗示的に提出されていた、存在を受け入れた「文明」と存在からの脱出を目指す「あらたな道」との対立が、この時期のユダヤ教論文のうちで別の角度から論じられているのである。

レヴィナスが『平和と権利』誌に発表した文章は、「マイモニデスの現代性」（一九三五年）、「連盟の宗教的霊感」（一九三五年）、「東方ユダヤ師範学校史」（一九三六年）、「改宗することなく友愛を結ぶこと――最近の一冊の本について」（一九三六年）、「反ユダヤ主義の精神的本質――ジャック・マリタンによる」（一九三八年）、「教皇ピウス一一世の死について」（一九三九年）の六本である。(1) これらのテクストは、現在では「思考の試練（一九三五〜一九三九）」という表題のもとで『レルヌ』誌のレヴィナス特集号に再録され、前章で見てきた同時期の哲学論文と同等の重要性をもったテクストとして扱われている。(2) この六本の文章は新聞の体裁に近い機関誌に掲載されたものであり、それぞれが論文というよりはむしろ比較的短い新聞記事に類する性格をもっているため、ここでは各文章を別々に取り上げて詳述することは避け、それらが題材としている状況を適宜補足しながら、全体を通底している問題を本書の関心から論じていきたい。

一九三〇年代に書かれたレヴィナスのユダヤ教論考に関して、本書の道程においてもっとも重要なことは、「逃走について」の末尾で「野蛮」と形容されていた「存在を受け入れた文明」が、これらのテクストでは「異教＝土俗信仰（paganisme）」と呼ばれている点である。(3) このことは、中世を代表するユダヤ人哲学者マイモニデスの生誕八〇〇年を記念して発表された「マイモニデスの現代性」のなかで特に詳しく論じられている。この論文でレヴィナスは、偉大な思想の価値とは非人称的な永遠性にではなく、現今の世界がはらむ関心事を照らし出すその「現代性」に存するという観点から、マイモニデスの思想がもつ今日的な意義を読み解いているが、そこでこの時代の関心事はまさに異教の台頭によって特徴づけられている。

われわれの時代の目下の関心事はとりわけ悲痛なものだ。それはユダヤ人としてのわれわれの実存、人間としてのわれわれの実存の本質そのものに関わっている。ユダヤ－キリスト教文明は、ヨーロッパのただなかに住み着いた一つの尊大な野蛮（une barbarie）によって嫌疑をかけられている。一段と比類のない厚かましさで異教（paganisme）が頭をもたげ、諸価値を転倒し、基礎的な諸区別を混乱させ、聖と俗との境界を消し去り、そして秩序の回復を今日まで可能にしていた諸原則そのものを解体してしまった。われわれの文明の基礎はすでに、盲目にされ眩惑されるに任せた人々の一群にとっては揺らいでしまったように映っている。彼らを盲目にし眩惑しているのは、一つの教理たらんとするデマゴギー、一つの偉業を自称する冒険的企ての爆発的な出現であり、その急速な成功である。迷える者たちがこれほど多かったことはいまだかつて一度もない。(4)

ナチズムに扇動された「迷える者たち」が大挙してユダヤ‐キリスト教文明の価値を問いに付している状況下で、レヴィナスはマイモニデスの著作『迷える者たちの手引き』のうちにこの状況を理解するための理論的原型を読み取っている。すなわち「第一動因」によって世界を説明するアリストテレス的思考と、「無からの創造」を肯定するマイモニデス的思考との対立である。ある質料が作られるのは別の質料に因ってのみだとすると、世界の原因をめぐる議論は無限遡行に陥ってしまうが、マイモニデスがこの難点にもたらした解決は、「すでに創造された世界、反駁不可能なアリストテレスの論理に従った世界と、この論理を免れる世界の創造そのもの」とを区別することにあった。(5) 世界内の事物に関してはその原因をどこまでも遡ることができるが、この世界そのものの成立条件に関しては同じ法則を適用することができない。「自然のいかなる法則も変化することがありえず、またいかなるものもその通常の進行から抜け出ることがありえないように、アリストテレスが信じている仕方で（世界の）永遠性を認めること、一つの必然性として永遠性を認めることは、宗教をその土台から崩すことであろう(6)〔…〕」と述べるマイモニデスは、この区別に基づいて「〔…〕世界が創造されたということはありうる(7)」と主張し、世界の永遠性についての説に反論を加えている。世界を超越するものには世界から借用した概念を当てはめないというマイモニデスの態度のうちに、レヴィナスは「純粋理性批判」の萌芽さえも看取しているのだが、このマイモニデス論の主眼は、マイモニデスが論じている世界の永遠性と世界の被造的性格との区別によって異教とユダヤ教との差異を説明することにある。そしてマイモニデスの「現代性」はまさに、次のような仕方で表明される異教とユダヤ教との対立に「哲学的表現」を与えていることに見いだされる。

異教とは、精神を否定することでもないし、唯一神を知らないということでもない。ユダヤ教の使命が、大地の諸民族に一神教を教えることにすぎないとすれば、それは取るに足らないものになってしまうだろう。それは智者を教育するようなものだろう。そうではなく、異教とは、世界から抜け出ることの根本的な無能力なのである。異教の本質とは、精霊や神々を否定することにあるのではなく、それらを世界のなかに位置づけることにある。〔…〕異教的道徳は、世界の限界を侵犯する能力の完全な欠如の帰結にほかならない。自足し自閉したこの世界のなかに、異教徒は閉じ込められている。異教徒はこの世界が堅固で、実に安定したものだと思っている。異教徒はこの世界が永遠だと思っているのだ。〔…〕

世界についてのイスラエルの感情はそれとはまったく異なるものだ。〔…〕ユダヤ教徒は世界のなかに、異教徒のような決定的な足場をもっていない。諸事物に対してこのうえない信頼が与えられているような場合であっても、そのなかでユダヤ教徒は漠たる不安に苛まれている。健全な精神の持ち主と呼ばれるひとたちにとって、世界がどれほど揺るぎないものに映ろうとも、世界はユダヤ教徒にとって、束の間のもの、創造されたものという痕跡を保ちつづけているのである。(8)

ユダヤ教徒は「健全な精神の持ち主」とは異なり、世界に対する「漠たる不安」にたえず囚われているとレヴィナスは述べ、それを「イスラエルの狂気あるいは信である」とも言っているが、レヴィナスが強調しているのはこの「狂気」にマイモニデスが与えた「哲学的表現」（同）である。世界は永遠であると考える異教徒は、いまある世界はかつてあった世界と同じものであり、またそのまま未来永劫にわたって不変でありつづけると信じることで、現在の実存の様態のうちに過去から連綿とつながる決定性を認める。もちろんマイモニデスにとってもレヴィナスにとっても、アリストテレスは偉大な「異教徒」の一人であって、その哲学の意義がただちに否定されているわけではない。そうではなく、レヴィナスが問題視しているのは、世界の不変性についての信仰が神秘化され、それが現在の世界の存在の端的な肯定に結びつくことである。レヴィナスが「ヒトラー主義論文」や「逃走について」で論じていた身体への繋縛、さらには存在への繋縛は、ここでは異教的思考と同一視され、それが「世界から抜け出ることの根本的な無能力」として定式化されている。それに対し、世界の被造的性格を信じるユダヤ教徒にとって、いまある世界は決して恒久不変なものとは理解されていない。世界が創造されたと信じることは同時に、現在の世界のありさまがいついかなるときでも失効可能であると見なすことで、現在の実存の様態を決定性から引き離すことである。それゆえユダヤ教的思考は、現今の世界の土台をつねに疑うという意味で、世界への決定的な内在性から脱出し、その「外部」を指し示す「逃走の哲学」を素描していることになるだろう。

ユダヤ教と異教との対立は、ナチスによるユダヤ人迫害がさらに激化していく時期の文章でも繰り返し述べられるが、その過程で、マイモニデス論がユダヤ教に付与していた世界に対する異質性という特徴が、キリスト教にも同様に割り当てられている点が興味深い。キリスト教に対するレヴィナスの態度はたえず一定の距離を保ったものだったが、『平和と権利』誌所収のテクストでは、ユダヤ教はキリスト教を予示しているにすぎないとする教会側の伝統的理解の拒絶を別とすれば(9)、むしろヒトラー主義の脅威に対抗する一神教の連帯という側面が強調されている。なかでもカトリック系哲学者ジャック・マリタンについて書かれたテクストでは、ユダヤ教とキリスト教の類縁性が次のように述べられている。

> キリスト教はユダヤ教から生じた。しかし、両者のもっとも親密な類縁性をなしているのは歴史的な血統ではない。両者のもっとも親密な類縁性は、一つの共通の使命のうちに存している。すなわちイスラエルと教会は、世界のうちにありながらも世界に対して異質であり、自らを含んでいるように見える世界をたえず巻き込み、問いに付しているのである。〔…〕世界への固着を規定しているのは、生のあらゆる波乱に範を垂れる現実に安住する仕方であり、自然的条件に喜びを見いだす仕方であり、事物と同一平面にあるという仕方である。結局のところ、ユダヤ‐キリスト教を異教から分けるのは、なんらかの道徳や形而上学である以上に、世界の偶然性と非安全性についての差し迫った感情であり、わが家（chez soi）にいないという不安、そしてそこから抜け出る力である。[10]

マリタンを引き受けつつレヴィナスが述べているように、天上ではなく地上への神の国の到来を希求する点でユダヤ教はキリスト教に対立しているのだが[11]、レヴィナスは反ユダヤ主義がこの対立に由来するわけではないことを強調している。むしろ、異教的様態として現れる反ユダヤ主義は、ユダヤ‐キリスト教的な「《超自然》に対する《自然》の反抗」であり、それはキリスト教と両立しないばかりか、その不倶戴天の敵だという[12]。ユダヤ教もキリスト教も「自然」の神格化に敵対する点で共通の基盤を有しており、対して反ユダヤ主義は、人種主義に基づいた一つの理論である以上に、ユダヤ‐キリスト教の使命そのものの拒絶なのである。

反ユダヤ主義に直面するなかで結ばれたこのユダヤ教とキリスト教の連帯については、ユダヤ教をあらためて「反異教（anti-paganisme）[13]」と定義している論文「教皇ピウス一一世の死について」でも触れられている。ピウス一一世はムッソリーニ政権、ついでヒトラー政権と政教条約を結んだ教皇として知られているが、ヒトラー政権による政教条約の不履行を受け、一九三七年三月一四日にナチスの人種主義政策とその異教的性格を厳しく糾弾するドイツ語の教皇回勅「焼けつくような憂慮とともに」（*Mit brennender Sorge*）を発表した。[14] レヴィナスは一九三九年二月に逝去したピウス一一世の死を悼むテクストの冒頭で、この教皇の死に胸を痛めているユダヤ人たちの態度は、「もしキリスト教が、長いあいだわれわれに見えていた姿、われわれの思い出に残っていた姿でありつづけているとしたら説明されえない態度である」[15]と述べている。中世以来、まさにキリスト教徒こそがユダヤ教徒を弾圧し、反ユダヤ主義を体現していたのだったが、ナチス政権による人種主義的な反ユダヤ主義は、「聖史」における自らの固有の運命をユダヤ人に自覚させると同時に、キリスト教には、聖書に反した世界と闘うという「〈教会〉の宗教的使命」を思い起こさせた。[16] そして、ユダヤ教とキリスト教のあいだで信仰の向かう道がたがいに異なっているとしても、「鉤十字で覆われ、ますます敵意を増大させている世界のなかで、われわれがしばしば仰ぎ見るのは、まっすぐで純粋に枝分かれした十字架なのである」（同）。

本節では、一九三五年から一九三九年に『平和と権利』誌に発表されたテクストを異教とユダヤ‐キリスト教の対立という観点から概観してきた。そのうえで、これらのユダヤ教論考が同時期の哲学論文とどのような関係を取り結んでいるのかがあらためて問われなければならない。最後に第Ⅰ部のまとめとして、三〇年代のレヴィナスの思想を第Ⅱ部以降の議論につながる形で整理しておきたい。

第二節　選びと狂気

一九二〇年代後半から三〇年代にかけてのレヴィナスのテクスト群は、第三課程博士論文『フッサール現象学における直観の理論』やフッサール『イデーン』第一巻の優れた要約をはじめとした現象学研究論文、「逃走について」

や「ヒトラー主義論文」に代表される哲学論文、そして『平和と権利』誌所収のユダヤ教論文の三種類に大別される。ここまで本書ではレヴィナスが展開している「具体的なもの」「繋縛」といった理論構成の共通項に注目しながら、これらのテクスト群相互の内的連関を概観してきた。フッサール現象学の研究者としてのレヴィナスによって書かれた哲学論文と、世界ユダヤ連盟職員としてのレヴィナスによって書かれたユダヤ教論考とを、それらが置かれた文脈の相違を無視して並列に論じることについてはもちろん反論が可能だろう。しかし、これらの異なる研究領域や主題にまたがったレヴィナスの多様な関心が、「具体的なもの」への固着とそこからの脱却という筋道に収斂していることは、これまでの論述から明らかになったと思われる。ただし、具体的・日常的世界への内在、身体さらには存在への繋縛の分析は、三〇年代のユダヤ教論考において、一方では世界における異教的な内在性と関連づけられて批判されるとともに、他方で「ユダヤ人は避けがたく自身のユダヤ教に釘づけになっている」[17]といった主張を通じて、ユダヤ的存在様態の記述へと転換されてもいる。現存の世界への内在とそれがもたらす決定性から距離を取り、そこから脱出する方途を垣間見ることを可能にするユダヤ教的思考そのものによって、まさにユダヤ人はユダヤ教に決定的な仕方で繋縛しているという逆説が生じているのである。

　このことから分かるように、三〇年代のユダヤ教論考でレヴィナスが試みているのは、迫害の渦中にあるユダヤ人ならびにユダヤ教的価値を、いわゆる選民思想に基づいて称揚するといったことではない。「〔…〕われわれはユダヤ教を棄てることはできないということをヒトラーは思い出させたのだ」[18]と述べるとき、レヴィナスは、現象学に依拠した方法論を活用して「ユダヤ人であること」の様態の解明を目指すために、「ユダヤ人であるという事実の重さ」[19]を正面から引き受けることを選択したのだと言える。「重さ」を示す一連の関連語が三〇年代を通じたレヴィナスの大きな関心事を指示していることはすでに確認したとおりである。そして、この「重さ」を測定し、それを背負うことの意義を正確に見定めることこそ、「マイモニデスの現代性」で言われていた「イスラエルの狂気あるいは信」[20]であり、おそらくは生涯を通じてレヴィナスが失うことのないユダヤ教および「ユダヤ人であること」についての見解だろう。ニーチェ的な「主人道徳」に代表される「異教的道徳」、すなわち「存在の自然的発露」や「力と地上的偉大さへの信仰」の側から見れば逆説であり狂気でもあるこの信、「苦しみによってのみ顕現するような選びに執着する」という「狂気」[21]は、極度の受動性が無限の責任へ転じるという、七〇年代の諸著作で展開される主体性の様相をある面では予告している。

三〇年代の哲学論文およびユダヤ教論考に共通するレヴィナスの関心を特定しようとする際におそらくもっとも問題となるのは、ハイデガーに対するこの時期のレヴィナスの理論的立場だろう。本書第Ⅲ部で見るように、一九三五年のマイモニデス論ではじめて論じられた「異教」という概念は、五〇年代後半から六〇年代にかけてのレヴィナスのハイデガー批判における中心的な論点であり、そこでは世界への内在性とならんで、一つの「場所」に執着する定住文明的な性格がおもにハイデガーの後期哲学のうちに読み取られている。このことから時代を遡って、存在への繋縛を論じていた「ヒトラー主義論文」や「逃走について」といった三〇年代の哲学論文がいわゆる「転回」以前のハイデガーの哲学に対する批判をすでに含んでいたというのが、現在の研究の基本的な論調をなしている[22]。しかし、この議論によって暗に主張されてしまうおそれがあるのは、レヴィナスが「ヒトラー主義哲学」と呼ぶものが指示していたのがほかならぬハイデガーの哲学であるという推定である[23]。

レヴィナス自身による後年の回想もこの主張を部分的に支えている。「ヒトラー主義論文」が英訳された際にレヴィナスが付している「序註」(フランス語版では「追記」)は、この論文を自分の文献目録に含めることさえしなかったレヴィナスがこの論文を振り返っている点で貴重なものだが、そこでレヴィナスは「国家社会主義という血なまぐさい野蛮の源泉」が「《元基的悪》(*Mal élémental*)の本質的な可能性」のうちにあるとし、この可能性は「存在することに関心をもつ《存在》の存在論、ハイデガーの表現によれば「自らの存在においてこの存在そのものに関わっている」ような《存在》の存在論のうちに書き込まれている」[24]と述べている。またレヴィナスは一九八八年のある対談でも、「たしかにこれらのページ〔『存在と時間』〕には、国家社会主義のさまざまなテーゼと明白に関係しうる定式は一切ありませんが、それでもその構造にはこれらのテーゼが置かれうるようないくつかの曖昧な部分が含まれています」[25]と語っている。さらにより具体的なハイデガーの政治的態度に関しても、ヒトラーが政権を掌握しハイデガーがフライブルク大学総長に就任する一九三三年以前から、フランスではかなりの部分が知られていたとも言われている。[26]これらの発言はヴィクトル・ファリアス『ハイデガーとナチズム』(一九八七年)によって引き起こされた論争を背景としているが、すでに引用した一九三三年の「仏独両文化における精神性の理解」に見られるように、レヴィナスが非常に早い時期からハイデガーの「実存哲学」とヒトラー主義哲学とのある種の類縁性を看取していたのはたしかだろう。

しかし、レヴィナスが明示的な仕方でハイデガーに批判的に言及するようになるのは、あくまでも第二次世界大戦後の四〇年代後半からであり、[27]三〇年代にレヴィナスがハイデガーの哲学に対して保っていた両義的な態度を、存在への繋縛と存在からの逃走という対立図式に安易に還元してしまうことは難しい。もちろん本書でも確認したように、逃走のカテゴリーを提示した三〇年代の哲学論文と、異教的内在に対して世界からの超脱を論じるユダヤ教論考との照応関係について、「世界の外への脱出の希求は、ひとがそこに「釘づけ」になっている存在の外への「逃走」という主題に呼応している」[28]という主張は一定の真実性をもっている。しかしながら、「逃走について」が「逃走の哲学」そのものを提示するのではなく、そこから逃走すべき存在への繋縛を重点的に論じていること、存在への「釘づけ」がユダヤ教への「釘づけ」に転じていることなどを考慮に入れるならば、レヴィナスの試みとは、ハイデガーの哲学の単なる否定ないし棄却ではなく、それを可能なかぎり踏まえたうえでの批判的かつ発展的な練り直しであると言うべきだろう。そうでなければ、一見するとハイデガーの哲学を厳しく非難しているように見えながらも、生涯にわたって『存在と時間』がもたらした哲学的意義を強調しつづけ、さらには自身の理論構成の重要な局面でそのつどハイデガーの問題設定を継承しているレヴィナスの身振りを十分に理解することはできない。一九四七年に「この哲学〔ハイデガー哲学〕の風土を離れるという深遠な欲求」(29)を表明しているレヴィナスが、同時期にすでに開始されていたハイデガーの政治的立場をめぐる論争に関与していないことも、以上の観点から強調されてよい事柄だと思われる。(30)

レヴィナスのこの立場は、第Ⅱ部以降で見る「場所」という主題において明確な仕方で現れることになる。「場所」は一九四七年の『実存から実存者へ』では主体が成立するための根拠として捉えられるのだが、五〇年代後半以降になると、ハイデガーの後期哲学の異教的性格と結びつけられて批判的に論じられる主題に変容する。先取りして言えば、一九三五年のマイモニデス論で「世界から抜け出ることの根本的な無能力」と定義された異教は、ある特定の局地的《ローカル》な「場所」への固着として解釈し直され、それに対して、一切の「場所」から自由であるとされるユダヤ教的思考に範を得たレヴィナスの独自の思索が展開されることになる。

のちに「場所」からの解放は、人類初の有人宇宙飛行を達成したユーリ・ガガーリンの偉業に結びつけられる形でいささか戯画的に語られることになるものだが、そこで重要なのは、ガガーリンが世界の外に出たことそのものというよりはむしろ、自然的なものと見なされている事物との結びつき〔異教的様態においてはとりわけ土地との結びつき〕を自明視することなく、それに対して一定の距離を保つ仕方であり、その意味でこの議論は非常に日常的な場面にも適用されうるものである。このことをよく示しているのは、言及されることが少ない三〇年代のもう一本のユダヤ教論考「宗教的実践の意義」〔一九三七年〕である。(31) ここでレヴィナスは、コーシェル〔適正食事規定〕やタレフ〔コーシェルでない食物〕、メズザー〔聖書の一節を記した羊皮紙が入った容器で、玄関に取りつける〕を例に挙げながら、ユダヤ教における儀式と宗教的実践〔勤行〕の特徴を、事物との自然的なつながりを宙吊りにする点に認めている。『平和と権利』誌に発表された同時期のユダヤ教論考で提示されていた、自然的なものと超自然的なもの、世界への内在と世界からの超脱という対立が、このテクストではユダヤ教の宗教的掟との関連で論じられているのである。第Ⅰ部を締めくくるにあたって、このテクストの次の一節を見ておこう。

結局のところ、掟を実践するユダヤ人（Juif pratiquant）にとって、世界は決して自然な事柄として現れることはない。他のひとびとは世界において、ただちにわが家にいると感じるし、気楽であると感じる。彼らが生きる雰囲気（ambiance）は、彼らにとってあまりにも普通のものであり、彼らはもはやそれに気づくことがない。彼らの反応は本能的である。彼らにとって、事物はすべて古くからの知識であり、親しいものであり、日々のものであり、世俗のものである。ユダヤ人にとっては逆に、完全に親しいものなどなにもなく、完全に世俗的なものなどなにもない。ユダヤ人にとってもろもろの事物の存在は、かぎりなく驚嘆すべきものである。それは一つの奇跡のように彼を打つ。ユダヤ人は、世界がそこにあるという、かくも単純ではあるが途方もない事実をまえにして、あらゆる瞬間に驚嘆の念を抱くのである。(32)

ここで述べられているユダヤ教の宗教的掟の特質は、現象学のエポケーにも似た一種の括弧入れ、事物の自然な進行の中断のうちにある。レヴィナスはこの節に続けて、ユダヤ教の土台である創造への信仰はなんらかの抽象的な神学的教条ではなく、まさにこの「世界がそこにある」ことに対する驚きにほかならないとする。そこでは、当然のものとして考えられている世界、われわれを取り囲む「雰囲気」はその絶対性を失うことになる。ハイデガーが現存在の「それが第一に、そしてたいてい存在しているさま」から出発するのとは反対に、レヴィナスはこの事実性に対する疑いから自らの問いを組み立てているのだ。この疑いに端を発した四〇年代以降のレヴィナスの思索は、ハイデガーの議論を発展的に継承しながらも、われわれを取り巻く「環境世界」の主題と本格的に格闘していくことになる。

本書の主要な関心である「場所」の主題が現れるのは、「環境世界」の乗り越えというこの企図の途上においてである。

第Ⅱ部　環境世界と根源的場所

復員後のレヴィナスは、世界ユダヤ連盟管轄下の東方ユダヤ師範学校の校長を務めるかたわら、一九四〇年代後半から断続的に哲学著作・論文の出版を開始する。とりわけ、捕虜収容所で書き進められ一九四七年に出版された『実存から実存者へ』、および、ジャン・ヴァール主宰の「哲学コレージュ（Collège philosophique）」における一九四六～四七年の講演「時間と他者」は、三〇年代の現象学研究によって得られた知見に基づきつつ、この時期にあらたに導入される「他者」の主題を軸として独自の思索を展開している。第Ⅱ部では、この「他者」の概念の導入にあたって大きな役割を果たしている「環境世界」の問題系と、環境世界に対してレヴィナスが提示している「場所」の主題を中心としてこの両テクストを論じていく。その際、二〇世紀初頭から、哲学のみならず多くの人文学において環境世界の主題が問題となっている事情に着目し、レヴィナスとの直接的ないし間接的な関係が想定される範囲に絞りながらこれらの広範な問題領域にも注意を払っていく。

第一章　『実存から実存者へ』の「世界」概念

第一節　道具と趣向性

第Ⅰ部で指摘したように、レヴィナスは一九三二年初出の「マルティン・ハイデガーと存在論」およびその改訂版において、ハイデガーが『存在と時間』で明るみに出した現存在の世界内存在という構造と、それに接近するために議論の俎上に載せられた環境世界という主題を非常に重視していた。レヴィナス自身は『実存から実存者へ』および「時間と他者」のなかで環境世界という語を用いてはいないが、世界への内在の様相が論じられる際に問題となっているのはハイデガーから継承された世界内存在の議論であり、その分析の起点となる現存在にとって身近な環境世界である。(1)『実存から実存者へ』がその冒頭から「世界の終末」という「強迫観念」に言及しているように(2)、この著作がハイデガーの世界概念の問い直しから出発していることは、レヴィナスにとってこの主題がいかに重要だったのかを示している。

レヴィナスとハイデガーの両者における世界の解釈に関する齟齬は、ハイデガーが世界を「合目的性（finalité）」によって説明する点にある。『実存から実存者へ』の次の箇所から出発して、ハイデガーの議論との対照におけるレヴィナスの世界概念を見ていくことにしよう。

世界という概念を諸対象の総和という概念から分離する試みのうちに、われわれは進んでハイデガー哲学のもっとも深遠な発見の一つを認める。しかし、世界内存在を記述するために、このドイツ人哲学者はまさに存在論的合目的性（finalité　ontologique）に助けを求め、この合目的性に世界内の対象を従属させるのである。諸対象のうちに「資材」――「戦争資材」と言うときの意味で――を見いだし、彼は諸対象を存在することへの関心（souci d'exister）のうちに包摂してしまった。この関心は彼にとっては、存在論的な問いの措定そのものに等しいものである。こうしてハイデガーは、世界内の存在の本質的に世俗的な性格と志向の真摯さ（sincérité）を軽視したのである。(3)

ここで言われている「存在論的合目的性」とは、ハイデガーが『存在と時間』で展開している「道具（Zeug）」と「配慮（Besorgen）」の構造を指している。世界内のすべての存在者を枚挙することによって得られる「諸対象の総和」によっては、現存在にとっての世界という現象に到達することはできない。世界内存在という構造を有する現存在は、世界内の存在者とそのつど関係しているのであり、ハイデガーは現存在がさまざまな行為とともに存在者と具体的に取り結ぶ関係を配慮と名づけている。配慮の対象となる世界内の諸事物は、客体的なあり方で（「客体性／手前性（Vorhandenheit）」をそなえたあり方で）存在しているのではなく、それぞれが「用具性／手元性（Zuhandenheit）」をそなえた道具として、たがいに多様な指示連関を構成している。「道具とは、本質的に「…するためにあるもの」[4]であり、「〔…〕配慮は、それぞれの道具を構成している「…するためにある」という指示に服している」[5]。

この道具と配慮の構造において重要なのは、道具は決してそれ一つだけで存在しているのではなく、つねに他の道具との関係のなかに置かれている点である。日常的な生活世界では、個別的な道具に気づかれる以前に道具立ての全体が発見されているのであり、それゆえ個々の道具の背後には、個別的な道具の指示連関を下支えしている「道具全体性（Zeugganzheit）」がある。そして、おのおのの道具は「…のため」という形で、かならずなんらかの用途へ向かって差し向けられており、道具がもつこの差し向けの性格は「趣向性（Bewandtnis）」と呼ばれる。個々の道具の背景を構成している道具全体性は、存在論的にはさまざまな趣向が織り成す「趣向全体性（Bewandtnisganzheit）」として、それぞれの道具の「…のため」をあらかじめ規定している。とはいえ、この合目的性の連関に終着点がないわけではない。

しかし、趣向全体性そのものは、つきつめていくと、もはやいかなる趣向ももたない「…のため（Wozu）」へ帰着する。この「…のため」は、それ自身は世界の内部にそなわっている用具的なものというありさまで存在するものではなく、それ自身の存在が世界内存在として規定されていて、世界性（Weltlichkeit）そのものをおのれの存在構成としてそなえている存在者である。〔…〕この第一義的な「…のため」は、「…を主旨とする（Worum-willen）」である。そしてこの「主旨（Um-willen）」はつねに、それの存在において本質的にこの存在そのものが問題となっている、現存在の存在に関わることなのである。(6)

ハイデガーが解釈する世界において、おのおのの道具が多様な指示連関を構成している「趣向全体性」は、それらの道具を配慮という形で使用することができる現存在の周りに、通常は主題化されない仕方で開かれている。道具の「…のため」は、この合目的性の連関をたどることで、存在の意味を問うことができる範例的な存在者としての現存在に終着することになる。現存在を「取り囲んでいる（um）」環境世界は、現存在にとって問題となっている（«Es geht... um...»）存在そのものを「主旨」として構成されているのである。そして『存在と時間』の議論では、世界内の事物との交渉である配慮（Besorgen）のみならず、他の人間との交渉である「顧慮（Fürsorge）」もまた、現存在の存在そのものへの「関心（Sorge）」に基づいたものとして構想され術語化されている。

さまざまな道具の「…のため」という指示連関の網の目が、最終的に現存在の「存在することへの関心」をめぐって構成されているこの構造を、レヴィナスは「存在論的合目的性」と呼んで批判していた。しかし、配慮の構造を合目的性と解釈することについては異論もある。たとえば『存在と時間』の仏訳者であるエマニュエル・マルティノは、趣向性を「展開＝相貌（tournure）」と訳したうえで、それは合目的性ではないと注意を促している。(7) マルティノによればBewandtnisとは「ハンマー」であれば「ハンマーで打つ」といったように、ある道具の使用においてまさに問題となっている事柄（«ce dont il retourne»）を示すと同時に、この使用において道具が呈する具体的な様相を表すものである。この指摘に従うならば、道具がそのために用いられる行為を単に指示しているにすぎないこの「…のため」という構造を、現存在の存在の存在のためという目的に従属したものとするレヴィナスの議論は、ハイデガーの哲学を曲解した牽強付会な解釈と言うべきだろうか。

おそらくはこの点に、第I部の最後で触れた「ヒトラー主義哲学」とハイデガーの哲学との類縁性という、晩年のレヴィナス自身が語っていた『存在と時間』に潜む「曖昧な部分」が垣間見られているように思われる。実際、さきの引用でレヴィナスは、道具ではなく「資材（matériel）」という語を用いながら、ハイデガーが提示する世界を、あたかも世界内の諸事物がすべて「戦争資材〔軍需品〕（matériel de guerre）」として現存在の存在のために徴用されているかのようなものとして描写している。ここで「現存在の存在のため」および「存在することへの関心」とは、現存在の「生存競争（la lutte pour la vie）」として解釈されている。「一九世紀の生物諸科学の発展によって裏づけられたこの概念〔生への闘争という概念〕が、現代哲学全体に及ぼした影響は測り知れない[8]」と述べるとき、レヴィナスは、「生の哲学」と実存哲学とが結びついたハイデガーの議論のうちに、現存在という一つの中心の周りを諸事物が現存在の生に供されるために取り囲んでいる世界を看取しているのだと言える。

それではこうしたハイデガー的な世界概念に対してレヴィナスが提示する世界とはどのようなものだろうか。『実存から実存者へ』の議論に即して見ていくことにしたい。

第二節　糧と欲望

レヴィナスが「存在論的合目的性」という措辞のもとで行っているハイデガーの世界解釈に対する批判は、道具の「…のため」というハイデガーの用語それ自体に関わるものであり、「…のため」という道具の構造が現存在の「存在することへの関心」に依拠する点に向けられている。まず「…のため」という構造について、レヴィナスは道具とは異なる「糧（nourriture）」の次元を導入し、「享受（jouissance）」の対象としての糧を道具よりも根源的なものと見なす。[9]「ハイデガーが見落としたように思われるのは――ただし、これらの主題に関して彼が見落としたというのが本当だとしたらであるが――世界はさまざまな道具の体系である以前に、さまざまな糧の総体だということである」。[10]また「存在することへの関心」について、レヴィナスは世界内の事物との関係をフッサール現象学における「志向」として再解釈し、あらたにそれを「欲望（désir）」という概念を用いて表現することになる。

まずこれらの概念が提示された『実存から実存者へ』における享受の記述を見ていくことにしよう。「…のため」と解された合目的な世界の構造とは異なり、レヴィナスが世界内の生の根本的様態と考える享受は、行為とその対象とがもつ自足性によって性格づけられる。われわれが世界内で交渉する事物はなんらかの目的のために供されているのではなく、その事物そのものが目的であり終着点であるとレヴィナスは言う。

実存することへの関心――存在論へと伸びていくもの――は志向のうちにはない。欲望を抱いているとき、私は存在することに関心を抱くことなく、欲望をそそるもの（le désirable）、私の欲望を完全に和らげてくれるはずの対象に没頭している。私は必死なまでに真摯なのだ。欲望をそそるものが欲望をそそるものとしてあるかぎり、その背後には、欲望をそそるものと実存の冒険との関係を実存の裸性において指し示すような、事後的な参照項はいささかも浮かび上がることがない。もちろんわれわれは食べるために生きているわけではないが、かといって生きるために食べるというのも正確ではない。われわれは腹が空くから食べるのだ。欲望には思考にまがうような底意はない。欲望は素直な意欲である。残りのすべては生物学だ。欲望をそそるものは終着点であり、欲望をそそるものは目的である。[11]

欲望の対象としての「欲望をそそるもの」は「…のため」という指示に服した道具ではなく、これらの対象こそが行為の向かう終着点であり、事物のそのような様相を捉えてレヴィナスは糧という名称を与えている。「世界内に与えられているものがすべて道具なのではない。軍隊の兵站部にとって、糧とは、「兵営」の宿舎であり掩蔽壕である。兵隊にとって、パンや上着、ベッドは資材ではない。それらは「…のため（en vue de）」のものではなく、それ自体が目的なのだ」[12]。道具の「…のため」は、合目的性の連関をたどることで最終的に現存在の存在、すなわち「存在することへの関心」に行き着くものだったが、レヴィナスが解釈する欲望の構造において、欲望は自らの目的である「欲望をそそるもの」へ直線的に向かい、この連関はこの対象よりも先に進むことがない。「欲望をそそるもの」は、さらなる「事後的な参照項」、たとえば「生きるため」といった目的に結びつくわけではないのである。「対象が欲望と完全に一致するというこの構造が、われわれの世界内存在の総体を性格づけている」[13]のであり、レヴィナスはこうした世界内の生を底意のない「真摯さ（sincérité）」として解釈している。

ところで、この享受と欲望の主題は『全体性と無限』でさらなる展開を見ることになるものだが、この時期のテクストと『全体性と無限』のあいだでの用語法の相違について二点の指摘をしておきたい。まず第一に、『実存から実存者へ』でレヴィナスは、世界内における生と事物との関係を志向および欲望として捉え、一応はそれを享受とは区別している。『実存から実存者へ』の議論によれば、志向は欲望と欲望の対象との密接な相関関係であるが、欲望と欲望の対象とのあいだには「隔たり（distance）」があり、欲望する世界内の生は欲望の対象によって押しつぶされることはない。そして、この隔たりないし留保が志向と享受を分けるとされている[14]。しかし他方で、『全体性と無限』で提示される享受は糧をその対象としているが、糧の概念は『実存から実存者へ』では欲望の対象を指す語としても用いられている。第二に、『全体性と無限』で提示されることになる欲望と「欲求（besoin）」の区別も、『実存から実存者へ』の段階では明確に与えられてはいない[15]。『全体性と無限』の用語法に従えば、欲求がおもに身体的・物理的で、その対象によって満たされうるものであるのに対し、自らとはまったく他なるものへと向かう欲望は決して満足されることがない（むしろ他なるものによって飽くことなく惹起される）ものであると定義されている。しかし『実存から実存者へ』における欲望という語は、食物などに対する欲望について用いられると同時に、他者との「エロス的関係」を指すためにも使われている。

このように四〇年代後半の時点での享受と欲望についての議論は、『全体性と無限』と比べると整理が十分ではないものだが、世界内の事物を道具ではなく糧として解釈する核心部分に関しては一貫している。実際、『全体性と無限』のレヴィナスも、『実存から実存者へ』と同様の批判をさらに厳しい言辞でもってハイデガーに向けている。

不思議なことにハイデガーは享受という関係を考慮していない。用具的存在者によって、使用および終着点への到達が、つまりは満足が完全に覆い隠されてしまったのだ。ハイデガーにおける現存在は決して飢えることがない。糧を用具的存在者として解釈することができるのは、ただ搾取される世界においてのみである。(16)

ここでは、すでに引用した「われわれは腹が空くから食べるのだ」という『実存から実存者へ』の主張が、ハイデガーの解釈する現存在に対する痛烈な批判に転換されている。『存在と時間』のなかで、現存在は飢えや渇きといった欲求をもつものとして分析されていないにもかかわらず、世界内の諸事物が「…のため」という合目的性の連関を通じて現存在の「存在することへの関心」に結びつくとされるとき、むしろ現存在は自分が「生きるため」にこれらの事物を「資材」として搾取しているということになるのではないか。レヴィナス自身は引用していないが、実際『存在と時間』には、「パンがなくなって――消費されて、もはや用具的なものとして用いられなくなった(17)」という記述がある。この議論においては、糧がただドイツ語で言うところの「食料品＝生の手段（Lebensmittel）」として徴用され、享受における「満足」の次元が捉え損なわれているのではないかとレヴィナスは考えているように思われる。そして享受における満足および真摯さについての指摘は、現存在の世界内のあり方を「頽落（Verfallen）」と捉えたハイデガーに対する反論にもなっている。たしかに、ハイデガーが「現存在は本来的な自己存在可能としてのおのれ自身から、さしあたってはいつも脱落していて、「世界」へ頽落している」(18)と述べるとき、この頽落という語はいささかも否定的な評価を表すものではなく、現存在が日常的世界のなかに完全に融け込んでいる様相を示すものではある。しかし、世界内の生を本来的な存在の可能性から脱落したものとする議論のうちに「説教の偽善」を見て取るレヴィナスは、「世界を日常的なものと呼び、非本来的なものとして糾弾することは、飢えと渇きの真摯さを見誤ることである」(19)と述べている。むしろレヴィナスにとって世界内の生は、欲望と欲望の対象とが分かちがたく結びついた真摯なものであり、『全体性と無限』ではそれ自体として「幸福」なものであるとさえ言われている。

　すでに引用した部分に見られたように、捕虜収容所で執筆された『実存から実存者へ』には、世界内の生の欲望を描写するために戦争の事例が遍在している。それにもかかわらず、レヴィナスにとっての日常的世界が幸福なものとして論じられているのはなぜだろうか。それは、次に見ていくように、現存在が自身の本来的な存在可能性と向き合う契機である「不安（Angst）」よりも根源的な〈ある〉（il y a）の恐怖が、この世界を言わば裏打ちしているからである。

第二章　〈ある〉と融即

第一節　〈ある〉――存在者なき存在

その題名が示しているとおり、『実存から実存者へ』はハイデガーにおける存在と存在者との存在論的差異に立脚しながらも、現存在分析を通じて第一の問いとしての「存在の問い」の解明を目指すハイデガーに抗して、この関係を存在から存在者の側へ引き戻す狙いをもった著作である。(1) その際、「存在とは、いつも、ある存在者の存在である」(2)というハイデガーの主張に対して、レヴィナスはいかなる存在者ももたない「存在一般」を考察の俎上に載せることを試みている。存在論的差異は『存在と時間』のもっとも深遠な部分だとしながらも、レヴィナスは存在者なき存在を考える必要性を次のように主張している。

ハイデガーが実存者なき実存というものを認めることができるとは思わない。それは彼にとっては不条理に思われることだろう。しかしながら、ハイデガーには被投性（Geworfenheit）という概念があり〔…〕、この概念は通常、孤独（déréliction）とか遺棄（délaissement）と翻訳されている。それによって被投性の帰結が強調されているのである。被投性は「…のうちに投げ出されてあること（fait-d'être-jeté-dans）」と翻訳すべきである。「…のうちに」、つまり実存のうちに、ということである。あたかも実存者は、実存者に先立つ実存のうちにのみ現れるかのようであり、実存は実存者から独立しているかのようであり、そして実存のうちに投げ出されている実存者は、決して実存の主人とはなりえないかのようである。〔…〕こうして、われわれなしで、主体なしで生じる実存すること、実存者なき実存することという観念が現れるのである。(3)

この箇所は、第二次世界大戦前後の時期に『存在と時間』がどのように読まれていたのかを知るうえでも興味深い。ここで被投性の訳語として挙げられている「孤独」や「遺棄」は、いずれも神から見捨てられた人間が世界内に放り出されている状態を表す語であり、『存在と時間』にはそのほかにも「負い目ある存在（Schuldigsein）」をはじめとして、キリスト教神学との親縁性を示す語彙が頻出する。レヴィナスの友人でのちに『存在と時間』の仏訳者の一人となるアルフォンス・ド・ヴェーレンスは、ルドルフ・ブルトマンやハンス・ライナーらを引き合いに出しつつ、ハイデガーが実存一般の描写のために使用した諸概念を「キリスト教的実存」の枠組みとして役立てようとする読解に注意を促している。(4) レヴィナスもまた被投性の解釈に際して、特定のキリスト教神学に依拠しないハイデガーの存在論的な問題設定を十分に継承しながら、そこから導き出されるものとして「実存者なき実存」を自身の分析の対象として取り上げるのである。(5)

それではレヴィナスはこの存在者なき存在をどのように導入しているのだろうか。レヴィナスはある種の思考実験によって存在者なき存在に接近している。

あらゆる存在が、事物もひとも無に帰ったと想像しよう。この無への回帰を、一切の出来事の外側に置くことは不可能である。それではこの無それ自体はどうだろうか。なにかが起こっている、それが無の夜、無の沈黙だとしても。この「なにかが起こっている」の不確かさは、主体の不確かさではないし、なんらかの実詞に関係づけられているわけではない。この不確かさは、動詞の非人称形における三人称の代名詞のようなものとして、誰なのかよく分からない活動の為し手を指し示しているのではなく、言わば為し手をもたない、無名の活動そのものの性格を指し示している。非人称的で無名の、だがしかし打ち消すことのできない存在のこの「消尽（consumation）」、無それ自体の奥底でざわめいている存在の消尽を、われわれは〈ある〉（il y a）という用語で捉えようと思う。〈ある〉とは、人称的な形態を取ることの拒絶において、「存在一般」である。(6)

一切の存在者が消失したとき、そこには純粋な虚無が広がっているのではなく、「なにかが起こっている」とレヴィナスは考える。〈ある〉はすべての存在者が消え去った状態で「現れる」無名の存在であり、存在と無との対立に先行する、否定のただなかでそのつど回帰するような不在の現前である。ベルクソンは『創造的進化』（一九〇七年）のなかで、ある事物を抹消することは別の事物をそれに置換することによってでしかありえないという仕方で、無の観念に対する批判を行っているが、(7)レヴィナスは〈ある〉を空虚が充満するという逆説的な様態のうちで捉えているのである。しかしこの概念があらゆる存在者の消滅という「想像」によって導入されているように、〈ある〉は現実的に「これ」として理解したり把捉したりすることができないものである。実際、「この概念は、外的事物であれ内的世界であれ、なんらかの「存在者」から借り受けられたものではない」(8)と言われる。〈ある〉が、存在と無、現前と不在との対立に先立つものとして考えられている以上、この〈ある〉について、それがあたかも世界内の存在者の一つであるかのように語ることはできない。このような方法上の困難にもかかわらずレヴィナスが〈ある〉という概念で捉えようと試みているのは、われわれが知覚を通じて存在者を把握したり了解したりする世界のうちに突如として闖入してくる同定不可能なもの、それがいかなる存在者なのかを名辞によって述べることができないような不定形のものであり、そして、明示的に名指すことのできないなにかがそれでもやはり「ある」ということである。一切の存在者の消失としての〈ある〉の導入は、むしろ〈ある〉のこの「経験」から出発して遡行的に組み立てられた議論だと言える。

それでは一体どのような「経験」が〈ある〉を垣間見る契機となるのか。レヴィナスは「経験という語が光を絶対的に排除した状況にも適用可能だとすれば、夜こそ〈ある〉の経験そのものだと言うことができるだろう」（同）と述べる。実際、すべての存在者が暗闇に包まれた夜は純粋な空虚ではなく、この闇に沈んだ存在者が確かな形を取らぬままに現前している経験である。とはいえそれは、言わば昼と夜との対立を超えた「夜」であり、われわれが判然とした意識をもたぬまま眠れずにまどろんでいるさなかに感得される、この夜それ自体の「目覚め（veille）」である。このような〈ある〉のありさまは、この概念をレヴィナスと協働して練り上げたとも言えるモーリス・ブランショによってのちに的確に言い表される。「夜のうちですべてが消え去った。これは第一の夜である。〔…〕しかし、夜のうちですべてが消え去ったとき、「すべてが消え去った」が現れる。これはもう一つの〈他なる〉夜である。夜は「すべてが消え去った」の現れである[9]」。ブランショの言葉を敷衍して言うならば、「第一の夜」においてすべてが暗闇に沈んだとしても、それを感覚している主体は手つかずのまま残存しているのに対し、一切の不在の現前である「もう一つの夜」においては、不眠状態に陥った主体はこの夜に対してもはや確固たる主体という地位を主張することができないのである。

興味深いことにこの〈ある〉の概念は、第Ⅰ部で触れた存在の「重み」の発見という存在論復興に対するレヴィナス自身の回答であり、またこの潮流への批判的介入でもある。「存在の悪、観念論哲学における質料の悪は、存在することの悪となる[10]」という『実存から実存者へ』の序章の一節は、単なる抽象ではなく「物質性」をともなった存在としての〈ある〉からいかに脱出し、〈ある〉に脅かされる主体の主体性の地位をどのように確保するのかという、この著作の中心課題を告知するものである。次節では、この中心課題に移るための予備段階として、物質性をはじめとした〈ある〉の特徴をレヴィナスの記述を追いながらさらに見ていくことにしたい。

第二節 〈ある〉の物質性と内部性の破綻

『実存から実存者へ』の冒頭から幾度となく登場する「世界の終末」という主題は、一切の存在者の抹消を極限状態として構想された〈ある〉の分析と直接的に結びついている。しかしそこで問題となっているのは、〈ある〉の記述においてと同様に、神秘主義的な仕方で理解され待望されるような終末論ではない。そうではなく「世界の終末」という言葉が表しているのは、前章のはじめに分析した合目的性の連関としての世界に生じる亀裂であり、それにともなう事物それ自体の「裸性（nudité）」の出現である。前章で引用した〈ある〉の記述に先立つ節の冒頭でレヴィナスはこう書いていた。「事物は、与えられた世界の部分として一つの内部に関係づけられており、認識の対象であれ日用的対象であれ、そのようなものとして実用性の歯車のうちに組み込まれている。そこでは事物の他性はほとんど浮かび上がることがない[11]」。ここで言われる「一つの内部」とは、そこを中心に環境世界が広がっている現存在のことであり、世界内の事物はすべて、現存在の「存在することへの関心」を究極的な参照項とすることでおのおの意味を付与されている。それに対しレヴィナスは、芸術を例に挙げながら、認識ないし行為の主体に準拠することのない事物の他性を記述することを目指す。そして、その過程で浮かび上がる事物の不定形の物質性、世界内の合目的連関との関係で意味を与えられることのない名状しえぬもののうちに〈ある〉が認められるのである。

レヴィナスによれば、そもそも芸術的営為は、世界内で主体と関係づけられている事物をこの帰属から引き離す機能をもつ。たとえば写真の場合、われわれにとってどれほど馴染み深い対象が収められていたとしても、われわれに与えられるのはあくまでもこの対象の像であり、われわれとこの対象それ自体の関係はこの像によって隔てられている。たしかに、被写体も写真それ自体もわれわれの世界に関係しているのだが、写真に写っている対象とわれわれとのあいだには踏破することのできない間隙がある。より一般的に、「絵画、彫刻、書物はわれわれの世界に属する対象であるが、それらを通して表象された事物はわれわれの世界から引き離されている」[12]。このように芸術において実現される事物の外部化、それによって事物が他性をそなえる仕方を、レヴィナスは「異郷性（exotisme）」と呼んでいる[13]。知覚が一つの視野のうちに世界を包摂することによって、知覚する主体の内部へと事物を関係づけるのに対し、芸術はこの異郷性の効果によって、世界にとって異質な現実を与えることになる。「芸術の運動の本質は、知覚を離れて感覚を復権すること、知覚の対象への差し向けから質を切り離すことのうちに存する。対象に到達するかわりに、志向は感覚それ自体のうちに迷い込む。そして、感覚における、アイステーシスにおけるこの迷い（égarement）が美的効果を生み出すのである。感覚は対象へ通じる道ではなく、対象から遠ざける障害なのだ。〔…〕芸術において、感覚は新しい要素（élément）として浮かび上がる。というよりもむしろ、感覚は元基（*élément*）の非人称性へと回帰するのである」[14]。芸術は、対象を構成する色や音といったさまざまな感覚的質を、いかなる対象にも差し戻すことなくそれ自体として自立させる点で美的出来事を成立させる。そして芸術において志向が迷い込むこの感覚的質の渦のようなものは、対象からも主体からも切り離され、誰のものでもない所有不可能なものとしての「元基」へと回帰していく。その意味で感覚と美的なものによって生み出される「物自体」とは、認識不可能な高次の対象ではなく、「外部」と「内部」の一切の区別と無縁で、実詞の範疇さえも拒むような新しい元基[15]」へと広がっていくのである。

しかし「芸術家の世界」ということが言われるように、異郷的現実として呈示された作品もまた、この作品を生み出した芸術家の内面性と関係づけられることがありうる。「芸術的現実とは、魂の表現手段なのだ[16]」とするこのような考えに対しレヴィナスは、芸術家の内部にさえも関連づけられることのない「異郷性」を明るみに出す点に現代芸術の意義を認めている。「われわれはこうして、現代の絵画や詩の探求を理解する。これらは芸術的現実にその異郷性を保持させ、その現実から、可視的形態を自らに従属させるこの魂を追放し、表象された対象から表現という従属的運命を取り除こうとしているのである」(同)。

この議論のなかで興味深いのは、芸術において表象された対象が知覚主体ないし芸術家の内面性から切り離されているという異郷性と、世界内の諸対象がその実用性ないし有意味性の連関から切り離されているという対象の物質性とが並行的に論じられている点である。芸術の異郷性を通じてあらわになる「元基」は、「世界の終末」という情況で浮かび上がる〈ある〉を垣間見させるものであり、それゆえ、次に引く箇所で述べられるように、異郷性を堅持しようとする芸術的試みは世界解釈それ自体の変容と強く結びつくのである。

現代絵画の探求が示す、リアリズムへの異議申し立ては、世界の終末というこの感情、この感情によって可能になる表象の破壊から生じている。〔…〕どれほど逆説的に見えようとも、絵画とは視覚との闘いなのだ。絵画は一つの総体のうちに統合された諸存在を、光から引きはがそうとする。〔…〕眼差しは一つの視野（perspective）として普遍的秩序を獲得するのだが、現代絵画においてもはや事物はこうした普遍的秩序の要素として重要なのではない。あらゆるところで世界の連続性にひび割れが生じている。個別的なものが、存在するという裸性において浮かび上がるのである。(17)

世界内の対象を「存在することへの関心」に向かう合目的なものとして捉えるハイデガーとの差異は前章で見たとおりだが、芸術によって示される事物の物質性は、『存在と時間』で展開される現存在の道具の認識様態に対する反論をも構成している。ハイデガーにおいて、道具の適切な使用が道具の構造や性質についての理論的知識の多寡に左右されるものではないのと同様、道具を観照的に眺めるだけでは道具を道具として「発見」することはできない。「しかじかのありさまの事物の「形相」を、まだ単に注視するだけでは、たとえそれがこのうえなく緻密なものであっても、用具的存在者を発見することはできない。事物を単に「理論的に」眺めやるような眼差しには、用具性の了解が欠けている」[18]。ハイデガーは、こうした事物の観照的な眺めとは異なって道具を道具として発見するための「見方」を、趣向性という道具の指示連関に基づいた「見方」である「配視（Umsicht）」と名づけていた。配視は、特定の道具を熟視するような見方ではなく、おのおのの道具のあいだの指示連関を結びつけ、現存在の周りにあらかじめ広がっているような「視野」である。

それに対して、上の引用でレヴィナスが暗示しているのは、逆に事物それ自体の物質性の「発見」によって、配視という一つの視野として保証された「普遍的秩序」に破綻が生じる状況である。合目的なものの連関として解釈された世界では、個々の道具が破損することはあっても、指示連関の構造としての趣向全体性それ自体が壊れることはない。しかし世界内の事物が、配視の秩序に包摂されない「個別的なもの」として自らの物質性をあらわにするとき、それにともなってこの趣向全体性そのものに「ひび割れ」が生じ、〈ある〉という存在そのものが浮かび上がることになる。「使用に割り当てられた物質的対象は、一つの舞台装置の部分をなし、それによって自らの裸性をわれわれから隠す形式をまとっている。存在の物質性の発見は、新しい質の発見ではなく、存在の不定形のうごめきの発見である。諸存在は形態を通してすでにわれわれの「内部」に準拠しているのだが、形態の明るみの背後にあって、物質とは〈ある〉という事実そのものなのだ」[19]。

以上の議論を踏まえて、あらためてレヴィナスによる〈ある〉の叙述に立ち返ってみよう。芸術における異郷性の分析によって明らかになったのは、いかなる「内部」とも関係せず意味を与えられることもない物質の他性であり、有意味ないし合目的なものを相互に結びつける趣向性の構造の破綻であった。趣向性がそもそも現存在の「存在することへの関心」を「主旨」として構造化されている以上、道具の指示連関の網の目もまた現存在を中心とした閉じた円環を構成しており、レヴィナスが記述していたのは現存在の環境世界の「内部」に包摂されることのない他性の出現の契機であった。〈ある〉とはまさに、こうした内部性に穴をうがつことで、世界内に成立している内部／外部の対立を無化するものである。〈ある〉にあっては「外部は——この用語にこだわるならば——内部とはいかなる相関関係ももたないままである。それはもはや与えられたものではない。もはや世界ではない」[20]。さらにレヴィナスは、パスカル『パンセ』の有名な一節「この無限の空間の永遠の沈黙は私を恐怖させる」を引きながら、主体の内部性を脅かす〈ある〉の「脅威」について語っている。「確定された存在はなく、なにもかもが区別なしである。この曖昧さのうちに、純然たる現前の脅威が、すなわち〈ある〉の脅威が浮かび上がる。この漠たる侵入を前にして、自己のうちに身を包み、自分の殻のなかに帰ることは不可能だ。ひとは曝し出されている（On est exposé）。全体がわれわれに向かって開かれている。夜の空間は、われわれが存在に接近するのに役立つのではなく、われわれを存在へと引き渡す[21]」。光によってわれわれと事物とが区別され、それによって事物への接近が可能になる昼の空間と異なり、一切が闇に沈んだ夜の空間は「対象を容れる容器としての機能や諸存在への通路としての機能を捨て去った空間[22]」である。そして、そこでは事物への接近が不可能となるばかりか、この接近の出発点となるべき自己の「内部」そのものが成立しないとレヴィナスは考えている。なにもかもが境界をもたずに広がっている〈ある〉はすべてを包含した「全体」であり、この全体に「ひとは曝し出されている」のである。

　ここで言われる「ひと（on）」は、ハイデガーが『存在と時間』で論じるような、日常的世界における現存在の頽落様態である「世間（das Man）」を指している。つまりレヴィナスは、〈ある〉を前にした主体性の溶解を、自己の本来的な存在可能を忘却して世間に紛れ込んでいる現存在の「根無し状態（Bodenlosigkeit）[23]」と類比的なものと見なしているのである。もはや世界ではないと言われる〈ある〉における主体性の溶解と、あくまでも日常的世界における現存在の存在様態である「世間」とのあいだには議論の次元に齟齬があるはずだが、レヴィナスは両者の場合において主体（ハイデガーにおいては現存在）の個体性が消失し、全体的なもののうちで匿名化しているあり方の類似に着目している[24]。そこからさらに『実存から実存者へ』では、「良心（Gewissen）」の呼び声を聴く現存在が「覚悟性（Entschlossenheit）」を通じて自己の本来的な存在可能性をつかみ取る『存在と時間』の構造と類比的に、非人称的な〈ある〉から主体が「発生」していく構造が論じられることになる。

『実存から実存者へ』における主体化の議論については第三章で詳述するが、そのまえに〈ある〉の議論におけるレヴィナスのもう一つの参照軸を追ってみたい。レヴィナスは「一切の事物の消失と自我の消失は、もはや消失しえないものへと、存在という事実そのものへと帰着する。この事実に、ひとは、否応なしに、いかなる主導性ももたずに、無名のものとして融即する[25]」と述べている。「融即（participation）」という語の使用から分かるように、ここでレヴィナスは民族学者リュシアン・レヴィ＝ブリュールの議論を参照している。レヴィナスは〈ある〉というきわめて特殊な主題を論じるにあたって、哲学と民族学という分野の相違を超えたいかなる理論構成をレヴィ＝ブリュールから引き継いでいるのだろうか。興味深いことにレヴィナスとレヴィ＝ブリュールの思想交流の様相は、〈ある〉における主体性の融解と「世間」との類似性に対しても光を与えることになる。

第三節　〈ある〉と「未開」心性分析——レヴィナスのレヴィ＝ブリュール読解

〈ある〉という概念を提出するにあたってレヴィナスがレヴィ＝ブリュールを参照していることは以下に見る『実存から実存者へ』のテクストから明らかだが、両者が具体的にどのような思想的関係を結んでいるのかはこれまで十分に論じられてこなかった。一見すると、現象学的分析に依拠したレヴィナスの議論と民族学的観察に基づいたレヴィ＝ブリュールの議論とは方法論の面で大きく異なっており、それゆえレヴィナスにおけるレヴィ＝ブリュールへの参照も、議論の本質的な要請に由来するというよりは、立論上の外在的補強として用いられているようにも見える。

しかし、留学先のフライブルクで現象学を本格的に研究しはじめるまえに、ストラスブール大学でのレヴィナスが、当時新しい学問として勃興しつつあった社会学の薫陶を受けていたことは無視できない事実である。レヴィナスはストラスブールで教えを受けた教授陣に対する敬意を生涯失うことがなかったが、そのなかにはエミール・デュルケームの弟子であるモーリス・アルヴァックス、レヴィ＝ブリュールの弟子であるシャルル・ブロンデルがいた。アルヴァックスは、第一次世界大戦後にフランスに併合されたストラスブール大学で社会学・教育学講座を担当し、一九二二年にはフランスではじめて社会学教授に就任した人物である。新生ストラスブール大学では、隣接する諸科学を統合しようとするデュルケーム社会学の「帝国主義」に対する反感もあったものの、教授陣が同僚の授業に積極的に参加したり共同講義を行うといった領域横断的な研究および教育が行われていた[26]。レヴィナスがリトアニアを離れてストラスブールにやってくるのが、こうした諸学問分野の総合の気運に満ちた時期だったことは強調されてよい。そしてデュルケームとベルクソンが教師や学生の関心の的だったストラスブールで、レヴィナスはフッサールの現象学と出会うことになる。レヴィナスとレヴィ＝ブリュールの関係に戻ると、上述のブロンデルは『未開心性』（一九二六年）というレヴィ＝ブリュールの著書と同名の著作を出版しており、そこにはレヴィ＝ブリュール自身が序文を寄せている。また、フライブルクへの留学を経て執筆されたレヴィナスのデビュー論文「エトムント・フッサール氏の『イデーン』について」（一九二九年）は、レヴィ＝ブリュールが編集人を務めていた『フランス内外哲学誌』に掲載されたものだった。

レヴィナスとレヴィ＝ブリュールの思想交流を分析するためには、こうした当時のストラスブール大学の状況と合わせて、現象学と人類学という学問領域の言わば内的な結びつきについても付言しておく必要がある。

ほかならぬ現象学の創始者フッサールは、一九三五年三月一一日付のレヴィ゠ブリュール宛書簡のなかで、環境世界をめぐる自身の考察とレヴィ゠ブリュールの「未開」心性の分析とのあいだに大きな親縁性を認めている。(27)レヴィ゠ブリュールはヤコービおよびコントに関する研究を発表したあと、「未開」社会の心性についての一連の研究を発表しており、彼がフッサールに寄贈した『未開神話学』（一九三五年）はその第五巻に当たる。「未開」社会の心性のうちに「前論理的」な「融即」の法則を見いだすレヴィ゠ブリュールの基本的な立場は、人類の心性を進歩史観的な視点から把握し「未開」社会の人々の心性を西洋的な心性に対して劣ったものとして提示するのではなく、異なる社会集団の心性（すなわち「集団表象」）を、たがいに独自で還元不可能なものとして認める点にある。(28)ある人間集団に対して「世界表象」であるような世界ではなく、この人間集団にとって「真に存立している世界」を理解することが課題だとするフッサールにとってもまた、いかなる哲学的考察も自らの環境世界から出発せざるをえないのであって、そこにフッサールはレヴィ゠ブリュールの議論との近さを見ているのである。とはいえフッサールは、実証科学としての人類学の重要性を認識したうえで、環境世界の差異を超越した「世界それ自体」と絶対的主観との相関を問う超越論的現象学の優位を告げている。(29)この試みは「生活世界（Lebenswelt）」の問題圏を前面に押し出した最晩年の『ヨーロッパ諸学の危機と超越論的現象学』（一九三六年）に結実することになるだろう。

フッサールがレヴィ゠ブリュールに宛てたこの書簡は、公刊されるに先だってモーリス・メルロー゠ポンティが自身の論文で紹介したことによってよく知られているが、(30)この書簡に見られるような現象学と人類学との接触は二人の個人的交友に限定されるものではない。実際のところフッサールの人類学への関心はすでに一九三一年の講演「現象学と人類学」(31)にも現れているし、さらに言えば、フッサールの後任として一九二八年にフライブルク大学教授に着任するハイデガーは、『存在と時間』の第一七節「指示と記号」のなかで、呪物信仰などに見られる、「記号

(Zeichen)」が記号によって表示されるものと乖離していないあり方として「未開的現存在(primitives Dasein)」の記号使用に言及していた。[32] フッサールがレヴィ＝ブリュールの「未開」心性分析との関連を指摘していた環境世界の問題が、ハイデガーの世界内存在の議論のなかで重要な意味を担っていたのはすでに触れたとおりである。

それでは、こうした現象学の系譜上に位置するレヴィナスは、レヴィ＝ブリュールの議論をどのような仕方で参照しているのだろうか。レヴィナスの場合に問題となるのは、超越論的主観性を追究する普遍的学としての現象学と、経験的事実に依拠した実証科学としての人類学との出会いや相克ではない。むしろレヴィナスは、レヴィ＝ブリュールの「未開」心性分析、なかでも「融即」の概念を積極的に吸収することで、〈ある〉の議論にさらなる展開を与えていくことになる。

すでに確認したように、レヴィナスはわれわれが明瞭な意識を失いながらまどろむ不眠状態を〈ある〉の一つの契機として描写していた。いつ訪れるのか分からない眠りを待ちつつ暗闇に横たわっているとき、意識はぼんやりとしたままどこかへ向けられているのだが、[33] それは確たる対象へと向かう「注意(attention)」ではなく、漠とした闇に宛てなく向けられる「警戒(vigilance)」である。そこではこの不分明な意識と暗闇とを隔てる境界それ自体がぼやけてしまい、意識は闇に融け出している。不眠の夜において目覚めているのはもはや「私」ではなく「夜」であり、言わば「〈それ〉が目覚めている(Ça veille)」のである。[34] こうした不眠の夜というイメージで語られる〈ある〉はまた、主体の内部と外部の境界を無効化し主体性を脅かす点で「恐怖(horreur)」であるとも言われる。

〈ある〉がかすめること、それが恐怖である。〔…〕／意識であるとは、〈ある〉から引き離されているということだ。というのも、意識の実存が主体性を構成するのであり、意識は実存の主体、すなわちある程度までは存在の主人であり、夜の無名性のうちにあってすでに名前〔名詞〕であるからだ。恐怖とは言わば、意識からその「主体性」そのものを剝奪する運動である。それは意識を無意識のなかで沈静化することによってではなく、意識を非人称的な警戒のうちに、すなわち、レヴィ＝ブリュールがその語に与えた意味における融即のうちに陥れることによってである(35)。

ふと背後になにかの気配を感じて背筋があわだつその瞬間、われわれの意識を〈ある〉がかすめるのだとレヴィナスは言う。知らぬまに自分がなにかの視線に曝されていたかのような気分に囚われるとき、われわれの意識には〈ある〉がそっと触れている。恐怖とともにこの知られざるなにかに向けられる瞬時の警戒は、判然とした意識から特定の対象に向けられたものではない。不眠の夜においてと同様、恐怖においてもまた、主体の内部と外部を分かつ境界が不分明となり、意識の主体性そのものが融解してしまうのである。

「融即（participation）」とは、感覚界の事物が叡智界の形相に与っていることを示すためにプラトンが用いた「分有（μέθεξις）(36)」の翻訳だが、「レヴィ＝ブリュールがその語に与えた意味」とレヴィナスが限定を付しているように、レヴィ＝ブリュールが「未開」心性を説明するために導入した融即は、類種関係や〈一者〉への分有とは異なっている。実際、レヴィ＝ブリュール自身、「「未開」心性に固有の原理」としてこの語を導入する際に、「より適当な語がないので」という留保を補っていた(37)。レヴィ＝ブリュールによると、「未開」心性にとって「一と多、同と他などの対立」は副次的な関心しか惹起しない。「われわれの思考」においては混同されえないようなさまざまな対立項が、そこでは「神秘的本質の共有」を前にして消え去ってしまうことさえある(38)。「未開」心性を特徴づけるのは矛盾律でも同一律でもなく、論理的には対立する両項が相互に干渉しあう融即なのである。

レヴィ＝ブリュールの言う融即は、主体／客体という伝統的な認識図式を解体しようとする点で現象学の試みと共通する部分を含んでいると同時に、まさにその分析の現象学的性格ゆえに、そしてまた、本来は論理的説明がなされるべき事柄が「情動性」の特権視によって覆い隠されてしまっているとして、デュルケーム学派からは厳しい批判の対象とされている[39]。たとえばデュルケームは、さきほど引いたレヴィ＝ブリュールの『未開社会の思惟』（一九一〇年）に即座に反応し、レヴィ＝ブリュールが融即と呼んだのと同様の心的状態を扱いながらも「諸事実の評価」において袂を分かつとしている[40]。またレヴィ＝ブリュール設立の民族学研究所の事務局長として招聘されるマルセル・モースは、前節で〈ある〉において見られたような構造と同様、融即と「全体性（totalité）」の観念との類似を指摘し、融即を「全か無かの法則」に結びつけていた[41]。のちにレヴィ＝ブリュールによる「論理的心性」と「前論理的心性」との対立を「誤った二律背反」として批判するクロード・レヴィ＝ストロースに至っては、「野生の思考」は「情動性ではなく悟性の道を通って、そして混同と融即によってではなくさまざまな区別と対立の助けを借りて事を進める」と述べ、融即概念によるレヴィ＝ブリュールの「未開」心性分析を完全に棄却している[42]。

しかしレヴィナスの事例において興味深いのは、彼が社会学および人類学からの批判に反してレヴィ＝ブリュールの融即概念を非常に重視し、むしろ「聖なるもの（le sacré）」に関するデュルケームの分析の方を不十分なものと捉えている点である。

レヴィ＝ブリュールは、恐怖が支配的な情動の役割を演じているような実存を描写するために融即という概念を導入したが、この概念の新しさは、それまで「聖なるもの」によって引き起こされる諸感情の描写に用いられてきたさまざまな範疇を解体した点にある。デュルケームにおいて、聖なるものが、それが引き起こす諸感情によって俗なる存在と際だった対照をなしているとしても、これらの感覚は、主体が対象を前にして感じる感覚に留まっている。そこではおのおのの項の自己同一性は問いに付されていないように思われる。聖物の感覚的諸性質は、それが引き出す情動的な力やこの情動の本性とはいかなる共通点ももたないが、この不釣り合いや不一致は、聖物の感覚的諸性質が「集団表象」の担い手であるということによって説明される。レヴィ＝ブリュールにおいては事情はまったく異なる。神秘的融即は、ある類へのプラトン的分有とは根本的に区別されるものであるが、そこでは諸項の自己同一性は失われてしまう。両項は、それらの実体性そのものを構成するものを脱ぎ捨てるのである。ある項の別の項への融即は、一つの属詞を共有することのうちにあるのではない。ある項が他の項なのである。[43]

ハイデガーとは異なる仕方であれ、存在と存在者とを区別する存在論的差異から出発し、〈ある〉に着目することで存在そのものを問いの俎上に載せるレヴィナスにとって、ここで問題となるのはある存在者と別の存在者のあいだの関係ではない。レヴィ＝ブリュールの言う融即がレヴィナスの議論のなかで重要な位置を占めているのは、融即においては存在者の存在そのものが影響を被り、ある項と他の項を隔てる境界が不明瞭になることで各項の自己同一性が変容せざるをえないからである。別の項へ融即することである項の自己同一性が失われるということ、それとともにこの存在が存在者による支配から離れて非人称性を帯びるということ、レヴィナスはそこに匿名の存在としての〈ある〉との親近性を認めるのである。

「主体／客体の区別――われわれはこの区別を通して存在者を取り扱うのだが――は存在一般を取り扱う省察の出発点ではない」[44]と言われているように、レヴィナスは逆に〈ある〉という「点のひしめき」[45]からいかにして主体が誕生するのかという問いを設定し、不眠状態での非人称的な警戒、すなわち〈ある〉への融即から、眠りによって身を引きはがす「基体化（hypostase）」を主体の成立と見なしている。注目すべきことに、晩年のレヴィ＝ブリュールも同様の着想を抱いており、没後に出版された『カルネ』（一九四九年）では、一九三八年三月三〇日付のメモとして、「［…］いかにしてこれらの融即から、明瞭に定義された諸個人が、そしていくつかの場合においては諸人格が引き出されるのか」[46]という問いが提起されている。

レヴィナスの哲学の構想そのもののうちにレヴィ＝ブリュールの融即概念を位置づけたとき、この概念が最終的に「我／汝という関係の間主観性」へと場を譲り「未開」心性の理論が批判されるに至っているというフレデリック・ケックの指摘はある意味では正しい(47)。実際、レヴィナス自身、融即によっては他なるものとしての他者に到達することはできず、それゆえ融即は存在論的な「孤独」を癒すものではないと述べているし(48)、『全体性と無限』ではより明確に、融即に見られる宗教の様態と一神教的超越とが区別されることになる(49)。しかし、そもそもレヴィナスの思想の展開においては、〈ある〉という非人称的な存在および自らの存在への解消不可能な繋縛から脱出する方途が他者のうちに求められるのだから、他の項との合一（すなわち同化）を可能にする融即は最終的に乗り越えられるべきものである。本書としては、〈ある〉という概念の導入に際してレヴィ＝ブリュールの融即概念が果たした役割を強調するとともに、次に見るように、レヴィナスのレヴィ＝ブリュール読解が興味深い仕方でハイデガーに対する批判へと転用されることに注目したい。

一九五七年にレヴィナスは、『フランス内外哲学誌』のレヴィ＝ブリュール生誕一〇〇年記念特集号に「レヴィ＝ブリュールと現代哲学」と題する論考を発表する。『実存から実存者へ』で、非人称的な〈ある〉への融即がハイデガーにおける現存在の非本来的な様態と類比的に論じられていることはすでに見たが、「未開心性に関するレヴィ＝ブリュールの周知の諸概念は――認められているにせよ異議を申し立てられているにせよ――現代哲学の方向性を示したのではないだろうか(50)」という一文で始まるこの論文も、レヴィ＝ブリュールの分析とハイデガーを含めた現代哲学との接近を対象としている。この論文でレヴィナスは〈ある〉という言葉を用いてはいないが、それでもレヴィ＝ブリュールが解釈した「未開」心性の様相を、〈ある〉の概念を導入する際に使用した表現によって説明している（「力の場」「存在の夜」「裸の実存」など）。

この論文は現代哲学との関連でさまざまな主題を追っているが、本書の関心にとって重要なのは、ここでレヴィナスが「未開」心性における空間把握の様態とハイデガーの哲学との類似性を指摘していることである。レヴィナスはある注で、レヴィ＝ブリュールの分析と「生きられた空間（espace vécu）」との関係に触れたあとで次のように記述している。

ハイデガーにおいてと同様、知覚の空間とその具体的諸属性は、ユークリッド空間およびその幾何学的属性に対して優位に立っている。[51]

フッサールが認めていた環境世界と「未開」心性との類似性については本節のはじめに確認したが、レヴィナスはここで、「風土（climat）」「風景（paysage）」「土地（sol）」といった語を用いて「未開」社会における「世界」を記述しつつ、この空間把握の仕方とハイデガーのそれとを結びつけている。フッサールの生活世界においてもハイデガーの世界内存在においても、問題となるのは、先在する抽象的空間にあとから存在者が位置づけられるということではない。「未開」社会においてもまた、純粋で均質的な時間が存在しないことに加えて、空間も三次元の座標軸で正確に位置を確定できるような抽象的な空間とは異なる位相にあると言われる。実際、レヴィ＝ブリュールによると、「〔…〕まったく神秘的で前論理的な未開心性においては、経験の与件のみならず経験の枠組みそのものがわれわれのものとは一致しない[52]」のであり、ベルクソンが『意識に直接与えられたものに関する試論』で糾弾したような「時間の空間化」はそこでは見られない。そして空間もまた、幾何学が把握しえないような質的な価値を帯びており、「空間の諸領域は、概念化されることも、本来的な意味において表象されることもなく、むしろ複雑な総体のうちで感じられる（senties）のだが、そこでは空間の領域はそれを占めるものと分離できない[53]」のである。

このような「未開」心性の空間把握の仕様とハイデガーの議論との類似性を指摘するとき、レヴィナスが念頭に置いているのは、第一に『存在と時間』における世界内存在の空間性の分析であり、第二にいわゆる「転回」以後のハイデガーの哲学における「住むこと（Wohnen）」の主題系である（本書第Ⅲ部参照）。前者は、デカルトによる「延長せるもの」という数学的な空間把握を世界内存在が基礎づけているという『存在と時間』の議論であり、そこでは道具の配置が現存在の日常的な空間了解を下支えしているとされる（後述）。また後者について言えば、三〇年代のユダヤ教論考で提示されていた世界から抜け出ることのできない「異教」が、五〇年代以降に分析されるハイデガーの後期思想と結びつけられ、「大地」や「天空」といった語彙とともに導出されるこの時期のハイデガーの世界概念もまた有限で閉塞したものとして捉えられている(54)。ただしレヴィ＝ブリュール論と同時期のテクストでレヴィナスは、ハイデガーの「転回」よりはむしろその連続性を強調しており、『全体性と無限』を中心とした五〇〜六〇年代のテクストでは、三〇〜四〇年代の著作で分析された『存在と時間』の哲学と、五〇年代に入って公になった『存在と時間』以後のハイデガーの哲学とが、あらためて一貫した批判的検討の対象として前景化されることになる。

実のところ、レヴィ＝ブリュールの「未開」心性分析とハイデガーの哲学との類似性を指摘しているのはレヴィナスだけではない。この論文の三年前に、のちにポワチエ、ナンテールの両大学でレヴィナスの同僚となるミケル・デュフレンヌが、まさしく「未開心性とハイデガー」（一九五四年）と題された論考を発表していたからである。デュフレンヌはハイデガーにおける存在を非人称的な超越と見なしながら、ハイデガーによる「存在の思索」と「未開」心性との結びつきをレヴィナスよりも直接的に記述している。「トーテミズム、あるいはより一般的に、レヴィ＝ブリュールがかくも強調した例の融即という概念が素朴に表現しているのは、この超越の未分化状態であり、つまりは〈存在〉への人間の参与である。たしかに、ここで〈存在〉はすでに一つの存在者と同一視されてはいる。しかし、存在者と言っても、この存在者は恐るべきものであり、かつ威光をそなえたものであり、そのうちで〈存在〉の力が光り輝いているのであるから、存在者という性質がそれとして認められることはない。かくして未開人は、世界に存在することとは〈存在〉に寄与することであるという事実を経験しているのである」。[55]『実存から実存者へ』ですでにレヴィ＝ブリュールとハイデガーとの思想的関連に関心を寄せていたレヴィナスが、このデュフレンヌの議論からなんらかの着想を得ていたであろうことは想像に難くない。[56]

ハイデガーの「存在の思索」が「未開」心性の思考をある意味で復権したとするデュフレンヌの議論にもハイデガーに対する批判的視点は含まれているが、レヴィナスの場合は批判の舌鋒がさらに鋭くなっている印象を受ける。レヴィナスとレヴィ＝ブリュールの思想交流をめぐる本節を締めくくるにあたって、第Ⅲ部で触れる事柄を先取りする形になるが、このレヴィ＝ブリュール論のうちに読み取れるハイデガー批判を一瞥しておこう。問題となる箇所は論文の結論部分の段落である。

神話学が再生し、世俗的思想家たちは神話を高度な思考の地位へと高め、宗教の領域では、かつて教義や道徳の精神化と呼ばれていたものとの闘争が生じている——このような事態はいささかも理性の拡張を示しているのではなく、未開心性への単なる回帰を表しているのである。この郷愁は、技術的理性の不十分さと、技術的理性が荒れ狂わせたカタストロフによって説明できるかもしれない。しかし、一神教由来の文明はこの危機に応えることができるのではないだろうか——神話の恐怖から、精神のうちに神話が引き起こす混乱の恐怖から、そして神話が風習のうちに保存する残忍さの恐怖から解放された導き（orientation）によって。[57]

無論ここではハイデガーのみが批判の対象とされているわけではないが、技術批判と技術の到来以前の世界への「郷愁」が語られるとき、五〇年代から本格化するハイデガーの技術論が特に念頭に置かれているのは間違いない。そして理性的精神に対する神話の恐怖と残忍さが想起され、神話学の再生が「未開心性への単なる回帰」と見なされていることに注意するなら、『全体性と無限』で定式化されるハイデガーの異教的思索への激烈な批判をこの箇所に読み取ることさえ可能だろう。『実存から実存者へ』からこの論文に至るレヴィナスのレヴィ＝ブリュール読解が、異教・無神論・一神教という『全体性と無限』の理論的結構の伏線として機能していることは強調されてよい事柄である（第Ⅲ部第三章参照）。

第三章　〈ある〉からの脱出——「場所」の所有

第一節　世界内存在の空間性

ここまで第Ⅱ部では、〈ある〉の概念の導入とともに独自の思想を展開しはじめた一九四〇年代のレヴィナスの議論を『実存から実存者へ』を中心にたどってきた。そこでは道具と趣向性からなる世界に対置された糧と欲望の構造や、「存在者なき存在」としての〈ある〉の概念を通じて、二〇年代後半から三〇年代にかけて受容されたハイデガーの『存在と時間』をレヴィナスが批判的に継承していく過程が確認された。〈ある〉はこの時期にレヴィナスが考案した重要な主題の一つだが、無論レヴィナスにとって〈ある〉という概念を提示することだけが問題なのではない。むしろ主体性の融解としての〈ある〉から、いかにして主体が成立するのかが問われなければならないのである。レヴィナスは、不眠の夜に喩えられる〈ある〉のうちで意識が一つの「場所（lieu）」に「定位（poser/position）」し、「ここ（ici）」に局所化する出来事を「基体化（hypostase）」と呼び、この出来事のうちに〈ある〉からの脱出を見ている。この議論もまたハイデガーへの重要な目配せを含んでいることは言うまでもない。

意識のここ――眠りと自己への逃走の場所《リュー》――は、ハイデガーの現存在に含まれる現＝そこ（Da）とは根本的に異なっている。ハイデガーの現存在はすでに世界を含んでいる。われわれの出発点であるここ、定位のここは、あらゆる了解、あらゆる地平、あらゆる時間に先立っている[1]。

意識が定位する「ここ」があらゆる了解、地平、時間に先行すると言われるとき、この「場所」は、了解、地平等々がそこから出発してはじめて基礎づけられる根源的な地位を有していることになる。ただし、レヴィナスの主張を理解しその射程をおしはかるためには、ここでふたたび対比的に言及されている『存在と時間』の議論にさかのぼる必要があるだろう。『実存から実存者へ』の最終部分で論じられる「場所」の概念の検討に入るまえに、現存在の「現＝そこ」の空間性の議論を詳しく見ていくことにしたい。

現存在の根本構成である世界内存在の空間性をめぐる議論は、『存在と時間』の第一二節以降で展開されている。世界内存在の分析に際して、ハイデガーは、世界内存在（In-der-Welt-sein）という統一的現象を多重的に構成している三つの契機を順に分析していく方法を採る。三つの契機とは、(1)「世界のうちに（in der Welt）」、(2)世界内存在という様態で存在している「存在者」、(3)「内存在（In-sein）」である。(1)は世界の「世界性」の問いとして、現存在がさしあたっていつも存在している環境世界と配慮の分析である（第一四節以下）。(2)は日常的現存在の様態、すなわち「世間」をめぐる議論である（第二五節以下）。(3)では世界内存在の「内」ということそれ自体を存在論的に解明することが目指される（第二八節以下）。このうち世界内存在の空間性に関わるのはおもに(1)と(3)の議論だが、これら三つの契機を指摘したあとでハイデガーが先取り的に(3)の内存在の性格づけを行っている箇所は、世界内存在の空間性を理解するための重要な視座を含んでいる。すなわち、この内存在とは、コップの「なか」の水とか簞笥の「なか」の衣服といった具合に、ある客体的な存在者が別の存在者の「なかに存在する」という意味で解されてはならないということである。こうした客体的な包含関係は、現存在的でも用具的でもない存在者にそなわる性格であり、現存在の世界内存在の空間性を明らかにするための手引きとはならないと言われる。そこでハイデガーが世界内存在の内存在に与える説明は次のようなものだ。

これに対して、内存在は現存在の一つの存在構成を意味しており、一つの実存範疇（*Existenzial*）である。そうだとすれば、ある身体的事物（人間の身体）がある客体的存在者の「なかに」客体的に存在しているというように考えることはできない。内存在は、客体的な存在者が空間的な意味で「一方が他方のなかで（Ineinander）」存在していることを意味するわけではないし、そもそも「内」とはこのような種類の空間的関係を意味してはいないのである。「内（in）」とは«innan-»に由来する語で、これは住む（habitare）、滞在する（sich aufhalten）ことである。そして「…において（an）」とは、私は…に慣れている、親しんでいる、…の習慣がある〔…を世話している〕ということであり、habito〔住む〕や diligo〔愛着をもつ〕という意味の colo〔耕す〕と関係がある。〔…〕〔「存在する」の一人称単数形の〕«bin»という表現は、「…のもとで（bei）」と関連がある。「私は存在する」もまた、私は住んでいる、…のもとで滞在している、すなわちしかじかの仕方で親しんでいる世界のもとに滞在している、ということを意味している。「私は存在する」の不定法としての存在、すなわち実存範疇として理解された存在は、…のもとに住む、…と親しんでいる、を意味する。[2]

現存在は、先在する世界のうちに客体的な仕方で事後的に置かれているのではなく、つねにすでに現存在を取り巻く環境世界のうちに存在しているのであり、その意味で現存在と世界との「関係」である内存在は、客体的な存在者の規定（「カテゴリー」）ではなく、現存在の存在規定である「実存範疇」に属する。さらにハイデガーは、語源的説明を交えつつ、《in》という前置詞がそもそも「住む」「滞在する」を意味しているとし、「存在する」の一人称単数形もまた「…のもとに住む」「…と親しんでいる」という事柄と本質的な関係を結んでいると指摘している。(3) 現存在が世界の「なかに存在する」とは、それゆえ、客体的に現前する世界のなかで客体的な存在者と対面してさまざまな行為を行うことではなく、つねに開かれている環境世界のうちで「世界との親しみ（Weltvertrautheit）(4)」をもちつつ、そこで出会われる用具的存在者と交渉していくことである。現存在の行為や振る舞いは、すべてこの親しい世界のうちで展開されるものであるから、さきに触れた用具的存在者との交渉である「配慮」もまた、内存在のさまざまな様態を示しているということになる。ハイデガーが現存在の空間性を論じていく際に前提としているのは以上のような内存在の理解であり、数学的認識に基づいた空間性によって世界を解釈するのではなく、世界内存在から出発して現存在の空間性を明らかにすることが目指されるのである。(5)

『存在と時間』のなかで、「存在すること」と「住むこと」の本質的な結びつきが論じられるのはこの箇所だけだが、この主題は五〇年代以降になるとハイデガーの思想における中心的な位置を占めるようになる。後期ハイデガーの「住むこと」の議論とレヴィナスによるその批判的吸収の過程については第Ⅲ部で論じることとし、ここでは『存在と時間』に焦点を絞ってハイデガーによる現存在の空間性の定義づけを見ていくことにしよう。

現存在が「空間容器（Raumgefäß）(6)」の内部に客体的に存在しているという見方を徹底的に排撃するとはいえ、ハイデガーは現存在から一切の空間性を排除しようとしているわけではない。(7) むしろ現存在の周りに開かれている環境世界のうちで出会われる存在者の空間性の分析を通じて、すなわち、世界の世界性によって空間を解釈することがハイデガーの狙いである。現存在の空間性を論じた第二二節「内世界的な用具的存在者の空間性」、第二三節「世界内存在の空間性」、第二四節「現存在の空間性と空間」がすべて、道具と配慮の構造に基づいて組み立てられているのはそのためである。

まず、環境世界における用具的存在者を規定する空間的な性格は「近さ（Nähe）」である。現存在の日常的配慮の対象となる道具は「用具性／手元性（Zuhandenheit）」をそなえており、現存在の「手」が届くところにある。ただしこの近さは、道具と現存在との距離を客観的に測定することで確認されるのではなく、あくまでも配慮における実際の使用において配視的に見積もられるものである。道具が置かれる場所もまた、空間のうちに客体的な仕方で規定されているわけではない。むしろ道具は、それにふさわしい場所にあるか、あるいはあちこちに「散らかっている（herumliegen）」ものとして捉えられる。道具の「場所（Platz）」についてのハイデガーの説明を引いてみよう。「それぞれの場所は、…のためにある道具の場所として、環境世界的な用具的存在者の道具連関のたがいに調整されあったさまざまな場所の全体として規定されている。場所と、場所の多様性は、事物が客体的に存在する任意のところ（Wo）として解釈されてはならない。場所はそのつど、ある道具の適所（*Hingehören*）という特定の「あそこ」や「そこ」である」[8]。道具がそこに置かれるべき場所は（«hingehören» はなにかがそこに「あるべきである」という意味である）、おのおのの道具がもつ用途や性格に応じてあらかじめ配視的に決定された固有の場所であり、道具が道具全体性に所属しているのと同様に、道具の場所もまた配慮の場面において開かれている場所の全体に属している。このような道具の場所の所属全体をハイデガーは「方面（Gegend）」と術語化している。配慮におけるさまざまな方面は、道具が固有なものとしてそなわっている個々の場所によって了解されている。たとえば室内において、上方とは「天井に」であり、下方とは「床に」であり、後方とは「扉のところに」である。つまり「あらゆるところ（Wo）も、日常的交渉の往来を通じて発見され、配視的に解意（auslegen）されており、静観的な空間測定において確認され記載されるものではない」[9]。

それでは現存在それ自体の空間性はどのように規定されるのか。ハイデガーによれば、世界内存在としての現存在の空間性を特徴づけるのは「開離（Entfernung）」と「布置（Ausrichtung）」である。開離とは、配慮のための道具を手元に取り寄せたり、調達することを通じて、現存在と道具とのあいだの遠近を調整する働きである。ドイツ語の«entfernen»という語はなにかを遠ざける、取り除くという意味をもつが、ハイデガーはこの語を、なにかあるものとの遠さを取り消す、すなわち近づける機能を表す表現として用いている。開離はそれゆえ道具を配視的に近づけることであり、「現存在のうちには、近さへの本質的な傾向がある」[10]と言われる。開離によって得られる遠近もまた、客観的に測定されるような間隔ではない。ある場所までの距離を、「ひと散歩」の距離であるとか、「猫のひと跳び」の距離であるとか、「パイプ一本分の長さ」であるといった具合に表現するとき[11]、こうした判断は客観的な測定の視点からすれば不正確なものだが、現存在の日常性においては一貫した明確さをともなっている。このような「気分」は、ある客観的な真理に対する主観的な思い込みではなく、むしろ現存在はこの開離によってはじめて自らを取り巻く世界の世界性を発見するとされる。ただし現存在が開離によってなにかを近づける際には、開離の近づけの方向があらかじめ定められていなければならない。それが現存在の空間性のもう一つの規定である布置であり、布置は開離のためのある方面への見当づけとして定義される。空間性という観点からすると、現存在の日常的様態を規定する配慮は、この開離と布置の概念によって簡潔に説明される。すなわち「配視的な配慮は、布置的な開離である」[12]。

　最後にハイデガーは、以上のような現存在の空間性を規定する諸様態を踏まえつつ、空間一般についての議論を立てている。現存在は開離と布置の働きによって空間的に存在しているが、現存在が環境世界のなかで「空間」そのものと関わる仕方をハイデガーは「容致（Einräumen）」と名づけている。容致とは、現存在が配視的な配慮において、さまざまなものの場所を入れ替えたり、片づけたりする働きであり、道具に「空間を与える（Raum-geben）」ことによって世界内の存在者どうしを構成的に出会わせるものである[13]。ただし世界内の存在者がそこに置き換えられたり、そこから取り除かれたりする「空間」は、それ自体としてあらかじめ考慮に入れられているわけではない。それは通常の配慮においてはあくまでも目立たない仕方で配慮にそなわっているものである。世界内存在から出発して空間一般を解釈するというハイデガーのテーゼはこうして、ア・プリオリな原理としての空間を、現存在の根源的な空間性によって導出するという主張へと至る。「ここでア・プリオリ性とは、用具的存在者のそのつどの環境世界的な出会いにおける、（方面としての）空間の出会いの先行性を意味する[14]」。それゆえハイデガーにとって、諸科学が対象とするような三次元によって規定される純粋な空間は、配視的に了解された世界内存在の空間性から派生したものにすぎない。「延長せるもの」としての空間は、環境世界において開かれている空間の欠如的様態であり、環境世界の「非世界化（Entweltlichung）[15]」によってはじめて発見されるものなのである。

第二節　根源的場所としての「ここ」

ハイデガーによる以上の分析を踏まえたうえで、レヴィナスが『実存から実存者へ』で提示している「場所」についての議論との差異を詳しく見ていこう。前節冒頭の引用箇所でのレヴィナスの記述からは、両者の差異に関する次の論点を読み取ることができる。すなわち⑴意識の「ここ」は現存在の「現＝そこ」とは根本的に異なること、⑵現存在がすでに世界を含んでいるのに対し、「ここ」はあらゆる了解、地平、時間に先行すること、の二点である。この二点に留意しつつ、適宜ハイデガーの記述も引きながら、レヴィナス自身の「場所」の議論を追っていくことにしたい。

世界内存在の空間性を論じる際に、ハイデガーは「延長せるもの」というデカルト的な世界規定を批判的な出発点としていたが、興味深いことにレヴィナスは、「思惟するもの（res cogitans）」というデカルトのもう一方の存在規定がはらんでいる物質性に注目することから議論を立てている。

観念論のためにわれわれは思考を空間の外に置くことに慣れてしまったが、思考は――頽落や堕落の結果ではなく本質的に――〈ここ〉にある。デカルト的懐疑から排除された身体は、対象としての身体である。コギトは非人称的な定位には到達しない。「思考がある」、しかしそれは「私は思考する一個のものである」という一人称現在形でのことである。ここで、もの（*chose*）という語は見事なまでに正確である。デカルト的コギトのもっとも深遠な教えはまさに、思考を実体として、すなわち定位されるなにかとして発見したことにある。思考には一つの出発点があるのだ。それはただ単に局所化（localisation）の意識ということではなく、意識の局所化であり、この局所化の方が意識や知に解消されることはない。〔…〕思考は瞬時に世界のうちに広がることもあるが、ここに凝集する可能性を保っており、思考は決して〈ここ〉から切り離されない(16)。

レヴィナスの考えでは、デカルトの方法的懐疑において可疑的なものとして排除された身体はあくまでも対象としての身体にすぎず、実体として定位される「思惟するもの」の「もの」性は還元されえないものに留まる。「思惟するもの」は宙に浮いたような透明で非人称的なものではなく一つの出発点をもつこと、すなわち一つの条件をもつというのがレヴィナスの議論の主眼であり、思考のこの条件が「ここ」への意識の局所化にほかならない。そして、前章で論じた主体性の融解としての〈ある〉が「不眠の夜」として記述されたのとは反対に、意識の局所化は「眠り（sommeil）」の可能性として説明される。それは通常は意識にのぼることのない比類なき「場所」との関係、観念論的主体性から排除されている「ここ」という定位の条件が、まさに「眠り」においてあらわになるからである。レヴィナスは言う。「眠りは土台（base）としての場所《リュー》との関係を復元する。横たわり、眠るために片隅にうずくまるとき、われわれは一つの場所に身を委ねる――そしてこの場所が土台としてわれわれの避難所となる。そのとき、われわれの存在するという営みはただ休むことだけとなる。眠るとは言わば場所の庇護の力に触れるようなものであり、眠りを求めることは、ある種の手探りによってこの接触を求めることである」[17]。眠ることによって意識の条件である場所との関係が復元されると言われるとき、重要なのは、この定位の出来事を意識に対して事後的なものと捉えてはならないということである。むしろ「ここ」という場所への定位こそが意識の出来の条件であって、「意識の局所化が主観的なものだというのではなく、この局所化が主体の主体化なのである」[18]。さらにこの定位は単に大地との接触の感覚を意味しているわけではなく、この感覚そのものの支えとなるような根源的定位である。このことを理解するために、場所と主体の主体化に関する説明をもう一ヵ所引いておこう。

> 意識が出来するのは、この休息から、定位から、場所とのこの唯一的な関係からである。定位は、意識が決定する行為のようなものとして意識に付け加わるのではなく、この定位、不動性から出発して意識は意識それ自体に出来するのである。〔…〕意識は一つの土台を「もつ」、一つの場所を「もつ」。これはなにかをふさぐことのない唯一の所有であり、意識がここにあるという条件である所有である。〔…〕大地との接触が問題なのではない。大地の上に身を支えることは、この接触の感覚以上のもの、土台の認識以上のものである。ここで認識の「対象」であるものは、主体に向き合っているのではなく主体を支えているのであり、土台の上に身を支える事実によって主体は主体として措定〔定位〕されるというほどに、主体を支えているのである[19]。

『実存から実存者へ』では至るところで存在と所有との関係が問題となっており、存在と存在者との二重性が自らの存在を所有することのずれとして記述されているが[20]、ここでもレヴィナスは、意識が「ある」という事実を、意識が一つの場所を「もつ」という条件に基づいたものと解釈している。「ここ」という根源的な場所への定位が意識の出来の条件そのものである以上、この定位はあらゆる意識作用、認識に先立つものでなければならない。それに対して、了解、地平、時間はいずれもすでに与えられた意識に関わる規定であり、意識とそれ以外のものとの関係を前提としている。意識が「ある」とは一つの場所を「もつ」ことであり、この所有は「なにかをふさぐことのない唯一の所有」であるという言明が意味するのは、意識の定位は他なるものとの関係をまったく含まない意識それ自体との関係だということである。このことをレヴィナスは「自分自身にしか準拠しない意識の定位」という表現で説明する。「一つの土台の上に定位することで、存在によってふさがれた主体は凝集し、立ち上がり、自らをふさぐもの一切の主人となる。主体のここが主体に一つの出発点を与えるのだ。主体はその上に根づく。意識の内容はすべて状態（*états*）である。主体としての意識の不動性、定着性は、観念論的空間のなんらかの座標軸に不変的に準拠していることに因るのではなく、意識の立ち止まり（*stance*）、すなわち自分自身にしか準拠しない意識の定位という出来事に因っている。この出来事は定着性一般の起源であり、始まりという概念それ自体の始まりである」[21]。自分自身にしか準拠することなく、自らとは他なるものを一切含むことのない意識の定位は、のちのレヴィナスの用語を用いるなら《同》（le Même）の起源ということになるだろう[22]。

ここからハイデガーによる現存在の空間性の分析とレヴィナスの場所の議論との大きな相違を読み取ることができる。配視的な配慮における開離と布置によって性格づけられる現存在の空間性は、環境世界的な存在者への参照のなかで自らの場所を定めていた。現存在が一定の場所を「占める（einnehmen）」ことについて、ハイデガーは次のように述べる。「たしかに、われわれは現存在に関しても、それがそのつど一つの場所（Platz）を占めていると言うことができる。しかし、この「占める」ということは、一つの方面から出発して一つの場所にある用具的存在者からは原理的に区別されなければならない。現存在が場所を占めているということは、環境世界的な用具的存在者を、あらかじめ配視的に発見されている方面のうちに開離するものとして理解されなければならない。現存在は自らの〈ここ〉（Hier）を環境世界的な〈あそこ〉（Dort）から理解している。〔…〕現存在は、その空間性に応じて、まず第一に〈ここ〉にいるのではなく〈あそこ〉にいるのであり、その〈あそこ〉から自らの〈ここ〉へと立ち帰ってくるのである〔…〕」。レヴィナスが「ハイデガーの現存在はすでに世界を含んでいる」と述べたのは、現存在の「現＝そこ」が、自らを取り巻く環境世界をあらかじめ配視的に視野に収めたものとして考えられているからだった。[23]

この相違はまた、レヴィナスが身体を外的対象ではなく定位という出来事として捉えているのに対して、ハイデガーが身体をあくまでも身体的事物としてのみ主題化していることにも関わっている。現存在の空間性を脱自的・地平的な時間性によって基礎づけることを試みている『存在と時間』第七〇節で、ハイデガーはあらためて次のように述べている。「現存在は――文字どおりの意味で――空間を占める。現存在は決して、物体的身体（Leibkörper）が充たす空間の一部に客体的に存在するというだけではない。現存在は実存しつつ、いつもすでに一つの行動空間を容致しているのである。そして、現存在が自らの場所＝在り処（Ort）を定めるのは、容致された空間から自らが占有する「場所」（Platz）へと立ち帰ってくるという仕方によってである」。さらにハイデガーは続ける。「現存在の空間性はまた、宿命的な「精神と身体の結合」に基づいて実存に付随している不完全性として解釈されてはならない。むしろ現存在は、「精神的」（geistig）であるがゆえに、そして、それだからこそ、延長的な身体的事物（Körperding）には本質的に不可能なままに留まる仕方で、空間的に存在することができるのである」。ハイデガーによれば、現存在は配視的な開離と布置とによって空間的に存在するのだが、それは現存在が、自らの延長的な物体的身体から切り離されることができないという不完全性を有しているからではない。むしろ卓越した意味で「精神的」である現存在は、物体的身体が空間を占めるのとは異なる仕方で空間的に存在することができるのだとされる。[24][25]

定位における身体の重要性をレヴィナスが強調する理由は、ここに見られるような脱肉化された現存在の「中性性（Neutralität）」に対する疑義のうちにあると言うことができる。この争点は、身体的苦痛の分析を中心的課題としている三〇年代の論考から一貫したレヴィナスの姿勢だが、『実存から実存者へ』では、身体的苦痛のうちに読み取ら[26]

れていた存在者の存在への繋縛が、一つの場所に定位することによる主体の主体化へと読み替えられ、この出来事がまさに身体として再解釈されている点が重要である。ハイデガーが「精神的」という語を括弧に入れているのは、彼が伝統的な精神／身体という対立図式の枠内で精神的なものを重視しているわけではないことを示しているが、逆に身体の方はあくまでも延長的な物体として、つまりは「思惟するもの」との対立のなかでのみ考えられているように思われる(27)。定位に関するレヴィナスの議論は、一方でこの対立図式に解消されない身体の次元を前景に押し出すとともに、他方で、ハイデガー的な現存在が環境世界のうちに「空間的に存在する」ための条件づけを目指したものにほかならない。

場所は、一つの幾何学的空間であるまえに、ハイデガー的世界の具体的な環境＝雰囲気（ambiance）であるまえに、一つの土台である。それゆえ身体とは意識の出来そのものなのだ。いかなる意味でも身体は〈もの〉ではない。それは単に魂が身体のうちに住み着いているというだけでなく、身体の存在が実体的なものの次元ではなく出来事の次元に属しているからである。身体が定位されるのではなく、身体が定位なのだ。身体はあらかじめ与えられている空間のなかに位置づけられるのではない――それは、局所化ということそれ自体による、無名の存在のうちへの侵入である。身体の外的経験を超えたところでキネステーゼの内的経験を強調するのでは、この出来事を説明することはできない(28)。

存在者どうしを分ける境界を無差異化し、それゆえ整然たる秩序をもたない「場所の不在(29)」として考えられた〈ある〉が、内部／外部の対立を無効化するものだったことを思い起こすなら、〈ある〉から脱出し一つの場所を所有することによる定位という出来事は、身体そのものとして結実する「内部」の誕生と言える。「身体は、その定位によって、一切の内部性の条件を達成する。身体は一つの出来事を表現するのではなく、身体それ自体がこの出来事なのだ」(30)。換言すれば、身体の定位とは、一切の外的なものに関わることのない「内部」の発生であり、いかなる「他なるもの」も包含することのない《同》の成立なのである。そしてまた、この議論が、いかなる内部性にも準拠することがない芸術作品の「異郷性」の分析を通して事物の「他性」が導出されたのと対応していることにも注意する必要がある。《同》と《他》の成り立ちを見据えようとする『実存から実存者へ』の企図は、以上の議論をさらに発展させながら『全体性と無限』で体系化されることとなる。

第三節　環境世界の思想圏——ダルデルと現象学的地理学

現存在はあらかじめ形成された抽象的空間に事後的に位置づけられるのではなく、むしろ世界内存在として、つねにすでに自らを取り巻く世界のうちに存在しているとするハイデガーの議論は、他の同時代的な思想潮流と直接的ないし間接的な関連をもっている。現存在を取り巻く世界《ヴェルト》が、現存在の「周りに《ウム》」、現存在の「ために《ウム》」という二重の意味を担った「環境世界《ウムヴェルト》（Umwelt）」として分析されていることはこれまで見たとおりである。この環境世界は単なる自然環境を指示しているわけではない。伝統的な存在論において、自然は存在者の存在のモデルとして考えられてきたものだが、ハイデガーによればこの自然はあくまでも世界内の客体的な存在者であって、現存在の環境世界の「非世界化」によってはじめて発見されるにすぎない。自然科学が対象とするのは観察者の前に置かれた客体的存在者だが、日常的な空間において第一次的に与えられるのは用具的な存在者であり、その意味で自然科学による客体的存在者の発見は、世界内の存在者が用具性を喪失することで可能になる極限的場合と見なされるのである。それに対して、環境世界でわれわれが出会う自然は単なる客体ではなく、用具的性格を有した「天然産物」であって、これらは人間とのつねなる交渉のうちに置かれている。もちろん自然科学のように自然を客体的に規定することも可能である。「しかし、このような自然発見にはまた、「生きとし生けるものの営み」としての自然、われわれを圧倒し、風景（Landschaft）としてわれわれを捕らえる自然は隠されたままに留まる。植物学者の植物は畔道に咲く花ではないし、地理学的に確定された河の「源」は「谷間の泉」ではない」(31)。『存在と時間』の段階ではまだ明確に定式化されるに至っていないこの主題は、アリストテレス『自然学』解釈や五〇年代の技術論のなかでさらに練り上げられることになる。そこで自然は現代技術が駆り立てる「用材（Bestand）」として解釈され、資源と同一視された自然に、存在の発露そのものとしてのギリシア的な自然《ピュシス》が対置される(32)。のちにレヴィナスが『全体性と無限』で厳しく批判することになる、「異教的な「気分＝魂の状態（état d'âme）」」と不可分に結びついた「自然の存在論」である(33)。

ところで人間と空間との関係を環境世界という主題のもとで考察することは、現象学のみならず他の学問領域でも試みられていた。たとえばジョルジョ・アガンベンは、世界内存在を現存在の根本的構造と捉えるハイデガーの分析と、ヤーコプ・フォン・ユクスキュルの生物学や、フリードリヒ・ラッツェルおよびポール・ヴィダル＝ド＝ラ＝ブラーシュらの人文地理学との類縁性を指摘している(34)。また現象学への言及は見られないものの、ジョルジュ・カンギレムの講演「生物とその環境」は、生物学と地理学における「環境（milieu）」の概念の展開と交錯の様態を歴史的に整理していた(35)。この講演がレヴィナスの「時間と他者」と同じく、一九四六／四七年の哲学コレージュで行われたものだったことは注目に値する。

こうした多様な学問分野において環境世界の主題はどのように共有されていたのだろうか。ユクスキュルに代表される新しい生物学に関しては、ハイデガーが『存在と時間』の主要部分をヴィルヘルム・ディルタイの「生の哲学」との関連で素描した一九二五年のカッセル講演のなかに簡単な言及が見られる。そこでハイデガーは、意識があたかも箱のように自我を閉じ込め、その外側に現実が存在すると見なすようなデカルト的観念を排しつつ、「むしろ現存在の根源的所与は、現存在が世界のうちに存在するということである」[36]と表明する。「生」と世界は二つの事物のように並置されるものではない。生はすでにそこに開かれているものとして「自らの「世界」をもつ」のであり、「この知識はまた、次第に生物学のうちに浸透しはじめている」[37]（同）。さらに、同講演でハイデガーがしばしば言及する「未開人」の知覚についての議論は、前章で触れたレヴィ＝ブリュールの「未開」心性分析とも呼応するものである。ハイデガーが環境世界の空間を幾何学的空間の均質的構造とは異なるものとして規定するのに対し、レヴィ＝ブリュールも同様に、「未開」社会に見られるさまざまな融即の様態を分析することで、「見かけとは異なり〔…〕均質的空間も均質的時間も、人間精神の自然的所与ではない」[38]と述べていた。いずれにおいても、客観的な空間位置の測定ではなく、具体的な生においてあらわになるような空間の質的把握が問題となっている。

ハイデガーが「生きとし生けるものの営み」としての自然を捉え損ねてしまうと見なしていた地理学の場合はどうだろうか。強調すべきなのは、ドイツで人文地理学の基礎を据えたラッツェルの業績が、非常に早い時期からフランスに紹介され一定の反響を得ていた点である。その受容は、高等師範学校およびソルボンヌで教鞭を執り地理学を独立した学問分野に昇華させたヴィダル＝ド＝ラ＝ブラーシュに加えて、人文・社会諸科学の総合を目指す社会学のグループによってなされた。とりわけデュルケームは、『社会学年報』（*L'Année sociologique*）の創刊号（一八九八年）で『地理学的観察による国家とその土地』（一八九六年）を書評で取り上げるのを皮切りに、ときに批判的な視線を向けながらもラッツェルの著作の紹介を精力的に行っている。翌年の第二巻では「社会形態論」と題されたあらたな項目のもとで『政治地理学』（一八九七年）が紹介され[39]、第三巻にはラッツェルの主著『人類地理学』（第二版一八九九年）の書評とともに、ラッツェル自身の論考「土地、社会、国家」の仏訳が巻頭に掲載されている。

ラッツェルの基本的な立場は、ある地域の「土地（sol）」や風土が、そこに居住する人間集団の動態や習俗の特質に大きな影響を及ぼすというものだ。「社会学者の多くはあたかも人間が大地とのつながりをもたずに空中で形成されたかのように人間を研究している」[40]とするラッツェルは、大地の表層的な側面を単に描写するかわりに、「土地の布置が人間の生一般に影響を及ぼす仕方」[41]を特定し、社会および国家の組織化と発展において地理学的要素が果たす役割を説明することを試みる。そして土地を国家の本質的条件と見なすラッツェルにとって、自然的に決定されたこの地理学的要素こそ諸国家の生成や歴史そのものを生み出す要因にほかならなかった。

こうしたラッツェルの議論に対するデュルケームの批判は二種類に大別できる。第一にデュルケームは、従来の社会学者が等閑視してきた土地という要素の重要性を認めつつも、ラッツェルの極端な環境決定論に対してはかなりの留保を置く。社会がその黎明期において土地に依存しているのは疑いえないとしても、技術の進歩と社会の発展に応じて社会は徐々に土地から自由になることもありえるのであって、その段階においては「〔…〕もはや大地が人間を説明するのではなく、人間が大地を説明する」[42]のである。デュルケームの第二の批判は、政治地理学を一つの社会科学として構築しようとする目論見に反して、ラッツェルが方法論および研究対象を厳密に確定していない点に向けられている。ただしデュルケームはむしろこの不備を補うことによって、ラッツェルの地理学を自身が提唱する社会形態論のうちに取り込むことを試みる。社会形態論については、「諸社会の物質的基体、すなわち、土地に打ち立てられる際に諸社会がまとう形態や、人口の嵩、密度、その分布の様態、および集団生活の土台となるさまざまな事柄の総体を、単に描写するのではなく説明するために研究する学問」[43]というモースの定義があるが、一見すると途方もないとも言えるこの包括的な研究は、まさにラッツェルが地理学の立場から推進しようとしたものだった。デュルケームの弟子であり、ストラスブール大学でフランス初の社会学教授となるアルヴァックスもまた、「集合的記憶」のうちに自らの中心的主題を見いだしながらこの試みに参画した一人である。一九二九年にマルク・ブロックとともに『経済社会史年報《アナール》』(*Annales d'histoire économique et sociale*)を創刊することになるリュシアン・フェーブルの『大地と人類の進化』(一九二二年)も、歴史学・地理学・社会学を統合した立場から人間と土地の「関係」を論じたものだった[44]。

この時期にストラスブール大学に入学したレヴィナスがこうした仕事にどれほどの関心を寄せていたのかは定かではない。しかし、単にハイデガーの哲学との関連に留まらず、このように多様な人文・社会科学において考究されていた環境世界の主題からレヴィナスの場所の思想を逆照射してみることは、その哲学的意義と射程をはかるうえで非常に有益だと思われる。そこで本節では、フランスの地理学者エリック・ダルデル（一八九九〜一九六七）の著作『人間と大地』（一九五二年）に見られるレヴィナスの『実存から実存者へ』への言及に注目してみたい。興味深いことに、ダルデルによる『実存から実存者へ』の参照は、直接的にレヴィナスの周囲で活動していたブランショやバタイユを除くと非常に早い時期に属するものである。このことはダルデル自身の哲学への関心に加えて、この地理学者を取り巻いていた人脈によるものでもあるだろう。人類学者モーリス・レーナルトの娘婿であるダルデルは、義父を通じて神話学者ミルチア・エリアーデの知己を得ていたし、従兄弟の一人はハイデガーの初期の翻訳者アンリ・コルバンだった。

書名が簡潔に示すとおり、『人間と大地』は従来の人文地理学が問題としてきた人間と土地の結びつきを直接的な対象としているが、小著にもかかわらず参照される文献は多岐にわたり、地理学や人類学はもとより文学や神話学からも題材が集められている。しかし随所にハイデガーへの参照が見られるように、この著作はとりわけ哲学的な視点から人文地理学の再構築を目指したものと言える。というのもダルデルは、実証的な資料やデータを提示しそこから一般化可能な法則や理論を導き出すのではなく、人間存在の本質をまず「地理性（géographicité）」と規定したうえで、さまざまな仕方で発現する人間と土地の関係を個々の事例や文献に即して示していくからだ。「祖国の地を愛するにせよ、異国を求めるにせよ、人間と《大地》のあいだにはある具体的な関係が結ばれている。すなわち自らの実存と運命の様態としての人間の地理性である[45]」。

この地理性がどのような仕方であらわになるかを記述していくダルデルの基本的なモチーフは、ここまで見てきた環境世界の主題と多くの論点を共有する。第一に、ダルデルもまた、われわれが生きる具体的空間と幾何学や数学が対象とする抽象的空間とを区別したうえで、前者を「地理学者にとっての「純粋な」空間[46]」と規定する。これは地理学を現象学と接近させる視点だが、大地との関係である地理性によって人間存在を定義するダルデルは、むしろ地理学の側から「空間の現象学」の基礎づけを試みる。「〔…〕地理学が空間の現象学を可能にする。ある意味で、地理学の具体的空間はわれわれを空間から、無限の空間、幾何学者や天文学者の非人間的空間から解放すると言える[47]」。さらにこの二種類の空間の区別と並行して、対象を実証的に調査する科学と、ダルデルが構想する地理学との差異が繰り返し語られる。「測量や計算を行う地理学者がやってくるのはあとになってからである。そこにいるのは地理学者であるまえに一人の人間であって、彼に対して「《大地》の面」があらわになる。〔…〕《大地》の第一次的なヴィジョンを、あとから知が調整するのである[48]」。しかし、実証科学とは異なる位相で人間と大地との関わりを記述しようとするダルデルの地理学は、自らが棄却する客観的知識や理論的観照のかわりにいかなる学問的枠組みに依拠することができるのか。

地理学はその原理上、一つの知識ではない。地理学的現実は最初から一つの「対象」なのではない。地理学的空間はあとから彩色が施されるような白地の空間ではない。地理学的科学は、世界が地理学的に了解されていることを、また、人間が、自らの地上的条件において自己実現すべく呼び求められている存在として、《大地》に結ばれているのを感じ取り、知っていることを前提としている[49]。〔強調は引用者〕

傍点を付した箇所から読み取れるように、実証科学とは異なる仕方で「地理学的現実（réalité géographique）」を探究するダルデルは、了解と情態性というハイデガーの現存在分析の概念に訴えているように思われる。ハイデガーにとって了解と情態性は現存在の「現」を開示する本質的な構造であり、現存在は自らの「現」のうちでそのつど事実的な自己を了解するのだが、了解にともなう「気分（Stimmung）」は理論的な洞察に先行して現存在の「現」をあらわにする。ダルデルの従兄弟であるコルバンはハイデガーの「形而上学とはなにか」を翻訳する際に（雑誌初出一九三一年）、現存在を「人間的現実（réalité humaine）」と訳出しているが、地理性を人間存在の本質と捉えるダルデルにとって地理学的現実とはまさに、そのつどの地理的な世界の了解と、事実的な大地とのつながりを開示する気分とによって構成された「人間的現実」にほかならない。

地理学的現実はそれゆえ計量的な仕方ではなく、たとえば「厳かなあるいは気まぐれな河川、激情的な奔流、晴れやかな草原、苦悩する起伏[50]」といった質的な比喩とともに記述されるべきものであり、そこで生きる人間もまたこの地理学的現実を気分として経験している。この地理学的な経験を範例的に示すのは「風景（paysage）」である。

> 風景は一つの支配的な情調（tonalité affective）の周りに統一される。この情調は、一切の純粋な科学的還元には反抗するけれども、完全に根拠のあるものである。風景は人間存在の全体を、《大地》への実存的な結びつきを、あるいはこう言ってよければ、人間の根源的な地理性——人間の現実化の場所《リュー》、土台（base）、手段としての《大地》——を巻き込む。愛着を覚えるにせよ違和感を覚えるにせよ、いずれにせよ風景は明瞭なものとして現れる。血肉に影響を及ぼす一つの関係の清澄さなのだ[51]。

直接的な参照はないものの、ここで言われる風景と情調との結びつきはゲオルク・ジンメルの「風景の哲学」（一九一三年）を想起させる。というのも、自然と文化の対立とそこに生きる現代人の精神の悲劇を問うこのテクストで、ジンメルは画家が描く風景の統一性を担っているものをまさに「気分（Stimmung）」として抽出していたからだ。ジンメルによれば風景とは、草原や家や小川といった個々の構成要素の単なる総和によってではなく、並置されたおのおのの要素のうちに一つの気分が統一的に浸透することで生まれる[52]。そして風景を描く芸術家とは、反省によって事後的に分割されてしまうような「眺めること（Anshauen）」と「感じること（Fühlen）」という行為を同時に達成する存在である[53]。しかし、ジンメルにおいてとりわけ芸術家の創造行為との関連で考察されていた風景は、ダルデルにとってはむしろ人間の実存そのものに関わるとされる。風景が気分を媒介とした人間と《大地》との統一として解釈されるかぎりで、「地理学は〔…〕土地と風景のうちに〔…〕人間という観念そのものを表現し書き込むことができる」[54]のである。この視角からすれば主体（人間）と客体（自然）という対立は意味をなさず、むしろ主体はつねに《大地》との具体的なつながりにおいて現出することになるのだが、このことが要求する地理学的現実への主体の「全面的な密着」[55]は当然、「主体」と呼ばれてきたもののある種の失墜を引き起こさざるをえない。

ダルデルにとって、地理学的現実と密着することで生じる脱主体化の運動は、思弁的なものでも想像的なものでもなく、あくまでも具体的な生きられた経験である。このことを示すためにダルデルは、地理学的現実という「われわれの主体性の共犯者」が少しも想像上のものではないとしたうえで、レヴィナスを参照しながら次のように続ける。

> 住むこと、建てること、耕すこと、通行することによって示されるさまざまな関係において、《大地》が土台として経験されるという事実もまた、いささかも想像上のものではない。空間的な支点、物質的な支えであるのみならず、それは実存のあらゆる「定位（position）」、置くこと〔ポーズを取ること〕（poser）や横になること（reposer）といったあらゆる行動の条件でもある。眠りは、われわれと個々の事物との日常的な関係を解消することで、この土台の上に身を丸めるよう誘い、われわれを「《存在》の支えとしての場所」との直接的な関係のうちに置くのだ、

とエマニュエル・レヴィナスは表明する。「横たわり、眠るために片隅にうずくまるとき、われわれは一つの場所に身を委ねる――そしてこの場所が土台としてわれわれの避難所となる〔原注――『実存から実存者へ』、一一九頁〕」。このように「場所の庇護の力」に身を委ねるという月並みな動作において、世界に対するわれわれの第一の関係は現れる。このような関係のなかでわれわれは《大地》と秘かな契約を結ぶのだが、そのときわれわれは、主体の主体性がこの揺るぎない地所に引きこもりそこに身を置くことを――もっと言えばそこで「横たわること」を――自らの振る舞いそのものによって表現しているのである。(56)

後半部分に見られる『実存から実存者へ』の言及に関するかぎり、ダルデルはレヴィナスの議論を忠実に要約していると言えるが、ここでダルデルがレヴィナスの言う「場所」を地理学的現実の方へ引き寄せている点が興味深い。つまりダルデルは、レヴィナスにおいて主体の成立と同義であった場所との関係を、《大地》との不可分な密着として読解しているのである。しかし前節で確認したように、場所との関係は一切の存在者が消失した〈ある〉という「場所の不在」において成立するものであり、この場所はなんらかの風景や土地といった具体的な空間性に先行する。〈ある〉とは取りも直さずこのような具体的な世界の消失だったからだ。むしろ場所との関係が個々の事物との交渉によって覆い隠されると、「そのとき、ただ環境や景観といった具体的な規定や、習慣や歴史の結びつきのみが場所に個別的な性格を与え、この場所がわが家（*chez-soi*）、生まれた町、祖国、世界と化すことになる」(57)。言い換えると、レヴィナスの議論によれば、主体を取り巻く地理学的現実においてこそ土台としての「場所」は忘却されていることになる。

前節で検討したとおり、抽象的空間はもとより環境世界にも先行すると言われる根源的な場所は、レヴィナスにとって定位という出来事としての身体にほかならなかった。自らの実存の土台としての「場所」は、身体以外の「空間性」に依拠しない完全な自己準拠であり、その意味で主体の誕生は最初の自由であるのだが、それは同時に、いかなる仕方でも自分の存在からは逃れることができないという最初の隷属でもある[58]。しかし、根源的な場所との関係が身体として成就するのであれば、なぜ環境世界に先行する場所を思考する必要があるのか。実際、われわれは他者との社会的な交流のなかで、さまざまな身体と日常的に出会っているのではないだろうか。この反論に対してレヴィナスは、世界内での他者との関係は衣服という「形式（forme）」を通してでしか結ばれないと答える。むしろ世界内では裸でさえ形式と化してしまうのであり――レヴィナスは「徴兵審査委員会」を引き合いに出す――「完全な形式」である美を体現した「〔…〕古代の彫像は、本当の意味では裸ではない[59]」。このことを踏まえレヴィナスは、「古代の彫像」にロダンの彫刻を例として対置することで、世界には含まれない出来事としての身体の現出を記述する。そこでレヴィナスはロダンの彫刻が呈示する「壊れた世界から出現する、世界なき現実という異郷的な裸性[60]」を指摘している。興味深いことに、レヴィナスはこの箇所で「風景とは気分＝魂の状態であると言われた[61]」という一文を書き込んでいるが、そこで問題となっているのは、芸術的営為を芸術家の内面性の表現手段という従属状態から解放し、作品の異郷性を保持しようとする現代芸術の試みだった。この異郷性が世界のうちに統合されるのは、「他者の他性が、共感によって近づくことができる他我（alter ego）に留まるかぎり[62]」においてでしかない。

ここに至って、ダルデルとレヴィナスの見解の相違から浮かび上がるレヴィナスの場所の思想の狙いを理解することができる。さきほど見たようにダルデルは、地理学が捉える土地や風景といった地理学的現実のうちには「人間という観念そのもの」が書き込まれていると述べていた。これは、たえず人間の行為を被っている自然や環境がつねに歴史的なものであり、翻って、歴史的な地理学的現実から人間の観念を読み取ることができるという意味だが、レヴィナスにとって環境や歴史はあくまでも根源的な場所の所有に対して二次的なものにすぎなかった。そして現代芸術の異郷性においても身体の定位においても、自らの存在以外の参照項をもたない物質性を経由してはじめて他性の次元が考察の対象となる。すなわちレヴィナスは、人間の観念をすでに含んでしまった地理学的現実を根源的な場所へと還元することから出発して、地理学的現実のうちに含まれることのない人間の他性を考察しようと努めるのである。根源的な場所という環境世界の「手前」は、他性という環境世界の「彼方」に至るための基礎となる。同化されることのない「まったき他者」を導出するためには、まず一切の他性を包含しない《同》が記述されなければならなかったのである。

　レヴィナスは『全体性と無限』と同年の一九六一年に「ハイデガー、ガガーリン、われわれ」という小論を発表している。その内容と同時期のほかの論考の布置については第Ⅲ部で検討していくが、このテクストでレヴィナスは、人類初の有人宇宙飛行というガガーリンの偉業を《場所》（Lieu）からの解放として称賛し、それに対してハイデガーの思想を個別的な《場所》に執着した異教と呼んで糾弾する。レヴィナスにとってガガーリンは、人類ではじめて《場所》の束縛から解き放たれ、「均質的空間の絶対性」[63]のうちに身を置いたのである。本書の考えでは、ここでレヴィナスが《場所》と名づけているのは、主体の土台としての根源的場所ではなく、環境世界に代表される《同》の圏域のことである。レヴィナスはガガーリンが到達した「均質的空間」そのものを重視しているのでもなければ（すでに見たように、レヴィナスにとっての根源的場所は抽象空間に先行するものとして考えられていた）、ハイデガーの思想を一方的かつ暴力的な仕方で指弾しているわけでもない。むしろレヴィナスは、大地への人間の「根づき」をあらためて大文字の《場所》として術語化することで、この《場所》の彼方にある他性の次元を思考するように促しているのである。

　ところで、地理学の内部でもながらく無視されてきたダルデルの再評価を行っているジャン゠マルク・ベッスは、レヴィナスのこのハイデガー批判について、一方ではレヴィナスとともに《場所》への固着を批判しつつも、他方で《場所》との関係を《場所》への従属と同一視するレヴィナスの見方は退けている。ベッスによれば「《大地》との関係のすべてが一つの場所への根づきを意味するわけではない」[64]のであり、地理学においては人間と《大地》を同時的に思考することが重要だとされる。環境に対する人間の受動性ではなく両者の相互的な関係を考慮に入れるべきだとする議論はフェーブルにも見られたものだが[65]、レヴィナスに従えば、この関係においてさえすでに人間の他性は抹消されているのだと言える。実際、ダルデルにおいて歴史的な地理学的現実が含んでいると言われる人間の観念は、それが土地との密接な結びつきに基づいて考察されているかぎり、あくまでも「土着的なもの（autochtone）」に留まるのではないだろうか。ダルデルが、「追放された者（exilé）や流刑にされた者（déporté）」からは「彼ら自身の存在の具体的かつ固有の土台がすべて取り上げられているのだ[66]」と言うとき、彼らは地理学的現実の欠如という否定的様態でしか記述されえない。換言すれば、ダルデルの地理学は人間の観念が同時に意味しうる「異邦人（étranger）」を積極的な仕方で考慮に入れることができないのである。

言うまでもなく、ここでの議論はダルデルのレヴィナス理解が含む「誤読」を指摘することが目的ではない。第Ⅲ部で論じるように、『全体性と無限』を中心とする五〇〜六〇年代のテクストのなかで「土着的なもの」や「異邦人」が哲学素として概念化されるのを見るとき、環境世界の思想圏とレヴィナスの場所の思想とを対峙させてみることは、むしろレヴィナスの思想の運動を適切に理解するために多くの示唆を与えてくれるように思われる。この運動とはすなわち、〈ある〉のただなかで根源的場所を所有することを唯一の土台として主体が成立し、そこから派生する風土や風景といった環境世界が大文字の《場所》としてあらためて構造化されたうえで、主体が同一化しうる《場所》を超越した「異邦人」が《他者》として議論の俎上に載せられるという、『実存から実存者へ』と『全体性と無限』とを結ぶ思考の導線である。

第Ⅲ部　居住と彷徨

第Ⅲ部では、レヴィナスの第一の主著と呼ばれる『全体性と無限』(一九六一年)を中心とした一九五〇~六〇年代のレヴィナスの思索のなかで、『実存から実存者へ』で提示された「場所」の主題がどのような変遷をたどったのかを論じていく。四〇年代の著作において主体の土台として考察された「場所」は、『全体性と無限』では《同》の基盤としてレヴィナスの思想体系のうちに位置づけられることになる。

次ではまず『実存から実存者へ』から『全体性と無限』に至るまでのテクスト群を本書の関心に基づいて概観し、『全体性と無限』に引き継がれる主題の析出を行う。この時期にあらたに現れた重要な主題の一つとしてここで詳しく取り扱うのは、「居住(Wohnen/habitation)」をめぐるハイデガーの思想とレヴィナスによるその批判である。第二次世界大戦前後の沈黙ののち、五〇年代に入って相次いで出版されたハイデガーの後期著作に対するレヴィナスの反応を追うことで、『全体性と無限』の構成に大きな影響を及ぼした思想の展開が明らかになる。

第一章　存在論批判へ——五〇年代の展開

第一節　存在論の「根源性」批判

一九四〇年代後半に『実存から実存者へ』および「時間と他者」を発表したのち、『全体性と無限』によって国家博士号を取得するに至るまで、レヴィナスは数多くの哲学論文やユダヤ教論考を執筆している。実際のところ、復員後の一九四六年に世界ユダヤ連盟管轄の東方ユダヤ師範学校校長に就任し、再開直後の同校での事務運営および教育活動に忙殺されていたレヴィナスにとっては、第二次世界大戦で壊滅的な打撃を被ったユダヤ共同体における教育の再生こそが急務の課題であり、「ユダヤ教についての試論」という副題をもつ『困難な自由』（一九六三年）に収録されることになるユダヤ教論考に比べると、哲学系の雑誌に寄稿された論文の方が数は少ない(1)。しかし『形而上学道徳雑誌』（*Revue de métaphysique et de morale*）を主要な媒体として発表された諸論文は、同時期のユダヤ教論考とも密接な関連を保ちつつ、『全体性と無限』へとつながる自身の哲学体系の練り上げを目指したものとして非常に重要な位置を占めている。五〇〜六〇年代のユダヤ教論考に関しては折に触れて取り上げることとし、本章では『全体性と無限』周辺の哲学論文を、⑴存在論批判⑵ハイデガーの居住思想批判⑶フッサールの再解釈という三つの論点からまとめながら、『全体性と無限』に至るレヴィナスの思想的道程をたどってみたい。

五〇年代初頭にレヴィナスが『形而上学道徳雑誌』に発表した三本の論文、「存在論は根源的か」（一九五一年）、「自由と命令」（一九五三年）、「自我と全体性」（一九五四年）のうち、最初の論文「存在論は根源的か」は、「了解（Verstehen/compréhension）」に立脚したハイデガー存在論に「他者（autrui）」の倫理的意義をはじめて対置したレヴィナスの哲学のマニフェストである。表題から想定される«ontologie fondamentale»とは、他の存在者に先立って第一に問われるべき現存在の存在論的分析によってもたらされる「基礎存在論（Fundamentalontologie）」を暗示しているように思われるが、ここで問題となる存在論の「根源性」はハイデガーの言う基礎存在論とは関係がない（その意味でレヴィナスの表現は誤用とも言える(2)）。レヴィナスの意図はむしろ、ハイデガーの哲学を西洋哲学における「存在論の優位」の到達点と捉え、あらゆる存在者との関係を了解へ、さらには存在一般の了解へと帰着させる存在論の「根源性」を問いただすというものだった。この論文で第一に注目すべきは、のちにレヴィナスの哲学の鍵語となる他者の「顔（visage）」という次元がはじめて導入されたことである。

存在者との関係が存在一般の了解に結びつけられるとはつまり、存在者の了解においてはこの存在者は存在一般から出発してのみ意味を付与されるということであり、個別的なものの認識はこの個別的なものを超えた存在の地平における認識に行き着くということである。その点でレヴィナスは、古典的存在論の解体を目指したハイデガーの哲学を、あらためて西洋哲学の伝統――そこではヘーゲルが重要な支点となっている――のなかで捉え直している。「つまりハイデガーにおいて了解は、西洋哲学の偉大な伝統とふたたび合流するということである。個別的存在を了解するとは、すでに個別的なものの彼方に身を置くことである。了解するとは、唯一実存するものである個別的なものに対して認識によって関わることなのだが、この認識とはつねに普遍的なものの認識なのである」(3)。レヴィナスによれば、個別的なものを普遍的なものの尺度に基づいて認識し、それを存在一般の地平のうえに位置づけることは、この個別的なものに対する「暴力（violence）」であり「否定（négation）」である。道具としての存在者も、糧としての存在者も、所有され、使用され、享受されることで私の「権能（pouvoir）」のうちに包含され、部分的に否定される。そのときこれらの存在者は、そのものとして自体的に存在しつつも、私の所有に入ることですでに自存性を失ってしまうからである。

しかし他者という存在者（他なる人間）との関係においては事情が異なる。というのも他者は概念の一般性による了解をつねにはみ出してしまう存在者であり、その来歴や周辺環境、習慣等々に基づく了解を列挙したとしても、存在者としての他者そのものに到達することはできないからである。同時に、他者の認識にはつねにこの他者との関係が先行的に含まれており、他者との「出会い（rencontre）」においては他の存在者を認識する際の平静な観照は不可能となる。「私が人間と出会うときには、かならずこの出会いそのものを相手に表明している。人間とはそのような唯一の存在なのだ。まさにこの点で出会いは認識と区別される。人間に対するあらゆる態度のうちには、挨拶（salut）が――たとえそれが挨拶することの拒否であっても――存在している」(4)。その意味で他者とは、他のいかなる存在者とも異なり、了解や認識といった私の権能（換言すれば《同》の圏域）に含まれることのない卓越した存在者なのである。そこでレヴィナスは「言語」(5)を他者との出会いにおいてすでに作動している根源的な関係として捉えている。

ここから『全体性と無限』に引き継がれる有名なテーゼの一つが導き出される。他者は、了解によっても認識によっても所有することのできない存在者であって、私の権能に従属することで部分的に否定されることがない。それゆえ他者の否定は必然的に、全面的なものとならざるをえない。「他者とは、その否定が全面的否定としてしか告げられえないような存在者である。全面的否定とはすなわち殺人（meurtre）である。他者は、私が殺すことを望みうる唯一の存在である」(6)。もちろん、このような他者の絶対的否定すなわち殺人は、現実的には可能である。しかし他者が現実に殺されたとき、この他者（他者の身体）はふたたび私が身を置く世界の一要素へと回帰し、他の存在者と同列のものとして知覚されることとなる。つまり、他者に対して私の権能を及ぼそうとすれば他者の全面的否定へと向かわざるをえないが、まさにこの否定そのものによって他者の他性は逃れ去ってしまうという逆説的な事態が生じる。殺人の誘惑とその挫折というこの両義性のうちに、レヴィナスは他者の顔の意義を認めるのである。「全面的否定の誘惑――全面的否定という企図の無際限さとその不可能性とを見積もりに入れた誘惑――それが顔の現前である。他者と対面して（face-à-face）関係に入ること、それは殺すことができないということである。それはまた言説（discours）という状況でもある」（同）。

「存在論は根源的か」で顔の概念の導入とともに行われた存在論の「根源性」批判は、『全体性と無限』の第一部「《同》と《他》」に直接的に引き継がれ、レヴィナスが構想する「形而上学」こそが存在論に先行するという仕方で存在論の「根源性」にあらためて疑義が呈されることになる。興味深いことに、顔の両義性についての議論は『困難な自由』の巻頭を飾る翌年のユダヤ教論考「倫理と精神」（一九五二年）でさらに展開されており、そこでレヴィナスは顔の両義性を旧約聖書の戒律「汝殺すことなかれ」のうちに見いだしている。「顔を見ることは、すでに「汝殺すことなかれ」を聴くことである」[7]。レヴィナスによれば、この戒律は禁止の形式で告げられる単なる行動指針ではなく、「言説そのものおよび精神的生の原理」（同）であり、顔を「見ること」のうちには観照的態度に先立って言語の道徳的次元がすでに作動しているとされる。翻って「存在論は根源的か」には、「他者との関係はそれゆえ存在論ではない」という言明に続いて次の記述が見られる。「他者とのこの絆（lien）は、他者の表象ではなく、他者への請願に帰着するのであり、そこではなんらかの了解が請願に先立つことはない。われわれはこの絆を宗教（*religion*）と呼ぶ。言説の本質は祈り（prière）である」[8]。『全体性と無限』でも「汝殺すことなかれ」が「最初の言葉」であると言われると同時に[9]、宗教という語も、「《全体》の不可能性にもかかわらず、《同》と《他》とのあいだの関係が存続する」ような「究極的な構造」として重要な役割を担っている[10]。これらの点を考慮に入れるなら、形式上は分離されているレヴィナスの哲学的著作とユダヤ教的著作とは密接な補完的関係のうちにあると言わなければならない。

「存在論は根源的か」とならんで五〇年代初頭に『形而上学道徳雑誌』に掲載された残りの二篇の論文についても、『全体性と無限』との主題的連鎖という点から簡単に触れておこう。一九五三年の「自由と命令」は、プラトンの『国家』を主要な参照点としながら、いかなる外的影響も被らない絶対的な自由に対して命令することが可能かという問題を扱っている。「行動（action）」を、自己とは異なる別個の自由な意志に働きかけを行う他動的なものと理解するなら、この働きかけは必然的に「命令（commandement）」という側面をもたざるをえない。レヴィナスの問いは、この絶対的な自由を疎外することのない他律的な命令の可能性へと向かっていく。論文の前半部分は、民主政における過度の自由から完全な従属形態である僭主政への移行というプラトンの議論を下敷きにしながら、僭主政に対する予防措置としての外的な理性的秩序（成文法、制度、国家）の確立によって自由が担保される過程を論じている。

そこまでの論述は一つの『国家』論とも言える体裁を取っているが、レヴィナスはそこに「顔」についての考察を差しはさんでもいる。成文法に基づいた命令や、制度および国家という非人称的理性が、その起源においては個々人の自由意志に基づいたものだったとしても、ひとたび固定された非人称的理性は、刻一刻と刷新される自由意志とのあいだに齟齬を来すことになる。それにもかかわらずこの非人称的理性が自由の条件たりうるとすれば、「〔…〕理性的法の制定は、この法を制定するための個別者どうしの直接的な相互諒解（entente）の可能性をすでに前提としているのではないだろうか[11]」。理性的秩序が拠って立つ「言説に先立つ言説[12]」をレヴィナスは顔の記述によって導いているのだが、この相互諒解は、この語が示唆しうるような平和裡の合意や協調を意味してはいない。というのも他者の顔は、そこに刻印された「否（non）」、すなわち殺人の禁止によって、私の自由に鋭く対立するものとして現れるからである。ただしレヴィナスによればこの対立は暴力的な対立ではない。暴力とはむしろ、ある個別的な存在者を一般性のうちで把捉することでその個別性を剝奪する仕方、顔が投げかける眼差しを回避する仕方であり、顔による対立もそのように「斜めから」見られることで敵対的な力として解釈されてしまう。それに対してレヴィナスは、顔が有する絶対的な「裸性」を強調する。「顔の絶対的な裸性、絶対的な仕方で防御も覆いも衣服も仮面も欠いたこの顔は、それにもかかわらず、顔に対する私の権能、私の暴力に対立するものであり、絶対的な仕方で、対立そのものであるような対立によって私の権能や暴力に対立するものである。自己を表出する存在、私の正面にある存在は、その表出そのものによって私に否と言う[13]」。レヴィナスは、自己の「表出」そのものとしての顔による対立を「僭主政なき命令[14]」と呼び、この暴力なき「他動性（transitivité）」のうちに「被造物（créature）」の次元を認めるに至る[15]。ここでは、『実存から実存者へ』でも部分的に論じられていた無からの創造という聖書的概念[16]が、『全体性と無限』につながる仕方で哲学的に解釈されている点とともに、顔との関係という倫理的次元が法・制度・国家という政治的次元に先立つものとして捉えられることで、倫理と政治の絡み合いをめぐるレヴィナスの考察の出発点となっていることを特に指摘しておきたい[17]。

この後者の点に関連して、一九五四年の論文「自我と全体性」は、レヴィナスの「政治哲学」（そう呼びうるものがあるとして）における主要な諸概念をはじめて提出している点で重要な位置を占めるテクストである。すなわち「作品＝業（œuvre）」と「第三者（tiers）」の概念である。レヴィナスはこれらの概念を通して、単独的・唯一的な「自我（moi）」と、これらの自我の複数性から構成される「全体性（totalité）」の次元との関係を論じている。議論の焦点のみを要約的に述べるならば、二者的な関係である愛の関係と異なり、第三者を含んだ社会という全体性においては、自我はその単独的な意志によってではなくその作品を通じて事後的に解釈されるのであり（特に例示されるのは歴史の場合である）、その意味で自我の自由は、自我が非人称性を帯びる複数性の次元においては裏切られる。「裏切りによって、社会――複数の自由がそれらの単独性において保たれていると同時に、一つの全体性に巻き込まれているような複数の自由の全体性――は可能になる[18]」。さきの二論文と同様、ここでも他者の顔との対面関係、言説の可能性が、自我の複数性の次元に先行するものとして提示されているが（顔はその「作品＝業」によってではなく「自分自身から、概念なしに現出する[19]」）、「自我と全体性」でのレヴィナスは、単に顔との関係の根源性を主張するに留まらず、自我の単独性が不可避的に損なわれてしまう社会的次元において「正義（justice）」が可能となる条件を積極的に求めるに至る。この問いへのレヴィナスの回答は非常に特徴的である。すなわちレヴィナスは、社会における正義を「経済的正義[20]」と見なし、この経済的正義を可能にするものとして「貨幣（argent）」を評価するのである。レヴィナスに従えば、諸個人は貨幣を自由処分する可能性をもつことで全体性との距離を保つと同時に、貨幣を介した経済活動を通じて全体性のうちに包含される。すなわち貨幣とは「そこにおいて、概念をもたないものの一般化、量をもたないものの方程式が成就するような抽象的境位[21]」である。貨幣という共通項を媒介とした平等によって、社会的次元における諸個人の単独性と複数性の対立が克服されるというレヴィナスの議論は、『全体性と無限』

さらには『存在するとは別の仕方で』での正義論にまで延長されるものとして興味深い。とりわけ「自我と全体性」を締めくくる次の一節は、レヴィナスの正義概念の特徴を簡潔に言い表している。「たしかに、人間の数量化のうちに正義の本質的条件の一つを見いだすことは、非常に反良俗的な見方である。しかし、数量も補償もない正義など考えることができるだろうか」[22]。レヴィナスの正義論に関しては第Ⅴ部でふたたび取り上げる。

本節で見てきた五〇年代初頭の諸論文は、『全体性と無限』に結実する主題を暫定的な仕方で提示しつつ、ハイデガーの存在論批判という大きなプログラムを告知したものだった。ただし、ときにきわめて辛辣な語り口でハイデガーを批判している『全体性と無限』のレヴィナスが、単にハイデガーの哲学を暴力的に指弾しているのではなく、それを自身の哲学の体系に組み込むことでその発展的な乗り越えを目指したというのが本書の主張の一つである。このことを明らかにするために、五〇年代のテクストに新しく現れた主題である「居住（Wohnen/habitation）」を次に取り上げてみたい。この主題はハイデガーへの批判に端を発しつつ、レヴィナス自身の哲学にも重要な一局面を開いたものだったからだ。

第二節　四方域をめぐって

一九五一年に教職に復帰したハイデガーは、旺盛な執筆および講演活動を再開し、戦前・戦中期の講義や思索の成果を含む著作を相次いで出版する。なかでも「芸術作品の起源」（一九三五／一九三六年）をはじめとする三〇〜四〇年代のテクストをまとめた『杣道』（一九五〇年）、五〇年代の講演を数多く収録した『講演論文集』（一九五四年）の出版は、それ以降のレヴィナスの思想の展開をたどるうえで非常に重要である。レヴィナスのハイデガー解釈を検討する際、他の哲学者のテクストの明示的な引用を行うことがきわめて稀であるレヴィナスの著作において、そのつどハイデガーのどの著作が念頭に置かれているのかを明らかにすることが必要となるが[23]、とりわけここで取り扱う五〇年代のハイデガー解釈は、レヴィナスがいわゆる「転回」以後のハイデガーの著作に即座に応答した例として興味深いものであると同時に、「場所」という本書の主題にとっても見逃すことのできない重要性をもっている。五〇年代のレヴィナスの思想における第二の論点として、ハイデガーの「居住」思想に関する議論を追っていくことにしよう。

後期ハイデガーの「居住」思想にレヴィナスがはじめて言及したのは、一九五六年のブランショ論「モーリス・ブランショと詩人の眼差し」（単行本収録の版では単に「詩人の眼差し」）である。ハイデガーが自身の「居住」の概念をもっとも明快に示した講演「建てる・住む・思索する」（一九五一年）を収めた『講演論文集』の出版が一九五四年だから、ハイデガーの思索のこの新しい展開に対するレヴィナスの反応は非常に早いものだったと言える（『講演論文集』の仏訳は一九五八年に出版されている）。この論文でレヴィナスは、ブランショにとっての「文学空間」が開示する「ノマディズム」と、彼自身の言う人間の「顔」とを関連づけながら、それらとの対比でハイデガーの「居住」思想に言及している。長い引用になるが非常に印象的な箇所を引いてみたい。

> 存在者としての人間、まさにこの人間としての人間、飢えや渇き、寒気に曝された人間は、彼のさまざまな欲求のうちで、本当に存在の暴露（dévoilement de l'être）を成就しているのだろうか。そのことによって彼はすでに、用心深い光の牧人（gardien）だったのだろうか。ハイデガー的な世界とは、しがなく惨めな人間たちの条件を超越した主人たちの世界であるか、もしくは、この主人たちを仰ぎ見るための眼しかもたない下僕たちの世界である。ハイデガー的な世界において、行動は英雄主義であり、居住は君主の宮殿であり神々の寺院だったりする――これらが、人間を守り保護するよりもまえに、風景の輪郭をかたどっているのである。死すべきものたちの生であり、これを神々の訪れや神々の壮麗さが慰撫する。先祖伝来の土地のうえでの骨折り仕事の生であり、この土地はいか

なる災厄によっても足下から引きはがされることはない。橋であれ壺であれ一組の靴であれ、ハイデガーが〈もの〉（chose）を喚起するとき、それをしるしづけているのはいつもこの平穏な所有、この異教＝土俗信仰的な根づき（enracinement païen）である。彼の最新の著作でなされている、居住と〈もの〉についてのあの目映い分析を考えてみよう。天空、大地、死すべきものたち、神々（つねに複数形だ）への参照、場所と〈もの〉のなかで分かちがたく結びついたこれらの四方域（quaternité）への参照によって、知覚の絶対性、場所の絶対性が保証される。この場所において、世界と幾何学的空間それ自体が、そして天空と大地とが空間の単なる限界として位置づけられている。人間たちとの関係がそこでは他の三つの関係と分離されていないという風景のこの優位、風景のこの絶対性は、特権者でありヨーロッパ人であるわれわれの嗜好にたしかに合っているのだろう。しかし、それは人間の悲惨など不可能であると主張することだ。高慢な者たちの観念論である！(24)

レヴィナスが「最新の著作」と呼んでいる『講演論文集』に収められた「建てる・住む・思索する」のなかでハイデガーは、「建てること（Bauen）」を単なる建築技術に還元するのではなく「住むこと（Wohnen）」に本質的に属する事柄として把握している。「つまり、建てることは住むことのための単なる方法なのではなく、建てることはすでにそれ自体として住むことなのである(25)」。続けてハイデガーは「建てる」という語《bauen》がそもそも「住む」を意味していること、さらには動詞《sein》の一部の活用形がやはり「住む」を意味していたことを指摘する(26)。同様の考察が『存在と時間』の「内存在」の分析のなかで行われていたことはすでに見たが、ここでのハイデガーはさらに進んで、「住むこと」の本質をあらたな用語を導入しながら見極めようとする。すなわち、大地のうえに住み、天空のもとで神的なものの訪れを待機する死すべきものとしての人間（死としての死を死ぬことができる現存在）は、「大地（Erde）」・「天空（Himmel）」・「神的なもの（die Göttlichen）」・「死すべきもの（die Sterblichen）」によって構成される「四方域（Geviert）」のうちに存在するとされる[27]。人間はこの四つの次元を統一する「労わり（Schonen）」によって四方域を保護するのだが、この労わりは〈もの〉（Ding）の傍らに滞在することを意味する。〈もの〉とは、先在する抽象的空間に事後的に置かれることで存在するのではなく、それ自体が四方域の四つの次元を取り集める一つの「場所（Ort）」であり、この場所が統一した四方域として保持されるかぎりで抽象的な「空間（Raum）」ははじめて意味をもつとされる。ハイデガーはこうした〈もの〉の例として、河に架かる橋を挙げているが、橋は河の流れのうえに屹立することによって、両岸とその向こうに続く田畑までを結びつける。橋はまた、そこを渡る人間たちに交際の場を提供する。「場所は、橋よりもまえにはまだ存在していない。たしかに、橋が建つまえから、河沿いには数多くの位置（Stelle）が存在し、これらの位置はなにかによって占められることができる。これらの位置のうちの一つが場所として生じるのだが、それは橋を通してである。それゆえ、橋がまず場所のうちに立つのではなく、橋それ自体からはじめて一つの場所が生まれるのである[28]」。「建てる」とは、このような取り集めの場所である〈もの〉をもたらすことで居住を可能にするものであり、幾何学や数学以上に空間一般の本質に近い技術《テクネー》なのである。

以上のようなハイデガーの議論を「高慢な者たちの観念論」と呼ぶレヴィナスの身振りを不穏当な横暴であると即断するかわりに（後述するように、このブランショ論よりも言及されることの多い論文「ハイデガー、ガガーリン、われわれ」はしばしばそう見なされている）、一見すると厳しい糾弾に映るこのハイデガー解釈を通じてレヴィナスがなにを目指しているのかを見定めることが肝要である。ハイデガーの言う四方域における滞在を「風景」および「場所」の絶対視と断じ、それに対し、「定住的実存（l'existence sédentaire）の奥底からノマドとしての記憶が立ちのぼってくる。ノマディズムは定住状態に接近するための一つの方途なのではない。ノマディズムは、場所なき滞在（un séjour sans *lieu*）という、大地との還元不可能な関係である[29]」とレヴィナスが述べるとき、そこでは一つの場所への凝集と場所からのつねなる離脱、さらには定住と移動という生活類型の単なる対立が問題となっているのだろうか。

この問いに十分な仕方で答えるためには、第Ⅱ部での環境世界に関する議論を踏まえたうえで、『全体性と無限』で提示されるレヴィナス自身の居住の思想を詳しく検討しなければならない。しかしそのまえに、このブランショ論と同時期にレヴィナスがやはりハイデガーの四方域について論じたもう一本のテクストについても触れておこう。「哲学と無限の観念」（一九五七年）は、《同》（有限者）が自らの思考しうる以上のもの、すなわち《他》（無限者）を思考する可能性を指し示す「無限の観念（l'idée de l'infini）」という『全体性と無限』の主導概念の一つを準備している点でも重要だが、その過程で行われるハイデガー解釈もまた『全体性と無限』に直結するものである。レヴィナスはここでも暗示的な仕方でハイデガーの居住思想に言及しながら、それを「異教的な実存すること（un exister païen）」と定式化している。

ハイデガー存在論は、《他》との関係を《存在》という《中性的なもの》との関係に従属させ、それによって力への意志を高揚させせつづけているのだが、ただ《他者》のみが、力への意志の正当性を揺さぶり、その疚しさなき意識を曇らせるのである。《存在》が照らし出す多様な現実によって《存在》が覆い隠され忘却されるということ、この忘却の責はソクラテス以来の哲学に帰されるということ、ハイデガーがこのような《存在》の忘却に警鐘を鳴らし、そして知性が技術へ向かって進むことを嘆くときも、彼は機械化よりも非人間的で、おそらくはそれと異なる源泉をもつような権能の体制を維持している（国家社会主義は人間の機械的物象化に由来しているのであり農民的根づきと封建制的礼賛——隷属する人間が彼らに命令する主人や君主たちに向ける礼賛——には立脚していない、ということとは定かではない）。つまりは、自らを自然的なものとして受け入れる実存であり、この実存にとっては、自分の陽の当たる場所（sa place au soleil）、自分の土地（sol）、自分の場所（*lieu*）が一切の意味を方向づけているのである。すなわち、異教的な実存すること（un *exister* païen）である。《存在》の命令によって、この異教的実存は、母なる大地のうえ、慣れ親しんだ風景に囲まれて、建てる者、耕す者と化す。無名で《中性的》なこの《存在》の命令によって、この異教的実存は、倫理的に無関心な者、英雄主義的な自由、《他者》に対する一切の有責性から無縁な者と化すのである。[30]

この引用文中で、ハイデガーの居住思想を「異教的な実存すること」と要約しながら、レヴィナスが「実存すること」の語に強調を付すのはなぜか。それはハイデガーが描き出す四方域における居住が一つの存在様態であり、ハイデガーの区分に従えば存在的ではなく存在論的な価値をもつからである。同様に、さきのブランショ論でレヴィナスがノマディズムを「大地との還元不可能な関係」であると述べるとき、このノマディズムもまた異教的実存（定住状態）には還元されえない存在様態であると考えられている。ただしそれらがたがいに異なる存在様態であると言うだけでは、この相違はふたたび定住と移動という文明の類型論に逆戻りしてしまう。それゆえ『全体性と無限』のレヴィナスの企図とは、『存在と時間』の現存在分析に相応する仕方で、異教的実存とは異なる存在様態に言わば存在論的な基礎づけを与えるという作業にほかならない。さらに、ここでレヴィナスが「陽の当たる場所」というパスカルの言葉を援用していることに注意するなら、レヴィナスの試みはこのパスカルの言葉をエピグラフにもつ『存在するとは別の仕方で』まで続けられているということができる。「場所」をもつことのない存在様態とは、いかなる仕方で哲学的な正当化を受けるのだろうか。

第三節　フッサールの再解釈

『全体性と無限』の読解によってこの問いへの接近を試みるまえに、一九五〇年代のテクスト群の第三の特徴であるフッサールの再解釈という側面についても簡単に見ておきたい。五〇年代は、著作の出版や講演活動の再開によってハイデガー哲学の新しい展開が明るみに出る一方で、現象学の創始者であるフッサールの業績があらたな解釈を惹起していく素地もまた形成されはじめた時期だった。よく知られているように、ナチスによるユダヤ人迫害のなかで喪失の危機に曝されていたフッサールの膨大な遺稿および蔵書は、ルーヴァン大学哲学科に在籍中だったヘルマン・レオ・ファン・ブレダの多大な尽力によって、大戦中の政治的・経済的な困難のなか同大学内に設立されたフッサール文庫へ移管された(31)。同文庫では、三〇年代末から戦争による中断を経ながらも、フッサールの弟子であるオイゲン・フィンクとルートヴィヒ・ラントグレーベの手でフッサールの手稿を転写する作業が進められ、一九五〇年の『デカルト的省察』を皮切りに、校訂版全集である『フッセリアーナ』の刊行が開始された。さらにフッサール文庫はフッサール全集と並行して、多様な現象学研究の成果を集めた叢書「フェノメノロギカ」を発刊し、一九五八年に同叢書の第一巻としてフィンクの『存在・真理・世界』が出版された。レヴィナスの哲学的主著と呼ばれる『全体性と無限』および『存在するとは別の仕方で』の二冊も、それぞれ同叢書の第八巻、第五四巻として出版されたものである。このように五〇年代には、フッサールの直接の弟子の一人だったレヴィナス自身にとっても、師の著作とあらためて向き合うための気運が醸成されていたはずである。

具体的に見ていくと、この時期にレヴィナスが発表したフッサール論は、「現象学的「技術」に関する考察」（一九五九年）、「表象の瓦解」（一九五九年）、「志向性と形而上学」（一九五九年）、「フッサールにおける〈永続的なもの〉と

〈人間的なもの〉」（一九六〇年）の四本であり、前三本は『フッサール、ハイデガーとともに実存を発見しつつ』の第二版（一九六七年）に再録された[32]。これらのテクストから浮かび上がるレヴィナスのフッサール再解釈の道筋はどのようなものだったのか。フッサール現象学に関してレヴィナスが提示している問題系を網羅的に論じることはできないため、ここでは本書の文脈と関係する次の二点について指摘するに留めたい。

(1)レヴィナスは、フッサールが「感受性（sensibilité）」に与えた原初的地位を指摘することを通じて主観の受動的側面を強調し、それによってフッサールとハイデガーとを架橋することを試みている。『デカルト的省察』第二〇節で意識の本質的契機とされた「自らを超えて思念すること（Mehrmeinung）」に依拠しつつ、レヴィナスは、意識の顕在性のうちに含蓄されている「暗黙的なもの（l'implicite）」に注目する[33]。この「暗黙的なもの」の発見は、無意識や深層といった語彙と結びつくことで現象学と精神分析との接近を予感させるものではあるが、レヴィナスはそこに「新しい心理学」のみならず「新しい存在論」の開始を見て取っている。なぜなら、「暗黙的なもの」が広がっている無限の地平において、「存在は、単に思惟と相関的なものとしてではなく、存在を構成するはずの思惟そのものをすでに基礎づけるものとして措定される[34]」からである。顕在的に思念されることのない潜在的な感覚的質によって、意識の作用において表象が担っていた至上的性格は問いに付され、「いかなるものも私のなかに秘かに入り込んでくることを許さなかった観念論[35]」はフッサールにおいて終焉を迎えるとされる。本書第Ⅱ部第二章で分析した『実存から実存者へ』の芸術論のなかで、志向がそのうちに迷い込む元基の非人称性として解釈されていた感覚的質は、ここではより広い意味で意識の本質的な受動性をなすものとなる。レヴィナスが解釈するフッサールとハイデガーが接近するのはこの点においてである。

〔…〕感受性および感覚的質は、範疇的形式ないし理念的本質を生み出す素材なのではなく、主観が範疇的志向を成就するためにすでにそこに位置づけられている状況（situation）である。私の身体は単に知覚される対象なのではなく、知覚する主体でもある。大地は、諸事物がそこに現れる土台なのではなく、これらの事物を主体が知覚するために要請される条件である。したがって志向性のうちに含蓄された地平とは、いまだ曖昧な仕方で思念された対象の文脈ではなく、主体の状況なのである。状況にある主体（sujet en *situation*）、あるいはハイデガーならそう言うであろうような世界における主体は、志向のこの本質的な潜在性によって告知されている(36)。

初期の現象学論文でのレヴィナスが、ハイデガーの存在論によってフッサールの現象学を説明する傾向があったことを思い起こすなら（本書第I部第一章参照）、地平の潜在性がもたらす主体の条件づけのうちにハイデガーの世界内存在の萌芽を見いだすこの議論は、両者に対するレヴィナスの解釈の方向転換を意味している(37)。しかも、この再解釈の俎上に載せられているのは『存在と時間』のハイデガーばかりではない。前節で概観した五〇年代のハイデガーの思想も、それがすでに上記のフッサールの議論に含まれているというのがレヴィナスの主張である。「〈もの〉の傍らでの現前が関係づけられている諸地平は、この現前そのものを導くものでありながらも、さしあたりそしてたいていは気づかれることがない。このような諸地平へと関係づけられている〈もの〉の傍らでの現前は、実際、ハイデガー的な意味での存在の哲学を告知してもいる。存在者へと向かうあらゆる思惟はすでに、ハイデガーが存在者には還元不可能なものとして示している存在者の存在のうちにある。この存在者の存在とは地平であり、あらゆる位置取りに命令を与える用地（site）である。それはまた、意志し、労働し、あるいは判断する主体のイニシアチヴをすでに導くような風景の光（lumière d'un paysage）である(38)」。存在者の存在と同一視された「用地」ないし「風景の光」が主体の行動のみならず意志に対しても決定権を握っているというのは一見すると突飛な主張に映る。しかし、『存在と時間』で現存在の空間的な位置取りが環境世界の存在者の配置によって規定されていることを想起すれば（本書第Ⅱ

部第三章参照)、レヴィナスが五〇年代のハイデガーの居住の思想を『存在と時間』との連続性において捉えていると判断することができる。実際、前節で引いた論文「哲学と無限の観念」には次のような文言が読まれる。「『存在と時間』において、製造された事物の道具立てから出発していたハイデガーの世界分析は、彼の最近の哲学では、《自然》の気高い風景のヴィジョンによって支えられている。この《自然》とは、非人称的な豊饒さ、個別的な諸存在の母型、諸事物の無尽蔵の質料なのである」[39]。ハイデガーの思想の連続性を踏まえることでレヴィナスは、「転回」後の思想をも含めたハイデガーの哲学をふたたびフッサール現象学の企図のうちに取り込むのである。「現象学は、自らの生を生きる具体的人間によって知覚された世界がもつ失効しえない特権性を要求している、と言うことができる。建てること(*bâtir*)によって描かれる場所《リュー》が幾何学的空間を含むのだと主張するとき――幾何学的空間はなにも含むことができないとされる――ハイデガーはまさにこの『イデーン』のテーゼを繰り返しているのである」[40]。

(2)意識の受動的性格が明るみに出されることによって、観念論的思考において至高の権限を与えられていた意識は、その構成的側面と被構成的側面との弁証法として捉え直されることになる。「原印象(Urimpression)」の分析にとりわけ顕著に現れるこの「参入=被拘束性(engagement)」と「離脱=脱拘束性(dégagement)」の弁証法にレヴィナスは繰り返し注意を喚起しているが、レヴィナスによると「フッサールは超越論的観念論の離脱=脱拘束性と、世界内への参入=被拘束性とのあいだで動揺していると批判されるのだが、この動揺はフッサールの弱さではなく力なのである」[41]。この動揺、「自由と所属の同時性」(同)はむしろ、観念論的思考の体系から主体を引き離す効果をもつ。「しかしそこで行われているのは、ヘーゲルとは反対に、あらゆる体系や全体性からの主体の引きはがしであり、意識状態の内在性から出発した背後への超越、後方超越(rétro-cendance)である」[42]と述べるとき、レヴィナスはフッサールのうちに、全体性に包含されない主体性の擁護を目指す『全体性と無限』の先駆的試みを読み込んでいるのである。

しかし、主体のうちに参入と離脱、自由と所属といった相反する性格を見いだすだけでは、議論は同語反復的な循環ないし形式的な相互作用に陥ってしまうのではないだろうか。どのような意味で主体はこの両側面の「弁証法」そのものとして記述されることができるのか。レヴィナスは、空間と空間の経験とのたえざる往復関係を通してこの点を説明する。

人間は、自分がすでに所属している世界を構成するという、この往復。この分析は永久に反芻される同語反復に似ている。すなわち空間は空間を前提とし、表象された空間は空間のうちへのある種の植えつけ（implantation）を前提としているのだが、この植えつけの方はと言えば、それは空間の投企（*projet*）としてでしか可能ではない。この見かけ上の同語反復のうちで、本質——存在体の存在——は輝く。空間は空間の経験となる。空間はもはやその啓示から、その真理から分離されることがない。空間はその真理のうちでただ伸長していくというのではなく、むしろそこで成就するのだ。存在が、存在を投企する行為を基礎づけ、行為の現在——その現在性——が過去へと変容する、しかし即座に、対象の存在が、それに対して取られる態度のうちで完成され、存在の先行性があらたに一つの未来のうちに位置づけられる、そうした逆転。人間的振る舞いが、一つの経験の成果としてではなく根源的経験として解釈されるような逆転——このような逆転こそ現象学そのものである。現象学はわれわれを、主体‐客体という範疇の外へ連れ出し、表象の至上性を瓦解させる。主体と客体はこの志向的生の両極にすぎないのだ[43]。

空間構成およびキネステーゼに関するフッサールの議論へのレヴィナスの関心は他の箇所によりはっきりと現れているが[44]、キネステーゼにおいて意識は身体運動を媒介として成立するように（レヴィナスはキネステーゼの志向性は「心身の合一」であるとも述べる[45]）、空間もまた空間の経験を媒介とした一種の跳ね返りによって構成される。主体に先行しそれを基礎づける条件は、主体がそこに向かって自らを超え出て行く可能性を準備し、そこから主体のあらたな条件づけが生成する。循環的と言うよりはむしろ螺旋状のこの運動こそが、レヴィナスにとっての「志向的生」にほかならない。

　このように理解された志向性が、次章以降で論じていく『全体性と無限』[46]の享受の議論に理論的モデルを提供していることは強調されてよい。そこで主体における参入と離脱との弁証法は、《同》が「他なるもの」を同化しつつもこの「他なるもの」に依存しつづけるという構造へと組み替えられることになる。表象に基づいた観念論が「自我と非自我、《同》と《他》とのあいだの一致[47]」であるのに対し、志向性は「自我と他なるものの不等性[48]」を意味する。「他性との関係[49]」とも言い換えられる志向性によって、「客観的ではない一つの外部性という観念[50]」がもたらされるのである。

第二章　居住の倫理――『全体性と無限』

第一節　形而上学的欲望と《同》

ここまで一九五〇年代のレヴィナスのテクストを論じてきたが、これらの哲学論考で扱われた主題はさまざまな仕方で一九六一年の『全体性と無限』に取り入れられ、多少の修正を被りながらさらなる展開を見ている。本章以降で分析していくのは、本書全体の関心である「場所」の概念と関連した『全体性と無限』の記述であり、居住をめぐるレヴィナスとハイデガーの思想的対峙の様態である。とりわけ五〇年代の論文で暫定的に提示されていたレヴィナスのハイデガー批判が、『全体性と無限』のなかでどのように体系化されているのかが問題となる。実のところ、居住の思想に関する両者の類似ないし差異を扱った個別研究はすでに数多く提出されている(1)。本書はこれらの成果を踏まえつつ、この主題をより広い思想的枠組みのうちに捉え直していくことを試みる。

まず第Ⅱ部で扱った『実存から実存者へ』での「場所」と環境世界に関する議論を念頭に置きながら、『全体性と無限』本論部分の冒頭を見ていきたい。「場所」概念を前面に据えた『実存から実存者へ』ではまだ明確な形で提示されていなかった環境世界批判は、この著作では「形而上学的欲望（désir métaphysique）」という概念を通じて定式化されている。

「真の生が欠けている」。しかしわれわれは世界内に存在している。形而上学はこの不在（alibi）のうちで生じ、維持される。形而上学は「他所（ailleurs）」、「別の仕方で（autrement）」、「他なるもの（autre）」の方を向いている。実際、思考の歴史のなかでそれがまとったもっとも一般的な形態において、形而上学は、われわれにとって馴染み深い世界――この世界を境界づける未知の大地や、この世界が隠しもつ未知の大地がいかなるものであれ――から、あるいは、われわれが住む「わが家（chez soi）」から出発して見知らぬ自己の外部（hors-de-soi）、彼方（là-bas）へ向かう運動として現れている。(2)

ここでレヴィナスがランボーの『地獄の季節』の一節（「錯乱Ⅰ 愚かなる乙女」）を引用しつつ導入している「形而上学」は、伝統的な西洋哲学の一部門というよりはむしろ、自然《ピュシス》を超え《メタ》たという非常に強い仕方で捉え直されたものである。とはいえこの語は、人間の経験の埒外にあるものの思弁的探求という意味で用いられているわけでもない。「われわれにとって馴染み深い世界」、すなわち環境世界への言及がそのことをよく示している。形而上学とは、「わが家」を中心に広がっている環境世界の外側を欲望するものだと言うのである。それでは形而上学的運動が目指す「他なるもの」とはどのような意味で「他なるもの」なのか。この引用に続く段落も読んでみよう。

この運動の終着点――他所ないし他なるもの――は、卓越した意味において他なるものだと言われている。いかなる旅も、風土（climat）や景観（décor）の変化も、そこに向かう欲望（désir）を満足させることはできない。形而上学的に欲望された《他》は、私が食べるパン、私が住む国（pays）、私が眺める風景（paysage）のような

「他なるもの」であるわけではないし、また、しばしば私自身が私自身にとってそうであるようなこの「他なるもの」としての「私」でもない。これらの実在については、あたかもそれらが単に私に欠けていただけであったかのように、私はそれらを「貪る」ことができるし、かなりの程度まで自らを満足させることができる。それによって、それらの実在の他性（*altérité*）は、思考し所有する私の自同性のうちに吸収されてしまう。形而上学的欲望は、まったく他なるもの（*tout autre chose*）、絶対的に他なるもの（*l'absolument autre*）を目指す。[3]

一見すると奇妙な論述である。というのも、この箇所の最初と最後の一文を読むと、形而上学的運動の終着点である卓越した意味での「他なるもの」が、「まったく他なるもの」「絶対的に他なるもの」と同語反復的に言い換えられているだけに見えるからである。この絶対的な《他》が「他者（Autrui）」であると明確に主張されるのはさらに数頁先のことだ。しかしこのことは、レヴィナスの他者論を理解するための重要な示唆を含んでいる。本書が強調したいのは、レヴィナスの哲学における他者の問題系が、ここで「風土」「景観」「国」「風景」といった語が指し示している環境世界の乗り越えによってはじめて導入されるという点である。つまり、形而上学的欲望は他者を目指す、と即座に言われるのではなく、それは第一に「帰還（retour）」を望むことのない欲望であり、「われわれが生まれたのではない国」、「一切の自然に対して異邦的な国（étranger à toute nature）、われわれの祖国でもなくわれわれが決して移り住むこともないであろう国」への欲望なのだ。[4] 絶対的に他なるものである他者が、ただちに「異邦人（Etranger）」と言い換えられることになるのもそのためである。この論点を過小評価し、レヴィナスの他者論を単なる利他主義に還元してしまうと、[5] レヴィナスの他者論がもつラディカルな性格がかえって見逃されてしまう。レヴィナスが《同》と《他》の「形而上学的非対称性（une asymétrie métaphysique）[6]」と言うとき、それは《同》が《他》の責任を一方的に負うから非対称的なのではなく、責任を負うべき《他》は《同》から出発することによってでしか導出されえないという点において非対称的なのである。

その意味で、レヴィナスの議論の出発点は他者論ではなく、あくまでも「自我論（égologie）」だと言える。第Ⅱ部において、「場所」への身体の定位とフッサールの言う「原初的領分」への還元との類似性を指摘したが、ここでもレヴィナスの「自我論」は、超越論的現象学の第一段階として「超越論的な自己経験の広大な領土が遍歴されなければならない」[7]とするフッサールの自我論（Egologie）と方法論を共有している。[8]レヴィナスにとっても第一の課題は、形而上学的欲望が向かう「まったく他なるもの」がなにかを直接的に論じることではなく、《同》がその圏域をどこまで拡張しうるのかを分析し、その限界を画定することにある。「［フッサールの］原初的領分はわれわれが《同》と呼ぶものと一致しているが、それが絶対的に他なるものへ向かうのは、《他者》からの呼び声に基づいてである」[9]と言われるように、レヴィナスとフッサールの相違は、《同》の領域画定以後に《他者》との関係をどのように引き出すかという点に特に絞られる。フッサールを含めてソクラテスからハイデガーに至る西洋哲学をレヴィナスが《同》の「エゴイズム（égoïsme）」と同定するのは、他者論を打ち出すことで従来の哲学に対する批判的境位に身を置くためではなく、他者論に向かうための不可欠な作業としてこれらの成果を積極的に吸収し、それを自身の哲学のうちに体系的に取り込もうとしているからにほかならない。

こうした《他》の導出の仕方は、レヴィナス自身によって次のように定式化されている。「《他》の他性、根本的な異質性が可能となるのは、出発点に留まり関係のうちへの入り口となること、相対的にではなく絶対的に《同》であることを本質とするような項との関係において《他》が他なるものである場合のみである。そして、ある項が絶対的に関係の出発点に留まることは、《自我》（*Moi*）としてのみ可能なのである」[10]。《自我》が絶対的に同じものに留まることを記述するために、レヴィナスは「合一（union）」や「融即」と対立する「分離（séparation）」[11]の概念を提出する。《自我》を出発点として捉える考え方はキルケゴールやローゼンツヴァイクとの関連を想起させるが、[12]レヴィナスが描き出す絶対的な《同》は、むしろフッサール的な方法論を踏まえつつ、ハイデガーを経由した環境世界と居住の思想によって規定されることになる。レヴィナスが自身の考察の出発点に据える《同》は、環境世界のうちに身を置きながら小文字の「他なるもの」を徐々に同化し、自らの影響圏を拡張していく運動をその本質としている。その議論に入っていくために、やや長い引用になるが、レヴィナスの居住思想の要約として読まれうる次の箇所を検討したい。

> 自我と世界とのあいだの具体的関係から出発しなければならない。世界とは、自我にとって疎遠かつ敵対的なものであるから、本来なら自我を変質させるはずである。ところが、自我と世界との真の本源的な関係、まさに自我がそこでこのうえなき《同》としてあらわになる関係は、世界内での滞在（*séjour*）として生起する。世界という「他なるもの」に抗する《自我》の様態（*manière*）は、世界内でわが家に存在することで滞在し、自己同定する（*s'identifier*）ことに存する。当初は他なるものであった世界において、《自我》はそれでも土着的（autochtone）である。《自我》とは、この変質の豹変そのものである。《自我》は世界のうちに場所（lieu）と家（maison）を見いだす。住む（habiter）とは、身を支える＝留まる（*se tenir*）仕方そのものである。自分の尾に嚙みついて自分を捉える例の蛇のようにではなく、自分にとって外的な大地のうえで自らを支え〔＝支えられ〕、なにかをなすことができる身体としてである。「わが家」とは一個の容器なのではなく、そこで私がなにかをなすことができる場所であり、他なる実在に依存する私が、この依存にもかかわらず、あるいはこの依存のおかげで、自由であるような場所である。歩くだけで、行為する（*faire*）だけで、一切の事物を捉え、手にするためには十分である。ある意味では、すべてがこの場所のうちにあり、結局のところすべてが私の手の届くところにある。星々でさえ、ちょっとばかり計算をし、私と星々とを分かつ介在物ないし中間物を勘定すれば、私の手の届くところにあるのだ。場所《リュー》、

すなわち環境《ミリュー》＝中間（milieu）がこの中間物を提供している。一切はここにあり、一切は私に属している。場所《リュー》の本源的な掌握（la prise originelle du lieu）とともに、一切があらかじめ掌握され、一切が理解＝包摂されている（com-pris）のだ。所有する可能性、すなわち、最初だけ、そして私に対してだけ他なるものにすぎないものの他性そのものを中断する可能性、それが《同》の様態である。[13]

非常に多くの事柄が凝縮的に語られており、いくつもの注釈を要求する箇所である。特に以下の点を指摘したい。

(1)《自我》ないし《同》の「様態（manière）」という語は、『存在と時間』で言われる「存在様相（Seinsart）」ないし「実存論的様態（ein existenzialer Modus）」を踏まえていると思われる。[14] それゆえ問題となっているのは《自我》の単なる行動様式ではなく、この「様態」そのものが《自我》の存在をあらわにする仕方である。ハイデガーにおいて世界内存在の根本的様態は頽落とその諸契機だったが、レヴィナスは一方でそこに後期ハイデガーの居住の次元を付け加えるとともに、他方でハイデガーとは異なる享受の次元を組み込む（本書第Ⅱ部第一章を参照）。しかしレヴィナスが《Modus》の翻訳として《mode》ではなく《manière》を用い、さらにそれを斜体で強調していることにも注意する必要がある。リトレは《manière》の語源として、ラテン語の《manere》（留まる）と《manus》（手）などの説を挙げ、後者に軍配を挙げている。[15] 語源に関する議論の当否は措くとしても、ここでレヴィナスが《自我》の「様態」を「滞在すること」「留まること」と捉えると同時に、《自我》の「手の届く」範囲の延長を問題とするとき、この二つの語源的可能性が同時に意識されていることは間違いないだろう。本書はこの語をさしあたり「様態」と訳すが、この語に含意された「留まること」と「手で摑むこと」がまさに《自我》の存在様態として考えられていることを強調しておきたい。[16]

(2)この箇所で要約されているレヴィナスの《同》の規定は、ハイデガーの居住思想とフッサールのキネステーゼ論を下敷きにしている。前者の居住に関する議論は『全体性と無限』以前にはほとんど現れていないため、レヴィナスが五〇年代のハイデガーの思想を（批判的な仕方であれ）積極的に吸収したことが確認できる[17]。ただし「家」および「わが家」についてはわずかながら『実存から実存者へ』に言及があり、逆に「家」そのものはハイデガー自身はほとんど論じていないものである。フッサールについて言えば、「なにかをなしうる（peut）」という《同》の様態は、キネステーゼ論でフッサールが繰り返し用いる「私はできる（ich kann）」[18]という表現への直接的な参照である。いずれの点に関しても、次節以降の『全体性と無限』第二部の読解のなかでさらに詳しく見ていく。

(3)『実存から実存者へ』との連関に関して言えば、もっとも強い連続性を示しているのはまさに「場所」の主題であり、ここで言われる「場所の本源的な掌握」は、第Ⅱ部で論じた身体が定位する「ここ」という根源的場所を指示している。重要な論点の相違は、『実存から実存者へ』では環境世界から根源的場所への遡行が論じられていたのに対し、ここでは本源的に所有された場所から環境世界への《同》の領域拡大が問題となっている。より正確に言えば、前者ではいかなる「他なるもの」も含まない《同》が身体という出来事として析出されたのだが、後者では逆にこの《同》が「他なるもの」を同化していく運動が捉えられることになる。さきの引用箇所で場所《リュー》（lieu）が即座に環境《ミリュー》（milieu）と結びつけられて提示されているのはそのためである。またその意味で、レヴィナスがフッサールとハイデガーとを指して批判的に用いる「存在論的帝国主義（l'impérialisme ontologique）」[19]という措辞は、実のところレヴィナス自身が概念化する《同》の拡張運動をも示唆していることになる。『全体性と無限』全体を通して両者に対するレヴィナスの態度が非常に両義的なのは、このレヴィナスの論法それ自体に由来しているのである。

(4)関係の絶対的な出発点である《自我》に対して、世界はまず第一に異他的なものとして現れるが、「他なるもの」をたえず取り込んでいく《同》は自らを取り巻く世界のうちにあって「土着者」でありつづける。「他なるもの」に依存しつつもそれを支配する点で、「土着的であるとは、至高性を表す属詞であると同時に服従を表す属詞でもある」[20]。

すでに引用した『実存から実存者へ』のなかで、レヴィナスは「大地の上に身を支えることは、この接触の感覚以上のもの、土台の認識以上のものである」[21]と述べていた。ここでも、場所の掌握による大地の上への定位が《同》の成立条件をなしているかぎりで、《同》は「大地そのものから生まれた者（auto-chthôn）」なのである。[22]そして、レヴィナスにおいて《同》と《他》という対は「土着者」と「異邦人」という対と密接に結びついている。レヴィナスの言う「異邦人」がそもそものはじめから（あるいは徹頭徹尾）、宗教的含意によってのみ規定されているわけではないことに注意しなければならない。

以上が『全体性と無限』全体の梗概である第一部で語られる《同》に関して、本書の立場から取り出すことのできる前提である。それでは、これらの前提から出発して《同》の「様態」はどのような仕方で記述されるのか。次節から、レヴィナスが《同》の自己同一化の「諸契機」と呼ぶ「身体、家、労働、所有、家政」に関して、同書第二部「内部性と家政（Intériorité et économie）」の具体的な分析を追っていく。これらの「諸契機」は「享受（jouissance）」の主題系としてまとめられ、全体として《同》の「内部性」を構成することになる。

第二節　『全体性と無限』の環境世界論(1)——生・享受・身体

《同》が《他》へ向かう形而上学的な「欲望（désir）」と、《自我》が自らを養うために「他なるもの」を「糧」として同化する「欲求（besoin）」との区別については、すでに第Ⅱ部でその概略を示した。前者がその対象によって飽くことなく惹起されるものであるのに対し、後者はその対象によって満たされ充足されることを目指す。欲求は、異他的なものとして現れる世界の他性を同化によって乗り越えるものである点で「《同》の最初の運動」[23]であると言われる。そして欲求を出発点として組織化される《同》のさまざまな様態が「享受」の概念によって取りまとめられ、統一的に「生のエゴイズム」[24]を形づくっているのである。

『全体性と無限』第二部のA章が「生としての分離」と題されているように、《同》と《他》を分ける「分離」をレヴィナスが「生」として分析している点にまず注目したい。レヴィナスは『実存から実存者へ』の冒頭で、一九世紀以来の生物学における「生存競争」の概念が現代哲学に与えた大きな影響を指摘していたが、『全体性と無限』でもレヴィナスの議論は、身体的次元を有さない中性的な現存在ではなく生そのものに向かう。このことは、生物学や生の哲学から多くの着想を得つつも、「生（Leben）」ではなく現存在の世界内存在の構造に優位を据えたハイデガーの身振りとは対照的である。[25]むしろレヴィナスは、欲求や糧、ひいては享受といった概念に訴えることで、さしあたり人間存在と呼べるものの生物的側面を強調するからである。たしかにレヴィナスも自身の哲学と生物学ないし生の哲学との距離を表明してはいる。[26]しかしレヴィナスが自らの環境世界論を打ち立てる際のモデルとしているのが生物とその環境の関係であることには変わりがない。このことを『全体性と無限』よりも顕著に示しているのは、前章で一部を取り上げた一九五四年の論文「自我と全体性」である。その冒頭でレヴィナスは単なる生物（vivant）と思考する人間との区別を立て、欲求や享受といった《同》の規定をこの区別に基づいて説明している。

全体のうちにあって、生物は一つの全体として存在する。あたかも生物は存在の源泉として存在の中心を占め、一切を〈ここ〉と〈今〉から——生物はそこに位置づけられ、創造されたのにもかかわらず——引き出すかのようだ。生物にとって、自らを貫く諸力はすでに引き受けられたものであり、生物はこれらの力を自らの欲求と享受のうちにすでに統合されたものとして感じ取る。思考する者であれば、彼を労働や我有化〔所有〕へと誘うような外部性として知覚するものを、生物は自分の実質として、自分と同じ実質をもつものとして、本質的に無媒介的なものとして、元基（élément）および環境《ミリュー》として感じ取るのである。生物のこの振る舞い——哲学的な意味でシニカルな

生物によって引き受けられた存在、同化可能なもの——それが糧である。(27)

はなにかを享受しており、自存性を奪われた「なにか」を享受しているという非常に一般的な意味においてである。〔人間のうちに見いだされる〕生物のこの振る舞いは、糧との関係として提示される。ここで言われる糧との関係とは、あらゆる享受思考がすでに、具体的人間（l'homme concret）における生を変形してしまっているからである。〔大儒派的な〕振る舞い——は、人間のうちにも見いだされる。もちろんそれは捨象によってである。なぜならば、

この箇所では明確に、『全体性と無限』で詳細に分析されることになる享受の構造が人間以外の生物との対照のなかで提示されている。生物は自らを取り巻く環境のうちに無媒介的に浸っており、生物とその環境とのあいだには分離が存在しない。その意味で、環境のうちにあって生物はそれ自体として一つの全体を構成しており、「かくして純粋な生物は外的世界を知らない(28)」とも言われる。無論この議論の是非を今日の生物学的見地から検討することは、本書の限界を大きく超える問題である。ただし強調しなければならないのは、レヴィナスの議論を、一九世紀以来の生物学の発展によって再考が迫られることとなった「人間とはなにか」という問いへの回答として理解することが必要だということである。その点で『全体性と無限』のレヴィナスの思想は、同様に生物学的観点を導入しながら人間の本質の問いに接近したマックス・シェーラー以降の哲学的人間学と同一の軸線上に置かれうるものだろう。そのためにも、上の引用から、単なる生物とは異なる人間の本質は「外部」ひいては《他者》を知ることに存するというレヴィナスの答えを足早に導き出すまえに、まずは人間のうちにも見られる生物的振る舞いがいかなるものなのかを『全体性と無限』の記述に沿って見ていく必要がある。

第Ⅱ部で見たように、『実存から実存者へ』のレヴィナスは、ハイデガーが『存在と時間』で行った道具の指示連関による世界の記述に対して、「…のため」という合目的性とは異なった糧と欲望（『全体性と無限』の概念区分では

欲求）の一致という「真摯さ」の構造を提示していた。『全体性と無限』はこの議論を下敷きにしつつ、《同》が「他なるもの」を同化する構造を享受として定式化していく。レヴィナスによれば享受とは「経験の普遍的範疇」であり、「存在の実体的充実、存在の物質性との関係としての享受は、事物との一切の関係を包含する(29)」と言われるような包括的な概念である。「われわれは、「おいしいスープ」、空気、光、光景、労働、考えること、睡眠、等々によって生きている(30)」。こうしたわれわれがそれによって生きているものとは、生の手段でも生の目的でもない。またこれらのものは「…のため」という合目的性に従って配慮に供される道具でもない(31)。道具の使用がその目的に依存するのに対し、「〔…〕〈〜によって生きること〉は自存性（indépendance）そのものを描いており、あらゆる自存性の根源的な構図である享受とその幸福の自存性を描いている(32)」。ただし、享受は合目的性や因果関係といった連関では説明されえない自存的なものでありながらも、ほかならぬ享受の内容そのものには依存している。享受とはつねに「なにか」の享受であり、享受のさまざまな対象は、たとえそれが苦しみであっても、生を満たす内容であると言われる。その際、享受の対象となるのはそのつどの糧なのだが、糧を享受することもまた享受の対象となるといった形で、享受は言わば螺旋状の構造を描くことになる。

ひとは自分の生を生きる。生きるとは他動詞のようなものであって、生の内容がこの動詞の直接補語である。そしてこれらの内容を生きることが、それ自体として生の内容なのだ。（実存哲学者たち以来）他動詞となった実存するという動詞の直接補語との関係は、実際のところ糧との関係に似ている。糧との関係においては、ある対象との関係が存在すると同時にこの関係との関係も存在するのであって、後者の関係もまた生を養い満たすのである。ひとは単に自分の苦しみや喜びを実存するのではなく、さまざまな苦しみや喜びによっても実存するのである。活動が自らの活動性そのものによって養われるこの仕方がまさに享受なのだ(33)。

レヴィナスの理論的立場を明確に捉えるために、ハイデガー、フッサールとの比較によって享受の議論を追ってみよう。

まずハイデガーに関してだが、道具の指示連関に対する享受の自存性を強調するレヴィナスの議論の主眼は、『実存から実存者へ』と『全体性と無限』で大きな相違はない。ただし享受を「人間的なもの」の本源的構造と捉える点で、『全体性と無限』ではより体系的な見解が提出されている。「ひとは自分の職業を愛することができるし、この肉体的な所作や、その所作を成就させてくれる諸事物を享受することができる。ひとは労働に対する呪いをスポーツに変えることができる。活動性は、その意味および価値を究極的かつ唯一の目的――あたかも世界がさまざまな有用な指示連関の体系を形成しており、その終着点がわれわれの実存そのものに関わっているような――から借り受けているのではない。〔…〕有用性とは無関係に、純粋な損失として、無償で、他のなにものにも送り返されることなく、純粋な消費として享受すること――〈人間的なもの〉とはこれである[34]」。享受する、「生きる」とは、糧としての生の内容を直接目的補語とする他動詞であり、そこから多様な指示連関をたどって「存在することへの関心」に至る道が通じているわけではない。

次にフッサールに関しては、レヴィナスとの相違点と類似点の双方に注目する必要がある。まずレヴィナスはフッサール現象学における志向性を「人間存在の普遍的な事実[35]」として評価しつつも、「あらゆる意識はなにかについての意識である」という志向性の定式を観照的な場面から具体的な生の文脈へと置き換え、意識とその対象との相関関係を生と生の内容の相関関係として捉え直していく。ここでレヴィナスが距離化を図っているのは、フッサールのうちに根強く残存している観照的なものと「表象（représentation）[36]」の優位である。この点では、『論理学研究』のうちに一定の実在論的立場を読み取りながらも、「世界がそこで構成されるわれわれの生において、理論＝観照が――

そして知覚と判断が――支配的役割を演じているという主張は、フッサールが決して放棄することのなかったテーゼである」[37]とする最初期のフッサール理解と大きく隔たってはいない。表象とは「《同》が《他》によって規定されることなく《他》を定義する」[38]ような運動であり、「〔…〕《同》が他なるものによって規定されながらも他なるものを規定する」[39]享受とは明確に異なる。レヴィナスにとっては、この後者の関係においてこそ、「外部性」を構成するのではなくそれを受け入れることが可能なのである。しかし、すでに前章で確認したように、ほかならぬ「表象の瓦解」と題された論文をはじめとした五〇年代のフッサール論において、レヴィナスは顕在的な仕方で思念されることのない「暗黙的なもの」に表象の至上的性格の終焉を認めるとともに、フッサールの志向性概念のうちに客観的ではない「外部性」の観念の萌芽を見てはいなかっただろうか。レヴィナスのフッサール再評価は、五〇年代の論文で一時的な高揚を見ただけで、ふたたびフッサールの主知主義批判へと回帰してしまっているのだろうか。[40]

享受の議論におけるレヴィナスとフッサールとの類似点はこのことに関わってくる。すなわち、前節で引用した《同》の諸規定に関する箇所に見られたとおり、享受の依存的な自存（フッサール論で用いられていた用語では、離脱＝脱拘束性と参入＝被拘束性の両義性）は、五〇年代にレヴィナスが評価していたキネステーゼ的な身体の次元に読み込まれているのである。そしてまさにこの文脈において、レヴィナスが批判する表象に依拠した志向性が、彼自身の享受の構造によって包括的に捉え返される道筋が描き出される。

表象の志向性との対比によって、享受の志向性を描写することができる。享受の志向性は外部性に執着するのだが、表象のうちに含まれた超越論的方法は外部性を宙づりにする。外部性に執着するとは、単に世界を肯定することと等価なのではない。それは、世界において身体として自らを定位することである。身体とは高揚＝起き上がり（élévation）であると同時に、定位＝姿勢（position）の全重量でもある。裸で貧しい身体は、自らが知覚する世界の中心を同定するのだが、世界についての自分自身の表象によって条件づけられている。それによって身体は、あたかも岩から湧き出た水がその岩を押し流してしまうように、自らが出発した中心から引きはがされる。〔…〕裸で貧しい身体は、表象から生への転換であり、この転換を思考に還元することはできない。裸で貧しい身体はまた、表象する主観性から、それらの表象によって支えられ表象によって生きる生への転換である。身体の貧しさ、そのさまざまな欲求が、一切の肯定に先立って、構成されたものではない「外部性」を肯定するのである。[41]

欲求とその一般的定式である享受は、他なるものに依存しながらもそれを同化することで《同》へと統合していく過程なのだが、レヴィナスは依存的自存という享受のこの両義性が身体において（より正確に言えば身体として）成就すると考える。身体における享受の両義性は、《同》と《他》がたがいに規定しあうといった能動者と受動者のあいだの形式的な相互作用を意味するのではなく、[42]身体の定位がほかならぬこの定位そのものによって条件づけられているという仕方であらわになる。「表象されたものとして主体が包含するものは、主体の主体としての〔能動的〕活動を支え、養うものでもある」[43]からであり、そこでは構成されたものが即座に構成の条件に変容するからである。他なるものの否定を介した享受という活動は、この活動そのものによって文字どおり「養われる」。「身体である（*Etre corps*）とは、一方で身を支える＝留まる（*se tenir*）こと、自己の主人であることであり、他方で大地のうえに身を支えること、他なるもののうちに存在することであり、したがって他なるものの身体によってふさがれていることである」[44]。こうした主張は、五〇年代のフッサール論で強調されていた離脱＝脱拘束性と参入＝被拘束性の両義性を、レヴィナスが自身の享受の志向性の議論へと積極的に移し替えた帰結にほかならない。

このような身体のもつ両義性のうちに、生物とその環境という視点から接近された「人間とはなにか」という哲学的人間学の問いへのレヴィナスの答えを見ることはたしかに可能である。人間の身体は、欲求の対象である他なるものに依存している点では自らの環境にどこまでも根ざしたものだが、人間の身体はそれを充足可能な物質的欲求と見なし、所有と労働とによって能動的な活動を遂行することができるからである。レヴィナスが「身体とは高揚＝起き上がりであると同時に、定位＝姿勢の全重量でもある」と述べるとき、そこでは大地という下方へ向かう定位と、「起き上がり」という上方への直立とが同時に指示されている。のちの議論において、事物を把持する手の役割が重視されていることを考慮に入れるならば[45]、直立歩行とその結果生じる器官変形（ここでは特に手）という、人間と動物とを分ける生物学的徴表がある程度は意識されてもいるだろう[46]。しかし《同》の成立においてレヴィナスが身体の次元に認める根源的な役割は、表象から享受への転換を可能にすることに留まらないし、それにともなって、所有や労働といった、動物とは異なる享受の能動的様態のみに還元されるわけではない。人間の身体の高揚＝起き上がりは、充足可能な物質的欲求からの解放を告げるとともに、同化されえないものへの欲望に開かれているからである。

　自らの欲求を物質的欲求と見なすことで――すなわち満足することができるかぎりにおいて――自我はそれ以後、自らに不足してはいないものへと向かうことができる。自我は〈物質的なもの〉と〈精神的なもの〉を区別し、《欲望》へと開かれるのである。とはいえ労働はすでに言説を要求するものであり、《同》には還元できない《他の高さ（hauteur）、《他者》の現前を要求する。自然宗教といったものは存在しない。人間的身体が下方から上方へと立ち上がり、高みに向かう方向〔意味〕（le *sens de la hauteur*）へと組み込まれることによって、人間のエゴイズムはすでに純粋な自然から抜け出ているからである。高みに向かう方向〔意味〕とは、人間のエゴイズムの経験的な幻想ではなく、その存在論的な生起（*la production ontologique*）であり、消し去ることのできない証言である。「私はできる」は、この高さから生じるのだ[47]。

上方への高揚＝起き上がりを組み込まれた人間の身体は、「高さ」を目指す方向へと向けられている。注意しなければならないのは、人間は自分の身体を起こすことで、事後的に《他》への欲望に開かれるのではないという点である。[48]卓越した意味での外部である高さとは、人間が上空を見上げて憧憬を抱くような経験的な対象ではない。むしろ人間の身体にあらかじめ設定されている高さへの傾向こそが、人間のエゴイズムの誕生すなわち「存在論的生起」である。「生起（production）」とは、ある存在の現実化とその現象化とを同時に表すために選ばれた語だが、[49]レヴィナスによるこの語の用法に従えば、高さへの傾向は人間のエゴイズムを産出するとともに、人間のエゴイズムとして現出する。そして人間が純粋な自然からすでに乖離したものであるという主張は、欲求から欲望へという時間的経過ではなく、欲求に対する欲望の構造的先行性を述べたものである。「高揚＝起き上がりとして身体のうちに書き込まれている《他》との関係が、享受を意識と労働に変容することを可能にする」[50]とも言われるように、享受の能動的活動である労働によってではなく、それを基礎づける《他》との関係である欲望こそが人間と他の生物を分ける差異であり、[51]そこから「私はできる」というキネステーゼ的権能が人間のうちに認められることになる。レヴィナスの《同》のエゴイズムは、このような極度の「人間中心主義」でもあるのだ。

ここまで『全体性と無限』における享受の議論を追いながら、レヴィナスが提示する環境世界論を検討してきた。その過程で、享受の言わば核である人間の身体が《同》の基盤として機能していることが確認されるとともに、身体のうちに刻まれた《他》への開かれがすでにこの《同》の成立を可能にするというレヴィナスの主要な論点が抽出された。しかし、これまでの議論は、道具の指示連関を前面に押し出したハイデガーの世界概念に対する、糧の享受というレヴィナスの世界概念を明らかにしたものの、まだレヴィナスの環境世界論の「環境」に関する部分を俎上に載せていない。享受に関する以上の議論に立脚したうえで、レヴィナス自身が主体と環境との関わりをどのように捉えているのかが論じられなければならない。

第三節　『全体性と無限』の環境世界論(2)——環境・元基・感受性

『実存から実存者へ』のレヴィナスは自らの場所に横たわる身体の定位の次元に主体の成立を読み取っていたが、さきに見たように『全体性と無限』における身体は、逆に高揚＝起き上がりとして規定され、高みへの方向をすでに目指したものとされていた。矛盾しているようにも思われるこの議論のずれは、両著作で採用された方法論の相違に起因している。というのも前者でレヴィナスは、フッサールの「自我論的還元」に類似した方法によって、「他なるもの」を一切含まない《同》の根拠を明らかにしたのだが、後者ではむしろ、この議論が前提とされたうえで、《同》が享受を通じて「他なるもの」を同化していく過程が中心的に論じられているからである。ただしここでも、一旦成立した《同》（横たわった身体）が、やおら立ち上がって（高揚＝起き上がりとしての身体）、欲求充足の活動を開始するといった具合の時系列的変化を想定してはならない。《同》とはつねにすでに自らの圏域のうちに、この圏域そのものとして存在しているのであり、そこでは《同》によって構成されたものが即座に構成の条件と化すような「跳ね返り」が起こっている。《同》が身を置く場所《リュー》（lieu）とは、すでに《同》が浸る環境《ミリュー》（milieu）でもあるのだ。「場所の根源的な掌握」を《同》の成立根拠としながらも、『全体性と無限』が場所そのものに関する議論をほとんど含んでいないのはそのためだが、それでも場所が有する構造的先行性が両著作のあいだで棄却されたわけではない。レヴィナスは言う。「踏み固められた場所は私に抵抗するのではなく、私を支えている。このような「支えられた姿勢」による私の場所との関係は、思考と労働に先立つ」(52)。一切の超越を排除した定位、局所化はハイデガーの現存在の「現」とは異なるものだという『実存から実存者へ』の主張は、『全体性と無限』でも変わらず維持されているのである。

それでは『全体性と無限』において環境はいかなる仕方で主題化されているのか。環境はまず第一に、生が「それによって」生きる「他なるもの」の総体として現れる。「私がそこで生きる世界とは、思考とその構成的自由に対して、単に向かいあうものではなく、またそれと同時的なものではない。世界は思考とその構成的自由を条件づけ、それに先行している。私が構成する世界が、私を養い、私を浸している。世界とは栄養であり「環境」である[53]」。ここでの環境とは、単に「自然環境」と言われる場合の環境に留まらない。前節で見たように、上方へと構造化された人間の身体は純粋な自然と呼びうるものからはすでに離れてしまっているからであり、それゆえレヴィナスが問題とする環境は、《同》がそこで生きる環境世界のことを意味している[54]。ここから、享受とその対象である事物との「関係」に関するレヴィナスの一種独特な議論が派生してくる。「享受はまさに、事物としての事物には到達しない[55]」という議論がそれである。次の箇所から出発して、享受、所有、環境、そしてレヴィナスが「元基（élément）」と呼ぶものがどのような関係を結んでいるのかを見ていこう。

享受において事物は、それらを体系へと組織だてる技術的な合目的性のうちに埋没することがない。事物は、ある環境のうちで描き出され、把持される。事物は空間のうち、大気のなか、大地のうえ、通りに、路上にある。たとえ事物が所有（*propriété*）に関係づけられている場合であっても、環境は事物にとって本質的なものでありつづける。のちにその構図を示すことになるが、この所有が事物を事物として構成するのである。ここでの環境は、実用的な準拠物からなる体系に還元されないし、この体系の全体性と等価なものでもない。また、視線ないし手がそこで選択する可能性をもつであろうような全体性、すなわち選択によってそのつど現勢化されるような事物の潜在性にも還元されない。環境は固有の厚みをもつ。事物は所有へと関係づけられ、持ち運びが可能なものとなり、動産〔家財〕（*meubles*）となる。しかし、事物がそこから私のもとに到来する環境の方は、相続人が不在のまま横たわっている。環境とは、共通の、所有不可能な、本質的に「誰のものでもない」基底ないし領域である。たとえば大地や海、光、町がそれである。あらゆる関係ないし所有は、〈所有不可能なもの〉のただなかに位置づけられるのだが、この〈所有不可能なもの〉は、自らが包含されたり内包されたりすることなく、包含し内包するものなのである。この〈所有不可能なもの〉をわれわれは元基態〈l'élémental〉と呼ぶことにしよう[56]。

レヴィナスの言う環境が自然環境に限定されないという点は、環境の例として大地や海とともに「町」が挙げられていることからも分かる。本章の冒頭で引用した箇所で触れられていた「風土」「景観」「風景」などもそこに付け加えることができるだろう。これらはいずれも《同》の圏域として広がる環境世界であり、当初は他なるものだった世界が同化されることで《同》を養う条件と化したものである。また非常に広い意味で、それらは《自我》を取り囲む「雰囲気（ambiance）」であると言うことができる[57]。レヴィナスが環境への生の内在を表すために用いている「浸る（baigner）」という表現は、レヴィナスが考える環境の理解にとって重要である。「液体は、浸る者の沈潜に対して、その液体性――基体を欠いたその質、実詞を欠いたその形容詞――を明らかにする[58]」と言われるように、環境における生は、魚にとっての水、鳥にとっての空と同様に環境（本領）のうちに文字どおり浸り込んでいる。生は環境との隔たりを維持したままそこに内在しているのではない。それゆえ生が環境に浸り込むとは、環境が生のうちに浸透していることをも意味する。享受とはこうした仕方で環境に浸ることであり、事物そのものとの関係を指し示すものではない。後述するように、事物とはむしろ、手による把持に基づいた所有と労働によって描き出されるものとされる。

しかしそうだとすれば、生が糧としての食物や水、空気によって生きるとともに、享受するさまざまな具体的活動によっても生きると言われるとき、そこでは一体「なに」が享受されていると見るべきだろうか。このことを理解するためには、第Ⅱ部で検討した『実存から実存者へ』の芸術論に立ち返るのがよい。レヴィナスは芸術における「異郷性」の機能を論じる文脈で、知覚から感覚へという芸術の運動のなかで「元基の非人称性[59]」があらわになると述べていた。主体からも対象からも乖離した感覚的質のうちに志向が迷い込むところに美的経験の本質を見ていた『実存から実存者へ』の議論は、「元基」という概念を介在させることで、誰のものでもない所有不可能な環境に享受が浸り込んでいるという『全体性と無限』の議論に接続される。それゆえさきの問いについては、享受が享受する「もの」とは感覚的質であり、享受は「感受性（sensibilité）」にほかならないと答えることができる。「感受性は、基体を欠いた純粋な質、元基と関係づける。感受性とは享受なのだ[60]」。ここから道具の合目的連関の終着点としての「存在することへの関心」とは対照的な、享受が有する「快楽主義」的な性格が生じてくる。「実存に対する無関心とはつまり、世界の糧にがつがつと齧りつき、豊かさとしての世界を快く受け入れ、世界の元基的本質を炸裂させることである。享受において、事物はその元基的質へと回帰する。感受性の本質は享受によって発揮されるのだが、享受、感受性はまさに、飢えが自己保存への気遣いに通じることを知らずに存在する一つの可能性として生起する。この点に快楽主義的道徳の永遠の真理がある。すなわち欲求の満足の背後に秩序――この秩序との関係においてのみ満足が価値を獲得するといったような秩序――を求めないこと、快楽の意味そのものである満足を終着点と見なすことがそれである[61]」。享受とはこうした刹那的な「瞬間であり停止」であって、ホラティウスの詩句で言われる「この日を摑み取れ（carpe diem）」の成就なのだ[62]。

　感覚作用に基づいた判断に誤謬が生じる理由を身体にとっての益と害という観点から説明したデカルトの所作をレヴィナスは評価しているが[63]、感覚的質としての元基のうちに浸っている身体というレヴィナス自身の図式も非常に感覚主義的なものだと言える。手による把持が実体としての事物、動産に関係づけられるのに対して、「〔…〕感受性は、実詞を欠いた「形容詞」、純粋な質、基体をもたない質を享受するような享受と同じものである[64]」。レヴィナスが好んで引用するコンディヤックを援用するなら、享受における身体は、薔薇の香りそのものとなった立像に比すことができるものである。[65] そして生と環境との関係をめぐる議論における強調点は、所有と労働の対象である実体としての事物とは区別された感覚的質を享受する《自我》が、生きるための気遣いをもつことなく充足し満足しているという事態のうちにある。享受と環境についてのここまでの議論を要約したものとして、《同》の圏域の様相を具体的に記述した次の部分を引用しておこう。

私はこの大地にいる。この大地から出発して、私は感覚的対象を迎えたり、それらに向かったりするのだが、私はこの大地に満足している。私を支えている大地は、一体なにが大地を支えているのかを知ろうとするような不安を抱かせることなく、私を支えている。私の日常的な行動の宇宙である世界のこの一隅、私がそのなかで動き回るこの町、この界隈、この通り、私が生きるこの地平、私はそれらが呈示する面（face）に満足しており、それらをより広い体系のうちに基礎づけることがない。むしろそれらの方が私を基礎づけるのである。私はそれらを考えることもなく迎えている。純粋な元基、基体も実体も欠いた質としての事物たちからなるこの世界を、私は享受しているのだ。[66]

しかし、自分を取り巻く環境のなかに完全に融け込み、自分を支えているものの基盤についていささかも疑念を抱くことなく、感覚的質を享受しそれに満足しているありさまは、人間がもつ「動物的」側面にほかならないのではないか。この視角のみから見た場合、私がそのなかで暮らす環境世界は、動物の縄張りに似た閉域を形成しているのではないだろうか。さきに見たように、身体のうちに「高さ」の次元が組み込まれている点に人間と動物との差異が見いだされるのであれば、その差異は、身体に基づいて形成される《同》の圏域においても刻み込まれていなければならないはずである。つまり《同》という「内部性は、閉じていると同時に開いていなければならない」のであり、レヴィナスによればまさしく「そのことによって、動物的条件から離陸する可能性がたしかに描かれる[67]」のである。

それでは享受におけるこの「開かれ」はいかなる点に読み取られるのか。レヴィナスはそれを、瞬間的な享受のうちに芽生える「明日への気遣い」と、この気遣いとともに開かれる未来の時間性のうちに見る。そしてこのことは、私が享受しつつも本質的に「誰のものでもない」という元基の性格に由来している。どういうことか。「享受において質は、なにかの質ではない。私を支える大地の堅さ、私の頭上の空の青さ、風のそよぎ、海の波浪、光の輝きは、ある実体に懸かっているのではない。それらはどこでもない所から到来する。どこでもない所、存在しない「なにか」から到来し、現れるものがなにもないのに現れているというこの事態、そしてまた、私がその源泉を所有することができないのにたえず到来するというこの事態によって、感受性と享受の未来が描かれる[68]」。享受における生は満足しつつも、自らの欲求を充足させにやってくる元基が一体「どこから」やってくるのかを知らない。元基はつねにその「面」を生に対して呈示するだけで、元基の内奥には、享受における生が知ることのない深さの次元が隠れている。元基が到来する源泉を所有することができないゆえに、享受において「糧は恵まれた偶然のようにして到来する[69]」のである。享受における幸福がそのつど単なる幸運だとすれば、次の瞬間の享受はまったく保証されていないことになる。すなわち元基のこの未規定な性格によって、享受にはじめて「明日への気遣い」が生まれ、それとともに未来の時間性が開かれるのである。かくして刹那的な享受の瞬間がはらむ不安を乗り越えるために、所有と労働を可能にする「家（maison）」というあらたな契機が《同》のうちに導入される。「明日への気遣いにおいて、感受性がもつ本質的に不確実な未来という根源的な現象が煌めく。この未来は延期と猶予（*délai*）という意義を帯びて浮かび上がり、これらの意義を通して、労働が未来の不確定性を統御し所有を創設しながら、分離を家政的な自存の形に描き出すのだが、そのためには、分離された存在は自らを集約＝内省し（se recueillir）、さまざまな表象をもつことが可能でなければならない。このような集約＝内省（*recueillement*）と表象は、具体的には、住まいのうちでの居住、（*habitation dans une demeure*）ないし《家》（Maison）として生起する」[70]。次節では『全体性と無限』の環境世界論において中心的な役割を担っている「家」をめぐるレヴィナスの議論を追っていく。

第四節　『全体性と無限』の環境世界論(3)——家・所有・労働

すでに述べたように「居住（habitation）」という主題は『全体性と無限』以前には直接的に扱われることがなく、五〇年代のハイデガー思想の受容を通じて本格的に展開されることになったものだが、居住と深く関係する「家」に関しては『実存から実存者へ』ですでにその重要性が指摘されていた。そこでレヴィナスは、道具と糧の対立に立脚したうえで、家がもつ「例外的な位置」に特に注意を促している。「「家は居住の道具である」という定式は明らかに誤りである。ともかくもこの定式は、定住文明に属する人間、および、「わが家（chez soi）」が例の炭焼き人に与える支配（maîtrise）に属する人間の生において「わが家」が果たしている例外的な位置を納得させるものではない[71]」。ここでは家が居住の道具ではなく糧であるということ以上に、さまざまな糧のなかでも家が担っている特権的な役割が示唆されている。「炭焼き人」がそのうちで自由に振る舞うことのできる「わが家」は、他なるものの影響を一切被ることのない「支配」の領域を形づくっているからである。

この議論は、前節の最後で触れた享受における「明日への気遣い」を踏まえたうえで、『全体性と無限』の第二部D章「住まい」でさらに展開される。

家の特権的な役割は、人間の活動の目的であることのうちにではなく、人間の活動の条件、その意味で人間の活動の始まりであることのうちにある。自然が表象され、自然に労働が加えられるためには、また、自然が単に世界として描かれるためには集約＝内省が必要なのだが、この集約＝内省は家として成就する。人間が世界のうちに身を置くのは、ある私的な領域、わが家から出発して世界にやってきた者としてであり、しかも人間はいつでもわが家のうちに身を退けることができる。〔…〕人間は世界のうちに乱暴に投げ出され（jeté）、遺棄されて（délaissé）いるのではない。人間は外部にあると同時に内部にあるのであり、ある内密性（intimité）から出発して外部に赴くのである。[72]

家が人間の活動の条件であり始まりであるという言明が意味しているのは、家への集約によって享受という依存的自存において示されているある種の中動性が宙づりになり、人間の活動の領野、能動性の次元が可能になるということである。家という活動の中心から出発することで、統御不可能な「自然」に限界が区切られ、「自然」は人間の活動が及ぶ「世界」へと変容する。さらに家への集約は同時に内省の可能性そのものであり、観念論的主体さえも家への居住を前提としていると言われる。「観念論的主体は、自らの対象や自分が位置づけられる場所さえもア・プリオリに構成するのだが、厳密に言えば、観念論的主体はそれらをア・プリオリに構成するのではなく、まさしく事後的に（*après coup*）、具体的な存在として場所のうちに住んだあとで構成するのである[73]〔…〕」。この主張は第Ⅱ部で論じた『実存から実存者へ』における意識の局所化の議論に正確に対応している。ジャン＝ルイ・クレティアンが指摘するように[74]、『全体性と無限』で言われる「わが家」は根源的場所の所有による主体化と同一の機能を果たしているのであり、《同》の成立の契機そのものである。

家は外部世界に面していると同時に、「大地、空気、光、森、道、海、川といった〈無名のもの〉[75]」に対しては退いたところに位置している。その意味で家は内部と外部の境界そのものであり、家による内部と外部の区分すなわち分離によって、人間は、享受においては単にそこに浸り込んでいた環境、元基から分離される。分離された家のなかには、外部からの影響を被ることなく自由に振る舞うことができるという「治外法権＝脱領域性（extra-territorialité）」が成立している。[76] そして家による分離とともに、元基に浸る直接的な享受とは異なる、労働と所有の可能性が開かれる。「家の根源的な機能とは、建物を建築することによって存在を方向づけ、場所を発見することにあるのではなく、元基の充実を破り、そこにユートピア（utopie）を開くことにある。このユートピアにおいて、「私」はわが家に留まることで自らを集約する。しかし分離によって、私は単にこれらの元基から引き離されたかのように孤立化するわけではない。分離は労働（travail）と所有（propriété）を可能にするのである」[77]。さきに見たように、ハイデガーが「建てる・住む・思索する」で提示していたのは、橋に代表される建造物によって一つの「場所」が生起し、この場所に大地・天空・神的なもの・死すべきものが取り集められることで世界の方向づけが生まれるという議論だったが、レヴィナスは、一方で内部の成立としての家を他の建造物に対して特権的に扱うと同時に、他方で家のもつ「非場所」としての性格を強調する。ただし、ここで言われる治外法権＝脱領域性としての「ユートピア」は、第Ⅳ部で論じる六〇年代後半以降のテクストに現れる「非場所（non-lieu）」や「ユートピア」とはやや位相を異にしている。『全体性と無限』において、家はあくまでも根源的な場所の掌握に基づいており、そうして開かれた家が、外部世界から分離することでユートピアとしての性格をもつからである。

それでは家によって可能になると言われる労働と所有とはいかなる事態なのか。幸福な享受のただなかに芽生える「明日への気遣い」が家への集約＝内省によって延期されるという点はすでに触れた。元基から分離されているとはいえ、家は外部と内部との境界それ自体だから、元基に対して分離していると同時に境を接している。そして元基に浸り込む享受とは異なり、「隔たり（distance）」を維持しながら元基と関わる仕方を示しているのが労働である。家において、「さまざまな元基は、取るべきもの、あるいは、放っておくものとして、私の意のままになっている。それ以後、労働が、諸元基からさまざまな事物を引きはがし、そうすることで世界を発見する〔世界の覆いをはがす〕

(*découvrira*)。この根源的な把持、労働というこの支配が諸事物を出現させ、(*suscite*)、自然を世界に変容するのだが、それが前提としているのは、眼差しによる観照とまったく同様に、自我の住居への集約＝内省である」[78]。享受が感覚的質としての元基をその対象とし、「形容詞」と関わるものであるのに対し、手による把持に基づく労働が不定形の元基から実体としての事物を引きはがす。事物が事物であるためには、取り囲む環境や接している他の事物からそれが摑み取られ、固形として確定された輪郭を形づくらなければならない。そのとき事物は元基から分離され、持ち運びが可能な「動産」となる。「労働は、私が浸り込む諸元基からさまざまな事物を引きはがし、永続的な実体を発見する。しかし労働は即座に、これらの実体を持ち運び可能な動産‐家財（biens-meubles）として、家のなかに蓄えられ、保管されるものとして獲得し、そうすることでこれらの実体の永続的存在の自存性を宙吊りにする」[79]。誰の所有物でもない元基とは異なり、元基から引きはがされて動産となった事物は家のなかに持ち込まれて家財と化すのであって、そのときはじめて快楽主義的な享受における「明日への気遣い」は乗り越えられうるものとなる。この点にレヴィナスは所有の根源的事態を見て取っている。「元基の不確かな未来は宙吊りになる。元基は家を取り巻く壁のうちに固定されて、所有のうちで鎮まる」[80]。そしてこのような労働も所有も、自存的依存という享受の両義性を示していた身体が家のうちに集約することに基づいているのである。

ところで、家がもたらす「内密性」によって外部と内部が画定され、家という中心を出発点として外部の世界が整序されるという議論自体は、まったく珍しいものではない。この視点に基づいて家の機能を明らかにしたもっとも豊かな成果の一つは、ガストン・バシュラール『空間の詩学』（一九五七年）だろう。家は世界におけるわれわれの「コスモス（cosmos）」であるという前提に立ったうえで[81]、バシュラールは家が果たす庇護的役割について次のように述べている。「家は人間存在の最初の世界である。性急な形而上学者たちが主張するように「世界に投げ出される（jeté au monde）」よりもまえに、人間は家という揺籃のなかに置かれている。そしてわれわれの夢想のなかではつねに、家は大きな揺籃なのである」[82]。あるいは「〔家という〕この物質的楽園において、存在は糧のうちに浸り込み（l'être baigne dans la nourriture）、ありとあらゆる本質的な富で満たされているかのようである」[83]。さまざまな文学テクストを渉猟し、家をめぐる詩的イメージを数多く集めて論を進めるバシュラールとレヴィナスとでは、出発点となる方法も記述の仕方も大きく異なっているものの、家における幸福な存在をハイデガーの「被投性」に対置している点など両者に共通する論点も少なくない[84]。レヴィナスがバシュラールの『空間の詩学』を読んでいた可能性も否定はできないが、いずれにせよ同著作は人間と空間との関係を広く取り扱う研究においてしばしば重要な参照点となっている[85]。

これらの研究のなかでレヴィナスとの関係が深いものとして、レヴィナスの旧友オットー・フリードリヒ・ボルノウによる『人間と空間』（一九六三年）を挙げることができる[86]。ボルノウはバシュラールの議論をほぼ全面的に引き受けつつ、またハイデガーの居住思想をも参照しながら、家が可能にする「庇護性（Geborgenheit）」と「平安（Frieden）」を、人間が自らの本質を達成するための必要条件と見なしている。「人間が世界のうちに身を保持し、そこで自らの課題を果たすことができるためには、人間は庇護性と平安の空間を必要とする。人間は、外部世界との闘いに疲れ果てたとき、この空間に身を退け、そこで緊張をほぐし、ふたたび自己自身へと戻ることができるのである。〔…〕住む者（Wohnender）としてのみ、家を所有している場合のみ、また、公開性（Öffentlichkeit）から分離されたそのような「私的」領域を意のままにできる場合のみ、人間は自らの本質を満たし、全面的に人間であることができる。人間は、そもそも生きることができるためには、このような庇護性の領域を必要とする。人間からその家を取り上げるならば——あるいはより慎重に言うと、住まいの平安を取り上げるならば——人間の内面的分解（die innere Zersetzung）もまた避けられない」[87]。荒々しい外部世界から身を退けることのできる家、人間に保護と安らぎとをもたらす家、そしてそのような内部性の保証が人間の十全たる本質にとって必要不可欠だというボルノウの議論は、住居の喪失は不可避的に人間の「内面的分解」を引き起こすという主張によってより一層際だたせられている。

一見するとこうした議論とレヴィナスの議論は、内密性を可能にする家こそが人間の自由な活動の条件であると主張する点で類似しているが、両者のあいだにはきわめて大きな相違がある。レヴィナスにとって《同》の領域画定はあくまでも「絶対的に他なるもの」を目指す「形而上学的欲望」を記述するために要請されたものであり、それゆえボルノウが「内面的分解」と呼ぶ事態は、レヴィナスにおいては「無限の観念」に見られるような《同》と《他》の関係を積極的に表明するものなのである。ただしレヴィナスは、『存在するとは別の仕方で』を中心とした六〇年代後半から七〇年代のテクストにおいて、主体の主体性を「精神病（psychose）」[88]に代表される精神医学的な語彙で記述するようになる。家のもたらす平安と、「もはや住むことのない」主体の「不穏（inquiétude）」との対立に関しては、さきほど触れた非場所とユートピアの概念もあわせて第Ⅳ部で詳述するが、ここでは『全体性と無限』に留まり、レヴィナスの家と《同》の議論における特徴的な点をさらに詳しく見ておきたい。

人間は家が形づくる内部性から出発して外部へ向かう。家の内密性から出発して自然が世界に変容するとき、「明日への気遣い」に脅かされた直接的な享受とは異なる「親しさ（familiarité）」[89]が世界のうちに現れる。ハイデガーは環境世界における「世界との親しみ」について語っていたが（第Ⅱ部参照）、レヴィナスはそもそもこの親しみを可能にするのは家の内密性だと考えている。それではこうした家への集約＝内省を可能にする内密性はどのように形成されているのか。家と居住をめぐるレヴィナスの議論の大きな特徴はこの点にある。すなわちレヴィナスによれば、「親しさがすでに前提としている内密性は、誰かとの内密性（*intimité avec quelqu'un*）である。集約＝内省の内部性は、すでに人間的なものである世界における一つの孤独である。集約＝内省はある迎え入れ（accueil）に関係している」[90]。《同》という環境世界の成立に関するここまでの議論では、まだ「他者」についてはなにも言われていなかった。それに対して、最初の「他者」は家の内密性を共有する「誰か」として現れている。この「誰か」についてレヴィナスはこう続ける。

存在の統合体のうちに集約＝内省の内密性が生起するためには、《他者》（Autrui）の現前が、自らの形態的イメージを貫通するような顔においてのみ啓示されるのではなく、この現前と同時にその撤退（retraite）と不在においても啓示されるのでなければならない。この同時性は、弁証法による抽象的な構築物ではなく、慎み深さ（discrétion）の本質そのものである。そして、その現前が慎み深い仕方で一つの不在であるような《他》、それは《女性》（la Femme）である。《女性》の現前から発して、このうえなく歓待的な迎え入れ（l'accueil hospitalier）が成就し、この迎え入れによって内密性の領野が描かれる。女性とは、集約＝内省の、《家》という内部性の、そして居住の条件なのである。(91)

「このうえなく他なるもの、それは〈女性的なもの〉である」(92)とする『実存から実存者へ』、および同時期の講演「時間と他者」での「エロス的関係」の分析を下敷きにしたこの議論は、とりわけ女性学の側から非常に多くの反論を引き起こしてきた。先行研究が数多く行われているレヴィナスの性的差異の問題を全般にわたって論じることはできないが(93)、レヴィナスに対する主要な批判は大きく次の二点に要約できる。(94) (1)レヴィナスは男性を能動的主体の側、女性を受動的他者の側に割り振ることで、女性から主体的活動の可能性を奪っており、それゆえ女性にはレヴィナスが重視する倫理的主体の地位が与えられていない。(2)男性が公的領域（外部世界）で活動を行うのに対して、女性は私的領域（家）に閉じ込められており、それゆえレヴィナスは伝統的な家父長制的先入見を反復ないし補強しているにすぎない。

これらの批判にレヴィナスのテクストの側から応えるならば、まずレヴィナスが女性の「本質」を受動的側面のみに認めているとする(1)の批判については、のちの『存在するとは別の仕方で』ではむしろ、「母性（maternité）」に代表される「女性的」な概念によって倫理的主体が記述されていると反論することができる。たしかにこの著作でレヴィナスは、「あらゆる受動性よりも受動的な受動性」という定式によって主体を形容しているが、このことは今度は「女性的」な主体がこのうえなく受動的であるということを意味するのではなく、能動性／受動性の対立を超えた高次の受動性が主体のうちに見いだされている（「女性的」に見える主体の「友愛＝兄弟愛（fraternité）」が語られることもその証左である）。次に(2)の批判について言えば、レヴィナスが「女性的なもの」と家との結びつきを述べるとき、家父長制のような経験的・事実的な事柄が問題となっているわけではないことはレヴィナス自身が注意を促していることからも明らかである。「ここで、あらゆる家が事実として一人の女性を前提としているという経験的真理ないし反真理を、嘲笑をものともせずに主張しているわけではまったくないということを付け加える必要があるだろうか。ここまでの分析において〈女性的なもの〉は、内部的生が位置づけられる地平の主要点の一つとして見いだされたのであり、住まいのうちに「女性という性（sexe féminin）」をそなえた人間存在が経験的に不在であるからといって、住まいの迎え入れそのものとしての女性性（féminité）の次元がそこに開かれていることにはまったく変わりがない[96]」。すなわちレヴィナスの議論で問題となっているのは、「女性的なもの」は住居への迎え入れという「本質」をもっている（もっているべきだ）という類の主張ではなく、内部的生の内密性の根本にある迎え入れが「女性的なもの」のうちに見いだされ、そのように概念化されたということなのである。[95]

ただし、仮にそうだとしても、歓待的迎え入れを可能にする「その現前が慎み深い仕方で一つの不在であるような《他者》」をどうしても「女性的なもの」と呼ばなければならなかったのかについては大きな疑問が残る。この点についてはデリダが興味深い指摘を行っている。「［…］通りがかりに指摘しておくならば、『全体性と無限』は非対称性をあまりにも尊重するがゆえに、この書物が女性によって書かれるということは不可能であった、本質的に不可能であったようにわれわれには思われるのである。この書物の哲学的主体は男性である。〔…〕ある書物が女性によって書かれることがこのように原理的に不可能であったのは、形而上学のエクリチュールの歴史において特異なことではないだろうか」[97]。この指摘に基づいて、レヴィナスの思想を「あらゆる中立性〔中性性〕に逆らう」ような「差異の思想」と解釈することも可能だろうし[98]、男性性を引き受けるレヴィナスの立場を、現象が自らに具体的に現れるままに記述する現象学者としての身振りであると考えることもできよう[99]。いずれにせよ『全体性と無限』における「女性的なもの」「父性（paternité）」「息子」といった語の使用は、国家が統べる可視的な歴史の背後で不可視な仕方で連綿と続いていく「家族（famille）」の系譜を哲学的に描くために、レヴィナスが「嘲笑をものともせずに」選んだ決然たる態度だった。そして経験的次元を超えたところで概念化された「女性的なもの」をレヴィナスは「男性的なもの」とならぶ一つの存在論的範疇として捉え[100]、あらゆる人間に共通にそなわる次元であると考えている。実際レヴィナスは八〇年代の対談で、「〔…〕〈男性的なもの〉と〈女性的なもの〉への参与は、あらゆる人間存在の本性である」[101]と述べているし、同時期の別のテクストでは、女性にまつわるさまざまな神話（家庭を守る主婦・永遠の女性・偶像としての女性など）から解放された女性の類型が、はたして社会的に成功を収めた女性（教授・事業家・大臣）によって得られるのだろうかと問うたうえで、より高みにある「女性性」について次のように言う。「〔…〕自己のうちで自らの存在に雄々しく固執することが、他者に対する無償の責任へと転換することそのもの——すなわち愛の可能性であり、それゆえ正義の可能性である——は〔…〕《人間的なもの》における女性性そのものなのではないだろうか」[102]。

本書としては、「家」に関するレヴィナスの議論が問題含みであることは認めたうえで、レヴィナスが「女性性」と名指すことで示そうとした次元が「場所」の思想に重要な論点を提供していることを強調したい。この論点とは、『全体性と無限』の「女性性」の議論を受けて、デリダが「歓待性（hospitalité）は所有権＝固有性（propriété）に先立つ[103]〔…〕」と定式化した「歓待的迎え入れ」の構造である。このことをレヴィナス自身は、家は所有されるまえに「女性的なもの」に住まわれているという仕方で提示していた。「所有を基礎づける家は、家が取り集め保管することができる動産としての事物と同じ意味で所有であるのではない。家は所有されている、というのも、家はすでにその所有者に対して歓待的だからである。このことによってわれわれは、家の本質的内部性、一切の居住者よりも先に家に居住している居住者、卓越した仕方で〈迎え入れるもの〉、それ自体として〈迎え入れるもの〉(l'accueillant en soi)、すなわち女性的存在に送り返される[104]」。

《自我》は家に住むことで「わが家」を獲得し、この「わが家」が世界内の活動を方向づける中心と化す。元基を享受しながらも元基に依存し、それゆえ能動性と受動性の双方を両義的に体現していた身体は、自らが支配し統御できる家をもつことではじめて《同》として成立するのである。家をめぐるさまざまな言説とレヴィナスのそれとが大きく異なるのは、レヴィナスの議論においては、家という内部性が世界内での活動を可能にするという帰結の部分のみならず、家という内部性が成就するその条件を考察している点である。そもそも、ある建物や部屋が居住の道具としてでなく、平安をもたらす「わが家（chez soi）」として機能し、そこで「〔自宅にいるように〕気楽に感じる（se sentir chez soi）」ことができるためにはなにが必要なのだろうか。さきの引用でレヴィナスはこの条件を「それ自体として迎え入れるもの」と呼んでいた。それ自体として即自的に「迎え入れるもの」は、「迎え入れるもの」として現れながらも、同時に身を退けていなければならない。「迎え入れるもの」が過度に自己の存在を主張するときには、「迎え入れるもの」はほかのものを迎え入れるという自らの役割を減退させてしまうからである。このように、卓越した意味で「迎え入れるもの」はまさに現前しないような仕方で現前するものだとすれば（レヴィナスはそうした範疇を「慎み深さ」と呼んでいた）、そこでは自らを無化するに至るまでに受け入れ、迎え入れる、「場所」の構造が働いていると言えないだろうか。「場所」は、なにかを受け入れるかぎりにおいてのみ、しかもそれ自体はなにかの影に隠れるような慎み深い仕方でのみ現前するのである。家の所有に迎え入れが先立つのは、「それ自体として迎え入れるもの」がこうした「場所」の機能を担っているからにほかならない[105]。

このことは「わが家」が可能にする気楽さないし平安とも関係している。ハイデガーが論じていた環境世界における道具の趣向性が示していたように、世界の親しさが生まれるのは道具がそのあるべき「場所」、それに「ふさわしい場所（à sa place）」にあるからである。逆に、「わが家」にいるのとは正反対の落ち着かなさを覚えるのは、自分がその「場所」にそぐわない、「場違いである（déplacé）」という感情を抱くときである。第Ⅱ部第三章で論じた『実存から実存者へ』のなかで、レヴィナスは定位について、「意識は一つの土台を「もつ」、一つの場所を「もつ」。これはなにかをふさぐことのない唯一の所有であり、意識がここにあるという条件である所有である[106]」と述べていた。意識の局所化が「なにかをふさぐことのない唯一の所有」と言われたのは、《同》の成立の根拠にある「場所」の根源的掌握においては「他なるもの」との関係を含まない純粋な自己準拠が問題になっていたからである。この「場所」の議論を踏み台としつつ、『全体性と無限』が根源的な「場所」を中心として広がる《同》の環境世界を主題化したとき、《同》の基礎となる家のうちにすでに働いている所有するものと「迎え入れるもの」との「場所」的な二重の原理（レヴィナスの「女性的なもの」の概念に戻るとすれば、人間的主体を形成している〈男性的なもの〉と〈女性的なもの〉という二つの原理）を見いだしたことがレヴィナスの「発見」だった。根源的「場所」の所有による〈ある〉からの脱出と家の所有による《同》の成立は、レヴィナスにとっていずれも主体化の契機として考えられたものだが、「歓待的迎え入れ」が家の所有に先立って機能しているという発想が『存在するとは別の仕方で』の「非場所」の議論に継承されることになる。

本章を締めくくるにあたって、《同》として成立するレヴィナスの環境世界の構造を簡単に整理しておこう。《同》の根底に位置づけられるのは身体の定位であり、身体は元基を享受しながら「他なるもの」を同化する。しかし享受において身体は環境に融け込んでおり、同化を行いつつもたえず「他なるもの」に依存している。それに対して、元基の不確定性を宙吊りにし、主体としての活動を開始するための条件が家であり、そこから労働と所有という能動的活動の可能性が開かれる。それゆえ家が最終的な《同》の成立ということになるが、その家はすでに「歓待的迎え入れ」という他性の次元を含んでいた。身体の起き上がり、家における「女性的なもの」の議論を通じて、《同》は《他》によってあらかじめ基礎づけられているというのがレヴィナスの環境世界論の主眼だった。絶対的な《他》は絶対的な《同》から出発してしか記述することができないが、両者が完全に分離している《同》と《他》が関係のうちに入るためには、《同》のうちに《他》への通路がすでに刻まれていなければならないからである。

それでは本章で論じた『全体性と無限』の環境世界論から出発して、環境世界の彼方としての《他》はどのように導出されるのだろうか。レヴィナスとハイデガーの思想的対比が興味深い仕方で明らかになった宇宙技術開発というトピックを追いながら見ていきたい。

第三章　他性の在り処――《同》から《他》へ

第一節　スプートニク、ガガーリン

「一九五七年、人間が作った地球生まれの物体が宇宙めがけて打ち上げられた。この物体は数週間、地球の周囲を廻った。そしてそのあいだ、太陽や月やその他の星などの天体を回転させ動かしつづけるのと同じ引力の法則に従ったのである」[1]。ハンナ・アーレント『人間の条件』（一九五八年）の冒頭が喚起しているこの「物体」とは、一九五七年に打ち上げられたソ連の人工衛星スプートニク号である。「人間の条件」と題された書物が史上初の人工衛星への言及によって開始されていることは、この出来事が単なる宇宙技術の革新のみならず、哲学の領域にも与えた衝撃の大きさを物語っている。人間が作ったものでありながらも、この「物体」およびそれを可能にした「技術」は、これまで考えられてきた人間の本質ないし「条件」の同一線上に置かれるものではなく、まさにその変容を促すものとして解釈されたのである。ここでアーレントがおそらく念頭に置いているプラトン哲学において、天空を規則正しく運行する天体の運動は人間社会が模倣すべき範であり、神々の行進とさえ同一視されるものだったが、いまや人間の手になる「物体」が天体すなわち神々と同じ法則に服し、ふたたびアーレントの言葉を用いれば「〔…〕天体の崇高な仲間としてかりそめに迎え入れられたかのようであった」（同）のである。

人間の「技術」に由来した物体が地球外へ発射されたこの出来事をアーレント以上に深刻に受け止めたのは、ほかならぬハイデガーである。実際、ハイデガーはシュテファン・ゲオルゲの詩を論じた講演「言語の本質について」（一九五七／五八年）で、メタ言語学と形而上学との関係に事寄せてスプートニクの打ち上げに言及している。「このメタ言語学という語は形而上学《メタフュズィーク》のように聞こえる。しかし、ただ形而上学のように聞こえるばかりではない。この語はまさに形而上学でもあるのだ。というのもメタ言語学は、すべての言語を、惑星間で機能する唯一の情報道具にしようとする普遍的技術化の形而上学だからである。メタ言語とスプートニク、メタ言語学と宇宙技術、これらは同じものである」(2)。さらに同時期の別のテクストでは、このような宇宙技術の到来以前の世界に対するある種の郷愁がより明確に語られる。「［…］人間がこの大地のうえで詩的に住むという意味では、もはや「大地」も「天空」も存在しない。ロケットによって達成されたのはすなわち、この三世紀来ますます一方的かつ決然とした仕方で自然そのものとして集‐立され（ge-stellt）ているものの具体化である。ロケットの軌道は「大地と天空」を忘却のうちに突き落としたのである」(3)。大地・天空・神的なもの・死すべきものが「もの」のうちに取り集められるという「四方域」の思想と、現代技術が「自然」を「用材」として徴発するという技術論の展開において、スプートニク号打ち上げの出来事は、自然を「表象する＝前に立てる（Vor-stellen）」(4)ことに存するデカルト以来の形而上学そのものの達成を示す事件として読み取られている。

スプートニク号の打ち上げを受けて激しさを増したソ連とアメリカ合衆国との宇宙技術開発競争は、そのわずか数年後に早くもあらたな局面を迎える。すなわちソ連の宇宙飛行士ガガーリンによる人類初の有人宇宙飛行（一九六一年）である。今度は人間が作った「物体」のみならず、ほかならぬ人間自身が地球の外へ飛び出し、地球が従うのと同じ天体の法則に従ったのだった。この数ヵ月後にレヴィナスは、今日では有名となった論考「ハイデガー、ガガーリン、われわれ」（一九六一年）を発表し、ハイデガーの居住思想に批判的に言及しながら、ガガーリンの偉業を讃えている。論集『困難な自由』（一九六三年）に収められたこのテクストは、もともと『ユダヤ通信』（*Information juive*）というアルジェのユダヤ系コミュニティ向け一般紙に掲載されたという事情もあり、同年の『全体性と無限』に比して二次的な地位を与えられるのみならず、しばしばハイデガーに対する暴力的な批判であると見なされてきた。たとえばドミニク・ジャニコーは、ハイデガーに対するレヴィナスの態度は控えめな賞賛と破壊的な批判とのあいだでたえず揺れ動いており、特にこのテクストはその後者の極を示す「誹謗文書《パンフレット》」にすぎないと述べている(5)。たしかに、農村的な風景に拘泥するハイデガーおよびハイデガー主義者たちと、人類ではじめて抽象的空間に身を置いたガガーリンとの対比など、このテクストがもついささか戯画的な側面も否定できない。また戦後すでに一五年が経過したこの時期、ハイデガーの活動再開とともに、ハイデガーの哲学を復権しようとする動きが高まりはじめていたことも勘案すべきだろう。しかし「場所」という本書の主題から見ると、このテクストをハイデガーに対する一面的な批判として退けるまえに、レヴィナスが目論んでいる哲学的企図を明らかにする必要がある。

まずレヴィナスは、現代技術がもたらしうる惑星規模の危険から人間を防衛しなければならないという要請に一定の理解を示しながらも、そのような要請のうちに、「人間の解放への信念」を忘却しさらには棄却しようとする「反動的」な素振りを看取している。こうした反動的な立場から、技術による人間の解放を、「子供じみた本能」の満足や、あるいは機械という「玩具」による「大人たちの永遠の幼稚さ」の誘惑と見なしてはならない。レヴィナスによれば人間の解放への信念は、「定住諸文明の動揺、過去の重々しい厚みの崩壊、地方色の弱まり、さらには、人間の個別主義が寄りかかるところの、これら厄介で鈍重なものの一切に亀裂を生じさせる割れ目と一体をなしている。これらを存在理由として要求し、それらの名において現代世界のうちに一つの地位を得ようと闘うのは、発展途上にあることの証である。技術の発展はすでに、自らの暗い重み（pesanteurs）を取り去った人間的実体のこの軽減（allegement）の結果であり、その原因ではない」[6]。つまりレヴィナスにとって人間の解放とは、土地や過去といった個別主義の温床から自由になり、人間を規定する一切の状況を断ち切ることであり、この観点からすれば、現代技術は人間の本質を毀損するどころか、むしろ人間の本質に属すとともにそのさらなる展開に寄与するものである。そしてガガーリンは、人間の条件規定の最たるものである「場所」から自由になることで、人間のさらなる解放への道を指し示したことになるのである。

　レヴィナスはこうしたガガーリンの偉業の意義を、ハイデガーの居住思想との対比によって描き出す。「われわれの西洋的魂の異教的な一隅」に語りかけてくるようなハイデガーの思想は、対象として面前に立てられる自然ではなく、まさしく「世界」を人間がふたたび見いだすことを望んでいる。レヴィナスが活写するところのハイデガーの「世界」は次のようなものだ。

> 世界をふたたび見いだすとは、《場所》のうちに神秘的な仕方で巻きついている少年時代をふたたび見いだすことであり、偉大なる風景の光や自然の魅惑、山々の荘厳な佇まいに身を開くことである。野中を蛇行して続く小道を駆けぬけることである。川の土手を結ぶ橋と建物の建築が生み出す統一、樹木の現前、森の陰影、さまざまな〈もの〉や壺、農婦のすりへった靴の神秘、白いテーブル掛けに載ったワインのカラフの輝き――これらを感じ取ることである。〈現実的なもの〉の《存在》そのものが、人間の保持に与えられ委ねられながら、これらの特権的な経験の背後で顕現するというのだ。そして《存在》の牧人たる人間は、この恩寵から自らの実存と真理とを引き出すというのである。[7]

すでに見た五〇年代のテクストと同様に、ここでもレヴィナスはハイデガーの居住思想における農村的風景や「もの」の描写を引き合いに出しているが、このテクストではより明確にそれらを「場所」への異教的な「根づき（enracinement）」と同一視している。根づきという語は植物的な比喩だが、レヴィナスによれば「世界との親密さ」を定義するためには植物的な根づきだけでは不十分であり、むしろ「人間は、大地から栄養液を吸い取るだけの植物よりも根本的に大地に住まっている」(8)。というのもハイデガーにとって居住の本質は大地のうえに詩人として住むことであり、人間の居住は言語を通して「存在」を保護することだからだ。レヴィナスはこのことを植物以上に植物的な根づき、言わば本来的な根づきと解釈するとともに、ハイデガーの思想のうちに「異教の永遠の誘惑」を見て取っているのである。そしてガガーリンの偉業の意味もこの文脈で理解されている。

ガガーリンの偉業において賞賛すべきことは、大衆に印象を与えたルナ・パークでの彼の素晴らしい振る舞いではもちろんない。他のあらゆる人たちよりも遠くへ赴き、高度と速度の記録をすべて更新したスポーツ的なパフォーマンスでもない。より重要なのは、あらたな知識、あらたな技術の可能性へと通じるであろう道であり、ガガーリン個人の勇気と美徳であり、この偉業を可能にした科学であり、そして、翻ってそれが前提としている献身と犠牲の精神の一切である。しかし、おそらくなによりも重要なのは《場所》を離れたことである。一時間のあいだ、一人の人間があらゆる地平の外側に存在したのである。彼を取り巻くすべてが空《そら》であった。あるいは、より正確に言うならば、すべてが幾何学的空間であった。一人の人間が均質的空間の絶対性のうちに存在したのである(9)。

ガガーリンは「幾何学的空間」ないし「均質的空間」のうちに身を置いたという言明は、ハイデガーにおいて「場所」が幾何学的空間に先立つと言われていたことを受けている。とはいえ、第Ⅰ部冒頭で見たように現象学が明るみに出す具体的空間に関心を寄せていたレヴィナスにとっても、幾何学的空間それ自体が重要なわけではない。そうではなく、この出来事によって開かれた、特定の局地的な「場所」すなわち環境世界への根づきからの自由、さらには存在の「重み＝重力」からの解放の可能性が評価されているのである（具体的空間における存在の「重み」については第Ⅰ部の議論を参照）。しかし、なぜ特定の「場所」に執着することがそれほど糾弾されねばならないのか。レヴィナスは言う。「風景への植えつけ、《場所》への固着がなければ、世界は無意味なものとなり存在することが難しくなるというのだが、それはまさしく人間を土着者（autochtones）と異邦人（étrangers）に分けることである。そしてこの視角においては、技術の方が《場所》の霊（génies du Lieu）〔地霊〕よりも危険が少ないのである」[10]。居住に関するハイデガーの議論では、「もの」とともに出現する「場所」に四つの次元が集まり、そこから「世界」に意味づけが与えられるのだったが、それが特定の「場所」、環境世界の閉鎖性を前提とするかぎりで、この議論は必然的に「土着者」と「異邦人」との区別を生むことになる。しかし、この議論のなかでレヴィナスがハイデガーを単に批判しているわけではないことは強調しなければならない。というのも、ここで言われる「土着者」と「異邦人」の区別とは、『全体性と無限』の用語に従えば《同》と《他》の「分離」にほかならないからである。絶対的な《他》との関係を考慮に入れるために《同》が要請されていることを思い起こすなら、レヴィナスはハイデガーの居住思想を批判的に論じつつも、それを自らの哲学の体系のうちに取り込むことを試みているのである。そしてこのことは、後述するようにレヴィナスがハイデガーに割り当てている異教という概念にも当てはまる。

　農村的営みのうちに存在の発露を認めるハイデガー、「場所」を離れ均質的空間に身を置いたガガーリン――それではこのテクストの表題「ハイデガー、ガガーリン、われわれ」で名指されている残りの「われわれ」、すなわち、このテクストの想定された読者であるユダヤ人の場合はどうか。レヴィナスはユダヤ教と「場所」の関係について次のように述べる。

ユダヤ教はつねに場所から自由であった。そうすることでユダヤ教は、もっとも高度な価値に忠実でありつづけたのである。聖書は《聖なる土地》しか知らない。不正な者たちを吐き出す途方もない土地であり、無条件に根づくことは許されない土地である。自然を描写するにあたって、《書物のなかの書物》がどれほど控えめであることか！――「乳と蜜の流れる国」。風景が食物の言葉で語られるのだ。ついでのように語られる「それは最初の葡萄の季節であった」（「民数記」13、20）といった一節のなかで一瞬、暖かな太陽の日差しの下で熟する一房の葡萄が光を放つのである。(11)

「場所」を脱神話化するユダヤ教は特定の「場所」に執着することがないゆえに、土地の所有に依拠した定住文明とは一線を画している。「風景が食物の言葉で語られる」とき、重要なのは土地そのものに属する神性や聖性ではなく、その土地に住む人間であり、さらにはその土地に迎え入れられる人間であるということだろう。この引用に続く箇所でレヴィナスは、カナンの地を指す「乳と蜜の流れる国」という有名な表現に加えて、アブラハムがバアル・シェバで一本の御柳の木を植えたエピソード（「創世記」21、33）に触れている。レヴィナスによれば、「われわれがそこに《存在》の意味を探す」ことを恐れたタルムードは、御柳（eshel）という語を構成する三文字がそれぞれ「食物」「飲料」「宿泊」を表す語の頭文字であるという解釈を提示しているとする。(12)つまりレヴィナスは、御柳という語が人間にとって必要不可欠な条件である食と住を表しているとする解釈を引き合いに出すことで、自然をなんらかの神秘と結びついた「神聖なもの」としてではなく、人間の糧として理解すべきだと主張しているのである。ユダヤ教はつねに場所から自由だったという言明は、即座に想像されるのとは異なって、単に離散したユダヤ人たちが定住の地をもたなかったことを意味するだけに留まらない。第一章で引用したブランショ論でレヴィナスが「場所なき滞在」という表現を用いていたように、ここでは定住に対立した移住という文明論的形態ではなく、場所ではなく人間から出発して考えられる居住の様態が問題となっているからである。この観点からレヴィナスは、ソクラテス以前の哲学者を称揚するハイデガーとは異なり、ユダヤ教とソクラテスの教えとの親縁性を指摘している。

技術によって、この根づきと、根づきを参照した流謫（exil）の特権が撤廃される。技術はこの二者択一からの解放をもたらすのである。ノマディズムに回帰することが問題なのではない。なぜならノマディズムも定住的実存と同様に、一つの風景、一つの風土から抜け出ることはできないからである。技術はわれわれを、ハイデガー的世界と、《場所》の迷信から引き離す。そこから一つのチャンスが生まれる。すなわち、人間たちを彼らが置かれた状況の外側で見いだすことであり、人間の顔をその裸性のうちで輝かせることである。ソクラテスは、田舎や木々よりも、人間たちと出会う町を好んだ。ユダヤ教はソクラテスの教えの兄弟なのである。(13)

レヴィナスは定住と彷徨（流謫）とを文明論的な二者択一として考えているのではなく、この二者択一を超えた一切のコンテクストからの解放のうちに人間存在の本質を見て取っている。のちの対談でハイデガーの思想と異教との関係について問われたレヴィナスは、「移住者（émigrant）」とノマドとを区別したうえで次のように述べている。「いずれにせよハイデガーは、風景をなすすべてのものに関して非常に優れた感覚をもっています。風景といっても芸術家の描く風景ではなく、人間がそこに根づく場所のことです。ハイデガーの哲学は、移住してきた者（émigré）の哲学ではありません！　これから移住していく者（émigrant）の哲学でもないと言ってよいでしょう。私にとって移住者であることとノマドであることとは違います。ノマド以上に根づいた者はおりません。しかし移住する者は完全な意味で人間なのであって、人間の移住は存在の意味を破壊するのでも解体するわけでもないのです(14)」。文明の一様態としてのノマディズムはそのつどの気候や環境に応じて適切な「場所」を選んで移動を繰り返していくことであり、むしろ「場所」への執着そのものを体現している[15]。それに対してガガーリン、そしてユダヤ教において開かれている「チャンス」とは、人間をその条件の外側に見いだすことであり、こう言ってよければ「人間の条件」から自由になったところに人間を認めることなのである[16]。

ここで指摘しておくべきことは、レヴィナスが倫理と呼ぶものが、社会生活における行動や振る舞いに関する道徳的規範の探求ではなく、こうした間人間的関係によって書き換えられた哲学そのものだということである。さきの引用にあったユダヤ教とソクラテスとの関連もこの点から理解される[17]。レヴィナス自身は言及していないが、ヘルマン・コーエン『純粋意志の倫理学』（一九〇四年）の冒頭段落にある有名な一節が念頭に置かれているのかもしれない。「ソクラテスが倫理学を考え出したとき、彼は同時に、倫理学のうちにあらゆる哲学の中心点を見いだした。哲学者たちはそれまで、どれほど特別に人間的事柄について思考したとしても、同時に数学者であり自然学者であった。それに対してソクラテスは、一人のナザレ人のようにして自然について語る。木々は自分になにも教えることができないが、町の人間たちにはそれができる。人間の方から引き返すことによってはじめて、自然への道が通じるのである。人間の教えとしての倫理学は、哲学の中心となる。そして、この中心においてはじめて、哲学は自立性と独自性を、そしてまた統一性を獲得するのである[18]」。自然から人間へではなく人間から自然へ至る道を模索することは、理論的認識や観照に対して倫理の根源性を主張することであり、その意味でレヴィナスの倫理は、思弁的理性に対する実践理性の優位を唱えたカント（さらにはコーエン）の道徳論の軸線上に置かれうるものだろう[19]。さきに挙げた対談のなかでレヴィナスは、ハイデガーの短文「野の道」（一九四九年）で語られる風景に対しても同様の観点からの批判的指摘を行っている。「私の考えのなかには――このことで私はしばしば批判されるのですが――世界の過小評価があると言われます。ハイデガーにとって世界は非常に重要なものです。野の道（*Feldwege*）に木はありますが、そこで人間たちに出会うことはありません」[20]。

本節はここまで、部分的な仕方でのみ取り上げられることが多い論文「ハイデガー、ガガーリン、われわれ」を詳しく見ていくことで、ハイデガーに対する批判を通じてレヴィナスが間人間的関係の次元の重要性を示そうとしたことを明らかにした。ハイデガーの思想を異教と名指すこのテクストは、ユダヤ系コミュニティに宛てて書かれた論争的な側面を有しているが、間人間的関係の重視という点では同年の『全体性と無限』と内容を共有している。そのことを如実に示すのが『全体性と無限』における異教の概念である。次節では、ユダヤ教という語が用いられることのないこの著作に現れる異教の概念に注目しながら、レヴィナスが試みている哲学と宗教の関係の再考について論じていく。

第二節　異教・無神論・一神教

レヴィナスが一九三〇年代のユダヤ教論考で提示している異教の概念については、すでに第Ⅰ部第三章で扱った。とりわけ一九三五年の「マイモニデスの現代性」でのレヴィナスが、異教を「世界から抜け出ることの根本的な無能力」と断じていたことを思い起こすなら、実際に世界を抜け出てしまったガガーリンと、それによって喪失された世界を嘆くハイデガーという戯画的な対比は、三〇年代に行われていたユダヤ-キリスト教と異教との対比を反映したものにほかならないと言える[21]。しかし重要なのは、先述のとおり、ハイデガーの哲学を異教と名指すことでレヴィナスが単にハイデガーを糾弾しているのではなく、ハイデガーの哲学を自らの枠組みに取り入れながらその批判的乗り越えを図っているということである。第Ⅰ部で扱ったマリタン論で、レヴィナスは「結局のところ、ユダヤ-キリスト教を異教から分かつのは、なんらかの道徳や形而上学である以上に、世界の偶然性と非安全についての差し迫った感情であり、わが家にいないという不安、そしてそこから抜け出る力である」と書いていた。[22] 第二章で詳述したように、『全体性と無限』の議論の要点は、絶対的な《他》へ至る理路を得るために絶対的な《同》から出発することにあった。レヴィナスにとって《同》の圏域である家や「わが家」が単に否定的に論じられたわけではないのと同様に、異教の概念もまた一つの哲学素に改鋳されることによって、『全体性と無限』の展開において大きな役割を担っているのである。この展開とはすなわち、『全体性と無限』の議論の背景をなしている異教・無神論・一神教という三層構造である。これらの概念がいかなる関係を結んでおり、ここまでの議論とどのようにつながるのかを見るのが本節の課題である。

まず、さきに見た五〇年代の論文およびガガーリン論と内容的に重複するが、『全体性と無限』の冒頭で行われているハイデガーの居住思想に対する批判をあらためて確認しておきたい。

ハイデガーはソクラテスの哲学を、すでに存在を忘却したものとして、および、「主体」と技術的潜勢力という概念へと歩みを進めているとして告発するのだが、そのときでさえ存在論の「エゴイズム」は維持されている。ハイデガーはソクラテス以前の哲学のうちに、存在の真理に従属するものとしての思想を見いだしているのだが、そのときでさえ存在論の「エゴイズム」は維持されている。存在の真理への従属は、空間を支える場所の統一を作り上げる、建て耕す実存として成就されると言われる。大地のうえ、天空の蒼穹のもとでの現前、神々の待機、そして死すべきものたちとの交際を、ハイデガーは〈もの〉の傍らでの現前のうちに統一する。〈もの〉の傍らでの現前は、建てること、耕すことと等価である。そうすることでハイデガーは、他者との関係を、西洋の歴史全体がそうしたのと同様に、大地を所有し建てるような定住諸民族の運命のうちで演じられるものとして理解する。所有は、《他》が私のものとなることによって《同》と化すこのうえない形式である。人間の技術的な諸権能の至高性を告発しながら、ハイデガーは、所有という前技術的な諸権能を称揚するのである。もっとも、ハイデガーの分析は客体的対象としての事物から出発するわけではないが、それでも諸事物が準拠している偉大な風景のしるしを帯びている。存在論は自然の存在論と化す。この自然とはすなわち、非人称的な豊饒さ、顔なき寛容な母、個別的な諸存在の母型、諸事物の無尽蔵の質料である。(23)

この箇所は基本的には、五〇年代の論考で展開されているハイデガーの「四方域」に対する批判と大きく変わるところがない。ただし、レヴィナスはここで《他》を《同》に還元する存在論の「エゴイズム」を否定的に扱っているが、前章で見たように、絶対的な《他》に至るために方法論的に要請された《同》はレヴィナス自身によって「エゴイズム」と呼ばれており、居住や所有といった《同》の具体的様態のうちにハイデガーの議論が接続されていることが分かる。享受の主題において顕著なように、レヴィナスはハイデガーの思想に数々の変容を加えつつも、ハイデガーの現存在分析の枠組みを踏襲しているのである。(24) しかし、この段落の次には、レヴィナスが『全体性と無限』のなかで行っているもっとも辛辣なハイデガー批判が綴られている。

権能の哲学である存在論、第一哲学としての存在論は《同》を問いに付すことがない。存在論は不正の哲学である。《他者》との関係を存在一般との関係に従属させるハイデガー存在論——たとえそれが、存在者によって隠蔽された存在の忘却に由来する技術的情熱に対立しているとしても——は無名のもの（l'anonyme）の傘下に留まるのであって、宿命的にもう一つの権能へ、帝国主義的支配へ、僭主政へと至るのである。〔…〕この僭主政は異教的な「気分＝魂の状態（état d'âme）」に、土地への根づきに、隷属した人間たちが彼らの師に捧げてしまうような崇拝に遡る。存在者に先立つ存在、形而上学に先立つ存在論——これは正義に先立つ自由（たとえそれが観照の自由であれ）である。これは《他》に対する責務に先立つ《同》の内部の運動である。[25]

この箇所のあとに、存在と存在者、存在論と形而上学、自由と正義、《同》の内部の運動と《他》に対する責務といった「諸項の順序を逆にしなければならない」（同）という一文が続くのだが、ここではそれが引き起こした議論に深入りするのではなく、[26] レヴィナスによって棄却されている諸項（存在、存在論、自由、《同》の内部の運動）と結びつけられた異教の概念が『全体性と無限』の議論のなかでいかなる機能を果たしているのかを見ていきたい。主要な論点は次の二つである。⑴前出の論文「ハイデガー、ガガーリン、われわれ」で「場所」への執着として糾弾されていた異教（および異教的だとされたハイデガーの哲学）は、『全体性と無限』の居住の議論といかなる関係をもっているのか。⑵ユダヤ教やイスラエルといった語が登場しない『全体性と無限』において、おもにユダヤ教論考で扱われてきた異教、および無神論や一神教といった語彙がどのような「哲学的」地位を占めているのか。

異教、無神論、一神教という三層構造が『全体性と無限』の議論の言わば裏地をなしていることはすでに述べた。『全体性と無限』における異教と無神論、およびそれらと「場所」の関係を理解するためには、まずは『実存から実存者へ』での〈ある〉の記述に立ち返ることが適切である。第Ⅱ部で論じたようにレヴィナスは〈ある〉を「場所の不在」とし、そこから「場所」への定位によって主体が創設される出来事を記述していたが、〈ある〉はまた強い意味で神の不在でもある。

未開的諸宗教における〈聖なるもの〉の非人称性は、デュルケームにとっては「まだ」非人称的な神であり、いつの日かそこから進歩した諸宗教の神が登場するようなものであったが、この非人称性が描写しているのは、それとは正反対に、神の出現がまったく準備されていないような一つの世界なのである。〈ある〉という観念はわれわれを、神というよりは神の不在に、一切の存在者の不在へと連れて行く。未開人たちは絶対的に《啓示》以前、光以前にあるのだ。[27]

これはデュルケームの言う「聖なるもの」に対して、レヴィ＝ブリュールの「融即」の概念と〈ある〉との類縁性が述べられている箇所である。あらゆる存在者の出現に先行する〈ある〉が啓示以前の世界を表現しているとすれば、その世界は絶対的な無神論が統べる世界ということになる。そしてまた〈ある〉は、「創世記」の冒頭が語る「混沌（tohu-bohu）」と同様に、存在するものの限界を画定する光と言葉の到来以前の漠たる領野を指し示していることになる。[28] このとき、存在者どうしを分ける境界は曖昧なままに留まり、〈ある〉は言わば雑然とした塊として感得される。のちにレヴィナスは〈ある〉を指して「ドタバタ（remue-ménage）」なる言葉を用いるようになるが、[29] レヴィナスは『実存から実存者へ』以来、おのおのの存在者が自らにふさわしい「場所」を整然と占めている世界（『存在と時間』の道具の分析に現れる世界）に対して、〈ある〉という「場所」の不在を強調すると同時に、日常的世界における物質性の次元に注意を喚起していたのだった。

『全体性と無限』ではこうした〈ある〉の次元は、享受が浸り込む元基の背景をなしているような、「境界・限界（peras）」をもたない「無限定なもの（apeiron）」として読み込まれている。〈ある〉と元基はその性格上はほぼ同一視できるものとして記述されているが、元基が享受の対象として同化されうるものであるのに対し、〈ある〉はあくまでも非人称的で不定形の広がりであり、享受する生という《同》の中心の成立に先立っていることに注意する必要がある。[30] レヴィナスは「元基は〈ある〉に至るまで延びていく。内部化としての享受は、大地の異邦性そのものに衝突する」[31] と述べているから、〈ある〉はもはや内部化することのできない元基の果てを指し示していると考えられる。それではこうした元基と〈ある〉は、居住、さらには異教とどのような関係をもっているのか。レヴィナスは元基がもつ不確定性の次元を神話的な神性と結びつけ、次のように書いている。

どこでもないところから到来するという点で、元基は、われわれが顔という名のもとで描写するものと対立している。顔においてはまさに、ある存在者が人格的に現前するからである。存在の面（face）によって触発されること――そのとき存在全体の厚みは未規定のまま留まり、どこでもないところから私に到来するのだが――それは明日の不確定性へと身をかがめることである。不確定性としての元基の未来は、具体的には、元基の神話的神性（divinité mythique）として生きられる。顔なき神々、話しかけることのできない非人称的な神々は、享受のエゴイズムを縁取る虚無を、元基との親和性のただなかに刻み込む。しかし、享受によって分離が達成されるのはまさにこのようにしてなのだ。異教とは、分離をあかしだて、分離が生起する場であるが、分離した存在はこのような異教の危険を冒さなければならない――これらの神々の死によって、分離した存在が無神論へ、そして真の超越へと至るまで(32)。

ここでレヴィナスが語っているのは、分離によって《同》が成立する「手前」の状況である。それ自体として現れる他者の「顔」が言わば素性の明らかな現前であるのに対し、〈ある〉にまで延長されうる測り知れない深さをもつ元基は、つねに「面」として享受と境を接するのみである。レヴィナスは、元基のもつこの不確定性がもたらす二通りの帰結を議論の俎上に載せている。第一の帰結は、家における所有と労働によって「明日への気遣い」を克服していくという《同》のたどる本線であり、前章で詳しく見たように『全体性と無限』の第二部の論述の大部分がこれに割かれている。第二の帰結は、この引用箇所の周辺で示唆されるに留まるものだが、元基の不確定性が「神話的神性」として生きられる可能性である。元基の底なしの深さは享受によって内部化されたり、把持・了解されることがないために、この不確定性との関係は必然的にある種の崇拝となるよりほかはないというのである。さきに引いた『実存から実存者へ』の一節で言われていた、未開的諸宗教における「聖なるもの」の非人称性はこの次元に当たると言える。他者の「顔」と対立する元基の「面」（顔なき非人称的な神々）は、偶像崇拝的な「異教の永遠の誘惑」[33]をつねにはらんでいるのである。

しかし《同》の「集約」の可能性が開かれているのは、享受が浸る元基が、もはや引き受けられることのない〈ある〉に縁取られているからだとレヴィナスは考えている。そうでなければ、「私はできる」という《同》の権能は元基の奥底まで延びていき、分離による《同》の凝集は不可能になってしまうだろう。したがって《同》は異教に陥る「危険」にたえず曝されながらその誘惑に屈さず、あくまでも分離されたままでありつづけなければならない。絶対的な《他》に至るための通路として要請される絶対的な《同》は、それゆえ「無神論者」とも呼ばれる。「分離された存在が、そこから分離されている当の《存在》に融即することなく独力で実存のうちに維持されるような完全な分離、われわれはそれを無神論（athéisme）と呼ぶことができる。分離された存在は、場合によっては、信仰によってこの《存在》に密着することも可能なのだが。融即との断絶はこの可能性のうちに含まれている。ひとは神の外で、わが家で生き、自我でありエゴイズムである。心的なものの次元である魂は分離の達成であり、そもそも無神論者なのだ[34]」。「場合によっては」とあるように、「場所」に固着することで「存在」へと融即する異教は《同》の成立の運動に伏在する一つの契機なのだが、レヴィナスはそれを《同》の無神論に対して副次的なものと捉えている。『全体性と無限』における異教、無神論、一神教は、宗教学的な類型というよりはむしろ、無神論的な《同》を中心として重層的に織り成されている構造として考えるべきだろう。

それではレヴィナスが「真の超越」と呼んでいた卓越した意味での《同》と《他》の関係、すなわち一神教とはいかなる構造なのか。

無神論者として絶対者に関わることは、〈聖なるもの〉の暴力をぬぐい去った絶対者を迎え入れることである。絶対者の聖潔性（sainteté）、すなわち絶対者の分離は高さの次元で現前するのだが、そこで無限は、無限に向かう眼を焼くことがない。無限は語る。無限は、自我を不可視の網で捉えてしまうような、立ち向かうことのできない神話的形態を有してはいない。無限はヌミノーゼではない。無限に接近する自我は、無限との接触で無化されることも、自己の外へと運ばれることもない。自我は分離されたまま留まり、自らの〈我関せず〉（quant à soi）を保持している。無神論者である存在のみが《他》と関わることができ、すでにこの関係から自らを切り離す（*s'absoudre*）ことができる。超越は、融即による超越者との合一とは区別される。形而上学的関係——無限の観念——は、ヌミノーゼではない本体（nouménè）と結びつける。融即のつながりから完全には解放されておらず、知らず知らずのうちに神話のうちに没入している自分を容認している諸実定宗教の信者たちが有する神の概念と、このような本体とは区別される。無限の観念、形而上学的関係は神話なき人間性の始まりである。しかし、神話をぬぐい去った信（foi）、一神教的な信は、それ自体が形而上学的な無神論を前提としている。啓示とは言説である。啓示を迎え入れるためには、この対話者の役割に適した存在、すなわち分離された存在が必要なのである。無神論は、真なる神ソレ自体（*καθ'αὑτό*）との真の関係を条件づけるのである。(35)

ここでレヴィナスは、ルドルフ・オットー『聖なるもの』（一九一七年）を念頭に置きつつ、また第Ⅱ部で論じた一九五七年のレヴィ＝ブリュール論での神話学批判を変奏しながら一神教の構造を提示している。一神教的な信が向かう絶対者ないし無限とは、自我が身をかがめて崇奉するような神性でもないし、脱自的恍惚とともにそれとの合一が希求されるような神秘主義的な神性でもない。一神教的な信が要求するのは、無限に対面してその言説（啓示）を聴取し迎え入れることのできる対話者であり、それゆえ一神教は分離によって自存している無神論的な《同》を前提としていると言われる。失われた少年時代への郷愁と同一視される異教に対して、ユダヤ教論考でのレヴィナスはこのような一神教を「成年者の宗教」[36]とも呼んでいる。「成年者の宗教」は、《同》と《他》とが分離しつつも関係を結ぶことを要請するものであり、これがレヴィナスの考える「社会性（socialité）」にほかならない。レヴィナスにおける一神教は、神との関係を最初に措定するものではなく、間人間的関係すなわち倫理から出発してのみ意味をもつのである。「間人間的関係に帰着されえないものはすべて、宗教の高度な形態ではなく、その永遠に未開的な形態を表しているのである」[37]という『全体性と無限』の一節は前出のレヴィ＝ブリュール論に呼応している。

融即のくびきから自らを解放する分離によって成立するような、他性を含むことのない《同》を出発点として、絶対的な《他》との関係である形而上学的関係が結ばれるという『全体性と無限』の「哲学的」筋立ては、以上のように、神話的結びつきである異教、他性を端的に知らない無神論、分離されながら《他》との関係に入る一神教という三層構造をその「神学的」背景として内包している。ところで『全体性と無限』における異教の概念の使用、および、このような哲学と神学との協働関係は、レヴィナスがローゼンツヴァイクから明確な形で継承しているものである。実際のところ『全体性と無限』で異教という語が用いられるのは数回にすぎず、そこではかなりの程度までローゼンツヴァイクの議論が前提とされているように思われる。次節ではレヴィナスの異教概念が有する射程をさらにおしはかるために、ローゼンツヴァイクの主著『救済の星』（一九二一年）を中心としながら、異教をめぐる二人の哲学者の議論の交錯を追っていきたい。

第三節　異教に抗して——レヴィナスとローゼンツヴァイク

フッサール、ハイデガーの現象学がレヴィナスの思想形成に果たした役割がよく知られているのに対し、ヘルマン・コーエンやローゼンツヴァイクに代表される近現代ドイツのユダヤ哲学とレヴィナスの思想との関係はそれほど明らかではない。その重要性は否定されるべくもないが、実際にレヴィナスがいかなる主題や思考形式を彼らから継承しているのかを特定することは、レヴィナス自身の直接的言及が少ないだけに非常に困難である(38)。たとえばコーエンの場合、レヴィナスは、批判的態度とまではいかないものの、つねに一定の距離を保ちながらこのマールブルク学派の領袖に言及している。コーエンの名前が挙げられている箇所としては、コーエンをイデアへの愛を唱えたプラトン主義者と見なしている一節(39)、コーエンの言う人間と神の「相関関係（Korrelation）」に関する批判的暗示があるが(40)、引用されることの少ないある発言のなかで、レヴィナスはコーエンとの差異を次のように述べている。「私はヘルマン・コーエンに反対であると言うつもりはありません。しかし、ご存知のように、コーエンはタルムードのテクストをほとんど引用することがありません。コーエンは、非常に純粋かつ高貴なカント的着想を有した、一九世紀的意味における倫理でした。しかし、彼の道、彼の歩みはここで慎ましく試みられたものとはまったく異なっています〔…〕」(41)。カントから新カント派のコーエンに至る系譜を「一九世紀的意味における倫理」と呼ぶとき、レヴィナスは、自身の倫理はコーエンが知りえなかった二〇世紀の出来事を経てしか構想されえないものであることを暗に示唆しているようにも思われる。

それではコーエンの弟子でもあり、今日では二〇世紀を代表するユダヤ哲学者の一人と見なされているローゼンツヴァイクの場合はどうか。レヴィナスとローゼンツヴァイクの思想的関係はレヴィナスとコーエンの関係よりは容易に見て取ることができるものの（実際レヴィナスには数本のローゼンツヴァイク論がある(42)）、それでもやはり謎に満ちたものであることには変わりがない。たしかに『全体性と無限』の序文は、ローゼンツヴァイクへの負いを次のような明快な表現で語っている。「ローゼンツヴァイクの『救済の星』における全体性の観念との対決は、われわれに感銘を与えたものであり、『救済の星』は引用されるまでもないほど頻繁に本書に現れている」。この箇所はレヴィナスとローゼンツヴァイクの関連が問題になるときによく引かれるものだが、実はこの直後に、ローゼンツヴァイクへの全面的称賛に修正を加えるかのような一節が続く。「しかし、用いられた諸概念の提示とその展開は現象学的方法にすべてを負っている」[43]〔強調は引用者〕。同様の発言は、ドイツ語で行われたある対談でローゼンツヴァイクの主著との関係を問われた際にもなされている。「それ〔『救済の星』〕は私の聖書ではありません。しかし、この全体性批判――まさしくヘーゲルの全体性――を私はそれでも引き受けました」[44]〔強調は引用者〕。ローゼンツヴァイクの重要性を認めつつも、それに一定の留保を置きつづけているレヴィナスの両義的な態度をどのように評価したらよいだろうか。レヴィナスが現象学の方法と精神に対して捧げた一生涯にわたる忠実さと比べて、ローゼンツヴァイクへの敬意は限定的なものだったと言うべきだろうか。

本節では、ここまでの議論を踏まえたうえで、ローゼンツヴァイクの主著『救済の星』に見られる異教の概念を整理しながら『全体性と無限』の異教概念との関連を調べていくが、そのまえに両者の伝記的関係について若干の確認をしておきたい。ちょうど二〇歳の年齢差があるローゼンツヴァイクとレヴィナスとの最初の「接点」は、すでに言及した一九二九年のダヴォス討論である。フランス側の学生参加者の一人だったレヴィナスは、おそらくは『存在と時間』から受けた衝撃の余韻を保持しつつ、カッシーラーよりもハイデガーの議論に賛同していた[45]。一方、進行性麻痺に罹患しすでに長く病床の身だったローゼンツヴァイクは、この討論それ自体に参加することはできなかったものの、一九二九年四月二二日付の『フランクフルター・ツァイトゥンク』紙に掲載された詳細な報告によって情報を得ており、コーエンの『ユダヤ教の源泉に基づく理性の宗教』の再版への書評のなかでこの討論に言及している。興味深いことにローゼンツヴァイクは、「取り替えられた前線」と題されたこの短いテクストで[46]、ダヴォス討論を「古い思考と新しい思考とを代表する釈明的対決（Auseinandersetzung）」と呼び、カッシーラーではなくハイデガーこそがコーエンの真の後継者であるという見解を表明している。たしかにハイデガーはマールブルク大学におけるコーエンの後任ではあったが、思想の系譜としてコーエンの衣鉢を継ぐのはカッシーラーの方であり、その意味でローゼンツヴァイクの評価は多分に論争的な要素を含んでいる。しかしこのことは、『救済の星』以降の自身の哲学をまさしく「新しい思考」と呼んでいたローゼンツヴァイクの身振りと合わせて、レヴィナスの哲学の思想史的背景を考えるうえで注目に値する点である。

レヴィナスが実際にローゼンツヴァイクの著作に接したのは一九三五年頃、ストラスブール出身の友人マルク・コーンの薦めによってであると言われている(47)。レヴィナスとローゼンツヴァイクとの理論的照応を論じる際に本書が異教の概念に焦点を絞るのは、このレヴィナスと『救済の星』との出会いに関係している。というのもすでに第Ⅰ部第三章で見たように、レヴィナスが異教の概念をはじめて取り上げるのがまさしく一九三五年の論文「マイモニデスの現代性」だからであり、三〇年代のユダヤ教論考から『全体性と無限』に至るレヴィナスの異教概念の使用の背後には、この概念に関するローゼンツヴァイクの理論構成が色濃く反映していると考えられるからである(48)。両者の思想における異教を論じた先行研究はいくつか存在しているものの、そこでは異教に関するローゼンツヴァイクのテクストを詳細に検討する作業は十分に行われていない(49)。以下、ここまで論じたレヴィナスの異教の概念を念頭に置きながら、『救済の星』が異教をどのように捉えているのかを見ていくことにしたい。

レヴィナスが『全体性と無限』の序文をはじめとした複数の箇所で触れている『救済の星』の全体性批判は、あらゆる現実を経験し全宇宙を自らの体系のうちに包摂すると申し立てる観念論に向けられている。ローゼンツヴァイクが抵抗したのは、思惟と存在との一致に端を発する哲学、すなわち有名な「イオニアからイエナへ(50)」という表現にまとめられる、パルメニデスからヘーゲルへと至る観念論の系譜だった。この哲学に対しローゼンツヴァイクが試みたのは、観念論的な全体性を三つの絶対的に分離した「エレメント」である「神・世界・人間」へと破砕することである。この三つのエレメントは、カントがそれぞれ合理的神学・合理的宇宙論・合理的心理学に還元してしまった「非合理的な」対象であり、これらのエレメントの探求にふさわしい領域をローゼンツヴァイクは「メタ」という語で指し示している。すなわち「メタ自然（Metaphysische）」「メタ論理（Metalogische）」「メタ倫理（Metaethische）」である。(51) ローゼンツヴァイクが「異教（Heidentum）」と呼ぶのはまさに、相互に分離することで自足的な「一元論」を構成するこれら三つの根源的現実の様態にほかならない。(52) ただしローゼンツヴァイクにおける「異教そのもの」の概念について云々することはやや正確さを欠く。というのもローゼンツヴァイクの分析はギリシアの異教だけでなく、アジアの異教、とりわけインドと中国の異教にも向かっているからだが、それでも彼にとってギリシアの異教がもっとも重要であることには変わりがない。ギリシア人という「発見者たちの民族」は、「明るみへの途上におけるわれわれの民族の導き手」であるのに対し、インドや中国の民は「世界妄想（Weltwahn）」のうちに惑溺し、「世界を観察する勇気」をもっていないからである。(53) 後述するように、他の「異教徒」に比してギリシア人に与えられた特権はレヴィナスにも同様に見いだされるものである。

ローゼンツヴァイクが多くの紙数を割いて分析しているギリシア的異教において、相互に還元不可能な神・世界・人間という三つのエレメントはそれぞれ「神話的神（der mythische Gott）」・「造形的世界（die plastische Welt）」・「悲劇的人間（der tragische Mensch）」として具現化されており、これらのエレメントの本質はそれらが外部に開かれることなく根源的に分離している点にある。たとえばローゼンツヴァイクは「世界の眠り」と題された段落で次のように述べている。「この〔メタ論理的〕世界は、実際に、神が照明を与え人間が語らないうちは、いまだ眼も見えず耳も聞こえないままでいてよいのである。〔…〕いまだこの世界は、それが今まさにそうであるもの、すなわち、それ自体のうちに根拠を与えられたもの、それ自体のうえに基礎づけられたもの〔…〕でありつづけてよいのである」(54)。そしてローゼンツヴァイクによれば、今日でもあらゆる芸術を統べているのはこうした神話的世界の法則、「永続的な前世界」の法則だという。なぜなら「芸術作品は、自己のうちへのこの孤絶性、外部に存在しうるものすべてに対するこの無関心、より高度な法からのこの独立性、より低度な義務からのこの自由を有していなければならない〔…〕」からである。(55)

同様に異教における人間もまた、沈黙しているという点で自らのうちに閉じ込もっている。「悲劇的英雄は、彼にふさわしい言葉をただ一つもっているにすぎない。まさしく沈黙（Schweigen）である」(56)。独力で、また自己自身の名において自らの運命に立ち向かうかぎりで、悲劇的人間は、たとえ言葉を口にするとしても叙情的なモノローグにすぎず、それゆえ悲劇的人間には真正の対話は不可能だと言われる。「〔…〕自己自身（Selbst）は、自らを表出する（sich äußern）ことがなく、自己のうちに埋もれている。しかし、自己自身は会話のうちに入るやいなや、自己自身であることをやめてしまう。自己自身が自己自身であるのは、ただ独りでいるときのみだからである。〔…〕対話（Dialog）は、二つの意志のあいだにいかなる関係も実現することがない。なぜならば、これらの意志のいずれも自らの単独化（Vereinzelung）しか望むことができないからである」(57)。「悲劇的自己自身の意志からは、いかなる外部に向かっても橋が架けられていない」(58)とも言われているが、自己自身の外部を知ることのない悲劇的人間の内的対話の特徴を明快に示すために、ローゼンツヴァイクはギリシア悲劇と「ヨブ記」との比較を試みている。

詩人たちもまた、罪と運命についてのヨブのような問いを立てることができるかもしれない。しかし英雄たち自身はと言えば、ヨブとは異なり、そのような問いを立てるなどという考えには至らないのである。もしそうしたとすれば、彼らは沈黙を破らなければならないだろう。しかしこのことは、彼らが自己自身の壁から外に出ることを意味するだろう。そして彼らはそうするよりもまえに、むしろ黙したまま耐え忍び、オイディプスのように自己自身の内的上昇の階梯を登っていくことを選ぶのである。オイディプスの死は、彼の生の謎を完全に解けないままにしておくのだが、まさしく彼がこの謎に触れないがゆえに、死は英雄を自己自身のうちに完全に閉じ込め、そして堅固にするのである。（同）

かくして悲劇的英雄は「完全な無言と関係欠損において[59]」のみ、自らの苛酷で不可避な宿命に対峙することのできる「単独で孤独な、言葉なき自己自身」（同）でありつづけるのである。

自らの内部に宿命的に閉じ込められている悲劇的人間をこのように描写したあとで、ローゼンツヴァイクは、この閉塞を破り対話的関係を創設するものへと議論を進める。異教においては、二つの意志、二つの自己の敵対性はいかなる出会いにも至ることがない。「各々は対自的でありつづけ、自己自身でありつづける。いかなる共同体も生じない。〔…〕自己自身たち（die Selbste）はたがいに歩み寄ることがないが、しかしおのおののなかでは、固有の自己自身の感情という同一の調声が響いている[60]」。このような自閉性は異教を構成する三つのエレメントにおいて共通であり、「神、世界、人間という三つの点のあいだにはいかなる固定した秩序も存在しない。上も下もなく、右も左もない。三つのもののあいだには、異教的意識が決然と是非を言いうるようないかなる秩序もない[61]」。三つのエレメントはそれぞれが一つの全体を形成しており、そこでは確固とした秩序ではなく「おそらく（vielleicht）[62]」という恣意的な法が支配している。それではこれらの三つの独立したエレメントは、ふたたび観念論的な全体性に陥ることなく、どのように関係のうちに入っていくことができるのか。ローゼンツヴァイクは言う。

このような可能事の酔狂踊り（Taumeltanz des Möglichen）のうちに秩序や明瞭さ、一義性、現実性をもたらそうとするとき、重要なのは、地下で分割されているこれらのエレメントを組み合わせ、それらを相互的排除から脱出させ、明確に流れのある関係のうちへともたらすことであり、また、おのおのの〈なにか〉が全という巨人的形態を受け取りうるような肯定的＝措定的なものの夜のうちに「沈み込む」かわりに、ふたたび上方へと「のぼる」ことである。しかし、上方へ、すなわち現実性の唯一の全のうちにわれわれをふたたび立ち帰らせるのは、ただ〈世界の時〉（Weltzeit）の流れのみである。この流れが、見かけ上は休止しているエレメントどうしを回転運動のなかに運び入れ、またこの流れが、〈世界の朝〉から〈世界の昼〉を超えて〈世界の夕べ〉へと至るこの運動のなかで、〈なにか〉の暗闇のうちにたがいに突き落とされていた全のエレメントを、ふたたび主の〈世界の日〉（Welttag des Herrn）のなかに集めるのである。[63]

『救済の星』の構造においてこの「主の〈世界の日〉」は、孤立した三つのエレメントを取り集めるつながりである「創造（Schöpfung）」「啓示（Offenbarung）」「救済（Erlösung）」という三つの契機によって織り成された時間性に対応している。レヴィナスは、この根源的出来事から出発して時間の三つの相（過去・現在・未来）を考えるローゼンツヴァイクの試みを時間の「脱形式化（déformalisation）」と呼んで非常に評価していた。[64] 実際ローゼンツヴァイクはこれらの出来事について次のように述べる。「啓示の内実としての創造が、われわれにとって、ある世界からある出来事へ、〈すでに起こったもの〉（Schon-geschehen-sein）へと変容するのと同様に、救済は、ある超世界（Überwelt）からある出来事へ、〈いまだ起こっていないもの〉（Noch-geschehen-werden）へと変容する。かくして啓示がすべてをその現在性（Gegenwärtigkeit）のうちに取り集める[65]〔…〕」。創造・啓示・救済は複雑な関係を結んではいるが、「〔…〕啓示から出発して時間および空間が分節化される[66]」と言われるかぎりで、啓示こそがローゼンツヴァイクの理論の要石であると判断してよいだろう。まさしく啓示こそが「〔…〕偶然と運命に支配されて、立地点も使命ももっていない異教の世界[67]」（同）に、確固たる秩序と方向づけを与えるのである。

ここではローゼンツヴァイクの議論それ自体をさらに詳細に論じることはできないが[68]、ローゼンツヴァイクにおける異教から啓示への転回がもついくつかの特徴について、レヴィナスの異教概念との関連で若干の指摘をしておきたい。第一に強調すべきは、悲劇的人間の沈黙と無言に対応した、人間の「開かれ」の局面における「言葉」の主導的役割である。「人間が完全な人間へと開かれるとき、いまや人間は無媒介的に見ることができ、聴くことができる存在となる。〔…〕人間はもはや、古代の悲劇的英雄のような硬直した大理石像ではない。彼は語るのである（er spricht）」[69]。《同》と《他》との対面関係における言説の原初的重要性をレヴィナスが指摘していたのはすでに見たとおりである。また第二に、ローゼンツヴァイクは異教を単に乗り越えられるべき歴史の一契機ではなく、啓示後においても永続的な仕方で残存しつづける層と見なしている。ローゼンツヴァイクが「極東のさまざまな霊宗教（Geister-religionen des fernen Ostens）」とは異なるギリシアの歴史的形象に基づいて「異教の哲学（eine Philosophie des Heidentums）」を構築しようと試みているのはそのためだが[70]、そこから同様に、ローゼンツヴァイクの哲学体系そのものに異教を導入する必然性も説明される。「世界史においてと同じように、啓示が口を開くためには、ここでもまた真正なメタ自然・メタ論理・メタ倫理的異教が先行しなければならない」[71]。

それでは、ここまで見てきたローゼンツヴァイクの異教概念をレヴィナスはどのように引き継いでいるのか。前節までの議論ですでに取り上げた論点も多いので、ここでは両者の共通点を要約的に確認しておこう。第一の共通点として、ちょうどレヴィナスがローゼンツヴァイクを読みはじめた時期にあたる「マイモニデスの現代性」で特に論じられていた異教の自足的な閉塞状態が挙げられる。ローゼンツヴァイクと同様、レヴィナスも異教のうちに世界の彼方へ向かうことの不可能性を見ており、それに対して「創造の観念がはじめて世界を、全の流れのただなかにおけるそのエレメント的な閉域性と不動性から引きはがす[72]〔…〕」のである。本書第Ⅰ部で論じた三〇年代のテクストを考慮に入れるならば、異教は世界への内在、さらに言えば存在そのものへの内在として解釈されているのだと言ってよい[73]。

マイモニデス論で素描された異教的世界の閉塞性は、一九四八年の芸術論「現実とその影」にも引き継がれているが、レヴィナスとローゼンツヴァイクの議論の第二の共通点として、異教と芸術との結びつきが挙げられる。このことはレヴィナスの芸術論を扱った研究の多くが看過していることだが、芸術に関するレヴィナスの批判的見解は、さきに見たローゼンツヴァイクにおける芸術と異教との関連づけを前提としたものである。実際レヴィナスは次のように、啓示の次元とは異なる異教の次元を芸術に割り当てている。「芸術とは、暗闇化（obscurcissement）の出来事そのものであり、夜のとばり、影の侵入である。このことを神学的用語で言うならば――神学的用語は、大雑把な仕方ではあれ、日常的な考え方との対比で考えを限定するのに役立つものだが――芸術は啓示の秩序には属していないのである。そもそも創造の秩序にも属していない。というのも創造の運動は、芸術とはまったく逆の方向において追い求められるからである[74]」。このテクストでレヴィナスは芸術の本質を、芸術が具現化しうる停止する瞬間という逆説的な時間性から出発して解明しようと試みている。この凍りついた瞬間、未来を作動させることのない現在は、とりわけ立像によって体現されるものだが、レヴィナスはこの瞬間をまさしく「運命（destin）」と解釈する。古代の彫像があらわに示している運命とは、「異教の神々の意志に反する」運命であり、自由と必然性のあいだにはめ込まれ、「生のうちには場をもつことのない[75]」ような運命である。運命は生ではなく、むしろつねに「間隙（intervalle）」のうちに位置づけられるような死へと送り返される。「人類が自らに芸術を与えることができたという事実が明らかにするのは、時間のなかで人間が継続していくことの不確実性であり、また、生の跳躍を裏打ちする死のように――持続のただなかでの瞬間の石化、ニオベの罰――運命を予感する存在の不安定さである。それは芸術家の世界、異教的世界の巨大な強迫観念である。〔…〕かくしてわれわれは、芸術だけに限定された問題から離れる。異教が存在しつづけるのと同じように、死における運命の予感も存在しつづけるのである[76]」。暗示的な表現に満ちた箇所ではあるが、ここからはレヴィナスが悲劇的人間および芸術作品に関するローゼンツヴァイクの議論を忠実に引き受け、それを自らの芸術および存在論への問いへと練り直していることがよく分かる。レヴィナスは芸術の領野に限定されない異教の存続について述べているが、ローゼンツヴァイクが真正の異教を啓示の秩序へ連なるものとして要請しているのと同様に、レヴィナスもまた異教を、分離の成就のために冒されなければならない「危険」として《同》の構造に組み込んでいるのである。

ここまで、前節で扱った『全体性と無限』の異教概念を踏まえたうえで、異教に関するローゼンツヴァイクの議論を概観してきた。『救済の星』が神話的神・造形的世界・悲劇的人間の閉鎖的自立として提示する異教は、レヴィナスによって、まず外部のない世界への内在として、ついで享受における分離を肯定的な意味で達成するものとして再解釈された。このように理解された異教は、ローゼンツヴァイクにとってもレヴィナスにとっても、啓示ないし真の超越へと到達するために要請される契機であった。以下、本節を締めくくるにあたって、両者におけるギリシアの異教の地位および哲学と神学の関係についても触れておきたい。

ローゼンツヴァイクがギリシアの異教を特権視しているのはすでに見た。ギリシアの偉大な異教徒たちが、啓示に開かれるべき世界に明晰さをもたらしたと言われるのに対し、アジアの異教、すなわちインドおよび中国の異教は同一の位階にあるとは見なされていなかった。ローゼンツヴァイクが「啓示が世界のうちに現れたとき、それが東洋ではなく西洋への進路を取ったのは偶然ではない[77]」と述べるのもそのためである。そして異教を描写する際にローゼンツヴァイクが語っている「霊たちの輪舞（Geisterreigen）[78]」、あるいはすでに引いた「可能事の酔狂踊り」といった表現は、明言されてはいないものの東洋の「霊の諸宗教（Geisterreligionen）[79]」を示唆しているように思われる。興味深いことにレヴィナスもまた、さきに引いた対談で、ギリシア的遺産の重要性を強調する際に非ヨーロッパ的世界と「踊り」とを結びつけ、次のように述べている。「私はいつも、こっそりとですがこう言うのです。人間的な事柄のうちで重要なのは唯一ギリシア人たちと聖書だけなのだ、と。残りのすべては踊りなのです（alles andere ist

Tanzen)。このことは世界全体に当てはまる明証事であり、そこにはいかなる人種主義もありません」[80]。続けてレヴィナスは彼の発言をニーチェに関係づける対話者に対して次のように答える。「ええ。しかしご存知でしょうが、テレビでは南アフリカのあの恐ろしい光景を映していました。あちらでは、人間が埋葬されているまさにその場所で、踊られるのです（... wird *getanzt*）。あれをご覧になりましたか？　たしかにあれは喪を表現する一つの仕方ではあります」[81]。さらに進んだ箇所でレヴィナスがローゼンツヴァイクにおけるニーチェの重要性を示唆していることを考慮に入れるならば、踊りに関するレヴィナスの発言が、ローゼンツヴァイクにおける東洋の異教の解釈に依拠していることは大いに想像できる。本書は「踊る文明（eine tanzende Zivilisation）」[82]（同）といった表現に見られるレヴィナスの「ヨーロッパ中心主義」の検討に立ち入ることはできないが[83]、その背景にローゼンツヴァイクのヨーロッパ・非ヨーロッパ理解が働いている可能性があることは確認しておきたい。

異教の概念との関連で指摘しておきたい第二の点は、ローゼンツヴァイクとレヴィナスにおける哲学と神学との関係である。ジャン＝リュック・マリオンは、ローゼンツヴァイクにおける後期シェリング（とりわけ『世界の暦年』と『啓示の哲学』）の影響を指摘したあとで、次のような問いを発している。「この場合、ローゼンツヴァイクは実際に哲学と袂を分かっているのだろうか。それとも、ある哲学的言説（ヘーゲル）に対抗して別の哲学的言説（後期シェリング）に依拠することで、依然として哲学的な手段によって神学的啓示の正しさを認めているのだろうか。ある意味ではエマニュエル・レヴィナスにも同様に向けることができる問いである」[84]。まずローゼンツヴァイクについてだが、この問題を考えるにあたっては、彼自身が語っているヘルマン・コーエンのエピソードが参考になる。ハイマン・シュタインタールが若きコーエンを「こちらがコーエン氏、かつては神学者でしたがいまは哲学者です」とユダヤ学の祖レオポルト・ツンツに紹介したところ、ツンツは即座に「かつての神学者はいまだって哲学者です」と答えたという[85]。ローゼンツヴァイクが、哲学者と神学者、より正確には「新しい哲学者」と「新しい神学者」との協働の必要性を強く主張していることを考慮に入れたとき、コーエンにまつわるこのエピソードはローゼンツヴァイク自身に帰されていてもよいものだろう。ローゼンツヴァイクによると、もっとも主観的なもの（哲学者の固有の見方）からもっとも客観的なもの（科学の客観性）へと至るために、哲学者は神学を要求するという。「啓示を受け入れ、信の内実を生きた者であるような人間は、啓示と信の内実とを自らのうちに担っている」[86]からである。また他方で、神学者は自らの信の内実にア・プリオリな基礎づけを与えるために哲学に訴えるのであり、それゆえ「神学者が営む哲学は、啓示の預言のようなもの、言わば神学にとっての「旧約聖書」のようなものとなる」[87]。

一見すると神学に対するこのようなローゼンツヴァイクの姿勢は、レヴィナスのそれとは大きく異なっているように見える。というのもレヴィナスはタルムードの読解を行うときであってもつねに一人の哲学者として振る舞っており、その意味で彼が提示するのは神学的言説（神についてのロゴス）ではないからである。実際『タルムード四講話』には次のような文言が見られる。「〔…〕私の注釈のなかに、神という語はほとんど現れないだろう。この語は宗教的にはきわめて明白な概念を表現しているが、哲学的にはこのうえなく曖昧模糊とした概念を表現している。哲学者たちにとってこの概念は、タルムードのテクストが描写する人間の倫理的諸状況から出発して明らかになりうるだろう。もっとも、正反対の歩みの方がより教訓的で、より敬虔ではある。しかし、それはもはやまったく哲学的ではなくなってしまうだろう。神知学〔神の知〕（théosophie）は、哲学〔知の愛〕の否定そのものである」[88]。『全体性と無限』で宗教あるいは一神教的信が語られるときに、それが間人間的関係すなわち倫理から出発して考えられていたことはすでに見たとおりである。しかし、レヴィナスにおいてほど強調されるわけではないが、ローゼンツヴァイクにとっての神学的ないし宗教的次元においても、間人間的関係の重要性は見損なわれていないように思われる。レヴィナス自身が指摘しているように、『救済の星』のなかに宗教という語が現れないこと[89]、あるいは『救済の星』の原型となったテクスト（「原核（Urzelle）」と呼ばれる）で語られる「〔…〕世界のうち、樹や木立のうち、茂みや水のうちではなく、主のうちにある我が兄弟[90]」といった言葉のなかに、レヴィナスとの親近性を認めるのは困難ではない。さらにローゼンツヴァイクは『救済の星』の最終部分で、神的真理である「救済の星」の「形象（Gestalt）」について語っているが、この真理は「顔（Antlitz）」そのものにほかならないと言われている。「救済の星は顔になった。顔は私を見つめ、私はこの顔から見つめる[91]」。神の顔を正面から見つめることが問題なのではなく、神的真理の「鏡（Spiegel）」を通して人間たちのなかに自らを見いだすことが問題となると言われる。レヴィナスであれば、ここでローゼンツヴァイクの言う「鏡」を「痕跡（trace）」と呼ぶことだろう。

本節では、レヴィナスの異教概念がローゼンツヴァイクから多くの着想を得ているという仮説のもとで特に『救済の星』の議論を追ってきたが、異教のうちに認められる内在的性格はもとより、哲学と神学との関係をめぐる態度においても両者の議論の深い共通性が確認された。次節では本章におけるここまでの議論を踏まえたうえで、ハイデガーの哲学を異教的と呼ぶレヴィナスの主張をあらためて検討していく。

第四節　居住と彷徨――レヴィナスのハイデガー解釈の再検討

ここまで第Ⅲ部では、五〇年代後半の諸論文から『全体性と無限』に至るテクストでのレヴィナスが、ハイデガーの居住思想の批判的継承に基づいて自らの居住論を組み立てていることを確認したうえで、レヴィナスのハイデガー批判の要石となっている異教概念が有する意義をローゼンツヴァイクとの比較において示した。しかし、現代技術による大地と天空の喪失を嘆くハイデガーと、人間の基盤たる大地が球体であることを身をもって経験することで「大地の地球化[92]」を成し遂げたガガーリンという対比は、定住文明と（ユダヤ的な）非定住文明という対立とともに、きわめて図式的な立論にすぎないのではないか。ノマドと「移住者」とを区別し「場所なき滞在」を語るレヴィナスが、居住に単に対立する「彷徨（errance）」ではなく、居住そのもののうちに伏在する彷徨の契機を重視するのに対し、彼が異教と呼ぶことを憚らないハイデガーの思想は、彷徨の次元を一切含まない定住者の思考様式に還元されてしまうのだろうか。実際このことは、レヴィナスのガガーリン論の暴力性を指弾する際にデリダがすでに指摘していたことだった。「存在者のもとでの存在の根源的隠蔽は、判断の誤謬（erreur）よりも古いものであり、存在的次元においてはなにもそれに先行することがない。周知のようにハイデガーはこの隠蔽を彷徨（errance）と呼んでいる。〔…〕存在が時間であり歴史であるということは、彷徨と、存在の歴運的な本質とが還元不可能だということである。だとすれば、この終わることのない彷徨の思考を、《場所》のあらたな異教、《定住者》の安逸な信仰であると告発することがどうしてできるだろうか[93]」。それではレヴィナスはハイデガーの言う彷徨を等閑に付し、それを定住者の異教へと歪曲化しているのだろうか。この問いに応えるためには、ハイデガーが彷徨という措辞のもとでなにを問題としているのかを詳しく検討する必要がある。そうすることで、デリダに立脚しながらレヴィナスのハイデガー理解を図式的であると批判し、「ハイデガーとの釈明的対決は、正面からの抗弁に還元されうるものではなく、はるかに深く掘り下げた対話を要求する[94]」と述べるドミニク・ジャニコーの主張にも応えることができるはずである。

ハイデガーがもっとも直接的に彷徨について語っているのは、一九三〇年および一九三二年の講演に基づいた小論「真理の本質について」（一九四三年）である。そこでハイデガーは、言明と事物の合致という伝統的な真理概念を分析したあとで、真理の本質をアレーテイア、すなわち「非隠蔽態（das Unverborgene）[95]」のうちに見る。この語それ自体が示しているように（欠性辞のαと「忘却・隠蔽」を意味するレーテー）、アレーテイアとしての真理は隠蔽と開示という二重の運動を含んでおり、全体としての存在者の隠蔽、「本来的な非‐真理（Un-wahrheit）」は「あれやこれやの存在者の一切の開放可能性」に先立っている[96]。全体としての存在者のこの隠蔽をハイデガーは「秘密（Geheimnis）[97]」と呼んでいるが、日常性のうちで固執的に存在する（insistieren）現存在は、まさしく「彷徨（Irre）[98]」

の様態においてこの「秘密」から逃れているとされる。[99] そしてハイデガーは、彷徨があらゆる謬見のもとにあると主張することで、真理の問いを認識論ではなく存在論の側から基礎づけようと試みているのである。このような彷徨は、人間の数ある可能性の一つに留まるのではなく、「人間は脱存しながら固執的に存在し、すでに彷徨のうちに立っているのであり、それゆえ人間はつねに彷徨〔迷い〕のうちに歩みを進める」[100]。したがって真理の本質をアレーテイアに見るとき、彷徨は人間が陥る不可避的な出来事ということになる。「そのものとしての存在者の暴露は同時に、そしてそれ自体において、全体としての存在者の隠蔽である。暴露と隠蔽の同時性のうちで、彷徨が支配している。隠れたるものの隠蔽と彷徨とは、真理の原初的な本質に属している」[101]。ところで全体としての存在者の隠蔽とは、存在そのものの隠蔽にほかならない。彷徨という様態のもとでのあれこれの存在者の暴露は、「秘密」としての存在の隠蔽に対応しているのである。

ハイデガーの思想を大地に根づいた民族の信仰と同一視することで糾弾しているように見えるレヴィナスは、彷徨を現存在の不可避的な可能性と見なすハイデガーのこの議論を知らなかったのだろうか。事情はまったく異なる。というのも「真理の本質について」は、戦争による断絶を経て書籍の形態でフランス語版が刊行された最初のハイデガーのテクストであり（一九四八年）、レヴィナスはかつての師の思想の現況を把握するためにこのテクストに強い関心を寄せていたからである。実際レヴィナスは、仏訳が出版された翌年の「多元論と超越」（一九四九年）という論文で早くもこのテクストに言及している。ただしそこで以前の学生が吐露するのは、師の「最新の哲学」に対する少なからぬ落胆である。

ハイデガーの「最新の哲学」のうちには、権能（pouvoir）が君主政として維持されることの不可能性、権能が自らの完全な支配を保証することの不可能性がある。了解と真理の光は、非了解と非‐真理（non-vérité）の暗闇に浸っている。神秘（mystère）と結びついた権能は、自らが無力であることを告白するのである。それによって存在者の統一は打ち破られるかに見える。彷徨としての運命が、了解によってそれを導こうとする存在をふたたび嘲弄するのである。この告白はなにを意味するのだろうか。

ド・ヴェーレンス氏が「真理の本質について」に付した序論で試みたように、彷徨はそれ自体として認識されるのではなく感じ取られるのだと言ったとしても、それはおそらく言葉遊びだろう。ハイデガーにおいて権能として理解された人間存在は、実際には真理と光でありつづけている。それゆえハイデガーは、現存在の有限性がすでに含んでいる神秘との関係を描写するためのいかなる概念も持ち合わせていないことになる。権能が同時に無力であるとしても、この無力が描写されるのは権能との関係においてだからである。(102)

五〇年代の諸論文で提示されたハイデガー解釈に関してすでに見たように、戦後のハイデガー哲学を『存在と時間』の枠組みとの連続性において捉えるレヴィナスの基本姿勢はこのテクストにも現れている。現存在の「存在可能（Seinkönnen/pouvoir-être）」が含意する「権能」が彷徨の運命に捉えられ、存在者の全体を了解できないという無力さが露見したとしても、これはレヴィナスにとって、依然として現存在の本来的な権能に対置されるかぎりでの非本来的な不可能性を意味しているにすぎない。権能と無力さの同時性が明らかになる彷徨は、相変わらず真理と光に結びつけられたままである。引用文中で言及されている「神秘（mystère）」とは、仏訳者アルフォンス・ド・ヴェーレンスとヴァルター・ビーメルが《Geheimnis》に与えた訳語だが、同時期の講演「時間と他者」のレヴィナスが、雄々しき権能として提示される主体に対して、死や「女性的なもの」との関係を「神秘」との関係と呼び、そこに「可能なもの」の彼方を指し示す次元を認めるのはそのためである。強い意味での他性のうちに、すなわち、主体の了解によっても知性の光によっても接近不可能なもののうちに神秘を認めるレヴィナスにとって、ハイデガーの言う神秘はそう呼ばれるべきではないとされる。なぜなら、相変わらず非了解は了解を、無力さは権能を、そして非‐真理は真理を参照項としているからであり、ハイデガーが考える神秘は、まったき他であるような次元を意味するどころか、実際には現存在の有限性の指標にすぎないからである(103)。

しかしレヴィナスのこの解釈はどの程度まで適切なのか。というのも、レヴィナスが引用する「真理の本質について」の序論でド・ヴェーレンスがすでに強調していたように、非‐真理の「非」とは通常の否定の「非」ではないのであり、否定的なものをいささかも含んではいない。「〔…〕非‐真理に対する真理の関係は、もはや単なる論理的対立ではなく、基礎づけるものに対する基礎づけられるものの関係である。つまりハイデガーにとっては、一般の考えに反して、真理こそが非‐真理のうえに基礎づけられているのである(104)」。したがってレヴィナスのように、非‐真理が依然として真理に準拠していると述べることは、非‐真理に対する真理の基礎づけの関係を見誤ることになる。事実ド・ヴェーレンスはこうも述べている。「まさに、非‐真理を真理に関係づけようというこうした仕方こそ、ハイデガーが是が非でも遠ざけようとするものである(105)」。

ところで、一九四九年のこの短いテクストののちもレヴィナスは「真理の本質について」に関心を寄せつづけており、一〇年後に『フランス内外哲学誌』の「四人の現代哲学者(106)」という枠内であらためてハイデガーのこの掌篇の書評を執筆しているほどである。先述の序論でド・ヴェーレンスが与えていた「言葉上の解決」――彷徨は認識されるのではなく感じ取られるのだというもの――への疑念をなおも表明しているとはいえ、レヴィナスはこの書評では真理と非‐真理のあいだの共根源的な関係を適切に要約しているように思われる。「暴露としての真理は、〈覆われたもの〉の神秘に関係づけられる。真理は忘却によって神秘と関係づけられる。真理は、全体を曇らせることである存在者と結びつき、存在者を忘却することで全体を発見する〔覆いを剝ぐ〕のである。つまり存在は、ある状況においてでしか啓示されることがない。真理の照明（illumination）とは、閉じられた地平内部における彷徨と等価なものである。認識は単に誤謬の危険を冒すのではない。認識は、それぞれの手続きにおいて、必然的に真理であると同時に誤謬なのである」[107]。この書評が示しているのは、レヴィナスがある種の落胆を原因に読解を放棄するどころか、ハイデガーとの対話を継続するためにたえずこのテクストを再訪していたということである。そしてこの愛読のもっとも顕著なしるしが、『全体性と無限』における彷徨の概念の用法である。

『全体性と無限』で彷徨という語は三回用いられており、そのうちの二回は第四部「顔の彼方へ」のE章「超越と繁殖性」のうちに見つかる。実を言うと、この章はさきほどの一九四九年のテクスト「多元論と超越」に由来するものであり、このテクストがほとんど変更を加えられないまま挿入されているのであって、彷徨の語が出現する二回はいましがた引用した節においてである（つまりハイデガーの「最新の哲学」とは六〇年代のものではなく三〇年代のものだ）。それでは残りの一回はどうか。レヴィナスは本書が第二章で扱った居住論の末尾で、他者の顔の観照に対する家政の優位という基本的な主張に沿って他者の迎え入れを家政の一様態として展開しながら、彷徨の概念に言及している。

> 顔を顔として「見ること」は家に滞在するある種の仕方であり、あるいはそれほど突飛でない言い方をするならば、家政的生（vie économique）のある種の形態である。いかなる人間的関係も、あるいは間人間的関係も、家政の外側では演じられえないだろうし、手ぶらで、家が閉じられたままでは、いかなる顔にも接することはできないだろう。《他者》に開かれた家のうちへの集約——歓待性——は、人間の集約と分離の具体的かつ原初的な事実であり、それは絶対的に超越した《他者》への《欲望》と一致している。選ばれた家は、根とは正反対のものである。家が指し示しているのは一つの離脱〔脱拘束性〕（dégagement）であり、家を可能にした彷徨（errance）である。彷徨とは、定住よりも少ないものではなく、《他者》との関係ないし形而上学の余剰なのだ[108]。

これは『全体性と無限』のなかで「真理の本質について」に直接言及することなくレヴィナスが彷徨の語を用いている唯一の箇所だが、それでもレヴィナスがハイデガーにおけるこの概念の使用を引き継いでいるのは明らかであるように思われる[109]。一般的には居住は定住から出発して考えられるのが普通だが、レヴィナスは彷徨は定住の下位形態ではなく、むしろ彷徨が「家を可能にした」と述べている。家と家政とが、他者を受け入れる歓待性をその本質とするならば、慎ましい現前と言われた「女性的なもの」の構造と同様、他者の迎え入れは自らの退去の契機をつねにはらんでいることになる。ハイデガーにおいて、真理が非‐真理に基礎づけられていたように、ここでは居住が彷徨に「基礎」づけられているのである。

しかし、レヴィナスがこの家を唐突に「選ばれた家（la maison choisie）」と呼んでいるのはなぜだろうか。「暴力と形而上学」ではこの節を引用していなかったデリダは、『アデュー』でこの節に注釈を加え、この家を「選び（election）」の主題に結びつけている。「〔…〕これは選択された、選ばれた、むしろ割り当てられた、選びの選択によって定められた家であって、自然的な場所ではまったくない[110]」。聖書の用法において、ヘブライ語の《bayit》はフランス語では《temple》〔神殿〕とも《maison》〔家〕とも訳される。たとえば「列王記　下」（21、7）の神の言葉をアンドレ・シュラキは「わたしはこの家＝神殿（maison）に、イスラエルの全部族のなかから選んだ（choisie）エルサレムに、とこしえにわたしの名を置く[111]」と訳している。ここで問題になっているのは、ソロモンが、父ダヴィデに示された場所であるモリア山に築いた神殿である。そしてこの章句で神は、イスラエルの民が神の戒律とモーセの法の遵守に専念するならば、もはや「イスラエルをその父祖たちに与えた地から迷い出させる（errer）」ことはないとしている。長きにわたる民の彷徨を経て居住の場所の選びがあったわけだが、この居住は、法の違反が引き起こしうるあらたな彷徨によってつねに脅かされていることになる。

『全体性と無限』における居住と彷徨の概念に関して、レヴィナスのユダヤ教理解がいかなる作用を及ぼしているのかを詳しく知るためには、ハイデガーの居住思想を解釈する時期に書かれたテクスト「成年者の宗教」（一九五七年）を見る必要がある。モロッコのトゥムリリン修道院で行われたこの講演でレヴィナスは、倫理・正義・責任といった語彙によってユダヤ教的思考の概要を説明しながら、とりわけユダヤ教における「約束の地（la terre promise）」の所有に関する自らの解釈を開陳する。[112]そこでレヴィナスは、神の戒律は人間にしか関係しないにもかかわらず聖書が天地創造の物語から始まるのはなぜかという問いに対して、一一世紀トロワの注釈者ラシー（ラビ・シュロモ・イツハッキー）を引き合いに出しながら次のように述べている。

〔…〕ラシーがわれわれに提案する古き答えいわく、人間にとって――彼が約束の地を所有するために――重要なのは、神が大地を創造したのを知ることだという。なぜなら、このことを知らないかぎり、人間は簒奪（usurpation）によってしか所有することがないだろうからである。つまり、人間は生活空間（espace vital）を必要とするものだという単なる事実からは、いかなる権利も生じえないのである。私の自我の意識は、私にいかなる権利も明かさないのである。〔…〕私の自我の「通常の」行使は、到達し触れることのできるすべてを「私のもの」に変形するのだが、このような行使が問いに付される。所有するとは、つねに受け取ることである。聖書において約束の地は決して、ローマ的な意味での「所有物（propriété）」となることがない。そして初穂の時期に農民が思いをめぐらすのは、彼を郷土（terroir）に結びつける恒久的なつながりではなく、アラムの子、一人の、さ、ま、よ、い、人（*errant*）であった彼の祖先である。[113]

第二章で見たように、場所の所有と家における集約を出発点とする自我は、さまざまな行為を通じて「他なるもの」を同化していく。「私のもの」とは、把持によって元基からつかみ取られ、家にもってこられた事物に留まるのではなく、自我が理解を通じて到達できるものもまた、《同》の圏域に位置づけられるかぎりで「私のもの」である。[114]レヴィナスはこうした自我の「通常の」営みを否定するわけではない。しかしレヴィナスは、「約束の地」の所有は「生活空間」の必要性という自我の当然の欲求によっては正当化されないこと、すなわち自然的な権利によってあらかじめ規定されているわけではないことを強調している。レヴィナスにおける「約束の地」の主題に関しては本書第V部で論じていくが、先取りして言うならば、レヴィナスの思想において主体性とイスラエルとは並行的な構造をもっており、ここで「約束の地」について述べられていることは《同》の基礎である場所の所有にも当てはまるものである。「申命記」第二六章に定められた初物の奉献の際の朗誦の言葉を引用するレヴィナスは、[115]自然的なものと思われる場所とのつながりのうちに彷徨の契機を読み取ることで、居住に対する彷徨の先行性を認めているのである。そこから本章の冒頭でガガーリン論に即して見たような、風景を人間の言葉で語るというレヴィナスの倫理の特徴が生じてくる。同じく「成年者の宗教」から引用したい。

ユダヤ的人間は、風景や町を見つけるまえに人間を見つける。彼は、家のなかで〈わが家〉にいるよりも先に、社会において〈わが家〉にいるのである。彼が世界を理解するのは他者から出発してであって、大地に依存した存在の総体からではない。ある意味で彼は、詩編作者が言うように、この大地のうえに追放されているのであり、そして彼は、人間の社会から出発して、大地に一つの意味を見いだすのである。〔…〕

風景や建築物から自由である実存。人間よりも好ましく思われるようなあの重々しく定住的なすべてのものから自由である実存。ユダヤ教はこのような実存を、田舎や町に根づいているときであっても、自らの歴史の全体を通して覚えている。「仮庵（cabanes）」の祭はこの記憶の儀式的形態であり、そして預言者ゼカリヤは、メシア的時代には仮庵の祭がすべての国民の祭になると告げている。実存の定住的形態に対する自由はおそらく、人間的な仕方で世界のうちに存在する仕方である。ユダヤ教にとって、世界は人間の顔をまえにして知解可能になるのであって、西洋の重要な一側面を要約している現代の偉大な哲学者にとってのように、家や寺院、橋によってではないのである。[116]

「わが家にいる」という安心感と平穏とを可能にする家は、外的世界から保護されるための内部を形成するものであり、すべてを「私のもの」としていく《同》の運動の出発点なのだが、家がそもそも「女性的なもの」によって住まわれていることに由来する家の内部の二元性、および、家の本源的機能である他者の迎え入れを考慮に入れるならば、家における「わが家」はすでに他者との関係に基づいた一種の「社会」であると見ることができる。「レビ記」や「詩編」で述べられる「寄留者」に仮託しつつ、[117]レヴィナスはこの点に大地への自然的な固着とは異なる存在様態を認めるのである。ただしレヴィナスの議論の大きな特徴は、この引用箇所の二段落目で言われているとおり、定住と彷徨とを対立的に捉えてユダヤ人の離散を特権的な仕方で称揚するのではなく、離散の地への根づきにも一定の意味を見いだしていることである。このことはレヴィナスにおける同化の問題、より具体的にはイスラエルとフランスという二極の相克に深く関わっているのだが（第Ⅴ部参照）、離散の地におけるユダヤ人の定住という側面を強調することで、レヴィナスは、彷徨と定住とによって二元的に構成される存在様態を「人間的な仕方で世界に存在する仕方（la façon humaine d'être dans le monde）」、すなわち世界内存在（être dans le monde）の本質として提示しようと試みている。「ゼカリヤ書」に言及しつつレヴィナスが主張するのはこのことである。[118]《同》の根拠たる場所はすでに彷徨の地であり、《同》の出発点である家はすでに「仮庵」なのである。

以上のように見てくると、彷徨の概念をめぐるレヴィナスとハイデガーの思想は、相違よりもむしろ類似した構造を提示しているように思われる。いずれの場合も、定住と彷徨とのどちらかに優越的な地位が与えられているのではなく、両者の交錯の様態のうちで人間存在が捉えられているからである。レヴィナスに関してのみ言うならば、『全体性と無限』で彷徨の語が用いられるさきほどの引用箇所に続く段落で、この両義性が明快に述べられている。彷徨が定住に対して劣位にあるわけではないとしたあとで、実際レヴィナスは次のように続ける。

しかし、分離した存在は自らのエゴイズムのうちに、すなわち自らの孤立の成就そのもののうちに自閉することができる。そして、《他者》の超越を忘却すること――なんら咎を受けることなく、自らの家からあらゆる歓待性を（すなわちあらゆる言語を）締め出すこと、《自我》が自らのうちに自閉することを唯一可能にした超越的関係を自らの家から締め出すこと――のこの可能性は、絶対的な真理を、分離の徹底性を証拠立てている。分離は単に、弁証法的様態において、自らの裏側としての超越に相関的であるわけではない。分離は肯定的な〔措定的な〕出来事として成就するのである。無限との関係は、住居のうちに集約した存在のもう一つの可能性として残りつづける。家の本質にとって、家が《他者》に向かって開かれる可能性は、門扉や窓が閉じられていることと同様に本質的なことなのである。(119)

「《自我》が自らのうちに自閉することを唯一可能にした超越的関係」とは、さきの引用における「家を可能にした彷徨」という箇所に対応している。《同》の根拠である場所の所有は、それをただ「受け取る」ことによってのみ可能になり、寄留者たる《自我》が住む家もまた「仮庵」にすぎないのだが、《自我》はこうした所有の条件である戒律（歓待の法）(120)を無視して「《他者》の超越を忘却すること」ができる。しかも、この忘却可能性こそが《同》の成立としての分離の達成であり、それゆえレヴィナスは分離が肯定的な側面を有することを強調している。なぜならば、この徹底的な分離は、《他者》が忘却されるに至るまでに超越していることの証言だからである。人間の存在様態のうちにこのような欠損的契機を読み取る語法は、ハイデガーが存在と存在者との差異を語るために導入したものだと言ってよいが、この記述方法はレヴィナスにおいてもまた、《同》と《他》との「関係なき関係」である分離の構造を描き出すために要請されている。

《自我》と《他者》のあいだの関係は、形式論理学があらゆる関係のうちに見いだすような構造をそなえていない。この関係における各項は、関係のなかに位置づけられるにもかかわらず、絶対的な〔分離した〕(absolus) ものでありつづけるからである。《他者》との関係とは、形式論理学のこのような転覆が起こりうる唯一の関係である。しかし、そこから、分離を要求する無限の観念が無神論に至るまでに分離を要求すること、無限の観念が忘却されうるほどに深く分離を要求するということが理解される。超越の忘却は、分離した存在において一つの偶発事として生起するわけではない。この忘却の可能性は分離にとって必要不可欠なのだ。[121]

ミシェル・ヴァンニが適切に定式化しているように、ハイデガーにおいてもレヴィナスにおいても、存在と存在者、あるいは《同》と《他》との差異を提示するために「忘却」の概念が採用されている。[122] 同様のことは神の退引（ハイデガー）と神の収縮（レヴィナス）についても言うことができるだろう。レヴィナスは、忘却の概念に依拠した欠損的語法を用いることで、絶対的に分離した諸項のあいだの「関係」を記述しようとするのだが、その際にこの「関係」のモデルとして提示される「無限の観念」は同時に、『全体性と無限』における神の問題とも深く関わっている。[123]

ただしハイデガーの語法を踏襲しながらも、レヴィナスがあくまでもハイデガーの哲学の批判的継承を目指していることに注意しなければならない。ここでの主題である定住と彷徨に関して言えば、定住が他者への歓待性を欠いた超越の忘却の様態、彷徨が超越との「関係」に対応している。ハイデガーにおいては逆に、存在の忘却は現存在の非本来性である彷徨に対応し、「四方域」における居住が本来的様態として語られる。このことは、ハイデガーにとっては存在、レヴィナスにとっては他者という忘却される当のものの相違に関わっていると同時に、存在忘却としての西洋形而上学の解体を企図したハイデガーと、他者忘却としての西洋哲学を倫理の側に引き戻そうとするレヴィナスのあいだの思想体系そのものの相克を意味している。レヴィナスにとって、ハイデガーという「西洋の重要な一側面を要約している現代の偉大な哲学者」は、倫理をも存在の思惟に組み込むことを通じて《他》を《同》に還元した点で、西洋哲学の完遂そのものに映ったのである。

第Ⅲ部では、『全体性と無限』およびそれに先立つテクスト群を扱いながら、とりわけハイデガーの居住思想との差異においてレヴィナスの世界論、《同》の基盤である場所と家の議論をたどってきた。しかしこの議論は、レヴィナスの生涯にわたるハイデガーとの対話の一局面にすぎない。次に見ていくように『全体性と無限』以降のレヴィナスは、ハイデガーの居住思想を場所への固着という観点から批判するに留まらず、自ら「非場所（non-lieu）」という対抗概念を導入することによって、本書が「非場所の倫理」と呼ぶ思想への展開を示しているからである。第Ⅳ部ではその消息を七〇年代の主要著作『存在するとは別の仕方で　あるいは存在の彼方へ』（一九七四年）とその周辺のテクストに即して確認し、レヴィナスが到達した倫理の相貌を浮き上がらせることに努めたい。

第Ⅳ部　非場所の倫理

第Ⅳ部では、『全体性と無限』以降にレヴィナスが発表したテクスト群、なかでも第二の主著と呼ばれる『存在するとは別の仕方で　あるいは存在の彼方へ』（一九七四年）およびその周辺の諸論考を中心に、レヴィナスの後期思想を「非場所の倫理」として抽出することを試みる。レヴィナスは『存在するとは別の仕方で』のエピグラフの一つに、「「ここは俺が日向ぼっこする場所だ」。これが全地上における簒奪の始まりであり縮図である」というパスカル『パンセ』の一節を掲げている(1)。この一節を指針としながらレヴィナスが一九七〇年代に提起する「非場所（non-lieu）」の概念の意義を論じていくことで、「場所」の主題を軸としたレヴィナスの思想の全体像が浮かび上がってくるはずである。

ここではまず『全体性と無限』から『存在するとは別の仕方で』への移行期に発表されたレヴィナスの論文を取り上げながら、レヴィナスの思想の「転回」とも呼ばれうる時期の消息を探っていく。特に『存在するとは別の仕方で』とそれに先立つ著作『他者のヒューマニズム』（一九七二年）に関して、それらのもととなった論文の布置を整理しながら、この時期のレヴィナスの関心の所在をたどることを試みる。

第一章　場所論的転回――「場所」から「非場所」へ

第一節　『全体性と無限』直後の歩み

従来の研究において、第Ⅲ部で検討した『全体性と無限』と第Ⅳ部で扱う『存在するとは別の仕方で』は、レヴィナスの思想の大枠を規定するための基準点であり、この二著作を中心にその変遷が記述されるのが通例である。たとえばジャック・ドゥヴィットは、『全体性と無限』を「レヴィナス1」、『存在するとは別の仕方で』を「レヴィナス2」と明確に区別したうえで前者から後者への思想の移行を問題としているし(2)、この二著作どうしの言わば外面的な関係を論じた研究も行われている(3)。さらにその際には、存在論を糾弾するレヴィナスがそれでも存在論の枠内に留まりつづけているとするデリダ「暴力と形而上学」（一九六四年）による批判を契機として、レヴィナスが前者から後者へと自らの思想を転向させたとする理解が一般的である。このことはレヴィナスが自身の思想的道程を記したテクスト「署名」（一九七六年）のなかで、「『全体性と無限』がなおも用いていた存在論的言語〔…〕はそれ以後避けられている(4)」と述べていることからも補強される。

しかし『全体性と無限』と『存在するとは別の仕方で』のあいだに大きな転換が見いだされるのが事実だとしても、

一五年弱の隔たりがある二著作における思想の変容は一足飛びになされたわけではない。本章では『存在するとは別の仕方で』の「非場所」の議論に入るまえに『全体性と無限』以降のレヴィナスの歩みを個別の論文に沿いながら簡単に追っていくが、それを通じて、一九六〇年代と七〇年代という時期区分に基づいて『全体性と無限』と『存在するとは別の仕方で』を分断する提示方法はもはや支持できないものであること、および、この転回を促したとされるデリダの批判には、『全体性と無限』出版後のレヴィナス自身がすでに開始していたあらたな試みに拍車をかけたという側面が強いことを示していく。

そのためにはまず六〇年代初頭から『存在するとは別の仕方で』までのレヴィナスの執筆状況を確認しておかなければならない。『全体性と無限』で国家博士号を取得したレヴィナスは同年中にポワチエ大学教授に着任しているが、引き続き東方ユダヤ師範学校校長を務めつつ特にユダヤ人子弟の教育に関する論考を発表するとともに、一九五七年に第一回大会が開催された「フランス語圏ユダヤ知識人会議（Colloque des intellectuels juifs de langue française）」においてのちに恒例となるタルムード講話を一九六〇年の第三回大会から行っている（ただし、それに先立つ一九五九年の第二回大会で「二つの世界のはざまで　フランツ・ローゼンツヴァイクの精神的伝記」[5]と題された講演を行っている）。ユダヤ教育にまつわる前者の教育論は『困難な自由』（一九六三年初版）に収録され、後者のタルムード読解は『タルムード四講話』（一九六八年）を端緒とする一連の著作に結実していくものだが（タルムード関連の著作は一貫してミニュイ社から出版されている）、レヴィナスはそれらと並行して重要な哲学論文を定期的に発表してもいる。すなわち『フッサール、ハイデガーとともに実存を発見しつつ』第二版（一九六七年）に収められることになる諸論文と、『他者のヒューマニズム』（一九七二年）および『存在するとは別の仕方で』の各章に対応するテクスト群である。[6]具体的に題目を挙げると、「他者の痕跡」（一九六三年）、「謎と現象」（一九六五年）、「言語と近さ」（以上『フッサール、ハイデガーとともに実存を発見しつつ』第二版に「略述」として収録）[7]、「意味作用と意味」（一九六四年）、「ヒューマニズムと無－

始原」（一九六八年）、「自己同一性なく」（一九七〇年）（以上『他者のヒューマニズム』）、「身代わり」（一九六八年）、「存在の彼方へ」（一九七〇年）、「近さ」（一九七一年）、「語られたことと語ること」（一九七一年）、「暴露の真理と証言の真理」（一九七二年）（以上『存在するとは別の仕方で』）の一一編の論文がそれに当たる。[8] 特に六〇年代に発表された論文を見てみると、「痕跡（trace）」「謎（énigme）」「近さ（proximité）」「無‐始原（anarchie）」「身代わり（substitution）」といった、後期のレヴィナスが頻繁に用いる鍵語がすでにその題名に現れていることが注目される。

これらのテクストのうち、『全体性と無限』から『存在するとは別の仕方で』への移行の問題を考える際にとりわけ重要なのは、一九六三年の「他者の痕跡」および一九六八年の「身代わり」である。まず「他者の痕跡」は、『形而上学道徳雑誌』に掲載された翌年の「意味作用と意味」とともに、デリダが「暴力と形而上学」の冒頭に付された注で「この試論は、エマニュエル・レヴィナスの二篇の重要なテクストが発表されたときに書かれた。〔…〕残念ながらここではそれらに簡単に触れることしかできない」[9]という形で言及している論文だが、テクストの成立の経緯を詳しく見てみると、「意味作用と意味」は哲学コレージュでの講演（一九六一／一九六二／一九六三年）、ブリュッセルのサン＝ルイ大学およびルーヴァン大学哲学会での講演（いずれも一九六三年）に基づいており、同論文の最終部分に対応する最後の講演が独立して「他者の痕跡」の題目のもとオランダの『哲学雑誌』（*Tijdschrift voor Filosofie*）に発表されたとある。[10] 現在のところレヴィナスが一九六一年に行った講演の詳細は定かではないが、[11] 時間的な経過を見るならば、『全体性と無限』を踏まえたうえでの思想の展開はかなり早い時期から試みられていた可能性がきわめて高い。加えて、先述のフランス語圏ユダヤ知識人会議の第三回大会での講話「『サンヘドリン』第一一章におけるメシア的時代と歴史的時代」（一九六〇年）および第四回大会での講話「あるタルムードのテクストによるメシアニズム」（一九六一年）において、[12] 万人の苦しみを一身に引き受ける「自我（Moi）」の「普遍的責任」[13]が語られていることは、[14]『全体性と無限』の本論最終段落にいささか唐突な仕方で現れる「メシア的時間（temps messianique）」への言及と合わせて、レヴィナスの哲学著作とユダヤ教論考の絡み合いを考えるうえでも興味深い。なお哲学コレージュで行われた一九六二年の講演に関しては、カーンの「現代出版記憶研究所（IMEC: Institut Mémoires de l'Édition Contemporaine）」に保管されている遺稿から、講演に際してレヴィナスが準備したと思われる概要が「隠喩についての覚書」として公にされており、このテクストには早くも「存在の彼方（au-delà de l'être）」という表現が用いられている。(15)

さらにデリダとの個人的関係について言えば、デリダから論文「暴力と形而上学」を献呈されたレヴィナスは、一九六四年一〇月二二日付の返信で、この論文が与えた強い印象とデリダの緻密な分析に謝意を表しつつも、やはり上述の諸概念に言及しながら反論を試みている。「〔…〕私にとって言語は、言葉（parole）が包摂することのない人間の呼びかけにおいて（それは身振りです）、思考をそれ自身の彼方へと運んでいくものです。言葉はこの〈彼方への〉運動の痕跡を、たとえ彼方という語そのもののうちにであれ保持しているのです。自らを示すことのないものについて語ることはできるのでしょうか。たしかに、ハイデガーがそうでありうるように素朴であろうとするならば、答えは否です。しかし、おそらく彼方は〈曖昧さ〉（l'équivoque）のうちで——すなわち謎のうちで——自らを示すのです〔…〕」。(16)『全体性と無限』では主題化されていない痕跡や謎といった概念がすでに用いられていることに注目したとき、「暴力と形而上学」によるデリダの批判はレヴィナスの思索の方向転換の決定的動因として働いたというよりはむしろ、『全体性と無限』出版後の展開が模索される過程で、それをさらに推進させる『全体性と無限』の優れた読解として現れたと判断すべきだろう。(17)

『全体性と無限』と『存在するとは別の仕方で』という二冊の主著が、レヴィナスの著作活動の指標となる二つの巨大な孤峰を形成しているというよりは、むしろ緩やかな稜線で連続的に結ばれていることは、一九六八年の論文「身代わり」の位置づけを見ることによっても確認される。『ルーヴァン哲学雑誌』に掲載された同論文は『存在するとは別の仕方で』の第四章「身代わり」の原型となったテクストだが、レヴィナスは、この著作冒頭の「予備的注記」において各章と既刊論文との対応を仔細に記したあとで次のような指示を付け加えている。

> しかしながら本書は論文集ではない。中心部分であった第四章を中心に構築された本書は、当初の執筆段階にあっては、これらの既刊テクストに先立つものであった。これらのテクストは、相対的に独立したものとなるようにそのつど調整されて、本書の全体から切り離されたのである。それ以降に挿入された変更や追加された注があるとはいえ、このような独立性の痕跡は現行版において必ずしも消し去られたわけではなかった。[18]〔強調は引用者〕

注目されることの少ない箇所だが、ここでレヴィナスは明確に、『存在するとは別の仕方で』となるべき著作の構想のみならずその執筆までもが既刊論文に先行していると述べている。しかもそれらのテクストはこの著作の「全体」から切り離されたという指摘に従うなら、『存在するとは別の仕方で』は、それらの端緒をなす一九六八年の論文「身代わり」の段階ではすでに一定程度の完成を見ていたのだと判断することさえ可能かもしれない。あらためて論文「身代わり」の成立についての注記を見てみると、同論文は一九六七年一一月三〇日にサン＝ルイ大学で行われた講演を原稿化したものであり、その前日には「近さ」と題された講演がなされたのだという。さらにこの後者の講演は、『フッサール、ハイデガーとともに実存を発見しつつ』第二版収録の「言語と近さ」に即したものであって、二つの講演「近さ」「身代わり」は「存在の彼方へ」という一般題目のもとで告知されていたとされる。[19]

以上のように見てみると、『全体性と無限』と「他者の痕跡」、および「身代わり」と『存在するとは別の仕方で』の境界が非常に曖昧であると同時に、この中間に位置する「他者の痕跡」から「身代わり」への推移がきわめて緩やかなものだったことが窺える。両著作を分ける一五年弱のレヴィナスの思索は、総じて「存在の彼方へ」という大きなプログラムのうちで企図されていたのである。それでは、この期間に練り上げられ、デリダによる批判を契機にさらに拍車をかけられ、最終的に『存在するとは別の仕方で』に結集することになる思想とはいかなるものだったのか。本書はレヴィナスの哲学のこの新しい局面への移行を「場所論的転回」として主題化し、この転回のために準備された諸概念の連関に注意しながら、後期レヴィナスの思想を「非場所の倫理」として解釈していく。

第二節　場所論的転回の概念構成(1)――痕跡

『全体性と無限』以降の諸論文から『存在するとは別の仕方で』で展開されたレヴィナスの思想を「非場所の倫理」として読解するには、それに先だって、この合間の時期に新しく導入された諸概念を通じてレヴィナスがどのように場所から非場所へと力点を移動させたのかを確認しておく必要がある。なかでもとりわけ重要なのは、この時期の論文ではじめて主題化された「痕跡（trace）」および「近さ（proximité）」の概念である。というのも、前者は存在者とそれが占める場所とのあいだの自然なつながりを揺るがすものであり、また後者は、主体と他者との「関係」をあらたな仕方で一挙に思考可能なものとする概念だからである。上述の六〇年代の論文、および『存在するとは別の仕方で』の記述にも依拠しながら、本書の関心に従いつつ順にそれぞれの概念の定式化を試みてみたい。

前節で述べたように、痕跡の概念を前景化した論文「他者の痕跡」（一九六三年）は基本的には『全体性と無限』との連続線上に置かれるものであり、この著作の理論的枠組みを大筋で踏襲している。具体的に言えば、ここでもレヴィナスは〈自我〉の同一化作用を、他なるものの享受に基づいた同化の過程と捉え、そこに「〈自我の外〉とは〈自我に対して〉〈自我のため〉なのである」[20]という「エゴイズム」の構造を見いだす。本書第Ⅲ部第二章で見たように、レヴィナスにとってこの《同》の優位はフッサールおよびハイデガーに至る西洋哲学を貫くものだった。「西洋哲学は《他》の暴露と一致しているのだが、そこでは《他》が、存在するものとして顕現することで自らの他性を失ってしまう。哲学はその揺籃期以来、《他》でありつづけるような《他》に対する恐怖、乗り越えがたいアレルギーに冒されている」[21]。レヴィナスは、他なるものを見いだしつつも最終的にはそれを自らのうちに回収してしまう哲学の同化吸収作用に対して、諸宗教の言う「彼岸（l'autre côté）」の前提として確保されるべき超越の運動を明るみに出すような「他律的経験」を対置する。この他律的経験が、自己への回帰を目指す「ノスタルジー」としての「欲求（besoin）」と、自己に回帰することなく《他》へと赴く「欲望（désir）」との区別に基づいて提示される点も『全体性と無限』と同様だが[22]、その際にレヴィナスは、《同》から《他》へと向かう運動をあらためて「作品＝業（œuvre）」という概念によって導入している。これは論文「自我と全体性」（一九五四年）から『全体性と無限』においては否定的に扱われていた概念だが、ここでは「典礼＝奉仕（liturgie）」のギリシア語の語意に基づいて肯定的に理解されている[23]。「実際、根本的な仕方で考えられた〈作品＝業〉は、決して《同》へと回帰しないような、《同》の《他》への運動である。イタケに回帰するオデュッセウスの神話にわれわれが対置したいと思うのは、未知の土地に向かうために祖国を永久に去り、自分の息子すらこの出発点に連れ戻すことを下僕に禁じたアブラハムの物語である」[24]。この「作品＝業」および「典礼」は、無償であるどころか、職務の行使者がその費用さえも負担するような《他》への奉仕であり、「倫理そのもの」[25]とも言われる。そこからレヴィナスは、欲求と区別された欲望が向かう他者の分析へ、とりわけ他者の顕現そのものである「顔」の分析へと移行していく。

この論文で展開されている顔の分析は、痕跡の概念の導入にもなっているだけに、『全体性と無限』第三部「顔と外部性」におけるそれよりもやや複雑である。『全体性と無限』での顔の議論は、大筋において本書第Ⅲ部の冒頭で見た一九五一年の論文「存在論は根源的か」から一貫したものであって、顔の把持・理解不可能性や、殺人への誘惑と禁止の二重性、《同》の権能への抵抗とその審問といった側面に力点が置かれていた。それに対して「他者の痕跡」は、それまでの顔の分析を部分的に踏まえつつも、とりわけ「顔が語る」[26]という事態の例外的性格を強調し、その解明への思考をあらたに紡ぎ出している。それではこの論文で顔の議論はどのように痕跡の概念への通路を開いているのだろうか。

レヴィナスは、世界の具体性と鋭く対立する顔の「抽象的」性格に注意を促している。たしかに他者は、私と同一の具体的な世界や文化的総体のうちに現前しており、この世界の文脈のなかで解釈されることができる。しかし、他者の現れ（「公現（épiphanie）」）は、世界から与えられる地平的意味や歴史的意味から独立した「意味すること（signifiance）」を含んでもいる。つまり他者は、自分が位置する状況や地平に依存することなく、固有の仕方で「意味する（signifier）」ことができるという。しかし他者はなにを「意味する」のか。それは、世界の内部的意味には還元されえない、ほかならぬこの他者がこの世界のうちに「入り込む（faire une entrée）」という事実性の次元そのものである。他者の公現は顔（visage）として、さらには世界への到来、「訪問（visitation）」として理解されなければならない（ここでは《visage》と《visitation》の語源的関連が意識されている）。「〔…〕《他者》の出現という現象は顔でもあり、あるいはまた（現象の内在性と歴史性のうちへのたえざる入場を示すために）こうも言える。すなわち顔の公現とは訪問である[27]」。続けてレヴィナスは、ハイデガーの議論を暗示的に参照しながら、顔が隠蔽と暴露の両義性を免れることを強調している。

> 顔において顕現する他者は、窓が自分の姿を浮かび上がらせているにもかかわらず窓を開ける者のように、言わば自分自身の造形的本質（sa propre essence plastique）を突破する。形態が他者を顕現させるにもかかわらず、他者の現前は、その当の形態を脱ぎ捨てることに存する。他者の顕現は、顕現がもつ不可避的な麻痺を超えた余剰である。それが〈顔が語る〉という定式が表現していることである。顔の顕現とは最初の言説である。語ること（parler）とは、なによりもまず、このように自らの外観の背後から、自らの形態の背後から到来する仕方であり、

開かれ（ouverture）における開かれである[28]。

他者は顔において、顔として顕現するのだが、顔の有する意義はその造作には還元されえない。顔は「語る」からである。そのとき他者は、顕現するにあたって「不可避的な麻痺」としてまとう顔という形態を「脱ぎ捨てる」。顔は、単に衣服を身に着けていないがゆえに裸なのではなく、その「造形的本質」さえもが剝ぎ取られるかぎりにおいて、強い意味で「裸」である。「語ること」が「開かれにおける開かれ」であるというのは、他者の開示である顔は語ることによって、その開示を可能にする当の形態をも貫き破ってしまうからにほかならない。

この論文において顔の議論と痕跡の議論との蝶番の役割を果たしているのは、自らの「開かれ」をさらに開いてしまう顔の裸性がもつ法外さである。レヴィナスは顔の裸性についてこう述べている。「したがって顔の訪問は一つの世界の暴露（dévoilement）ではない。世界の〈具体的なもの〉のなかで、顔は抽象的〔分離的〕（abstrait）であり裸である。顔は自分自身の像を剝ぎ取られている。顔の裸性によってはじめて、裸性それ自体が世界のなかで可能になる」（同）。顔の訪問が世界の「暴露」ではないという主張は、ハイデガーの「不安（Angst）」の議論を意識しつつ彼我の差異の明確化を試みているものである。ハイデガーによると、内世界的な対象が確定された「恐れ（Furcht）」とは異なり、不安が臨んでいるものは「どこにもない」にもかかわらず現存在に切迫し、あくまでも「そこに」居座りつづけている。そうすると不安が「それに臨んでおびえているところのもの（das Wovor der Angst）」は「世界そのもの」であることが明らかになる[29]。その意味で、不安とはまさに世界それ自体を開示するものである。「不安を覚えることが、根源的にかつ端的に世界を世界として開示する。まず内世界的存在者を熟慮によって度外視し、そのあとに残る世界だけを考えてみると、それをまえにして不安が発生するといったことではなく、むしろ不安が、情態性の様態として、はじめて世界としての世界を開示するのである[30]」。それに対し、世界から分離されている顔は、もちろんこの世界を開示するものではないし、さらには単に他者を開示するというだけでもなく、この開示そのものを開き破ってしまう。それは、顔によって他者が「なんであるか・どのようであるか」が開示されるやいなや、他者が世界の内部的意味や文脈のなかで理解されてしまうからだが、それゆえ、他者の顔が「絶対的に異質な領域[31]」から、すなわち「別の世界」からではなく世界の「彼方（au-delà）[32]」から到来してくる様態が強調されることになる。そしてレヴィナスは、世界内の同一平面のうちに入ることのない顔のこの様態を詳しく問うために、痕跡の概念の導入と分析へと歩を進めていくのである。

　すでに述べたように、痕跡の概念が集中的に論じられたのはこの「他者の痕跡」がはじめてだが、実際には問題となっている発想自体はレヴィナスにおいて新しいものではない。まず『実存から実存者へ』（一九四七年）では、存在と存在者との二重性を表す「怠惰（paresse）」などの身体的現象が論じられる文脈で痕跡の概念の萌芽が見られる。そこでレヴィナスは「行為（acte）」と対置される「演戯（jeu）」の軽々しさ（これはハイデガーの「頽落」と同様、道徳的な意味ではない）と非歴史性について、舞台芸術を引き合いに出しながらこう述べていた。

> 演戯もまた始まるが、その始まりには真摯さが欠けている。演戯とは軽々しさそのものである。〔…〕舞台上の現実は、現実でありながら痕跡（traces）を残さない。舞台上の現実に先立つ無は、そのあとに続く無と同じである。舞台上の現実のなかで生じるさまざまな出来事には本当の時間がない。演戯には歴史がないのである。〔…〕演戯の瞬間はなにももっていないし、自分が消失したあとになにも残すことがなく、「一切合切」を無のうちに沈めてしまう。そして演戯の瞬間がかくも見事に終わりうるのは、実はそれが本当には始まっていなかったからである。転用された寺院にもまだ神は住んでおり、うらぶれた廃屋にもかつてそこで生きたひとたちの亡霊が取り憑いているのだが、がらんどうの劇場にはぞっとするほど人の気配がない[33]。

無から始まりふたたび無へと回帰していく演戯とは異なって、行為はすでに「風のように自由」ではなく、行為が開始されるためにはなにかが失われなければならない。この著作では、行為の開始のうちに必然的に含まれ、行為が自らの影のように連れていかねばならない実存の重みの次元が強調されているのだが、別のテクストではむしろ、行為の開始における不自由さではなく行為の帰結における不純さが問題となっている。「存在論は根源的か」（一九五一年）では、ハイデガーの道具性連関の議論が要約されたあとで、行為が行為者の意図を超えた痕跡を残してしまうありさまが具体的に記述されている。

喜劇はわれわれのどんなちょっとした所作からも始まる。われわれの所作にはすべて、避けがたい不手際が含まれている。手を伸ばして椅子を引き寄せたところ、私は上着の袖に皺をつくり、床板に擦り傷をつけ、煙草の灰を落としてしまった。したいと望んだことをしつつも、私は望まなかった無数のことをしてしまった。行為は純粋ではなかった。私は痕跡を残してしまったのである。これらの痕跡を消そうとして、私は別の痕跡を残してしまった。シャーロック・ホームズなら、私の自発的行為のそれぞれがもつこのような還元不可能な粗雑さに自分の博識を適用するだろうし、そうするとこの喜劇は悲劇に変わるかもしれない。行為の不手際が、追求された目的に反旗を翻すとき、われわれは悲劇のまっただなかに陥る。ライオスは、不吉な予言を覆そうとして、まさにこの予言の実現に必要なことを企ててしまう。オイディプスは、成功を収めながらも、自分の不幸のために働いてしまう。雪に覆われた平原で、猟師の物音から一直線に逃げる獲物は、まさにそうすることで、自分の破滅へとつながる足跡（traces）を残してしまう。(34)

　ここでのレヴィナスの議論は、ある目的を目指して行われた行為が、行為者の意図のはるか及ばないところで異なる帰結をもたらし、それによって当初の目的の達成までもが阻まれてしまうという逆説的な行為の連関を問題としている。この状況をレヴィナスがすぐあとの箇所で「歯車装置」(35)という言葉で呼んでいることからも分かるように、この議論が、現存在のあずかり知らぬところで道具の「…のため」が次々と関係づけられている道具性連関に対しての悲喜劇的なパロディであることは間違いない(36)。ハンマーという道具はそれだけで「ハンマーで打つこと」、「たたき固めること」、「雨風から守ること」、そして「現存在の宿泊」といった趣向を一挙に指示しているのだが(37)、ここでは行為が行為者の意図していない数々の痕跡をもたらし、それを拭おうとする行為もまた痕跡を残すといった具合に、どこまでいっても行為は世界のうちに自身の履歴を残してしまう。しかも、そこで不可避的に残されてしまう痕跡には、行為者の意図とは関係なしにこの行為者の署名が施されているがゆえに、そしてまた、この痕跡は世界の秩序のなかで解釈されてしまうがゆえに、結局のところもともとの行為の出発点とその経緯は突き止められてしまうだろう。ハイデガーはあたかも探偵のような口ぶりで書いている。「形跡を見れば、なにが発生しなにが演じられたのかが、配視的に突き止められる(38)」。

　このような議論に対して、あらためて論文「他者の痕跡」はどのような痕跡の概念を提示しているのか。興味深いことにそこでレヴィナスは、明示的にはまったくハイデガーに触れていないにもかかわらず、直接的にハイデガーの要約から出発して痕跡に話を移していた「存在論は根源的か」よりも、むしろ忠実に『存在と時間』の道具性連関の議論の土台を継承している。すなわちレヴィナスは、ハイデガーが道具性の指示連関を論じる際に依拠していた「指示（Verweisung）」「記号（Zeichen）」「意義（Bedeutung）」といった一連の概念を念頭に置きながら痕跡の概念を導出しているように思われるのである(39)。ハイデガーは道具の指示連関を構造的に捉えるために、指示することを旨とする道具である記号の分析に取り組んでいるが、それに先だってさまざまな〈記号的なもの〉を列挙しながらこう述べていた。「記号のなかには、徴候、前触れ、形跡、標識、目印などがあり、なにがこれらの記号として用いられるかということはまったく度外視したとしても、それぞれの表示機能（Zeigung）はさまざまである。これらの「記号」から区別されるべきものには、痕跡（Spur）、遺跡、記念物、記録、証書、象徴、現れ、現象、意義などがある。これらの現象は、それらの形式的な関係性格に基づいて容易に形式化されうる」(40)。これ以上の展開が与えられていない以上、ここでハイデガーがなにを指して痕跡という語を用いているのかは不明だが、あたかもレヴィナスは痕跡を分析対象としない身振りの裏をかこうとするかのように、あえてハイデガーと同じ議論の俎上に痕跡の概念を載せるのである。

かくして、痕跡の〈意味すること〉（signifiance）を論じるにあたり、レヴィナスもまた記号（signe）から出発している。記号が、ある別のもののかわりとしてそれを表示しながら自分自身をあらわにするものだとすれば、誰か・なにかが残した「跡」、出来事の起こった「跡」である痕跡は必ずしも通常の記号ではない。しかし、たとえば次のような場合には、痕跡は記号の役割を果たすと言われる。

探偵は、犯罪の現場で、意志的なものであれ非意志的なものであれ犯罪者の所業をしるしづける一切のものを記号として吟味し、猟師は獲物の足跡〔痕跡〕――これは猟師が捕まえようとする獣の活動と足取りを反映するものだ――をたどり、そして歴史家はかつての諸文明を、それらが実在していたことによって残された遺跡から出発して、われわれの世界の地平として発見する。すべてが一つの秩序、一つの世界のなかで整序されており（se range）、そこでは、それぞれの事物が他の事物を明らかにしたり、あるいは他の事物に応じて明らかにされる(41)。

さきほど見た「存在論は根源的か」とも共通したこれらの例では、残された痕跡はそれが残された現在の地点から出発してなにがしかの記号として解釈され、この痕跡を残したものを特定したり、それについてなにかを知るための情報を提供する。これらの痕跡は、それが残されるに至った消息が明らかになるとともに世界のうちに整然と配置され、〈…を示すもの〉として他の事物のなかで適切な「場所」をもつことになる。そのとき痕跡は記号として道具化されるのである。レヴィナスによれば、こうした記号としての役割は痕跡を痕跡たらしめるものとは決定的に異なっている。後続する段落を引いてみよう。

しかし、こうして一つの記号と見なされながらも、痕跡は他の記号と比べてなおも次のような例外性をもっている。すなわち痕跡は、合図する〔記号をなす〕(faire signe) あらゆる意図の外部において、そして意図が目指しているようなあらゆる企図の外部において意味するのである (signifie)。商取引において、支払いが形跡〔痕跡〕を残すようにするために「小切手で支払う」ときには、痕跡は世界の秩序そのもののうちに書き込まれる。それに対して、真正の痕跡は世界の秩序を攪乱する (dérange)。痕跡は重ね写しとなって訪れるのである。痕跡の本来の〈意味すること〉は、たとえば、完全犯罪を達成しようとして自分の痕跡を消そうとした者が残してしまう指紋のうちに現れる。自分の痕跡を消すことで痕跡を残してしまった者は、彼が残す痕跡によってなにかを言おうとしたのでもなければ、なにかをしようとしたのでもない。彼は取り返しのつかない仕方で秩序を攪乱してしまったのである。彼は絶対的に〔分離的に〕過ぎ去ってしまった (Il a absolument passé)。痕跡を残すこととして存在すること、それは過ぎ去ること (passer)、出発すること (partir)、自己を絶対化する〔分離する〕こと (s'absoudre) なのである。(42)

痕跡を消そうとして残してしまう痕跡は、「存在論は根源的か」では最終的には探偵によって見破られてしまうものとして提示されていたが、ここでは「真正の痕跡」の例として挙げられている。無論このあらたな痕跡のうちに、痕跡を消そうとした痕跡が読み取られる場合には、この痕跡はふたたび記号と化す。しかし、残された痕跡からそれが意味するもの、意図されたものを突き止めることができないとき、それは記号ではなく――同時期の別の論文の主題と関連づけるならば――「謎」として残される。そのときこの痕跡についての情報は、それが端的に「残された」こと、痕跡の残し手がすでに「過ぎ去った」ことに限定される。かくして痕跡は、すでに過ぎ去ってしまい世界から切り離され超越するものをほのめかすことで、世界の秩序のなかに時間的な「攪乱」をもたらす。あるいはむしろ痕跡は、現在という平面上に整序されえない断層を書き込む点で、「時間のなかへの空間の挿入」[43]であるとも言われる。その意味では、どんな記号であれ、その記号が指示するものとは別にそれがまさに発せられたという事実を含んでいるのであって、レヴィナスは「あらゆる記号が、この意味では痕跡である」[44]と書くまでに至っている。

レヴィナスは論文「謎と現象」（一九六五年）のなかで、〈他者〉が自らの匿名性を保ちながらも承認を呼び求める仕方、「顕現することなく顕現する」仕方を「謎（énigme）」と呼んでいるが、その際、この語の本来のギリシア語源に遡ることでこの概念を「現象（phénomène）」と対置すると述べている。[45]フランス語の«énigme»の語源であり「曖昧な物言い・謎」を意味するギリシア語«αἴνιγμα»は、さらに「物語・称賛」を意味する名詞«αἶνος»と、「語る・称賛する・約束する」などを意味する動詞«αἰνέω»[46]と関連しているから、ここでレヴィナスは特に謎という概念がもつ「語る」という含意を強調していると考えられる。しかも、それが「現れる」という視覚的次元を含む現象の概念と対立させられるとき、解明されえない謎としての痕跡と、自らの造形的形態を貫いて「語る」顔との結びつきがふたたび鮮明になる。痕跡においても顔においても、そこで第一に問題となるのは、世界内の秩序に回収されないような意味の次元、「過ぎ去ること」ないし「訪問」という事実性と、それらによってもたらされる世界内の標準時間との乖離である。世界内に残された痕跡からこの痕跡の起源に遡及することができないとき、また、顔としてあらわになる他者が「語る」ことで自らの形態そのものを貫通してしまうとき、それらの事実性である「語ること（le Dire）」と、「語られたこと（le Dit）」として凝固する世界内のそれらの「現れ」とのあいだには還元不可能な「ずれ」が生じる。この「ずれ」とは、『存在するとは別の仕方で』を中心とするこの時期のテクスト群から、著作の形で日の目を見ることはかなわなかった最晩年の思索に至るまで、レヴィナスの関心の重要な一部を占めることになる「隔時性（diachronie）」の構造である[47]。

次節では、痕跡の概念とともにレヴィナスの後期思想の「場所論的転回」を準備し、またこの隔時性とも関連が深い「近さ（proximité）」の概念について、レヴィナスにおけるその語義の変遷とこの時期における展開を追っていく。

第三節　場所論的転回の概念構成(2)——近さ

六〇年代後半以降のレヴィナスは、他者との「関係」を指し示すために「近さ（proximité）」という概念を特権的に用いるようになり、それにともなって、以前は他者と呼ばれていたものがしばしば「隣人（prochain）」と呼ばれるようになる（ただし他者という語が登場しなくなるわけではない）。なぜ「近さ」という語がレヴィナスの後期思想のなかで前面に据えられるようになったかと言えば、この語は単なる空間的・時間的な近接関係を示すものに留まらず、道徳的・心情的な意味でも人間相互の近親関係を表すことができるからである、とさしあたりは説明できるだろう。翻って「隣人」という語は、「自分自身を愛するように隣人を愛しなさい」（「レビ記」19、18）という戒律に遡ることができる宗教的含意だけでなく、端的に「近いもの」を示すことが可能である（その際、第Ⅴ部で後述するように、どのような意味で「近い」のかがつねに問題となる）。

とはいえ前節で見た痕跡の概念と同様に、近さおよび隣人の概念にも、この時期での前景化に先立つ前史がある。

本節ではこの変遷を詳しくたどったのち、近さの概念を主題とした論文「近さ」（一九七一年）と、それに対応する『存在するとは別の仕方で』第Ⅲ章「感受性と近さ」第六節「近さ」の議論を追いながら、この概念が提起する問題系を明らかにしていきたい。

まず近さおよび隣人の概念は、『実存から実存者へ』の本論末尾で、他者の外部性と空間的な外部性とが区別される文脈で用いられており、そこでは事物に適用される単一性と多数性の範疇には回収されえない他者との「関係」が問題となっている。

　間主観性は《エロス》によってわれわれに与えられる。《エロス》においては、他者との近さのうちにあって、他者との隔たりが全面的に維持されているのであり、《エロス》の悲愴さは複数の存在のこの近さと二元性からできているのである。愛における交流の挫折とされているものこそが、まさにこの関係の肯定的側面をなしている。すなわち他者のこうした不在こそが、まさに他者としての他者の現前なのである。他者とは隣人である――しかし、この近さは融合の堕落形態でもなければ、その一段階でもない。(48)

「他者とは隣人である」という一文が端的に示しているとおり、そもそも隣人という語は他者の概念の言い換えとして用いられているが、その文脈では特に、エロス的関係に見られるような消失しえない隔たりをともなった隣人との近さが強調されている。この用法には論文「存在論は根源的か」から『全体性と無限』に至るまで大きな変更は加えられていない。たとえば前者では、人間が事物と異なる際だった存在者である理由が述べられる文脈で、自らの存在に関わるというハイデガーにおける現存在の特権視に対する異論がまさに隣人という語を通して与えられている。「存在者とは人間であって、そして人間に接近できるのは、人間が隣人としてあるかぎりである。つまり顔としてあるかぎりなのだ」[49]。『全体性と無限』でも同様に、「他者との近さ」と「隣人との近さ」が同格に置かれている箇所などを参照するなら、[50]他者と隣人の語のあいだに大きな相違があるようには見受けられない。そしてこの「近さ」の語の方も、強い意味での他者との「関係」そのものを表す概念として保持されている。「無限は倫理的抵抗のなかで顔として現前する。この倫理的抵抗は私の権能を麻痺させ、峻厳かつ絶対的なものとして、顔の裸性と悲惨さのうちにある無防備な眼の奥底から立ちあがってくる。この悲惨さと飢えの了解こそが、《他者》との近さそのものを創設する」[51]。

しかし、他者とほぼ同一視されていた隣人の語は、この直後にきわめて興味深い変遷をたどる。契機となったのは一九六二年一月二七日にソルボンヌ大学で開催されたフランス哲学会での講演「超越と高さ」である。この講演は基本的には『全体性と無限』の内容を要約したものであり、なかでも同書第一部で展開された《同》に対する《他》の超越という論点を哲学史的観点も踏まえつつ強調することで、自身の哲学の概要と特色を公にすることが目論まれていた。ただし、ここで取り上げるのはこの講演それ自体ではなく、講演後にフランス哲学会会長のジャン・ヴァールを司会として行われた討論であり、とりわけ精神病理学者・哲学者ウジェーヌ・ミンコウスキーの質問とそれに対するレヴィナスの応答である[52]。ミンコウスキーは、レヴィナスが用いる「超越」の概念の意味をはっきりと理解することができなかったと述べたあとで、レヴィナスの講演の基軸である《同》と《他》の区別そのものに疑義を呈している。

あなたはご発表の中心を《同》と《他》の対立に据えました。ところで、私たちは日常生活のなかで《他》について三つの用語をもっております。すなわち他者（autrui）、同胞（semblable）、隣人（prochain）です。そして現象学的次元では、このそれぞれが個別の与件を私たちに提供しております。このそれぞれが、《同》と《他》のあいだに存在しうる当初の隔たりと対立を減少させる方向へと向かい、私たちが「隣人」のうちに見いだす直接的与件としての近さ（proximité）に到達するのです。この視角から見た場合、これ〔近さ〕こそ本質的な与件、すなわち私たちの実存が拠って立つ原初的な人間的連帯であります。具体的生のなかで、そのあとで生じうるさまざまな食い違いがどんなものであれ、そうなのです(53)。

こう指摘したあとミンコウスキーは、レヴィナスの《他》の概念が日常的生において具体的に現れる諸様態に着目したうえで、精神病理学者の立場から、個々の情動的運動が依拠している本質的現象を「こだま（écho）」や「反響（retentissement）」といった語で表現している。レヴィナスの講演が『全体性と無限』の理論的梗概である第一部に基づいていたために、《同》と《他》の形式的構造が強調されすぎているきらいはあるものの、現象学由来のレヴィナスの哲学が具体的生の描出に心を砕いてきたことを考えればミンコウスキーの発言は驚くべき指摘である。しかしレヴィナス自身、あたかもさきほど確認した「隣人」および「近さ」の概念の使用を忘れてしまったかのように、ここではあくまでも《他》の抽象的性格に力点を置いている。

私の考えでは、超越が可能なのは、《他者》（Autrui）がはじめから同胞であったり隣人であったりしないときだけです。そうではなくそれが非常に遠いとき、《他》であるときであり、そのひとと私が最初はなにも共通点をもたないときであり、それが一つの抽象であるときだけなのです。まさしく、今日の哲学が糧としている〈具体的なもの〉の主張全体を通じて見誤られているのは、《他者》との関係は〈具体的なもの〉の連続性に穴をあける抽象の要素であること、それが語のあらゆる意味において剝き出しになった《他》としての《他》との関係である、ということです。したがって、隣人や同胞といった語は《他》から遠ざけなければなりません。これらは私と他とのあいだにあまりにも多くの共通のものを割り当てます――私はつねにあまりにも多くのものを隣のひと（voisin）と共通して有しており、あまりにも多くの類似を同胞と有している、といった具合です。私たちは同じ本質に与っているというわけです。超越は《他者》とともにしか可能ではありません。私たちは《他者》と絶対的に異なっており、この差異がなんらかの性質に左右されることはありません。超越は私たちと《他者》との具体的諸関係の出発点であると私には思われたのです。残りのすべてはそのうえに接合されるのです(54)。

ミンコウスキーとレヴィナスの主張の相違は、前者が隣人という近い側の《他》を基礎として日常的生における人間相互の関係を考えているのに対し、後者がもっとも遠い側の《他》、すなわち日常的生の具体性を破る絶対的な《他》を出発点に定めている点にある。討論の進行役を務めるヴァールは、「私は人間であり、人間に関することで私に無縁なものはなにもない」というテレンティウス『自虐者』の一節を引きつつ、人間たちの類似に依拠するミンコウスキーと差異から出発するレヴィナス（とはいえレヴィナスにおいては超人間的な神の存在を通じて、人間的なものは私には無縁ではないとされる）との相違を定式化し、そうすることで、自分は人間相互の関係によって神を定義しているという主張や、「私が行っているのは神学ではなく哲学なのです(55)」といった重要な発言をレヴィナスから引き出すことに成功している。実際には本書第Ⅲ部で見たように、『全体性と無限』全体の流れのなかでは「家」の親密さから遠心的に広がっていく《同》の領域画定が目指されているのであって、ミンコウスキーの見方が必ずしもレヴィナスの議論と対立するわけではない。しかしここでのレヴィナスは、なによりもまず自らの哲学の独自性を明確化させるために、絶対的に隔たっている《同》と《他》が関係のうちに入るという『全体性と無限』第一部の大きな主張を際立たせているのである。

むしろ興味深いのは、絶対的な《他》の超越を強調するためにこの箇所で明確に棄却されている「隣人」や「近さ」の概念が、『存在するとは別の仕方で』周辺のテクスト群では復権され、後期思想の中核をなすまでに至っている点である。この態度変更の形跡はテクスト上にもはっきりと見て取ることができる。前節の最後に引用した一九六五年の論文「謎と現象」のなかで、他者の顔が世界のコンテクストを破りつつ到来する様態に関して、「一人の隣人が近づいたのではないだろうか[56]」と記したレヴィナスは、そこに次のような注を付していた。「かつてわれわれは、隣人関係（voisinage）の共同性を示唆するように思われたこの隣人という語を拒んでいたが、現在では、隣人による攪乱（dérangement）の唐突さに注目している。攪乱とは、〈最初に到来した者〉としての隣人の事実である。『フランス哲学会年報』、一九六二年七～九月号、一〇七～一〇八頁（一九六二年一月二七日の回）を参照[57]」。指示されている参照先はもちろん、さきほどのミンコウスキーの質問に対するレヴィナスの応答の部分である。「他者の痕跡」では、他者が残した痕跡による世界内の秩序の攪乱が論じられていたが、この「謎と現象」では唐突に接近してくる隣人による攪乱が問題となっている。ここでの「攪乱」には「邪魔をする・迷惑をかける」という通常の意味合いも含まれており、まさしく「隣人関係の共同性」を思わせるような具体的な例が挙げられている。「〔…〕攪乱は秩序を攪乱するのだが、深刻に混乱させるわけではない。攪乱はあまりにもかすかな仕方で秩序のうちに入り込むために、われわれがそれを引き留めないかぎり、すでに秩序から退去してしまっている。攪乱は巧みに入り込む――そして入ってくるまえに退去しているのだ。〔…〕呼び鈴が鳴った、しかしドアのところには誰もいない。呼び鈴は本当に鳴ったのか[58]？」

　それでは、以上のような興味深い経緯を経てレヴィナスが「痕跡」とともに自身の哲学の中心に据えることとなった「近さ」とはどのような概念なのか。すでに引用したように、ハイデガーは現存在の空間性の分析のなかで、「現存在のうちには、近さ（*Nähe*）への本質的な傾向がある[59]」と記していた。そこで問題となっていたのは、現存在が道具を配視的に手元に引き寄せる「開離（Entfernung）」であり、道具とのあいだの隔たり（-fernung）を除去する

（Ent-）という意味での近さだった。ハイデガーが客観的意味での距離や遠近に優越する現存在の配慮の「空間性」を描出し、のちの居住思想において「空間」に対する「場所」の優位を論じていたのと類比的に、レヴィナスもまた空間的な意味での「隣接（contiguïté）」と近さとの区別から出発している。

近さとは、空間内の二点ないし二区域のあいだで狭まっていく間隔——隣接（contiguïté）やさらには合致（coïncidence）がその極限である——のある種の尺度なのだろうか。しかし、そうだとすれば近さという語は相対的な意味をもつことになるだろうし、ユークリッド幾何学の無人空間のなかでは、うわべだけの意味をもつことになるだろう。近さという語の絶対的で固有な意味は「人間」を前提としている。こう自問することもできる。隣接それ自体も、近さ——接近（approche）、隣人関係（voisinage）、接触（contact）——なしには理解できないのではないだろうか。そしてこの空間の均質性は、一切の差異に反する正義という人間的意義なしには、つまりは、正義がその終着点であるような近さをめぐるありとあらゆる動機づけなしには思考できないのではないだろうか(60)。

レヴィナスが言う「近さ」とは、二つの点や事物のあいだで客観的に測定可能な隔たりが小さいことを意味するわけではない。その場合、それらが「近い」と言えるかどうかはそのつどの状況に応じて変わりうるから、近さはせいぜい比較的小さな隔たりという相対的意味しかもたなくなってしまう。そうではなく、レヴィナスが考えているのは〈絶対的に近い〉という事態であり、その意味での近さは「人間的」でしかありえないという。「主体は、空間的意味には還元されない仕方で、近さのうちに巻き込まれている(61)」のであり、隣人とは異なる「第三者（le tiers）」が介入して「正義（justice）」を要求するときにはじめて、近さは「隣接」という空間的意味をまとうのだとされる。ハイデガーにおける現存在が近さへの本質的な傾向をそなえているのと同様に、主体は、主体であるかぎり、絶対的かつ人間的な意味で近さのうちにあるのだ、というのがレヴィナスの主張である（この最後の論点と第三者と正義の問題に関しては本書第Ⅴ部で扱う）。

主体がつねに近さのうちにある、すなわち絶対的に近い者である隣人とつねに結ばれているとするなら、近さは単に二項間の連関を示す語ではなくなる。隔たった二項（たとえその隔たりが小さいものであれ）がまずあって、そのあとで両者の連関が近さとして取り出されるのではないからである。レヴィナスは近さのうちで保たれる《同》と《他》の差異（différence）を二重否定を用いて「無差異〔無関心〕ならざること（non-indifférence）」と再定式化したうえで、それとともに二項間の単なる同時的な連関は断たれるとする。理性的秩序にとって「例外」として現われる近さは、それゆえ、二つの実詞のあいだの関係ではなく「関係の実詞化（l'hypostase de la relation）」と見なさなければならない。「主体性は、連関であると同時に、この連関の項でもある――しかし、連関の項が言わば主体（sujet）と化すのは、不可逆的な連関に従属するもの（sujet）としてである[62]」。つねに近さのうちにあると言われる主体性は、むしろ近さとして成立しているのである。しかし、それでも主体は主体と呼ばれ、あくまでも隣人に対して「近い」ものであるかぎり、この近さを固定的・静態的なものとして考えることはできない。そこから、レヴィナスの後期思想における主体性の性格が近さとともに描き出されることになる。

> 近さは一つの状態（état）、休止（repos）ではなく、まさに不穏（inquiétude）、非場所（non-lieu）であり、安息の場所の外であって、一つの場所に休息する存在がもつ非遍在性の平静をかき乱し、それゆえ、あたかも抱擁のごとく、つねに、まだ近さが足りないという事態なのだ。「決して十分には近くない（jamais assez proche）」、そのような近さは、構造として凝固することがない。さもなければ近さは、正義の要求のうちで表象される際に可逆的なものとなり、単なる関係にふたたび陥ってしまう。「ますます近く（de plus en plus proche）」としての近さは、

主体となる。近さは私のたえざる不穏としてその最上級（*superlatif*）に到達して、唯一なもの（unique）——ひいては一者（un）——となり、見返りを期待することのない愛におけるように、相互性を忘れる。近さとは、接近する主体である。この主体はそれゆえ一つの関係を構成し、その関係に私は項として関わっているのだが、そこで私は一つの項以上のもの——あるいは以下のもの——である[63]。

近さとは、主体と隣人とが不断に近づく運動そのものであり、一つの「場所」のうえで決して安定することのないたえざる動揺である。そして、この「ますます近く」という仕方で接近することをやめない近さの運動において、〈もっとも近く〉という「最上級」は一人称での「私」となる。『全体性と無限』のなかで、《自我》が絶対的な《他》へと向かうための特権的な出発点であり、《同》と《他》の関係には「形而上学的非対称性」が維持されていると言われていたのと同様、近さにおいても「相互性」は断たれている。近さの「最上級」である「私」は「唯一なもの」と化すのである。

以上のように、近さの概念の導入によって構想された主体性は、これまでレヴィナスが提示してきたものとは大きく異なる特徴をそなえている。初期著作において、主体は「場所」の根源的所有とともに成立していたのに対して、ここで近さとしての主体を性格づけているのは「非場所」であると述べられているからである。世界内に隔時的な攪乱をもたらす痕跡と、たえざる接近として主体を動揺させる近さを踏まえて、次章ではこれらの概念の導入によって準備されたレヴィナスの「場所論的転回」について、この「非場所」の概念に焦点を当てながら論じていく。

第二章　『存在するとは別の仕方で』の場所論的読解

第一節　非場所の倫理と「身代わり」の記号論

本節では「非場所」の概念に着目することでレヴィナスの後期思想を「非場所の倫理」として抽出し、その構造を明らかにすることを目指す。そのために前章で述べた「存在の彼方へ」という一連の展開を念頭に置いたうえで、この時期に発表された諸論文から『存在するとは別の仕方で』までの著作を読解の対象とする。

なぜ「非場所の倫理」なのか。元来は裁判用語で「免訴」を意味する「非場所（non-lieu）」という語は、ときに「ユートピア（utopie）」や「ノー・マンズ・ランド〔中立地帯〕（no man's land）」といった措辞とともに一九六〇年代後半からレヴィナスが用いるようになった概念だが、それ自体として明確な定義や定式化がなされているわけではない。せいぜい『存在するとは別の仕方で』の冒頭で、「〈存在すること〉からの引きはがし」が「非場所」を意味すると言われている程度である[1]。他方で倫理はと言うと、「存在の彼方の《善》（le Bien au delà de l'être/*ἐπέκεινα τῆς οὐσίας*）[2]」の問題に取り組むための予備研究として提示された『実存から実存者へ』以降、レヴィナスがハイデガーの哲学との対峙を通じてつねに自らの思想の前景に置いていたものであり、晩年の講演「第一哲学としての倫理」

（一九八二年）に結晶化するものである。だとすれば、レヴィナスの思想的道程の後半期にはじめて現れただけでなく、厳密な規定さえ受けていない非場所という概念によって、彼の思想の中核そのものとも言える倫理を総括する試みは、どこからその正当化を引き出すことができるだろうか。

そのための導きの糸になると思われるのは、ハイデガーが「『ヒューマニズム』についての書簡」（一九四七年）と呼ばれているジャン・ボーフレ宛の書簡で行った倫理学の特徴づけである。「性格（ἦθος）」はその人にとりダイモーン〔運命〕である」と訳されるのが通例であるヘラクレイトスの断片一一九番を引き合いに出しつつ、ハイデガーは「性格＝エートス」の語に次のような注釈を加えている。[3]

エートスとは、滞在地（Aufenthalt）、住む場所（Ort des Wohnens）を意味する。この語は、人間がそのうちで住む開けた領域を名指しているのである。人間の滞在地という開かれ（das Offene）が、人間の本質へと向かってきてかく到来しながら人間の近さ（Nähe）のうちに滞在するものを出現させる。人間の滞在地は、人間が自らの本質において帰属しているものの到着を含み、保持している。そのようなものが、ヘラクレイトスの言葉によればダイモーンすなわち神なのである。それゆえ、ヘラクレイトスの箴言が言うのは次のことである。人間は、人間であるかぎり、神の近さのうちに住む。[4]

エートスが、人間が神との近さにおいて住むその場所という意味で理解されるならば、エートスの学としての倫理学はこの場所についての根源的な思索であり、ハイデガーの好む語を用いれば、この場所の「所在究明（Erörterung）」であることになるだろう。[5]そして『存在と時間』が論じていたように、「開示態（Erschlossenheit）」として自らの「現＝そこ（Da）」を存在する現存在が、この開示態とともにそもそも「真理のうちにある」とすれば、[6]倫理学とは、人間の居場所である「存在の真理」を探究する思索にほかならないということになる。この書簡を端緒として展開されるハイデガーの思想が、「存在の家（Haus des Seins）」である「言葉」と、人間がとりわけ思索を通じて「住む」その仕方の解明へと歩を進めていったことはよく知られているし、本書第Ⅲ部でも見たとおりである。

こうした観点からすれば、非場所という概念を導入するとともに「他者のヒューマニズム」および「第一哲学としての倫理」[7]を標榜するレヴィナスの後期哲学の大綱が、場所の論究としての倫理学というハイデガーの規定に対する反駁に存していたことは想像に難くない。場所ではなく非場所との倫理の結びつきを見ることによって、本書第Ⅲ部で論じたハイデガーの居住思想に対するレヴィナスの批判が、一方的な批判の域に収まらないレヴィナス自身の哲学的主張へと彫琢されていく過程が適切に理解されるだろう。前章で見たように、レヴィナスもハイデガーと同様に「近さ」の概念に着目しているだけにますますそうである。上記のハイデガーの語義からすれば誤用とも言える「非場所の倫理」は、かくしてレヴィナスの後期哲学をその思想的展開を踏まえながら要約しうるものとなるのである[8]。

『存在するとは別の仕方で』を中心としたテクスト群において、レヴィナスは「人質（otage）」や「身代わり（substitution）」といったさまざまな「誇張的」[9]概念を用いながら、それらが相互に規定しあうような仕方で論述を進めており、おのおのの概念に独立した定義を与えるのは難しい。それらはまさに非場所という概念によって共通の形式化を得るというのが本書の立場だが、非場所もまたその形式性ゆえに、他の具体的な主題を媒介とすることによってのみ記述される。とりわけ本節であらためて問題としたいのは、「記号」および「痕跡」の分析に基づいた言語論と、それらと密接に結びついた「隔時性」という時間構造である。言語の本質を他者との関係のうちに見いだすのは五〇年代からのレヴィナスの一貫した構えだが[10]、レヴィナスがそれ以後「倫理的言語（langage éthique）」と呼ぶことになるものは、対面関係のうちで現前しあう対話者どうしの言語ではない[11]。非場所という概念がはじめて用いられた論文「言語と近さ」（一九六七年）の次の一節は、レヴィナスがこうした倫理的言語の構造をまさにこの概念によって記述していている点で興味深い。

一切の記号体系の構成にも、また、文化やさまざまな場所によって形成される一切の共通平面の構成にも先だって一者（l'un）から他者へと与えられた記号、すなわち《非場所》（Non-Lieu）から《非場所》へと与えられた記号。しかし、さまざまな明証事の体系の外部にある一つの記号が、超越したままに留まりながら近さのうちに到来するということは、体系的言語《ラング》以前の言語《ランガージュ》の本質そのものなのである(12)。

特定の文化・空間的布置に基づいた諸国語や記号体系に先立つ言語の本質が、一者から他者に与えられる記号のうちに見て取られているが、この本質を、記号の発し手・受け手・与えられる記号という三項からなる構造と解釈することはできない。というのもレヴィナスは即座にそれを「《非場所》から《非場所》へと与えられた記号」と言い換えているからである(13)。一者と他者がいずれも非場所と言い直されているのは、記号の送付と受領のそれぞれが「起こる＝場所をもつ（avoir lieu）」その瞬間のうちに、これらの作用と記号そのものとのずれが読み込まれているからにほかならない。それゆえまずは、一者と他者がそれぞれいかなる意味で非場所と呼ばれるのか、そしていかなるずれが非場所のうちにあるのかを見る必要がある。

まず後者から見ていくと、他者――この時期のレヴィナスの用語では「隣人」――のうちに見られる非場所としての性格は、すでに一九四六／四七年の講演「時間と他者」で提示されていた他者の存在様態に基本的に依拠している。このテクストでレヴィナスが特に「女性的なもの」のうちにその発露を認める他者とは、主体による認識や把持からたえず「逃れてゆくもの」であり、それゆえ主体と他者との関係は、「主体が他者との接触においてこの接触の彼方に赴く」ことをもたらす「愛撫（caresse）」として記述されていた(14)。愛撫という関係において他者は摑もうとする主体の手からつねに逃れ、接触のまさにその瞬間にすでにその場所を去っている。このようなたえざる逃れ去りの様態が他者の非場所性であると言うことができる[15]。

恋の歌である聖書「雅歌」の一節「戸を開いたときには、恋しい人は去った後でした」（5、6）を援用しつつ記述される隣人においても、それが主体による把持を逃れる点で事情はほぼ同様だが[16]、隣人の場合はその過ぎ去り（passage）がはらむ過去（passé）の時間性が強調される。すなわち隣人はこれから逃れ去るのではなく、すでに過ぎ去ってしまったのであり、主体は「最初に来た者」である隣人に対して「回収不可能な遅れ[17]」のうちにある。隣人は突如として主体との近さのうちに到来し、痕跡を残して去っていく。さきに引用したように、ある記号が「超越したままに留まりながらも近さのうちに到来すること」が記号体系やそれに基づく諸国語に先立つ言語の本質だとすれば、隣人によって残される痕跡もまた、あらゆる記号に先行し、記号を基礎づけるものでなければならない。

前章で論じたように、痕跡は世界の秩序から切り離され超越するもの、絶対的に過ぎ去り「一度も現在になったことのないもの[18]」を指示することで、世界の秩序のなかに時間的な攪乱をもたらす。「近さは記憶可能な過去の攪乱」であり、「待ち合わせ（rendez-vous）を可能にするような、時計が刻む共通の時間[19]」を狂わせてしまう。このような「時間の炸裂（éclatement du temps）」（同）、主体の時間と隣人の時間との解消不可能なずれが、レヴィナスが「隔時性」と呼ぶ時間性の根底にある構造であり、また記号一般にも見いだされるものである。不意に世界に闖入した隣人の痕跡は、「…のため」という指示連関を具現化した記号という用具的存在者として役立つことがなく、それゆえ、主体にとって身近な世界の秩序のなかで自らにふさわしい場所をもつことがないからである。

以上を踏まえたうえで、さきに引用した「《非場所》から《非場所》へと与えられた記号」という表現に立ち返るとすると、もう一つの非場所である主体（一者）はどのような意味でそうだと言えるのか。隣人という非場所から与えられた解読不可能な「記号」（痕跡）に直面した主体は、どのようにそれに「応答する」のだろうか。

存在することと存在しないことは究極的な基準と見なされるのだが、人間をこれらに対応したものとして考えてはならない。人間性、主体性――あらゆるところから排除された第三項、非場所――が意味するのは、存在することと存在しないこととの二者択一の炸裂である。すなわち、他者のかわりになる一者（l'un-à-la-place-de-l'autre）――身代わり（substitution）――、存在することおよび自己同一性に先立つような、記号としての〈意味すること〉（signifiance）における意味作用（signification）である。[20]

レヴィナスは、「存在するとは別の仕方で」、すなわち存在とは「他なるもの」を探究する際に、存在と非存在という二者択一を逃れる可能性を示すものとして、「語ること（le Dire）」と「語られたこと（le Dit）」という区別を導入する。[21] 存在と非存在を超越した「他なるもの」は、それが言表されるやいなや「語られたこと」と化し、ふたたび存在という共通平面上に主題として固定されてしまう。それゆえ、「語ること」において言表された「存在するとは別の仕方で」は即座に「語り直され（se dédire）」[22] なければならない。ただし、語り直されたものもまた「語られたこと」となる以上、語り直しの過程は永遠に繰り返されることになり、そこで時間は「語ること」と「語られたこと」との不断のずれとして解釈される。レヴィナスはこうした「隔時的思考」の範型として懐疑論を引き合いに出す。懐疑論のさまざまな矛盾的言表は論理学によってまさしく反駁不可能な仕方で反駁されるのだが、それらの言表は同時性のうちに集められることではじめて矛盾となるのであって、隔時的に「語ること」そのものが妨げられているわけではない。むしろこの同時性（「共時性（synchronie）」）という共通平面に訴えることによって、存在とは「他なるもの」が存在と非存在の二項関係に還元されてしまうのである。それに対して、言表行為がすぐれて人間的主体の身振りであり、「語られたこと」に凝固しない「語ること」を主体がたとえわずかな時間であれ実現するものだとすれば、主体は存在と非存在の対立を逃れる可能性を指し示していることになる。その意味で主体は、排中律（principe du tiers exclu）における「中間」、すなわち「排除された第三項（tiers exclu）」であり、二者択一のうちに場所をもたない非場所である。そして「あらゆるところ」から排除されている主体が占める「場所」（すなわち非場所）は、必然的に自らとは他なるものの場所であることになり、そこから「他者のかわりになる一者＝他者の場所にある一者（l'un-à-la-place-de-l'autre）」という主体の定義が導き出される。「そもそものはじめから、主体性は身代わりであり、他者の場所に供されている〔…〕」[23]。

ところでさきの引用でレヴィナスがすぐさま付言しているように、この「他者のかわりになる一者」という「身代わり」の構造は、別のあるものの代理としてそれを表示する記号の構造そのものである。「《語ること》において主体は、自らを表出しながら隣人に近づき、文字どおりの意味で一切の場所から自らを放擲し、もはや住むことがなく、いかなる土地も踏むことがない[24]」のだが、このとき「《語ること》の主体は記号を与えるのではなく、自ら記号となる（se fait signe）[25]〔…〕」。しかし、主体という記号は、通常の意味での記号と同じ仕方で記号であると言えるのか。記号が記号として機能するためには、記号はその意味作用において自らとは他なるものを意味しつつも、それ自体はあくまでも意味されたものではなく意味するものとして現出しなければならない。この場合、記号がその働きを最大限に発揮するのは、記号が記号としての自己同一性を喪失するに至るまでに自らとは他なるものを意味するときである。レヴィナスが主体のうちに垣間見ているのは、そして近さの「最上級」とも言われていたものは、まさに記号のこの極限値であると言えよう。

責任（responsabilité）から出発して捉えられた〈私〉（*je*）は、〈他者のために〉（pour-l'autre）であり、裸出（*dénudation*）であり、触発への暴露であり、純粋な感受である。〈私〉は自らを定位することも、自らを所有したり承認したりすることもなく、自らを蕩尽し、自らを引き渡し、自らの位置を取り払い、場所を失い（*perd sa place*）、自らを追放し、自らのうちに遠ざけられる。しかし、あたかも皮膚さえもまだ存在のなかに身を護る一つの仕方であるかのように、〈私〉は傷および侮辱に曝され、非場所のうちで自らを無化し、他者への身代わりにまで至る。自らのうちにあると言えるのは、ただ自らの追放の痕跡のなかにあるものとして、である。[26]

主体が「他者のかわりに＝他者の場所で」、さらには「他者のために」記号となるとき、主体は他者に与えられた「純粋な記号」、「この記号の贈与そのものからなる記号」であり、そこでは「伝達者が伝言である」[27]。

以上のことからも、レヴィナスが解釈する「倫理的言語」を記号とその発信者・受信者という三項構造と同一視できないことが確認できる。隣人の「自分自身の出発の痕跡」[28]においても、主体の「自らの追放の痕跡」においても、そこでかろうじて受け渡される（passer）のは、この出発と追放の出来事それ自体だからである。そしてこの出来事は、いずれの場合においても、「起こる＝場所をもつ（avoir lieu）」ことなく「起こる＝過ぎ去る（se passer）」。レヴィナスの論じる主体性には、このような《passer》という語の意味が重層的に組み込まれており、「受動性（passivité）」や「受難（passion）」[29]といった主体性の性格もまた、《passer》の多義性において理解されなければならない。「主体性――自己同一性の断絶の場所、非場所――はあらゆる受動性よりも受動的な受動性として生起する（se passe）。想起や歴史という表象によっては回収することのできない隔時的過去（passé diachronique）[30]、すなわち現在とは共約不可能な隔時的過去に、引き受けられることのない自己の受動性が対応し、応答する」。生起する、過ぎ去る、消え去る、移り行く、受け渡すといった多義的な《passer》――ヘブライ語（'ivrit）の原義が「過ぎ去り」であることも付け加えてよい[31]――によって、一つの場所に留まることのない主体の非場所が形づくられるとともに、こうしたさまざまな《passer》のもつれ合いのうちで「《倫理》の錯綜＝筋立て（intrigue）[32]」が結ばれるのである。

レヴィナスが倫理的関係と呼ぶのは、「ある項と他の項が、悟性の総合によっても主観と客観の関係によっても結びつけられないが、それにもかかわらず一方が他方に対してのしかかり、重要性をもち、意味するような関係であり、知によっては汲み尽くすことも解きほぐすこともできないような錯綜＝筋立てによってそれらの項が結ばれている」[33]関係である。しかし、つねに隔時的な過ぎ去りの状態にある主体と隣人がいずれも非場所によって特徴づけられ、両者のあいだには「待ち合わせ」を可能にする共通の時間が保証されない以上、主体と隣人はいかなる仕方で「結ばれる」のか。隣人は出発の痕跡だけを残して絶対的に過ぎ去っており、主体はこの遅れを取り戻すことができない。隣人と主体の通り道（passée）、そもそも両者の歩み（pas）は、決して交差することがない（pas）のではないだろうか。

もし主体と隣人との倫理的な「錯綜＝筋立て」が結ばれる局面を捉えることができるとすれば、それは「語られたこと」に凝固する手前の「語ること」の瞬間、「語られたこと」を「語り直す」その瞬間においてでしかありえないだろう。レヴィナスは一九七三年のデリダ論「まったく別の仕方で」のなかで、「身代わり、代補、〈他者のための一者＝他者のかわりの一者〉（l'un-pour-l'autre）である記号は、その対自＝自分のために（*pour soi*）の決定的な宙づりにおいて、他者のための私の責任という〈他者のために＝他者のかわりに〉（pour-l'autre）なのではないだろうか」[34]と述べている。つまりは、記号という「他者のための一者」と、その極限値である「他者のために」のあいだで「一者」が明滅する瞬間、その隔時的なずれこそが、「非場所の倫理」の生起する「場所」であると言えるのではないか。

そもそも『実存から実存者へ』以来、レヴィナスは、時間から出発して「瞬間（instant）」を考察するのではなく、瞬間それ自体の「弁証法」[35]を捉えることの必要性を主張していた。「始まりのパラドクス」におけるように、瞬間とはその出発点と到達点とを内包した一種の「跳ね返り」[36]、純粋な自己準拠を意味する。このとき、孤立し自存する「瞬間が成就する決定的な接触の過剰」[37]を癒すものとして、はじめて時間という「他者との関係そのもの」[38]が瞬間に

「救済（salut）」をもたらすためにやってくる。[39] それゆえ瞬間は、すぐれて他性が介入する「場所」として考えられていたのである。[40]『存在するとは別の仕方で』のある箇所もまた、隔時性に基づいた瞬間の概念を興味深い仕方で提示している。そこでレヴィナスは、存在がその直接的自己同一性を超えた差異のうちで自らを承認する対自の構造には帰着しない自己同一性の「手前」を明らかにするために、プラトン『パルメニデス』の一節を引き合いに出す。[41]『パルメニデス』において瞬間は、運動と静止の中間に位置しつつも「いかなる時間のうちにもない」（156c）ような「たちまち（τὸ ἐξαίφνης）」（156d）として解釈されている。そして瞬間がもつこの「奇妙な」本性を説明するために、レヴィナスが引用する仏訳において «étrange» と訳されている語は «ἄτοπος»、すなわち「奇妙な＝場所をもたない」という語だった。この箇所を引用した段落の最後でレヴィナスは次のように書いている。「存在の手前、そして、存在として主題化しうる無の手前の非場所であり、合間、反時間（あるいは不幸）である」。[42] 結局のところ、主体と隣人との錯綜＝筋立てである「非場所の倫理」が結ばれる「場所」は、いかなる時間のうちにもない「合間（entre-temps）」「反時間（contre-temps）」であり、決して隣人に追いつくことのできない主体の「不幸＝折り悪さ（mal-heur）」なのだ。

はたして、このような「非場所の倫理」について肯定的な仕方で語ることは許されるのだろうか。もし許されるとしても、それは瞬間という「非」場所はいかなる場所のうちにも時間のうちにも「ない」という、否定の否定によってでしかありえないだろう。すでに触れたように、まさにレヴィナス自身もこの方法によって、隣人に対する主体の「無差異＝無関心ならざること（non-indifférence）」について語ることができたのだった。この発想それ自体は、『全体性と無限』以来の「無限（infini）」の捉え方を継承したものだが、さらに最晩年の「肯定性（positivité）」の思想へと通じていくものである。しかしそうだとすれば、ここまでの議論を踏まえたうえで、あらためてヘーゲルとの対話が開始されなければならないだろう。哲学における「出会い」についてレヴィナスがデリダに捧げた表現を転用するなら、ヘーゲルという「真の哲学者」と「彼の歩む道で交差すること」、ヘーゲルとレヴィナスとがすれ違う「キアスムの中心点における接触」(43)が語られなければならないだろう。

次節では、おもに『存在するとは別の仕方で』の中心部分と言われる第四章「身代わり」を読解することによって、主体性の（非）場所性の様態をさらに検討していく。

第二節　他者のために――再帰の「場所」

冒険の果てに故郷のイタケ島に帰還するオデュッセウスと、故郷を去り放浪の旅に出るアブラハム――一九六三年の論文「他者の痕跡」が対置しているこの二人の形象は、単にギリシア的なものとユダヤ的なものとの文化論的な対立を代表しているのではない。前者のうちには、他者に対する「アレルギー」に冒されつねに〈他〉を〈同〉に還元せずにはおれない西洋哲学の根本的な動向が読み取られているからである。西洋哲学において、意識は、有為転変を経てもなお故郷に帰り着くオデュッセウスのように、「ありとあらゆる冒険を通して、自分自身をふたたび見いだし、我が家に〔自己のうちに〕回帰する」(44)のであり、意識のさまざまな様態は結局のところ自己意識（conscience de soi）、自己同一性（identité）、自律（autonomie）に帰着する。その意味で「ヘーゲルの哲学は、哲学のこの生来のアレルギーの論理的帰結を表している」(45)。ここで「他者の痕跡」の議論にあらためて言及するのは、前節で概略を示した「他者のために＝他者のかわりに（pour-l'autre）」という身代わりの構造が、『存在するとは別の仕方で』において、まさにヘーゲル的な自己意識の議論、とりわけ「対自＝自己のために（pour soi）」に対する反駁を経由して導き出されるからである。実際、同書の中核をなすと言われる第四章「身代わり」は次の確認事項から出発している。

諸存在との関係――これが意識と呼ばれる――において、われわれは、これらの存在が現れる際の数々の射映《シルエット》のばらつきを貫いてそれらを同定する。自己意識において、われわれは、時間的諸相の多様性を貫いて自らを同定する〔自己同一化する〕。あたかも、意識の姿をまとった主体的生は、存在自身が自らを喪失し、ついで自らをふたたび見いだし、ついには、自らを示し、主題として自らを提示し、真理のうちに自らを曝すことで、自らを所有する（*se posséder*）ことであるかのようだ(46)。

西洋哲学の伝統が捉える自己意識の構造において、存在がそれ自身「である」とは、もろもろの変容（ヘーゲルにおけるように、死に至るまでの否定性）を通してもなお自らを「所有する」、すなわち「もつ」ことにほかならない。このような「ある」（*être*）におけるもつ（*avoir*）の契機(47)」が、「即自（en soi）」を否定して自らと隔たりながらもこの差異を媒介にふたたび自らを所有する「対自」である。「かくして意識の対自は、存在がそれ自身に行使する権能そのもの、その意志、その始原性である。そこで存在は自らに等しくなり、自らを所有する(48)」。ここに先立つ一節で、レヴィナスはより明示的にヘーゲルの議論と距離を取っているが、そこでは次のように「対自＝自己のために」から「対他＝他者のために」への移行が先取り的に予告されていた。

『精神現象学』のなかで、ヘーゲルは実体を主体として思考しようとし、被知覚対象から借り受けられた存在者のモデルないし即自のモデルを、運動に帰着させようとしている。直接態を否定したあとで、直接態を媒介的に回復しようというのである。しかし、それゆえ、実体の基底に認められる主体を生気づけているのは、相変わらず自己の奪回（*reprise*）ないし奪還（*reconquête*）であり、〈対自＝自己のために〉である。存在すること（essence）はその努力《コナトウス》から抜け出すことがないのだ。受肉（incarnation）としての、感受性の主体性は、回帰なき放棄であり、他者のために〔他者のかわりに〕苦しむ身体としての母性（maternité）であり、受動性かつ断念としての身体であり、純粋な〈被ること〉である。たしかに、ここには乗り越えられない両義性がある。すなわち、受肉した自我――血肉をそなえた自我――は、自らの意味作用を喪失し、自らの努力と歓喜のうちで動物的に自己肯定することもありうるのだ。自分自身の財産を取りに来たオデュッセウスを自分の主人と認めた犬の場合がそれである。しかし、この両義性は、可傷性（vulnérabilité）そのものの条件、言い換えれば、意味作用としての感受性の条件なのだ。自己満足しているかぎりにおいてのみ――「自己に巻きつき」、「自我である」かぎりにおいてのみ――他者のための好意〔良き注意〕のうちにある感受性は、〈対他＝他者のために〉であり、〈自己に反して〉（*malgré* soi）であり、非行為であり、自己のための〔対自的な〕意味作用ではない他者のための〔対他的な〕意味作用でありつづけるのだ。(49)

学の体系を叙述するにあたって、ヘーゲルが、神を唯一の実体とするスピノザ的な実体概念を批判し、自己展開する動的な実体を主体として捉え直したうえで、もっとも直接的な精神である感覚的意識から始まる精神の発展過程を描き出すとき、こうした主体の運動を賦活しているのはあくまでも自己自身の否定とその取り戻しであって、その「存在すること」という観点からすれば、この議論は自らの存在に固執する「努力《コナトウス》」をあらゆる事物の本質とするスピノザの考え方から抜け出ていない。このように主体を自己意識に切り詰めてしまうヘーゲルに対して、「意識――自己による自己の知――は主体性の概念を汲み尽くすものではない(50)」とするレヴィナスは、感受性としての主体性を対置する。レヴィナスが言う「他者のために〔他者のかわりに〕苦しむ身体」とは、この議論のなかでヘーゲルとともに念頭に置かれているサルトルのいわゆる「対他身体」ではない(51)。〈他者のため〉の身体は、サルトルが『存在と無』（一九四三年）で区別している身体の三つの存在論的次元のいずれとも異なる。すなわちこの身体は「私は私の身体を存在する」という意味での身体性ではもちろんないし、「私の身体は、他者によって利用され認識される」という意味での身体性でもなければ、「私は、私にとって〔対自的に〕、身体という資格で他者によって認識されるものとして存在する」という意味での身体性でさえない(52)。レヴィナスは、感受性としての身体がヘーゲル＝コジェーヴにおける低次の意識段階である動物性としても現れうることの両義性を指摘しつつも——乞食姿に身をやつして帰館したオデュッセウスを主人と認めたかつての飼犬アルゴスが例に挙げられているのは偶然ではないだろう——この感受性を意味作用としての「他者のために＝他者のかわりに」と見なしている。ここで動物性としても現れるという「受肉」の両義性が指摘されているのは、『全体性と無限』において、享受としての「自我」が他者との関係の絶対的な出発点とされていたのと類比的である（「自己に巻きつき」という表現は享受の螺旋構造を想起させる）。

　前節で見た身代わりの基本構造は、一方で、「〈他者のための一者＝他者のかわりになる一者〉——言い換えれば意味作用の〈意味すること〉そのものなのだ！(53)」と言われるように、一者として現れつつも他者のかわりになる記号の役割のうちに認められる。これはなんらかの意味内容を提示するものというよりむしろ、「コミュニケーションのコミュニケーション、記号の贈与の記号(54)」であり、「語ること」そのものである。他方で、「意味作用の〈意味すること〉」というまったく同じ定式が「可傷性」としての身体に読み取られ、この身体には、さきの引用文中に見られたとおり「母性」という語が当てられる。「可傷性——その究極的意味は、全面的な「他者のために」としての母性であり、そのような可傷性が意味作用の〈意味すること〉そのものである(55)」。しかし「母性」としての主体性とは一体なにか。またこの主体性はいかなる意味でヘーゲルの議論に対する反駁を構成しているのだろうか。

　レヴィナスは主体と意識を等価なものと見なす観念論的伝統を批判しながら、自己に回帰する自己意識〔自己との関係としての意識、対自としての意識〕が回帰のよりどころとするはずの「《自我》（Moi）」ないし「《私》（Je）」を、関係ならざる「項（terme）」、「一者（un）」として考え直している。その際、対自としての自己意識とは異なる仕方で考えられる主体性は、対自の回帰的構造を批判していた立場からすると奇妙に見えることだが、「再帰（récurrence）」と呼ばれる概念のもとで考えられている。

本書では、再帰する項（*terme en récurrence*）は、意識とその戯れの彼方で――あるいはそれらに先立って――、意識が主題化する存在の彼方ないし手前で探求される。存在の外で、それゆえ、ある強制退去によって言わば追放の身にある自己のうちで探求される。この強制退去の肯定的な意義を明らかにしなければならない。存在の外、自己のうちへのこのような強制退去は、私が姿を現し、身を落ち着けるに先立って私を指名するという意味での強制退去である。頼みの綱も祖国もなく、私は指名され、すでに私自身に送り返されているが、私は私自身にしがみつくこともできない――始めるに先立って、私は強制されている。自己意識に似ているものは何一つない。自己意識が意味をもつのは、関与《アンガジュマン》よりも古い責任、すなわち他者のための責任が私のうちに出来するかぎりにおいてでしかない。他者のための責任においては、私は一者であり代替不可能な者である（un et irremplaçable）――責任のうちで誰も私のかわりになることができない、という意味で、私は一人である。意識の表面に広がり、存在のうちに場所《リュー》をもつような織物の裏面である。(56)

対自の構造においては、自己と自己とのずれを媒介とすることで自己がふたたび所有され、差異をはらんだ自己同一性が回復される。そこでは「〔…〕私の自己同一性は、存在することがそれ自身に折り重なることへと還元される」(57)。それに対して他者のための「一者」は、対自が回帰する自己の手前へと再帰する。「意識の自己反省、《自己》を知覚する《自我》は、それに先行する自己自身の再帰、いかなる二重性もない自己自身の一者には似ていない。この一者は、そもそものはじめから自己へと追いつめられ、壁に押しつけられ〔窮地に追いつめられ〕、あるいは、自らの皮膚のうちでねじれ、自らの皮膚のうちに痛みを抱え、自己のうちにあると同時に自己の外にある」[58]。対自に先立つ再帰においては、自己は自己をふたたび見いだすのに先立って自己自身のうちに追放されていると言われる。これは言わば再帰動詞から再帰代名詞そのものへの遡行である。「「自己を維持する」、「自己を失う」、「自己をふたたび見いだす」といった表現における自己（*se*）は、これらの代名動詞が表す諸関係や出来事の結果ではなく、その母型（*matrice*）そのものである。そして母型というこの比喩のなかで想起される母性は、自己自身に固有の意味をわれわれに示唆してくれる」[59]。ここで用いられている再帰動詞の例はそれぞれ弁証法の各契機に対応していると思われるが、たとえばヘーゲルが『精神現象学』のなかで、「自己を回復する同等性（diese sich *wiederherstellende* Gleichheit）」[60]という表現内の「回復する」を強調しているのに対し、レヴィナスは代名動詞の「自己」の方を強調することで、対自の「母型」となる自己に焦点を当てているのである。

さまざまな代名動詞が喚起させる対自の構造の「母型」である自己は、「他者のために」という母性であり、レヴィナスが用いる別の表現によれば「同のうちへの他の懐胎」[61]である。それでは母性であり他の懐胎であると比喩的に語られる自己、「描き出すべき大いなる秘密」[62]である自己は、どのように理解すべきだろうか。エミール・バンヴェニストはインド・ヨーロッパ語族における中動態を扱った有名な論文のなかで、中動態における主語は、当該の動詞が指し示す過程に内属しており、その過程の「座（siège）」であり「場所（lieu）」であると言う。「〔…〕主語はこの過程の動作主であると同時に中心である。主語は自らのうちで成就される（s'accomplit）ものを成就する（accomplit）のである〔…〕」[63]。レヴィナス自身は、ラテン語には《se》の主格がないことを指摘し[64]、「「それが起こる＝過ぎ去る（cela se passe）」の《se》における受動的な一者」[65]が有する対格としての受動性を強調している。バンヴェニストとレヴィナスの議論を重ね合わせるならば、出来事の出来する場としてのこの受動性はまさに、場所をもつのではなく場所であることの受動性を表しているのではないだろうか。自己に割り当てられていた母性という表現はまさに、他者をうちにはらむという場所性を意味しているのではないだろうか。

自己に再帰し、自己自身へと押しつけられた自己は、対白として自己を再所有するための距離を取ることができず、存在するための場所をもつことができない。そして、自己が自己のうちでよじれるようなあまりにも自己であるという最上級、あるいはレヴィナスが頻繁に用いる語によれば「誇張（hyperbole）」によって、〈自己のために〉から〈他者のために〉への「転義（trope）」が生じる。「自己による閉塞（encombrement）および自らの皮膚のうちでの狭窄の苦しみは、さまざまな比喩以上に、存在することの変質の正確な転義をたどるものだろうか。再帰においては、自己の外への自己の強制退去は他者への身代わりであり、このような再帰のうちで存在することは反転する――あるいは逆転する。これこそ自己自身から自己を無化する《自己》を意味するのではないだろうか(66)」。第Ⅱ部で論じたように、『実存から実存者へ』におけるレヴィナスは、意識が一つの「場所」をもつという出来事のうちに意識の出来そのものを見ており、このような純粋な自己準拠である「なにかをふさぐことのない唯一の所有（[l] e seul avoir qui ne soit pas encombrant）」を意識の「条件」と見なしていた(67)。ほかのなにかをふさぐことのない所有とは、言い換えれば自己自身による自己自身の「閉塞」であり、ほかのなにものも含むことのない「定位(68)」という意識の「条件」は、自己自身に押しつけられるほどに自己であるという「再帰」の「無条件（incondition）」へと転じる。ただし、自己自身の手前に追放される自己自身の再帰は、対自の構造のように自己自身とふたたび一致することがない。こうした自己と自己自身の「不等性」、「離開した自己同一性（identité *en diastase*）(69)」は、自己と、それが存在するためにもつはずの「場所」との不一致であり、この両者がなぜ一致に至らないかと言えば、自己という「場所」が身代わりによって他者のための「場所」となるからである。「自己というこの《非場所》のうちに追いやったものすべての身代わりになるほどに、自己のうちで〔即自的に〕自己に追いつめられていること、これがまさに自己のうちにあること〔即自〕であり、「存在することを超えて」自己のうちに潜むことである(70)」。他者の「かわりに（pour）」という身代わりの構造は、他者の「ために（pour）」という自己の非場所性が、他者の「かわりに＝場所に（à la place de/au lieu de）」という場所性と同義となることにほかならない。

自己の非場所が、「他者のかわりに＝他者の場所に身を置く可能性（la possibilité de se mettre à la place de l'autre）」である身代わりによって他者の場所へと転じること――本書の考えでは、この「転義」が『存在するとは別の仕方で』における主体性の分析を貫く根本的な主張であり、「母性」や「人質」――人質はなにかの〈かわりに〉取られるものである――といったさまざまな比喩はいずれもこの主張のために導入されたものである。さらにこの主張から、他者を支える場所としての責任という議論が生じてくる。「〔…〕まさに、頭を載せる場所をもたず、非場所のうちにあり、それゆえ条件を欠いている〔無条件的な〕自己自身は、世界の担い手（porteur）として姿を現すだろう。自己自身は、世界を担い、世界を受忍し、休息も祖国もなく、迫害の相関者である――すなわち他者の身代わりである」。他者に対する無際限の責任というよく知られたレヴィナスの議論は、世界全体を自己の（非）場所のうちに迎え入れ、その重みを支えることとして考えられる。「本書で、われわれは主体の無条件を語ろうと努めているが、この無条件はある原理としての地位をもってはいない。それは存在そのものに意味を付与し、存在の重み（gravité）を迎え入れるような条件である。存在が宇宙の統一性として集約され、存在することが出来事として集約されるのは、存在全体を耐え支える（*supportant*）《自己》に依拠することによってである。《自己》とは、《下に投げ出されたもの＝主体》（Sub-jectum）である。《自己》は宇宙の重さにおしひしがれ、すべてに責任を負っている」。さきのバンヴェニストの引用で、主語が動詞の過程の「中心」であると言われていたのと同様に、ここでの主体は、存在一切が集約される根拠としての「支点（point d'appui）」である。そして身代わりにおける主体は、あらゆるものの場所であるという意味で「代替不可能（irremplaçable）」であり、唯一的である。「他者のための責任（responsabilité pour autrui）」という、フランス語としてはいささか破格な表現を用いることでレヴィナスが示そうとしているのは、まさにこうした主体の場所性に凝縮した責任である。「他者のための責任とは、主体性の非場所が置かれる場所であり、そこでは〈どこ〉という問いの特権が失われる[75]」。

ここまで本節では、ヘーゲル的な対自とは異なる自己の再帰の分析に着目しながら、主体の非場所が他者の場所へと転じる身代わりの構造を明らかにしてきた。『存在するとは別の仕方で』第四章の「身代わり」と題された節で、レヴィナスは要約的にこう述べている。「〈対自＝自己のために〉ではない存在、〈万人のために〉ある存在――存在であると同時に存在からの超脱でもある存在――の創設である。〈対自＝自己のために〉が自己意識を意味するのに対して、〈万人のために〉は他者たちのための責任、宇宙の支えを意味する[76]」。〈対自＝自己のために〉から〈対他＝他者のために〉への転換は、前節で見た〈他者のためにある一者〉の「一者」が明滅する瞬間であり、場所と非場所のあいだの隔時的な両立である。

ところで『存在するとは別の仕方で』には、本節で見たような主体の場所的性格と責任との絡み合いを的確に示すようなモチーフが登場する。「われここに（me voici）」という聖書的表現がそれである。この「応答」を通じて、非場所と身代わりの形式的構造とそれらが記述する主体性に、より具体的な形象が与えられることになる。次節では、この応答によって描出される主体性を詳しく見ていくことで、レヴィナスの「非場所の倫理」の分析のまとめとしたい。

第三節　呼び声の届く場所――「非場所」的主体性の描出の試み

祭司エリのもとで神に仕える少年サムエルを、ある晩、神が呼ぶ。「われここに（hineni）」と答えたサムエルは、エリに呼ばれたと思い祭司のもとに走って行くのだが、呼んだのは自分ではないと言われ戻って床に就く。ふたたび、神が呼ぶ。ふたたび、サムエルはエリのもとへ赴く。三度目にサムエルがやってきたとき、彼を呼んでいるのが神だと悟ったエリは、「もしまた呼びかけられたら、「主よ、お話しください。僕《しもべ》は聞いております」と言いなさい」とサムエルに告げる。そして次もまた、神は「これまでと同じように」サムエルを呼ぶ。しかし、ここではじめてテクストに「サムエルよ」という呼び声が現れる。それ以前には「主の言葉はまだ彼に示されていなかった」からである（「サムエル記　上」第3章）。

このような呼びかけと応答の場面は旧約聖書に幾度となく現れるが、その代表的な例は「創世記」で語られるアブラハムによるイサク奉献の物語だろう。まず、モリヤ山で最愛の独り子イサクを犠牲として捧げるよう命じるために、神はアブラハムを呼び、アブラハムはそれに答える（22、1）。ついで、生け贄をもたずに薪と刃物のみをもって山を目指す父を訝しんだイサクがアブラハムに呼びかけ、アブラハムが答える（22、7）。最後に、まさにイサクに手をかけようとしたアブラハムに対して、神の御使いが「アブラハム、アブラハム」と二度呼びかけ、アブラハムはそれに答える（22、11）。いずれの場面においても、自らに向けられた呼び声に対してアブラハムは「われここに」と答えている。

レヴィナスが他者に対する解消不可能な責任を担ったものとして主体を記述する際に参照するのも、聖書的伝統において言われる「われここに（me voici）」である。ただし、興味深いことに、そこでレヴィナスが直接的に参照するのは、神の呼び声に応えるアブラハムの応答でもサムエルのそれでもなく、「イザヤ書」に登場する預言者イザヤの「われここに」である。天の御座に座す神と天使たちの幻を見たイザヤは、そこで「誰を遣わすべきか。／誰がわれわれに代わって行くだろうか」という神の声を聞き、「私がここにおります（われここに）。／私を遣わしてください」と答える（6、8）。なぜレヴィナスは、呼び声と応答の場面がより明確に示されているアブラハムやサムエルの「われここに」ではなく、ほかならぬイザヤの「われここに」を援用するのだろうか(77)。

この問いに接近するためには、まず「われここに」という応答から出発して理解される主体の主体性がいかなるものなのかを明らかにする必要があるだろう。しかし同時に、そこで記述されるものがなおも「主体」と呼びうるのかどうかも考慮に入れなければならない。というのも、従来の形而上学において想定されてきた主体ではなく、現存在の実存論的分析を試みたハイデガーが現存在の本来性を付託する場もまた、「良心（Gewissen）」の「呼び声（Ruf）」の場面だったからだ。この二つの場合において、呼び声とそれに対する応答（ないし呼び声の聴取）は、主体あるいは現存在の構制に対してどのような役割を果たしているのか。

まず「われここに」という聖書的表現に結晶化される主体の主体性のあり方を、『存在するとは別の仕方で』の次の引用から出発して整理してみよう。

> 他者のための責任は《主体》に訪れる偶然的な出来事ではなく、《主体》のうちで《存在すること》（Essence）に先立つものである。自由においても他者のための関与《アンガジュマン》はなされたかもしれないが、他者のための責任は、そのような自由を待ち望んだことはない。私はなにもしていない、それなのに私はつねに審問され迫害されてきた。自己性（ipséité）とは、自己同一性という始原（*archè*）をもたない受動性のうちにあり、自己性とは人質（otage）である。《私》（*Je*）という語が意味するのは、すべてのもの、すべての人に責任をもつわれここに（*me voici*）である。[78]

ここでレヴィナスが描き出そうとしている主体性は、自らの態度や行動を任意に決定することができる自由によって特徴づけられるような主体性とは大きく隔たっている。とはいえそれは、私利を度外視して他者を第一に尊重するような利他主義を意味するのでもない。「没利害〔内存在からの超脱〕（désintéressement）」という伝統的概念を用いながらもこの著作でレヴィナスが聴き取っているのは、この語のうちにこだましている存在すること（esse）の響きだからである。「他者のための責任」は、主体が「存在すること」に先行する。主体が「ある」ということの手前で、主体は他者に対する責任によって条件づけられているという。

しかしまた、主体一般について語り出すはるか以前に、「私」はつねにすでに存在してしまっている。他者に対する責任が主体の自由に先行すると言われるとき、この場所にそれでも存在してしまっている「私」は、自らのイニシアチヴによっては取り戻すことのできない錯時的な（anachronique）遅れのうちにあることになる。それが「世界に遅れてやってきた主体の主体性」[79]であり、それゆえ「私は遅れてしまったことで弾劾されている」[80]。レヴィナスが「ヨブ記」を参照するのは、こうした自らの自由意志を超えて他者に対する責任に曝されている主体を導出するためだった[81]。したがってレヴィナスの議論に対して、自分がなした行動とは無関係に責任を担う（répondre de…）ことはできない、と反駁することはできない。私はなにもしていないとしても、「私」が存在するというだけで、「私」はすでに「われここに」と答えてしまっている（répondre à…）からだ。

レヴィナスは「われここに」のうちにある「われ」が対格の人称代名詞であることを強調している。「われここに」という表現において、「〔…〕「私」という代名詞は対格に置かれ、あらゆる格変化に先立って変容を被っており、他者に取り憑かれ、病んでおり、それでいて自己同一的である」[82]。「われここに」においては、主格としての「私（je）」はすでに対格（accusatif）の「私（me）」であり、このことが主体の自由なイニシアチヴとは無関係に「弾劾されている（accusé）」という主体性の様相をあかしだてている。レヴィナスが解釈する主体はその構造上、そもそものはじめから弾劾され迫害されたものであり、他者に取り憑かれた「人質」として、いかなる主導権ももたないまったき受動性のうちに置かれているのである。さらにそれは「一握の狂気としての心性、すでに精神病である心性、大文字の《自我》ではなく、指名された私」[83]であるとも言われる。しかし、主体に関するこのような「誇張的な」性格づけは、どこにその根拠を有しているのだろうか。

レヴィナスが聖句（とりわけ「イザヤ書」）を参照しつつ定式化している「われここに」は、あれやこれやの発話ではなく一つの応答であり、この応答から出発して他者に対する責任が構造化される。「私が応答すればするほど、私はより大きな責任を負う。責任を担う隣人に近づけば近づくほど、私は隣人から遠ざかる」[84]。そして、主体が他者に対する回収不可能な遅れのうちにあるというレヴィナスの議論は、ある呼び声（appel）が「われここに」という応答に先行していることを意味する。主体の主体性が「われここに」という応答そのものとして記述されるとすれば、さきほど見たような主体に関するさまざまな性格づけは、呼び声と応答の関係から導き出されるものとして読み解けるはずである。それでは、一体いかなる呼び声が問題となっているのだろうか。

主体の主体性が「われここに」という応答として定式化されるとすれば、この応答に先立つはずの呼び声もまた、すでに成立している主体にあとから到来するものではなく、この主体をまさに打ち立てるものでなければならない。

> ここで主体を存在者（*étant*）として言表したからといって、それは、存在者〔存在するもの〕というこの分詞（participe）が結局は関わらざるをえない、存在するという動詞に注意を向けるためではない。存在するという動詞へのこの融即（participation）よりもはるか以前に、そして、分詞のうちで成就する動詞へのこの融即に必要な要素として、不可分の個体（*individu*）という名詞形の純粋に形式的な可能性が告知されている。〔…〕この名詞形は、存在することの動詞性とは別のところからやってくる。この名詞形は、回避することができない呼び声ないしは指名（assignation）と分かちがたく結びついている[85]。

ここでは存在するものの個体化ないし主体の主体化に関わる発生の問題が扱われているが、レヴィナスがこの問題を、動詞としての存在と存在するものとしての存在者という存在論的差異からではなく、回避不可能な呼び声から出発して考察している点に注意したい。というのも『実存から実存者へ』や「時間と他者」といった初期著作では、主体の主体化の問題は逆に、〈ある〉という「存在一般」への融即から分離する出来事として論じられていたからだ。これらの著作では、いかなる存在者もともなわない〈ある〉という非人称的な存在は名づけることのできない「純粋な動詞[86]」であり、動詞から名詞への品詞転換である「基体化」によってはじめて存在者が出来すると言われていた[87]。そしてちょうど主語が属詞を支配するように、存在者は自分の存在を引き受けることによって主体と化すのであって、被造物の側に完全な受動性を要請する「無からの創造」でさえ、この創造の瞬間そのもののうちで被造物が自らの存在を把持することを要求するとされる[88]。しかし『存在するとは別の仕方で』では、無からの創造に関するこの最後の論点も呼び声との関係であらためて解釈し直されている。「〔…〕創造において、存在するように呼びかけられたものは、自分に届いたはずもないある呼び声に応答する。というのも、無から生まれたがゆえに、呼びかけられたものは、命令を聴取するよりもまえに従ったのだからである[89]」〔強調は引用者〕。とはいえ、存在者どうしを分ける境界が不分明となった〈ある〉という場が「神の不在、あらゆる存在者の不在」へと導くものであり、それゆえ「《啓示》以前[90]」のものだとすれば、〈ある〉はまた、「創世記」冒頭で語られる創造に先立つ「混沌（tohu-bohu）」に比すことのできるものである。そして、この「混沌」のうちに到来した「言葉（parole）」が、無差異の漠たる状態にはじめて限界を定め、おのおのの存在者を存在させたのだとすれば[91]、無からの創造に関するレヴィナスの二つの議論は一貫しているとも言える。

創造においては、ある呼び声が存在者を存在せしめ、存在者はこの呼び声に対して「われここに」と応答することによって主体と化す、とレヴィナスは言う。主体とは「〔…〕逃げることができない仕方で、何者かであるように呼びかけられた者[92]」であり、この呼び声ないしこの「選び（élection）」から主体を切り離すことはできない。そして

「外傷を与える打撃のように直接的な呼び声」(93)に対する応答は、「私に反して（malgré moi）」生起するとも言われる。私は、予期せぬ攻撃のように向かってくる呼び声に対して、自分の意志とは無関係に、自分の意志に反してすでに応えてしまっている。回避不可能であるがゆえに、「選び」であり「指名」でもあるこの呼び声はしたがって、主体が聴取するより先にこの主体に到来する。しかしレヴィナスは「自分に届いたはずもないある呼び声」とも書いてはいなかっただろうか。呼び声が存在者を存在させると言われるとき、この存在者は自分を呼ぶ声によってはじめて存在しはじめるのだから、厳密に言って、まだ存在していないこの存在者に呼び声は届いていないはずである。ここには一種の「始まりのパラドクス」が見て取れるが、本書の考えでは、このパラドクスは呼び声と応答の場面に本質的に属するものとして、「われここに」という表現のもとでレヴィナスが解釈している主体性の根本的な構造をなしているものである。以下、この構造をより詳しく見てみよう。

さきに述べたように、主体が他者に対して絶対的に遅れているという議論は、主体性の発露そのものとしての「われここに」という応答がこの主体を基礎づける呼び声に遅れているという議論として読み替えることが可能である。しかし応答に対する呼び声の権利上の先行性は、事実上の、ないし現象としての先行性を必ずしも意味しない。ある応答が応答であるためには、この応答に先立つ呼び声が当然想定されなければならないが、翻ってこの呼び声が呼び声として機能していることを知るためには、この呼び声に応える応答を待ってからでなければならないのである。実際、ある日常的な発話、あるいは意味をなさない語の羅列さえも、聞き手の側にとって呼び声として聞かれるということは十分にありうる。たとえば日本語のある単語が別の言語で用いられる名前に音声的に酷似していた場合、この日本語を聴取した外国語話者が自分の名前を呼ばれたのだと思い返事をする可能性が考えられる。一つの言語体系の内部でさえ、聞き手の単なる聞き違いによって、名前とも呼びかけともまったく関係のない語が呼び声として機能してしまうことがありうる。いずれの場合においても、呼び声が呼び声であるためにはこの呼び声に対する応答が不可欠であり、この応答によってはじめてそれが呼び声であったことが判明する。そして、ある発話を誤って呼び声として聴き取った聞き手は、自分がその発話を理解するまえに、この「呼び声」に応えてしまっているのである[94]。「呼び声は応答のうちで聴かれる」[95]のであって、そこには呼び声を聴取する以前に呼び声に聴従するという時間の遡行、さきに挙げた概念をふたたび用いるとすれば「錯時性」が作動していることになるだろう。注目すべきことに、レヴィナスはこの文脈でふたたび「イザヤ書」を参照するように促している。「「彼らが呼ぶまえに、私は応えるであろう」〔原注――「イザヤ書」65、24〕――これは文字どおりに解すべき定式である。《他者》に近づくとき、私はいつも「待ち合わせ」の時間に遅れている」[96]。

　呼び声は、この呼び声に応えた（と見なされる）応答のうちではじめて現出する。主体は呼び声を聴取し理解するより先に応えているのだから、この応答は、なんらかの意味内容を有した呼び声に対する別の意味内容（ないし「語られたこと」）の伝達ではありえない。主体の主体性としてのこの応答はむしろ「語ること」そのもの、自己の暴露であることになる。「「われここに」という言表は、自らを言表し自らを引き渡す声そのもの、意味する声そのもの以外には、なにものとも同一化することはない」[97]。この議論は『全体性と無限』での「表出（expression）」の分析を推し進めたものと言えるが[98]、『全体性と無限』では、言語活動として成就する「対面（face-à-face）」の関係が呼格を言語の本質的な要素として要請しているのに対し[99]、『存在するとは別の仕方で』では、呼格は「語ること」の「真摯さ（sincérité）」の意味のためには十分ではないと言われている[100]。このことは予期不可能な仕方で主体に到来するという呼び声の性格がより強調されているためだろう。

　ここまで本節では、『存在するとは別の仕方で』で描出されている主体性を「われここに」という応答とこの主体に呼びかける呼び声という観点から整理してきた。レヴィナスにおいてこの呼び声と応答の場面は、対話的な意志伝達の一つの形態ではなく、主体の創設そのものに関わる出来事であり、そこで「われここに」という応答は自己の暴露である「語ること」として解釈された。呼び声の意味内容の妥当性とは無関係に、呼び声の聴取以前にすでに応えてしまっているこの応答は、レヴィナスが別の箇所で述べている「無制約の《諾》(Oui inconditionné)」とも言い換えることができる[101]。しかしレヴィナスの議論の射程をはかるためには、以上の議論をハイデガーが『存在と時間』で展開している呼び声の分析と照らし合わせて検討する必要があるだろう。「〔レヴィナスの〕この定義のうちには、言葉の呼び声に対するわれわれの応答に関してハイデガーが思考し語ったもの以外にはなにもない[102]」というのは本当だろうか。

第Ⅰ部で見たように、『存在と時間』の現存在分析が立脚しているのは「本来性」と「非本来性」という対である。さしあたってそこで存在している日常的な様態において、現存在はつねにあれやこれやの用事に専心し(「配慮」)、自分以外の現存在と交際しており(「顧慮」)、ほかの人々との共同的なあり方である「世間」のうちに紛れている。この日常的な現存在は、どこかで聞きかじった出所の知れない話題に参入し(「おしゃべり(Gerede)」)、ある事柄から次の事柄へとせわしなく気を移しているのだが(「好奇心(Neugier)」)、そのような行動の様態はどれもが、誰かほかの人々が漠然と語っていることに基づいているのであって、この現存在が自分自身のものとして引き受けることのできるものではない。のみならず、日常的世界においては、私がそれであるはずの現存在自身がまさに「世間」に浸っているのだから、そこではほかの誰とも異なる「私」固有の可能性は見いだされない。それゆえハイデガーは、こうした「世間的自己(Man-selbst)」を、「本来的な(*eigentlich*)、すなわち自ら選び取られた自己[103]」から区別する。非本来的な現存在は、日常的な「世間」のうちで「われを忘れ(sich verlieren)」「根無し」の状態に陥っているのである[104]。

それではこのような世間的自己はいかにして本来的な自己へ、言い換えれば誰でもない「私」から「私自身」に変容するのか。ハイデガーは「良心の声(Stimme des Gewissens)」として知られる現象の意味を実存論的に画定し、この現象のうちに世間的自己から本来的自己への転換の契機を見て取っている。

良心は「なにごとか」を告知し、良心は開示する、この形式的な特徴から、この現象を現存在の開示態（*Erschlossenheit*）のうちに取り戻すべきであるという指示が生じてくる。〔…〕良心をより鋭く分析してみると、良心は呼び声（*Ruf*）であることがあらわになる。呼ぶことは、話（*Rede*）の一つの様態である。良心の呼び声（Gewissensruf）は、現存在をそのもっとも固有な自己存在可能（Selbstseinkönnen）に向かって呼びかけ（*Anruf*）、しかもそれは、そのもっとも固有な負い目ある存在（Schuldigsein）へと呼び起こす（*Aufruf*）、という性格をもっている。(105)

ハイデガーが規定する現存在は世界内存在という根本的な構成を有しており、つねに世界において内存在的に存在している。しかしこのことは、世界という客体のなかに一つの主体として存在することを意味するのではなく、現存在はその「現（Da）」のうちにすでに空間的な広がりを含んだものであって、自身のそのつどの「開かれ」のうちで存在していると言われる。(106)本節では、現存在の「現」を開示する「情態性（Befindlichkeit）」や「了解（Verstehen）」、および、これらと同根源的に現存在の理解可能性を分節する「話」に関する分析に詳しく立ち入ることはできないが、(107)ここでは良心もまた現存在の開示態として解釈されていること、そして、現存在のもっとも固有な存在可能性を呼び覚ます点で、良心の呼び声は日常的な現存在の現を開示する他の様態（「話」の日常的な現象である「おしゃべり」や「好奇心」）に比べて、より優れた意味で（本来的に）現存在の現を開示する契機であることを強調しておく。

話すことがつねに「…について話すこと」であり、呼び声も「話」の一つの様態である以上、呼び声のうちにも、そこで話題となっている事柄と話されたことそのものがあるはずである。[108] 話すことにはまた「聴取（Hören）」と「黙止（Schweigen）」という二つの可能性が属しているから、[109] 呼び声においてもこれらの現象が見られるのかどうかも確認しなければならない。ハイデガーはこのような「話」の形式的構造に基づいて良心の呼び声を分析しているが、まず、良心の呼び声のなかで話題になっている事柄とは、呼び声のうちで呼ばれているものであって、すなわち現存在自身である。[110] さきの区別に従うと、世間的自己としてある現存在が、ひとごとでないおのれの自己に向かって呼びかけられているということになる。[111] 次に、良心の呼び声のうちでなにが話されているのかというと、良心の呼び声はひとえに現存在をその固有な存在へ向かって呼びかけるのだから、それはなんらかの情報の伝達ではありえない。良心の呼び声には、特定の意味内容を表す音声的な表明が欠けており、それゆえ良心の呼び声は「黙止」の様態で話すのだと言われる。[112] したがって良心の呼び声という現象において、語られていることそのものは無規定なままに留まる。しかし、良心の呼び声はその不確定性にもかかわらず確実に現存在へと到達する。それは良心の呼び声を聴き取ることそれ自体が、この聴取の可能性を選び取ることとして、ほかの誰でもない固有な自己の本来性を担保するからである。実際、ハイデガーは次のように書いている。

> 呼び声の見かけ上の無規定性を超えて、呼び声の正確な打撃方向（*Einschlagsrichtung*）が見誤られることはありえない。呼び声は、自らが呼びかけるものをまえもって手探りで模索する必要はないし、それが呼びかけた当の本人であるかどうかを知る目印も必要としない。良心における「思い違い」は、呼び声の見当違い（呼び間違い）を通して生じるのではなく、もっぱら呼び声が聴取される仕方から——すなわち呼び声が、本来的に了解されるかわりに、世間的自己によって談判的な独り言の中に引き込まれて、世間的自己の開示傾向のうちで転倒されたりすることから——生じるのである。[113]

さきに見たレヴィナスの場合と同様に、ハイデガーにおいてもすでに呼び声の「打撃」としての性格が強調されている。しかし、呼び声の外見上の無規定性にもかかわらず、この「打撃」が確実に現存在を打つのはなぜか。それは、良心の呼び声において世間的自己を呼んでいるのが、世界内存在そのものを開示する「不安」のうちに身を置いた現存在そのものだからである[114]。ハイデガーが現存在の根本的な情態性として分析する「不安」は、なんらかの世界内の存在者をまえにした「恐れ」ではない。いかなる特定の対象ももたないにもかかわらず執拗に迫ってくる不安は、居心地のよい世間に安住している日常的現存在を、ひとごとでない固有の存在に直面させる。不安は現存在に「自己自身を選びこれを掌握する自由[115]」を開示するのであり、それゆえ不安のうちで、現存在の存在そのものへの関わりである「関心（Sorge）」が世界内存在の本質としてあらわになる。ここに呼び声に関するレヴィナスとハイデガーの差異が読み取られる。両者の最大の相違は、レヴィナスにおいて、打撃としての呼び声に対する応答が「私に反して」生起するのに対して、ハイデガーにおける呼び声の聴取は、あくまでも呼び声を聴取しそれに応答する現存在の意志によっている点である。ハイデガーにとって、良心の呼び声を聴取し了解することはほかならぬ「良心をもとうとする意志（Gewissen-haben-wollen[116]）」に基づいているのであり、この意志において、現存在に世界そのものを開示する「不安」、良心の呼び声によって呼び起こされる「負い目ある存在」、および「黙止」の様態で語りかける呼び声が、それぞれ情態性・了解・話という現存在の根源的な開示性として結節する[117]。現存在のこの本来的な開示態を、ハイデガーはあらたに「覚悟性（Entschlossenheit）」と呼称することになる。

この覚悟性という概念とともに、ハイデガーの現存在分析が最終的に本来的な「自己」の確証へと至る点については、多くの論者がすでに指摘しているとおりである[118]。たとえばジャン＝リュック・マリオンは、覚悟性によって結晶化される現存在の「自足性」のうちに、未完成のままに終わった『存在と時間』そのものの陥穽を看取している[119]。現存在が現存在自身を呼ぶという構造においては、現存在は自らの覚悟性以外にはいかなる規定も被らず、この著作の序論で告知された「存在」一般の意味への問いに開かれえないからである。とはいえ、この矛盾は現存在分析の範例的な成功に起因するものであって、マリオンはこの点にハイデガーの「転回」の意味を読み取ってもいる(120)。

前節で見た再帰の自己、そして「われここに」という応答における自己は、このような自己の確証とは大きく異なっている。それはこの応答が、自分に向けられたと見なされる呼び声に、それが伝える内容とは関係なく無条件に自らを曝すからである。同様にレヴィナスが「選び」と呼んでいるのは、自らの自己を選び取ることではなく、むしろ責任を担うべき「唯一性」に対して選ばれていることを意味する。「われここに」という表現で示される主体の主体性はこうして、全方位から無作為に到来する呼び声に対してそれでも応答するという受動的なものとして提示されるのである(121)。ハイデガーは良心の呼び声についてこう書いていた。「遠いところから、遠いところへ、呼び声がする。連れ戻される用意のある者が、その呼び声に打たれる(122)」。それに対して、レヴィナスにおける「われここに」は、呼び声を聴き取ろうとする意志から生じるのではなく、呼び声が訪れるやいなや（呼び声に「先立つ」仕方で）「私に反して」生起する。「無起源的な応答、他者のための私の責任のうちには、謎めいた仕方で〈一度も聞かれたことのない語ること〉(dire inouï) がある(123)」。「われここに」という表現に言及する際に、レヴィナスがサムエルやアブラハムではなくイザヤの形象に依拠しているのは、おそらくイザヤが他の二人とは異なり、自分の名が呼ばれるよりもまえに「呼び声」に「応えて」いるからだろう。レヴィナスが好んで用いる表現を援用するなら、イザヤは、いかなる確信ももつことのないまま、「彼岸から到来する声 (voix venant d'une autre rive)(124)」に文字どおり身を捧げている。「われここに」は、ここにいる「私」を対格として曝すことで、どこから訪れるのか分からない呼び声を自らの応答によって一身に迎え入れる場所と化すのである。

しかし、本節の冒頭で触れたように、ハイデガーが従来の形而上学的な主体概念を解体してあらたに現存在を対置したことを思い起こすならば、「現＝そこ（Da）」と同じように「ここ（-ci）」という場所の指標を含んだ「われここに」は現存在とどのように異なるのだろうか。一方では、「われここに」が「私」という人称代名詞を含み、そのつどの一人称的な唯一性に通じているのに対し、現存在の「各私性（Jemeinigkeit）」はおのれの死に臨むことによって保証される（レヴィナスにおいては、自分の死ではなくむしろ他者の死に臨むことが唯一的な責任を要求することになる）[125]。しかし他方で、本書が試みたように、「われここに」を単に「私はここにいる」という事実確認的な言表と考えるのではなく、応答によって呼び声を迎え入れ、その重みを耐え支える場所そのものとして解釈するなら、二つの表現は非常に近い事柄を思考しようとしていると言える。いみじくもハイデガーは、ボーフレに宛てた一九四五年一一月二三日の書簡のなかで、フランス語を用いながらこう述べている。「「現‐存在」は私の思想の鍵語であり、それゆえもろもろの大きな誤解の原因にもなっております。私にとって、「現‐存在」は「私はここにいます！」（«me voilà!»）を意味するというよりはむしろ――フランス語としてはおそらく不可能な表現で述べさせていただくならば――「そこ‐存在＝そこである」（«être le-là»）を意味しているのです。そして〈そこ〉とは同時にアレーテイア、被隠蔽性――開示性であります[126]」。〈そこにいる〉ではなく、真理の開かれとしての〈そこである〉――レヴィナスの「われここに」は、開示性として提示されるハイデガーの現存在を、他者の身代わりとしての場所性へと改鋳したものとも言えるだろう。

より深い意味で、そしてハイデガーに寄り添った仕方で両者の思想の接合を考えさせてくれるものとして、ジョルジョ・アガンベン『言語と死』（一九八二年）の議論がある。ヘーゲルの感覚的確信（「このもの」）とハイデガーの現存在（「現＝そこ」）の双方に含まれる指示詞のうちに否定性の根拠を認めるアガンベンは、レヴィナス（さらにはデリダ）の形而上学批判が、実際には形而上学が本来有していた否定性を際立たせているにすぎないと指摘している。「レヴィナスが行った存在論批判は、プラトン的および新プラトン主義的な〈存在の彼方〉を取り上げ直すことのうちにそのもっとも美しくもっとも完成された表現を見いだしていたが〔…〕、実のところこの批判もまた、あらゆる存在とあらゆる現前の彼方にある根底的な否定的構造、あらゆる私とあらゆるこのものに先行する彼（ille）、そして、あらゆる〈語られたこと〉の彼方にある〈語ること〉を明るみに出すことしかしていない（しかし、レヴィナスの思想において倫理に力点が置かれていることは――このゼミナールの観点から――なおも問うてみなければならない）」[127]。この議論に従えば、同様に指示詞を含む「われここに」[128]という表現は、まさに形而上学が思考しつづけてきた「否定性の本源的な場所」としての「声」であることになろう。本章の冒頭でレヴィナスの非場所の倫理と対置するためにハイデガー「『ヒューマニズム』についての書簡」の一節を引用したが、そこで触れられているヘラクレイトスの断片についてアガンベンは、「それゆえ人間のエートス、慣れ親しんでいる住処は、哲学にとって、否定的なものによってつねにすでに分割され、脅かされている」[129]という解釈を加え、さらに言語が生起する「現＝そこ」という場所が「非場所（non-luogo/non-lieu）」にほかならないと述べている[130]。

　アガンベンの議論をどのように解釈するかはさておき、レヴィナス自身、『存在するとは別の仕方で』ではそれほど辛辣なハイデガー批判を行っているわけではない。むしろレヴィナスはかつての師への明白な負いを次のような印象的な表現で語ってさえいる。「この箇所ならびに後続する箇所は、ハイデガーに多くを負っている。歪曲され、曲解されたハイデガーだろうか？　たとえそうだとしても、この歪曲は、ハイデガーに対する負いを否認する仕方ではないだろう――そしてこの負いも、忘れるための理由にはならないだろう」[131]。本書が抽出しようと試みた「非場所の倫理」というレヴィナスの企図は、ハイデガーに対する近さと遠さのあいだをたえず揺れ動きながら、存在に「正当な意味」を与えようとする「思考法」のことであると言える[132]。この企図のうちで、存在の意味をめぐる問いから存在の正当性をめぐる問いへの転換が行われているのである。

　ここまで本章では、「非場所の倫理」として捉えることのできる身代わりの構造を、『存在するとは別の仕方で』の記述を通して明るみに出してきた。次章では、同時期のほかのテクストも踏まえつつ、さまざまな意匠とともに語られる「非場所の倫理」の多様な側面を見ていくことにしたい。

第三章　「非場所」のさまざまな相貌

第一節　回帰する子午線——レヴィナスとツェラン

第一章および第二章で抽出した「非場所の倫理」の構造は、一九七〇年代以降のレヴィナスのさまざまなテクストで繰り返し問題となっている。本節および次節では、作家論集『固有名』（一九七六年）からパウル・ツェラン論「パウル・ツェラン　存在から他者へ」（一九七二年）とエドモン・ジャベス論「今日のエドモン・ジャベス」（一九七二年）を取り上げ、レヴィナスがこれらの詩人の詩作のうちに彼自身の思想とのいかなる近さを見ていたのかを明らかにする。

しかし、レヴィナスの「非場所の倫理」の内実をさらに展開するために彼の詩人論を扱うことの必然性と正当性は、それほど自明であるわけではない。というのも、レヴィナスの芸術論に関する研究の多くがすでに指摘しているように(1)、美学《エステティク》よりも倫理《エティク》を重視していたレヴィナスは詩をはじめとした芸術に否定的な態度を取っていたからである。とりわけ第二次世界大戦直後に発表されたいくつかのテクストでは、レヴィナスは詩を、現実の生とは無関係なところで演じられる魔術や神秘と結びつけ、宿命の名において人間の自由を毀損するものとして糾弾していた。たとえばポール・クローデル論「人格か人物像か」（一九五〇年）では、詩に対する不信が次のような辛辣な言葉で表明されている。「演劇、われわれの顔の石化、われわれの人格が結びつく人物像といったものを、われわれは信用しない。われわれの振舞いをあらかじめ分節し魅惑する詩、われわれの覚醒した生のなかでわれわれの意に反して演じられるすべてのものを、われわれは信用しない(2)」。演劇および詩に対するレヴィナスの批判の焦点は、そこでは人間が自由をそなえた「人格（personne）」として捉えられるのではなく、神秘的な宿命や魔術に翻弄される「人物像（figure）」を割り当てられているにすぎないという点にある。レヴィナスがその生涯を通じて、「顔」を迎え入れることに存する倫理的関係こそが第一であると主張していることを考慮に入れるならば、ほかならぬ「顔の石化」をもたらすと言われる演劇や詩に対する疑念もまた一時的なものではなかったはずである。

こうしたレヴィナスの「詩の不信」（レスリー・ヒル(3)）のなかにあって、例外的な詩人がツェランとジャベスである。それはレヴィナスがこの二人にそれぞれ独立したテクストを捧げているからだけでなく、それらが両者の詩作とレヴィナスの哲学との共鳴をまさに示すものだからである。しかも、いずれも七〇年代前半に発表されたこれらのテクストが、『存在するとは別の仕方で』に結実する「非場所の倫理」と深い関係をもっているだけに、これらのテクストの重要性はより一層際立っている。本節ではまず、詩人の自死の二年後に『文藝雑誌』のツェラン特集号に発表されたレヴィナスの論文を見ていく(4)。

ツェラン論「パウル・ツェラン　存在から他者へ」が論述の対象としているのは、おもにツェランが一九六〇年一〇月二二日に行ったゲオルク・ビューヒナー賞受賞記念講演「子午線」と短編「山中の対話」（一九五九年）だが、レヴィナスはこのテクストを、ツェランがハンス・ベンダーに送った一九六〇年五月一八日付の有名な書簡の一節「私は握手と詩とのあいだに違いがあるとは思いません」から書き起こしている(5)。ビューヒナーの『レンツ』や『ダントンの死』からの引用が散りばめられた「子午線」を模倣するかのように、ツェランのテクストを引用符なしで（ただし斜体で）地の文に挿入しているレヴィナスは、この一節から出発して、握手と等価となった言語の様態を自らの思想と結びつけつつ明るみに出そうと試みている。こうした詩とは、「間投詞」の水準に引き戻された言語、「〈語られたこと〉なき〈語ること〉（dire sans dit）」であり、「あるいは、自分自身のシニフィエであるような記号である。主体は、この記号の贈与のしるし〔記号〕を与えるのである――自ら完全に記号となるまでに[6]」。記号内容ではなく記号そのものとして主体が自己贈与する「身代わり」の構造が、前章で見たのと同様の表現で語られているが、このテクストではツェランが語る握手に事寄せて、贈与する手のイメージが特に際立たせられている。握手は、挨拶する身振りであり合図だが、そのために手それ自体が差し出され、言わば贈与に供されている。その意味で握手としての詩とは、「純粋な触覚」、「純粋な接触」であり、「贈与する手までも与える一つのやり方[7]」である。より一般的に、このような詩はレヴィナスの言う「近さ」を体現している。「近さのための近さの言語、存在の真理の言語よりも古い言語――おそらくは近さの言語がこの言語を担い、耐え支えている――諸言語のなかでの最初の言語、問いに先立つ応答、隣人のための責任である。それが、自らの〈他者のために＝他者のかわりに〉によって、与えるということの驚異の一切を可能にするのだ[8]」。ツェランの手になる唯一の詩論とされる「子午線」の次の簡潔な言明が、レヴィナスの行論を支えているように思われる。「ともかくも詩は語るものなのです！[9]」

この最後の定式はハイデガーの有名な「言葉が語る（Die Sprache spricht）[10]」を思い起こさせるものだが、さきの引用で「近さのための近さの言語」と「存在の真理の言語」が対置されているように、レヴィナスはツェランの言う握手としての詩がハイデガーの言う言語と異なることを次の印象的な表現で語っている。「初歩的で啓示なきコミュニケーション、言説のたどたどしい幼年期であり、例の語る言葉、例の〈言葉が語る〉のうちへの非常に不器用な紛れ込みである。存在の住処のなかに、物乞いが入り込むのである[11]」。「他者のため」の言語とは、コミュニケーション以前のコミュニケーションと言うべき、言説に先立ち言説のもととなる言語であり、まさに「語ること」である。存在のために設えられた言語という「家」を訪れる「物乞い」の比喩は、他者を迎え入れる言語が存在を守り匿う言語の前提となっていることを述べようとしたものである。ハイデガーとは異なる仕方で存在の贈与的側面（«Es gibt...»）にあらためて注意を促しているとも言えるが、レヴィナスはこのハイデガー的言語を「ソクラテス以前の哲学者たちの言う自然《ピュシス》の輝き」と結びつけて俎上に載せる際に、ツェランの「山中の対話」で描かれる山の風景を引き合いに出しながら、「君のためでも僕のためでもない言葉」、「僕もなく君もなく、ただ〈彼〉であり〈それ〉である」ような言葉を「中性的なものの言葉」と呼んでいる[12]。ここには本書第Ⅲ部で論じた五〇年代後半から六〇年代にかけてのレヴィナスの風景批判、存在の自然性批判が回帰している。実現しなかったエンガディーンでのテオドール・アドルノとの面会を念頭に書かれたと言われるツェランのこの掌編は、花が咲き誇る山中の道で出会った二人のユダヤ人の対話をモチーフとしており、そこでは山の自然とユダヤ人の形象が明瞭に対置されている。「というのもユダヤ人と自然とは、別々のものだからだ、いまでも、今日も、ここでも[13]」。

存在を秘匿する家であり豊穣な自然の発露でもある言語と、貧者たる他者に贈与そのものとして差し出される手のような言語――「詩は他者の方に向かう[14]」と書くレヴィナスは、ツェランの言う詩が後者に属するものであり、しかもそれがハイデガーではなくブーバーの思想と親近性をもっていることを強調している。「詩は対話になります、詩はしばしば絶望的な対話です……出会い、注意深い君に向かう声の道――ブーバーの範疇《リュー》ではないか！　神秘的な〈黒い森《シュヴァルツヴァルト》〉から威厳をもって降り来たり、世界と、そして大地と天空とのあいだの場所を開示するものとして詩作を提示する、ヘルダーリン、トラークル、リルケについてのかくも天才的な注釈よりも、ブーバーの範疇の方が好まれているのだろうか[15]」。ハイデガーにおける「場所」への言及を踏まえたうえで、レヴィナスは「子午線」から「ユートピアの光」という表現を引き出し、他者へ向かう詩の運動を非場所への道程と見なす。「こうして描かれた運動は、場所から非場所へ、ここからユートピアへと向かう[16]」。この「〈他者のために＝他者のかわりに〉という脱中心的運動」が目配せをするのは、奇妙な仕方で提示された人間の人間性である。

> 他なる人間へと向かう出口は、一つの出口だろうか？　人間の外への一歩——しかしそれは人間の方へと向かう無気味な領域に赴きます。あたかも、人間性という範疇は、自らの論理的空間の内部に——自らの外延の内部に——ある絶対的な断絶を許容するものであるかのようだ。あたかも、他なる人間へと向かうことで、ひとは人間的なものを超越し、ユートピアへ向かうかのようだ。そしてあたかも、ユートピアは呪われた彷徨という夢や運命ではなく、そこで人間が示される明るみ（*clairière*）であるかのようだ。……ユートピアの光……では人間はどうなのでしょう？　この被造物は？　このような光に照らされて[17]。

前提とされているのは、「子午線」で語られるツェランの芸術論である。『レンツ』を参照しながらツェランが述べる脱人間性の次元は、自然なものを自然なまま把握するという芸術の試みを指しており、その意味での芸術は、メドゥーサのように自然をあるがままに固定させる「無気味な（unheimlich）」領域である。では、ツェランの言葉を受けてここでレヴィナスが語っているのは一体どういう事態なのか。他なる人間に向かうにもかかわらず、しかもブーバーの「我と汝」の対話の範疇とも接近させられた詩は、なぜ人間性の断絶をはらみ、人間的なものの超越とも言われるのか。そして、そのような人間的なものからの脱出にレヴィナスが親近感を抱いているのはなぜなのか。この箇所でレヴィナスが用いている「明るみ（clairière）」という語が、まさにハイデガーの思想において、現存在の現の開かれや人知れぬ森の道の奥に開けた存在の明るみを指す《Lichtung》の訳語として用いられることがあるだけに、以上の問いは一層問題となるだろう。

このことはレヴィナスのツェラン論を貫いている言語の二つの様態の対立——ハイデガー的な言語とレヴィナスが

ツェランやブーバーのうちに見る言語――に関わっている。重要なのは、レヴィナスにおいてこの二つの様態――自然《ピュシス》＝存在の発露としての言語と、差し出された手としての言語――が、選択可能な二者択一に供されるものではないということである。実際、レヴィナスはツェランの言うこの人間の「外」について、五〇年代後半から『全体性と無限』までのテクストで提示された風景批判を踏まえながら述べる。「この特異な外は、もう一つの風景ではない。芸術における単なる奇異なものを超えて、そして存在者の存在への開けを超えて、詩はさらにもう一歩まえに進む。奇異なもの（l'étrange）とは、異邦人（l'étranger）ないし隣人（le prochain）である。他なる人間よりも奇異なものはないし、異質なものはなく、人間が示されるのはまさにユートピアの光のなかなのである。一切の根づき、一切の居住の外側である。本来性としての無国籍である！[18]」念頭に置かれているのは、詩は無気味で「奇異な（étrange/fremd）」領域へ向かう芸術と同じ道のりを歩むのかというツェランの問いである。詩における「奇異なもの」から「他なるもの」への転換を語る一節は「子午線」の一つのハイライトである。「しかし私はこう思います――この考えはもう皆さんを驚かせることはないでしょう――私が思いますに、かねてより詩の願いに属していたのは、まさにこのようなやり方で、奇異なもののためにも――いや、この語はもはや使うことができません――まさにこのようなやり方で、ある他者のために語ることである、ということです。もしかすると――誰にも分からないことですが――あるまったき他者のために語ること、です[19]」。詩は芸術と同様、馴染みのある人間的なものの領域の外へと赴くが、詩が向かう「奇異なもの」は即座にまた馴染みのあるものへと回収されることはない。この「奇異なもの」をツェランは「まったき他者」と呼んでいる。詩が自身の方向を定める「外」が「もう一つの風景」ではないとレヴィナスが述べるのは、それがいかなる仕方であれ《同》の圏域に還元されることがないからである。その意味で、詩が向かうこの外部は、別の「場所」ではなくまさに「ユートピア」なのである[20]。他者以上に奇異なものも異質なものもないという、ソフォクレス『アンティゴネ』のコロスを受けているかのようなレヴィナスの主張（ハイデガーの『形而上学入門』が注に登場するだけに、レヴィナスがこのコロスを思い起こしていることは十分にありうる）は、詩が向かう他者は《同》の領域に含まれることがないという、強い意味での「異邦人」であることを言ったものである。

ツェランの講演はこの「まったき他者」の提示とともに最終盤に向かう。他者の方へ進んでいく詩は、対話者たる他者に対して自分のことを――あらゆる詩に書きこまれた「一月二〇日」という日付のことを――打ち明ける[21]。ツェランは以前書いたある四行詩と「山中の対話」とに言及し、それらがいずれも「私の「一月二〇日」」に依拠していたとし、「私は……私自身と出会ったのです[22]」と述べている。自らに固有の特異性を担って絶対的な他者へと赴く詩の道程は、こうして自分自身との出会いに帰着する。ツェランはこのことを一種の「帰郷（Heimkehr）」と呼んでいる。「それではひとは、詩について考えるとき、詩とともにそのような道を行くのでしょうか？　この道は単なる回り‐道（Um-Wege）、君から君への回り道にすぎないのでしょうか？　しかし同時に、あまたあるほかの道のなかにも、言葉が声をもつようになる道があります。出会い、注意深い君に向かう声の道、被造物に特有の道があります。それはもしかすると現存在の投企（Daseinsentwürfe）かもしれません。自分自身を探して、自らを自分自身に向けて先発させるのです……。一種の帰郷（Heimkehr）です」（同）。このような自分自身への「帰郷」を可能にする場所を探すツェランは、出発点である自分の生まれた場所を探すが、そのような場所が地図上に見当たらないという（発見できないのはまさにそれが「ユートピア」であるからだが）。かわりにツェランは地図のうえに、「詩のように出会いへと導き、結びつけるもの」を発見する。「私は見つけます、なにか――言葉のように――物質的ではないけれども現世的なもの、地球上のもの、なにか円環をなすもので、両極を超えて自分自身へと回帰し、さらには――愉快なことに――熱帯地方をも横切るものを。私が見つけたのは……子午線です[23]」。講演「子午線」はこの子午線の発見を経て、ビューヒナー賞受賞に対する謝辞とともに締めくくられる。

レヴィナスのツェラン論は、「本来性としての無国籍」を述べたさきほどの引用の直後に、ツェランによる子午線の発見を次のように説明している。この箇所は、他者との対話を経て自分自身との出会いに至る詩の道程を解説すると同時に、このテクスト全体の結論とも言えるものだ。

しかし、非場所において自我が他者に自らを捧げるというこの冒険には驚くべきところがある。すなわち帰還（re-tour）である。呼び止められた者の応答に基づいた帰還ではなく、この帰還なき運動の循環性、この完璧な軌道に基づいた、そして、終焉なき目的において詩が描写するこの子午線に基づいた帰還である。あたかも、他者へと向かうことで私は私に合流し、自己同一性の一切の重みから解放されて、いまや生誕の地となった地に身を植えつけるかのようだ。根づきや、最初の占領にはなにひとつ負うところのない生誕の地である。誕生にはなにひとつ負うところのない生誕の地である。生誕の地、それとも約束の地だろうか。この地に住む者たちが、この地を彼らにとって親しいものとした循環の道程を忘れ、離郷（dépaysement）のためではなく脱異教化（dé-paganisation）であった彷徨を忘れたときには、この地は彼らを吐き出すのだろうか。ともかくも、他者へと向かう運動によって正当化される居住は、ユダヤ的本質に属するものだ。(24)

ツェランの語る回帰は、故郷のひとに呼び止められ迎え入れられるような仕方での回帰ではなく、自らの当初の場所を去って異質なものを、すなわち他者を求め、その終焉なき運動の果てにはじめて自己自身を見いだすような回帰である。このような回帰は、ふたたび故郷に戻ることを前提とした「離郷」ではなく、土地への根づきからの解放としての「脱異教化」である。ツェランの「帰郷」の地は生まれた土地ではないが、レヴィナスはこの地が、自己自身との再会を許すという意味で、生誕に負うことのない「生誕の地」であると言っている。ただしそれは、「約束の地」とも呼ばれるこの地での「居住（habitation）」が、ふたたびこの土地への根づきと化さないかぎりにおいてである。

熱帯地方（die Tropen）を――さらには、まさに回帰線（tropique）を――横断して自分自身に回帰する子午線は、前章で見たレヴィナスの用語に従うなら、他者を経由して自己へと再帰する「転義（trope）」の契機をうちに含んでいる。[25] すなわち、「他者のための一者」、他者のためにあるものとしての一者の発見であり、この再帰は他なる自己との出会いではなく、デリダの言葉を借りれば「他者のような＝他者としての私自身、他者のような＝他者としての一月二〇日」[26]との出会いである。極から極へと地球を経巡り、さらには時間をも司る子午線は、「出会いの場所との出会い」（同）にほかならない。

本節ではここまで、ツェラン自身のテクストを適宜参照しながらレヴィナスのツェラン論を追ってきた。ツェランのテクストは他者を経由して自己と出会う「ユートピア」の探索であり、生誕の地ではない地への再帰を表す子午線の形象は、前章で見たレヴィナスの七〇年代の非場所の思想と呼応するものである。

以上の略述を踏まえて問題となるのは、ここでもまたハイデガーの思想との関係である。レヴィナスは他者へ向かう運動による再帰が「ユダヤ的本質」に属するとし、ツェランの子午線の思想をユダヤ教の側に引き寄せていた。握手としての詩とハイデガー的言語との対比がこのツェラン論の出発点だったが、テクスト後半部でもレヴィナスは、人類の極度の可能性（不可能性とも言われる）であるユダヤ教を「存在の伝令官、伝達者ないし牧人の素朴さの断絶」と見なし、存在の自然性と鋭く対立するユダヤ人の様態を「世界の世界性の外への追放」[27]と同一視するなど、ユダヤ教への言及を媒介としながら一貫してツェランをハイデガーから引き離そうと努めている。

しかしさきほどの引用で見たように、自分自身を探して自らを先立ちとして送り出す詩の「道」を説明する際に、ツェランがまさに「現存在の投企」という言葉を用いていたことに触れないで済ますわけにはいかない。直前の「出会い、注意深い君に向かう声の道」という表現を引用して、それを「ブーバーの範疇」と呼んでいたレヴィナスが、ハイデガーへのこの参照に言及していないのは驚くべきことである。それだけではない。ツェランとハイデガーの

「対話」を扱った著作でアドリアン・フランス＝ラノールが引用している「子午線」のある草稿は、レヴィナスが依拠するベンダー宛書簡と同様の表現を用いているばかりか、ツェランの考える詩がハイデガーの思想を念頭に置いていることを暗示しているのである。「現存在様態（Daseinsweise）としての詩作は、結局のところ、詩と握手のあいだにいかなる根本的な違いも認めないことへと行き着く[28]」。つまり、レヴィナスがハイデガー的な存在の言語に対置している握手としての言語が、ほかならぬハイデガーの哲学に基づいていたということだ。ここからフランス＝ラノールはレヴィナスのツェラン理解に次のような断罪を加える。「レヴィナスは、この文章をハンス・ベンダー宛のヴァージョン（「私は握手と詩とのあいだに根本的な違いがあるとは思いません」）でしか知らなかったために、この握手を、彼が考えるところのハイデガーに対するツェランの対立の核心にすることができると考えた〔…〕。この詩人の仕事の全体をもう少し真剣に検討してみるならば、われわれは反対に、ツェランの詩はまさに現存在の思惟の地平に位置づけられるからこそ握手と同一視されうるのだということに気づく[29]」。さらに、「子午線」が語る人間的なものからの芸術の脱出をほかならぬ「現存在の（有限な）超越」と接近させるフィリップ・ラクー＝ラバルトははっきりとこう述べる。「ツェランがハイデガーを読んだことがあると言うだけでは足りないだろう。ハイデガーの思索の「承認」さえも超えて――たとえそれが留保なき承認であれ――ツェランの詩作（*poésie*）はその全体がハイデガーの思索（*pensée*）との一つの対話である、すなわち、本質的にはこの思索においてヘルダーリンの詩作との対話であったものとの一つの対話である、と言うことができると私は思う[30]」。ツェランの詩が、単にハイデガーの思索との対話ではなく、ほかならぬヘルダーリンの詩と格闘したハイデガーの思索との対話であると主張されていることは、それとまったく反対に、ツェランをまさにヘルダーリンを解釈するハイデガーとの対立関係に位置づけるレヴィナスと完全な対照をなしている。実際、ラクー＝ラバルトは、ツェランの詩を自身の言う「存在するとは別の仕方で」の思想と関係づけようとするレヴィナスの試みを全面的に棄却する。

詩的行為（詩）は特異な経験であり、対話は特異な対話である。〔…〕しかし、レヴィナスがいささか性急に行うように、それを「存在論」のなにやら知らぬありそうもない「彼方」のための論拠にできるとは思えない。すなわち「存在するとは別の仕方で」という厳密な意味でのパトスのための論拠である。詩的な問いかけが、ある特異な差し向け（adresse）にしたがって他者と――すなわち実際に「君」と見なされた〔顔を見られた〕他者と――関わり合いになるのはたしかである。しかし、君へのこの差し向けは、君の――この他者の――他性への差し向けであり、これは内密性から〔内密な差異から〕ひそかに湧き上がるような、他者の存在への差し向けなのだ。他者はつねに存在で「あり」存在で「ある」ことしかできない。存在が問題にされることなしに、わずかでも話すということが可能だろうか。存在を――依然としてつねに――いくばくかの存在者として理解し、他者のうちでまさにその他性を取り損なうというのでなければ、「存在するとは別の仕方で」などないのだ(31)。

以上のような原資料に基づいた事実的な批判、そして思想の根幹に直結する批判をまえにしたとき、レヴィナスの主張はその意義をすべて失ってしまうのだろうか。ツェランにおける「ハイデガーからの呼びかけ、ハイデガーへの呼びかけ」の「必然性が誰の目にも明らかである(32)」とき、レヴィナスのツェラン読解は詩人の真意を無視した不当な横領にすぎないのか。

　レヴィナスはテクストの冒頭で「ツェランがドイツに滞在したある機会に、ハイデガーは彼を賞賛することができたのだが」と述べた箇所に注を付し、「私が聞いた動かぬ証言を言葉どおりに記しておくと、この滞在の一回一回が彼を深々と蝕んだ（*l'altérait profondément*）(33)」と綴っている。レヴィナスがこの「証言」を誰から、どのような経緯で聞くことができたかは知られていない(34)。しかし、こう記したあと、テクスト全体を通してツェランとハイデガーとを対立的な図式に当てはめ、前者を自身の（ユダヤ的な）側へと引き寄せるレヴィナスが意識しているのは、ツェランのドイツ訪問のなかでもおそらくはもっとも深く彼を「蝕んだ」に違いない一九六七年七月二二日から八月二日にかけての滞在だろう。ツェランは七月二四日にフライブルク大学で自作の詩の朗読会を行ったあと、朗読会に列席していたハイデガーにシュヴァルツヴァルトのトートナウベルクの山荘に招待される。ハイデガーとの面会は詩「トートナウベルク」（のちに『光の衝迫』所収）のモチーフとなるが、妻ジゼル宛の八月二日付の手紙によれば、車中で交わされた会話は「真剣な話」に及び、そこでツェランはハイデガーに「はっきりと言った」とのことであり、ハイデガーがペンを執って、この折の会話のことと、ふたたび台頭しているナチズムに対して「警告」となるような文章を書いて欲しいと願っている。[35]番号つきの限定版で刷られた「トートナウベルク」の第一番を献呈されたハイデガーは一九六八年一月三〇日付でツェランに礼状を送っており、「「トートナウベルク」を語る詩人の言葉は、一つの思惟が〈僅かなもの〉へと後退しようとした場所と風景を名指しています[36]〔…〕」と書いている。自省と取れなくもないハイデガーのこの言葉をどのように受け取るかは難しいが、いずれにしても詩「トートナウベルク」が言う「一人の思惟者の来たるべき言葉への希望[37]」を、沈黙を貫いた哲学者は聞き届けることがなかった。ラクー＝ラバルトは、詩人が哲学者から待ち望んだこの言葉は「すまない（pardon）」という言葉だったかもしれないと述べている。[38]ハイデガーの思索とツェランの詩作の関係を考える際に、このように詩人自身に決定的な衝撃を与えたすれ違いを過小評価することはできない。

とはいえ、二つの陣営のあいだのツェランの奪い合いに決着を付けることはできないし、それにはあまり意味がないだろう。本書としてはむしろ、「子午線」を読解しながらレヴィナスが取り出している特異な回帰の思想が、ツェランとレヴィナス――そしてハイデガー――を結ぶ蝶番の役割を果たしていることを強調したい。ツェランは、詩における他者との対話を「出会いの秘密（*Geheimnis der Begegnung*）[39]」と呼び、この出会いを通して、すなわち「子午線」をたどって自己自身に帰還する道程を「一種の帰郷（Heimkehr）」と呼んでいた。特異なもの、さらには他なるものを経由して「故郷の（heimisch）」、あるいは「内密の（heimlich）」領域に戻るというこの回帰においては、ラクー＝ラバルトが指摘するように、もはや二つの次元を対立的に捉えることはできないし、この運動をしかるべく理解するにはハイデガーの「力の全体」が不可欠となるだろう。[40] ヘルダーリンの詩「帰郷」を論じた一九四三年の講演で、「帰郷（Heimkunft）とは根源への近さ（Nähe）への帰還である」[41] とするハイデガーは、近さの本質についてこう述べる。「普通われわれは近さを、二つの場所の隔たりが可能なかぎり小さいこととして理解している。それに対して、近さの本質はいまや、〈近いもの〉を遠ざけて‐置く（fern-hält）ことで、〈近いもの〉を近づける〈親しいものとする〉というところに現れる。根源への近さは、秘密（Geheimnis）である」[42]。近さとは、〈近いもの〉を「秘密」として遠ざけたまま、内密な領分のうちに集め、守り匿うことである。レヴィナスにおいて他者との近さは、他者との融合や合一に至ることではなく、他者との隔たりを保ったまま他者との「錯綜」のうちに身を置くことであり、レヴィナスにおける「出会いの秘密」とは、前章で論じた表現を用いるなら、「他者のために＝他者のかわりに」が「転義」によって「一者」に再帰することにほかならない。ただし、レヴィナスにおける「秘密」は故郷の場所に秘匿されたものではないだろう。これは場所のうちではなくあくまでも人間のうちで――「われわれのあいだで〈ここだけのはなし〉（entre nous）」[43]――保たれる「秘密」であるに違いない。

　本節冒頭で述べたように、ツェランは、「詩の不信」のなかにあってレヴィナスが例外的に信を置いた詩人だが、レスリー・ヒルが適切に指摘するとおり、[44] レヴィナスがツェラン論の本文で引用しているのはすべて散文で、引かれている詩はエピグラフに掲げられた「チェロの出だし《アインザッツ》」（『息の転回』所収）のみであり、その意味では詩に対するレヴィナスの不信感は依然として根強いものだと言うこともできる。しかし、「すべてはそれがあるよりも少なく、すべてはより多い」[45] というこの詩の一節が果たしている役割は決して小さいものではない。このエピグラフが呼応しているのは、「子午線」で語られる「絶対詩」について触れたツェラン論の最終部分である。

> 絶対詩は存在の意味を言うのではないし、ヘルダーリンの〈人間は大地に詩人のように住まう〉の一つの変奏ではない。絶対詩はあらゆる次元の欠損を言うのであり、《不可能なもの》の不可能な道のりをたどって、ユートピアに赴くのである。存在よりもより多く、より少ない。絶対詩――いや、絶対詩は存在しません。絶対詩は存在しえないのです。ツェランは実現不可能なものの理想を言っているのだろうか。そのような根拠のない安直な言葉をツェランに帰すのは難しい。ツェランが示唆しているのはむしろ、存在と非存在の限界のあいだに住まう様態とは異なる様態のことではないだろうか。ツェランが示唆しているのは、存在するとは別の仕方でという前代未聞の様態としての詩それ自体ではないだろうか(46)。

絶対詩が存在しえないのは、それが「存在よりもより多く、より少ない」からであり、「存在するとは別の仕方で」の領域に属するからである。冒頭のツェランの詩の一節「すべてはそれがあるよりも少なく、すべてはより多い(alles ist weniger, als/es ist, /alles ist mehr)」は、一行目の末尾に接続詞《als》を宙吊りに置くことで、それがある「として」、それ自体「として」より少なくより多いという意味と、比較級を受けてそれがある「よりも」より少なくより多いという二つの読解可能性を許している(47)。「(それが)ある(es ist)」を存在の次元とするならば、この一節が指示しているのは、この次元を逃れている「すべて」のこと、すなわち「存在するとは別の仕方で」がカヴァーする全領域ということになるだろう。存在と非存在の対立を超えたところに「語ること」そのものとしての詩が位置づけられているのである。

さらに、このツェラン論を離れたところで、レヴィナスが『存在するとは別の仕方で』の中心部である第四章「身代わり」のエピグラフにツェランの詩「遠くをたたえて」（『罌粟と記憶』所収）を掲げていることも指摘しておきたい。「私が私であるとき、私は君である」(48)。「他者のための一者」の「転義」である身代わりの思想を表現するものとして、これ以上にふさわしい詩句は考えられないだろう。

第二節　詩人の占める場所——レヴィナスとジャベス

それではツェランとならんでレヴィナスが七〇年代はじめに論考を捧げているもう一人の詩人エドモン・ジャベスの場合には、いかなる思想の協働関係がレヴィナスとのあいだに見られるだろうか。

世界ユダヤ連盟の機関誌である『ヌーヴォー・カイエ』誌は、一九七二～一九七三年冬号で「今日のエドモン・ジャベス」と題された特集を組み、数人の著名な作家や哲学者にジャベスに関する質問を投げかけている。第一の質問は「現今の文学制作において、いかなる場所をエドモン・ジャベスの作品に割り当てますか」、そして第二の質問は「追放、彷徨、ひいてはユダヤ的条件——それはジャベスにとってエクリチュールおよび作家の条件と同じものなのですが——への参照との関連で、とはいえその領野を制限することなく、特にジャベスの作品をどのように定義しますか」というものだった(49)。レヴィナス以外の回答者には、モーリス・ブランショ、ロジェ・カイヨワ、ルネ・シャール、ジャック・デリダ、モーリス・ナドー、ジャン・スタロバンスキといった錚々たる顔ぶれが名を連ねている。時期としては、『ヤエル』（一九六七年）、『エリヤ』（一九六九年）に続く『問いの書』シリーズの六冊目『アエリ』（一九七二年）が出版された時期に当たっており、この特集を企画した『ヌーヴォー・カイエ』誌の編集者ジャニーヌ・グダリアによれば、『アエリ』が出版された一九七二年一月以降、同誌の周辺でジャベスの再読を促す気運が高まったのだという。さらに、『ヌーヴォー・カイエ』誌とならんでフランスの代表的なユダヤ系雑誌の一つである『アルシユ』誌の一九七二年二月号にも、「エドモン・ジャベスを発見しよう」という表題のもとで『アエリ』の書評が掲載されている。書評子であるウラジミール・ラビは、エクリチュール・ユダヤ人・神という三つの主題を順に追ったあとで、「アウシュヴィッツ以来、私は、ユダヤ教神学の刷新のしるしをどんな些細なものも逃さず見張っていることがあった。最終的にエドモン・ジャベスのうちに現れるのは、詩人を超えて神学者なのではないかと思う[50]」と、その書評を締めくくっている。「今日のエドモン・ジャベス」という企画の背景には、そもそものはじめからジャベスにおける「ユダヤ性」が重要な問いとして含まれていたわけである。

こうした文脈上の要請のなかで、レヴィナスはどのようにジャベスの作品を捉えたのか。今日の文学制作においてジャベスの作品がいかなる場所を占めているのかを問う第一の質問に対し、レヴィナスは次のように回答している。

真の詩人が一つの場所を占めるというのは本当だろうか。真の詩人とは、語の卓越した意味で、自らの場所を失い、まさしく占領をやめる者であり、それゆえ空間の開けそのものではないだろうか。透明とか空虚と言ってもまだ――夜や諸存在の嵩と同様に――この空間の底なし、ないし衝‐天（ex-cellence）を――そこで可能となる天空を、あるいはこのような造語を用いてよいのであれば、天空の「天空性（caelumnité, célestité）」を――示してはいない。どのような内部性も、外部性そのもの以上に外的な空気に触れてその核に至るまで引き裂かれ、この底なしあるいは高み――ジャベスによれば「もっとも高い深淵」――のうちに沈んでいく。あたかも、ただの人間的呼吸は、すでに喘ぎにすぎないかのようだ。あたかも、詩的な語ることがこの息切れを克服し、ようやく深々とした呼吸へと、吸気＝霊感（inspiration）へと至るかのようだ。この吸気は、万物の閉所からの開放、存在の核分裂――もしくは存在の超越――であり、そこに欠けているのはもはや隣人のみである。ジャベスは言う。「私は言葉でしかない。私には顔が必要だ[51]」。

この回答の冒頭部分はともすると、質問のうちにあった「いかなる場所を」という言葉に修辞的に反応したものにすぎないようにも見える。しかし、本書で追ってきたレヴィナスにおける「場所」の主題の重要性を考慮に入れたとき、この回答は、自らの思想の一端をジャベスに仮託する形で提示しているものであることが明らかになる。レヴィナスの回答を解釈するまえに、まずはジャベスの作品のなかに「場所」がどのように組み込まれているのかを具体的に確認しておこう。

ジャベスにおける「場所」の主題について最初に指摘しなければならないのは、ジャベスにおいて「場所」はつねに欠如の様態で語られる点である。ジャベスは、詩集『私は住まいを建てる』（一九五九年）に収められた詩の一編に「場所の不在」という題名を与えている。デリダがすでに注意を促していたように、「空き地、取り憑かれた頁[52]」という一節で始まるこの詩の冒頭のうちに、「空虚」「土地」「書物」といった、のちにジャベスの作品に取り憑くことになる主要なモチーフを予感することは十分に可能である[53]。そして、この詩が予告している「場所の不在」という主題は、まさにこれらのモチーフが複雑に錯綜する形で『問いの書』シリーズのなかに織り込まれている。『ヌーヴォー・カイエ』誌の特集時に発表されていた『アエリ』までの六冊にかぎってみても、「場所」の不在ないし喪失を喚起する箇所は数多く散見される。なかでも『ユーケルの書』（一九六四年）に見られる「非場所の霊（Le génie du non-lieu）」という表現[54]や、『書物への回帰』（一九六五年）のなかでジャベスが架空のラビに語らせる「千の場所をすべて、一つの場所が含む。非場所である。君は非場所に住み、非場所が君の祖国だ[55]」といった一節を挙げることができる。

なぜジャベスは「場所」をつねに不在のものとして語るのか。さきほどの引用の「君は非場所に住み、非場所が君の祖国だ」といった部分、さらには別の箇所で繰り返される、ユダヤ人の祖国は書物であるといった言明から、一つの場所への定住ではなくむしろ書物との結びつきを重視するユダヤ人の離散の様態が捉えられていると考えることもできる。しかし同時に、「場所」という言葉に注目するならば、否定辞をともなった「非場所」という語は、ジャベスが「神以後のユダヤ教（Judaïsme après Dieu）」と呼んでいるものを理解するのに役立つ。「場所」という語についてジャベスはマルセル・コーエンとの対談のなかでこう述べる。「そのうえ、ご存知のように、ヘブライ語で神の名の一つにハ・マコームというのがあります。《場所》という意味です。神は場所である。書物と同じようにです。この結びつきはいつも私を興奮させます。神は、《神の名》を通じて、書物なのです。ひとは神の《名》の消失においてでしか、場所の消失においてでしか書くことはない、と私がある著作のなかで記したのはそういうわけです[56]」。つまり、ジャベスにとって「場所」の不在は、この語を一つの名としてもつ神の不在をも意味しているということだ。ジャベスとユダヤ神秘主義、とりわけイサク・ルーリアの教説との類縁性はつとに指摘されているが[57]、ルーリアによると、創造に際して、すべてを満たしていた神は、世界を創造する余地をつくるために自らのうちに身を退けなければならなかった。世界の創造のために神が空けた場所は世界の条件であり支えであるが、同時に神が過ぎ去った痕跡をはらんだものでもある。したがって「場所」という神名を喚起しながらジャベスが構想している「神以後のユダヤ教」は単なる無神論ではない。むしろそれは、神の痕跡が残された「取り憑かれた頁」のうえに書くことによる、過ぎ去った神の痕跡の探求だと言える[58]。

　ジャベスに見られるこの「場所の不在」というモチーフに目配せを行うことによって、レヴィナスはどのような思想を表明しているのか。レヴィナスの回答の冒頭で提示されていた「真の詩人が一つの場所を占めるというのは本当だろうか」という問いに立ち返ってみると、レヴィナスがわざわざ「真の詩人」と言っている点が目を引く。このジャベス論には直接の言及はないものの、ここまで本書がたどってきたレヴィナスの道筋から、ここでレヴィナスがハイデガーの詩人観に対抗しようとしているのは明白だろう。このジャベス論と同年のツェラン論で、ハイデガーのへルダーリン解釈が言及されていたのは前節で見たとおりである。より具体的に言えば、「真の詩人とは、語の卓越した意味で、自らの場所を失い、まさしく占領をやめる者であり、それゆえ空間の開けそのものではないだろうか」というレヴィナスの主張は、本書第Ⅲ部で扱ったハイデガーにおける居住の議論に対する一つの応答である。レヴィナスは、ハイデガー的な意味での「場所」への取り集めに「空間の開け」を対置しているが、この空間は「透明」や「空虚」といった言葉が表すような抽象的な空間ではないと言われる。ここでレヴィナスは、この空間を占める「空気」に着目することで、主体が自らを定位する「場所」を失って空間そのものへと開かれる運動を捉えようと試みている。呼吸は、空気という外的なものが内側に陥入することによって外部と内部が通じてしまう「存在の核分裂」を意味している。そして、いまだ不十分な「喘ぎ」にすぎないような通常の呼吸を超えてこの空気を深々と吸い込む「吸気＝霊感（inspiration）」のうちに、レヴィナスは詩人の営みを見て取っている。吸気によって空間そのものが吸い込まれ、呼気とともに内部が外部へと開かれていく運動が、「場所」を喪失した詩人の「語ること」だとされているのである。

興味深いことに、この議論は『存在するとは別の仕方で』の最終章「外へ」とほぼ符合している。そこでレヴィナスは、客観性を保証する透明さという空間の意味を問い直しながら、ジャベス論で提示されていた議論を主体の主体性へと敷衍している。この最終章は次節であらためて取り上げるが、そこでは「世界も場所ももたない自己の開け、ユートピアとしての空間の開けは、壁に囲まれていないということであり、そして、最後まで吸い込んで呼気〔臨終〕に至るまでの吸気とは《他者》の近さであり、この近さは他者のための責任としてでしかありえず、この責任は他者への身代わりとしてでしかありえない(59)」と言われている。さきほどのジャベス論の引用で、レヴィナスは「私は言葉でしかない。私には顔が必要だ」という『アエリ』の一節を引いていたが、ここでは他者との「近さ」という倫理的次元と「語ること」の結びつきが強調されている。二つのテクストの関連を考慮に入れるなら、レヴィナスは倫理的次元の不在ゆえにジャベスに対して留保を置いているというよりもむしろ[60]、そこでは他者への開かれとしての「語ること」をめぐる両者の協働関係が示されていると言える。

以上を踏まえて、レヴィナスのジャベス論の後半部分で示唆されているジャベスにおける「ユダヤ性」の問題を「場所」の主題から見てみたい。『ヌーヴォー・カイエ』誌のジャベス特集は、第二の質問として、彷徨や追放といった「ユダヤ的条件」との関連でジャベスの著作がいかなる仕方で定義されうるかと問うていた。これに対してレヴィナスは、いわゆる「ユダヤ性」を喚起させるこうしたモチーフを超えてジャベスの作品に潜む「人間的契機」を強調しながらこう述べる。「ジャベスにおける彷徨のユダヤ教、追放のユダヤ教だろうか。〔…〕よろしい。これらは主題である。主題は二流の詩人たちの役に立つものだ。ジャベスにおいて主題は依然として、彼が「書物の眩暈のする場所」と呼ぶものに由来する眩暈のなかを回っているのである[61]」。しかし、本書の道程を踏まえるならば、彷徨や追放に関わる「場所」の不在ないし喪失は、ほかならぬレヴィナス自身にとっても一つの主題を超えた射程をもっていたはずである。そしてこの主題をレヴィナスが重視するのはそれが「ユダヤ性」の象徴であるからではなく、それが「ユダヤ性」を超えた人間的意味を有しているからだった。レヴィナスのこの回答には、ジャベスのエクリチュールを「ユダヤ的条件」に回収し、ジャベスのうちに「ユダヤ性」の適切な「場所」を割り当てることへの拒否が読み取れる。

他方で、レヴィナスとともにこの雑誌に回答を寄せているデリダは、今日の文学において「ジャベスのテクストのどこかにその先例をもたないものはなにも作られていない」とジャベスを賞賛したあと、次のようないささか挑発的な言葉でもってこの問題に接近している。「ジャベスは、各人が承知のとおり、ユダヤ人ではない。／テクストを問いかけへと従わせるほど十分に自分自身に確信を抱いているユダヤ的自己同一性、テクストに対して、そのまえで応答し、「ユダヤ的条件」との関係で自らを定義するよう要請するほど十分に自分自身に確信を抱いているユダヤ的自己同一性——そのような自己同一性は、ジャベスのエクリチュールのなかに場所をもっていない（*n'a pas lieu*）」[62]。デリダが強調するのは、ユダヤ教に「それ自身の脱臼」を被らせるようなジャベスのエクリチュールのあり方である。「彷徨のユダヤ教」「追放のユダヤ教」というものがありうるとすれば、それは、自らの自己同一性に確信を抱いたユダヤ教そのものの彷徨であり、追放でもなければならない。そこでは「もはやユダヤ的自己同一性ではなく、ユダヤ教という概念の変容にまで至るような、ユダヤ教の内的生成[63]」が問題となっている。

デリダがジャベスのエクリチュールのなかに看取している、このようなユダヤ的モチーフによる「ユダヤ性」そのものの問い直しは、「ユダヤ性」の称揚なのだろうか、それともその貶下なのだろうか。本節冒頭で触れたように、このジャベス特集を企画した『ヌーヴォー・カイエ』誌やその周辺にとっては、ジャベスの作品は「ユダヤ教神学の刷新のしるし」として迎え入れられていた。それに対して、世界ユダヤ連盟とも関係の深い論者であるシュムエル・トリガノは、ジャベスの試みを「《エクリチュール》の神話」と結びつけ、それをキリスト教的「意味」に対するユダヤ教的「文字」の礼賛として、内実をもたないその形式性を糾弾している[64]。さらに、「西洋において、ユダヤ性は一つの非場所である[65]〔…〕」とされてきたことに抗して、トリガノは「ユダヤ性は、政治的シオニズムが提起する非場所よりも偉大な場所であり、それは、追放という場所の不在とは無限に異なる[66]」と主張する。

しかし「自らの確信のうちに碇を降ろしたユダヤ人であることの不可能性」を強調しつつ、「まさにこの切断のうちで——その帰属を探し求めている非帰属のうちで——おそらく私はもっともユダヤ的なのです[67]」と言うジャベスにとって、「非場所」とは、トリガノが批判しているような形式的・抽象的な空虚、そこを占有することでなんらかの充実が目指されるような空虚ではない。ジャベスは、彼が用いる「神」および「ユダヤ」という語は隠喩であり、それぞれについて、「神」は「空虚」の、そして「ユダヤ」は「神の苦悩、すなわち空虚の苦悩」の隠喩であると言う[68]。ジャベスにとって「ユダヤである」とは、自らが空虚の苦悩であることを認めることであり、それは同時に、「ユダヤ性」を通じて「ユダヤ性」をたえず問い直すことによって生じる苦悩を引き受けることでもあるだろう。ジャベスにおいて「ユダヤ的条件」が作家の条件と同じなのは(69)、そのどちらもが、安定を知ることのない「非場所」に身を置きながらこの空虚と格闘することにほかならないからである。いずれにせよ、ジャベスにおける「ユダヤ性」の問いが、「一つの答えの場所ではなく、たえず保持された問いの場所(70)」であることは間違いない。

　むしろジャベスにとって、「ユダヤ性」を一つの確たる「場所」として所有してしまうことは、ほかならぬ書物との決別を意味していた。ジャベスに捧げられた晩年のあるテクストで、レヴィナスは、「モーセがどこに埋葬されたのかを決して誰も知ることがなかったのは、《書物》にとって唯一の場所など存在しえないからではないだろうか(71)」というジャベスの『分与の書』（一九八七年）の一節を引用しながら、「したがって、書物の意味は、作家の現存在、世界内存在〔…〕のうちには宿らないということになろう(72)」と述べている。作家が身を置く最後の「場所」である墓を暴いたところで、作家の記した書物の秘密がすべてそこに隠されているわけではないし、そもそも「モーセがどこに埋葬されたのか」を知っている者は誰もいないのだ。自らの「場所」を失い、占領することをやめる詩人にとっても、事情はまったく同じだろう。『アエリ』で言われているように、「ユダヤ人にとって、一つの場所を所有することは、書物を仕上げることである(73)」とすれば、「場所」を所有することのない詩人は、書きつづけられるべく開かれたままの書物にいつまでも対峙しつづけるということになるだろう。そして「人間存在は単に世界にあるだけではないし、単に世界内存在であるわけではなく、書物へ臨む存在（zum-Buch-Sein）として、霊感を受けた《言葉》と関わっている(74)〔…〕」とする晩年のレヴィナスにとって、書物との対峙はあらゆる人間存在の根本性格として考えられている。レヴィナスのこの思想は、まさにジャベスの書物との対峙を一つの契機として練り上げられたと言えるだろう(75)。

　ここまで本章では、七〇年代前半のレヴィナスのツェラン論およびジャベス論を取り上げることで、『存在するとは別の仕方で』にまとめられる「非場所の倫理」の多様な側面を見てきた。後者に関して言えば、このジャベス論が

『存在するとは別の仕方で』の結論部の原型をなしていることは、このテクストの重要性を考える際に強調されるべき事柄である。しかし、実のところこの結論部にはジャベス論とは別の、直接的ではないが同様に重要な参照項を当てはめてみることができる。すなわちレヴィナスの思想と精神病理学との関係、そして三〇年代の初期思想と七〇年代以降の後期思想とをつなぐ「雰囲気（atmosphère）」という主題である。

第三節　息と雰囲気――レヴィナスと精神病理学

レヴィナスは『存在するとは別の仕方で』第四章「身代わり」の冒頭で、かつて『全体性と無限』において西洋哲学全体を《同》の哲学と見なしていたのと同様の身振りで、自身の哲学の視点から西洋の哲学的伝統の要約を行っている。「そして、西洋の哲学的伝統にとって、精神性はすべて、意識や、存在の暴露や、知のうちに集約される」(76)。なぜレヴィナスはここで、たとえば主体の主体性などと言うかわりに、「精神性（spiritualité）」という語を用いているのか。その理由の一端は、同書の冒頭から、独特の仕方で考えられた「精神（esprit）」が問題となっていることにある。レヴィナスは、プラトン以来「存在することの彼方」が「精神の息切れ、ないし、息を詰める精神」(77)のなかで考えられ語られてきたとし、こう述べている。「そして、いまから、このような息切れないし息止めが、《存在することと》の彼方の意味を担った《精神》の極度の可能性なのではないかと問わねばならない」(78)。プラトン『国家』（509b-d）では、実在を超越した善の領域が天空にある太陽と比べられているが、このように感性の次元を上方に向かって超え出ていくことで息切れする「精神＝息吹き」の運動――ガガーリンを称賛していたレヴィナスが思い出される――のうちに、卓越した意味での「存在することの彼方」が読み取られているのである。前節のジャベス論でレヴィナスが用いていた「天空性（cælumnité/célestité）」という概念もこの発想と深く関係している。

本章でここまで見てきたように、一方でレヴィナスは「息の休止（Atempause）」を語る詩人ツェランを論じ[79]、他方で詩人の「霊感（inspiration）」がまさに「吸気（inspiration）」に変わるさまをジャベスに仮託して述べていた。それを受けて本節で問題としたいのは、同じく「精神」をフィールドとする精神医学とレヴィナスの思想との関連である。

精神医学との関連といっても、本節で焦点を当てるのは、他の現代哲学者たちにおいてしばしば問題となる精神分析との関連ではない。レヴィナスは、精神分析に対する関心と躊躇の双方によってしるしづけられた哲学者であり、その態度は生涯を通じて非常に曖昧なままだった。たしかに『存在するとは別の仕方で』には、通常は哲学よりも精神分析に類縁性のある概念や主題が数多く登場する。「外傷（traumatisme）」「強迫（obsession）」「錯乱（délire）」――さらには「精神病（psychose）」――といった言葉がそれである。しかも、これらの語が主体一般を、あるいはこう言ってよければ「普通の」主体を形容するために使われているだけに、このことはより一層驚くべきことではある。しかし他方で、学問分野としての精神分析との関係が問題になる際には、レヴィナスは精神分析に対する軽蔑まじりの不信感を隠すことがない。たとえばレヴィナスは、とりわけ彼がフロイトのうちに認めているエロスの神話化を幾度となく批判している。レヴィナスはフロイトに対して、彼自身の言によれば深い「敵意」[80]を――これはかつてのストラスブール大学の師の一人シャルル・ブロンデルから継承したとされる――保ちつづけていたのである。こうした複雑な両義性と明白な否認をまえにしたとき、レヴィナスと精神分析を直接的に結びつけようとする一切の試みは、恣意的とは言わないまでも、いささか作為的なものに見えてしまうおそれがある。おそらくはそのために、この領域でこれまで行われてきた研究の大半はほとんどつねに、レヴィナスと精神分析家（ジャック・ラカンやドナルド・ウィニコットら）との一種の「出会い損ない」について語るのを余儀なくされているのである[81]。

本書は、これらの先行研究とは眼差しの方向を少し変えて、レヴィナスのテクストを精神分析的ないし心理療法的な研究に役立ちうる理論として読解するのではなく、精神病理学的な視点から再検討することを試みたい[82]。なぜ精神病理学を援用するのか。それは、心的生に関するレヴィナスの思想をよく示していると思われるものとして本節で扱う主題が、精神分析家よりも精神病理学者にとって馴染み深いものだからである。この主題とは「雰囲気（atmosphère）」である[83]。この主題を選択する利点はおもに二つある。第一に、雰囲気の問題はレヴィナスの初期著作にまで遡るものであるが、とりわけ『存在するとは別の仕方で』の最終盤で集中的に現れるものであり、この主題は言わばレヴィナスの哲学の一つの到達点として読解されることができるからである。第二に、まさにこの主題において、レヴィナスの思想といくつかの精神病理学的分析――それらは同時に現象学的ないし実存論的分析でもあるが[84]――とが交差するのが見られるからである。

　雰囲気とはなにか。フランス語の «atmosphère» という語は、なによりもまず地球を取り囲む「大気」を指す語だが、同時に、ある国や場所でひとが吸い込む「空気」をも意味する。ここからすぐに «atmosphère» を構成する二つの性格を――これは語源から自明な特徴でもあるが――取り出すことができる。(1)まず «atmosphère» は「気」であるから（ギリシア語で «ἀτμός» は「蒸気」を指す）、不可視であり、実質をもたない。言い換えれば、雰囲気は見ることも触れることもできず、ただそれを「感じる＝においをかぐ（sentir）」ないし「呼吸する（respirer）」ことしかできない。雰囲気は、それ自体として把持されることのないまま、感じられるものである。(2)また «atmosphère» は一つの「球面・領域（sphère）」であるから、それはわれわれを取り囲み、包み込むものである。ここから雰囲気のもう一つの重要な意味が生じてくる。すなわち雰囲気とは、われわれの身体的生ならびに心的生の基盤として役立つ「環境（ambiance/milieu）」でもある。

　それでは精神病理学において雰囲気はどのように主題化されているのか。すでにいくつかの場面においてレヴィナスとの関係を見たミンコウスキーは『コスモロジーに向けて』（一九三六年）のなかで、雰囲気の存在をわれわれに告げるのはとりわけ「におい（odeur）」であるとしたうえで、次のように述べる。「〔…〕においは、なんらかの事物のうえや、そのなかに拡がるのではなく、取り巻く雰囲気ときわめて内密な仕方で混ざり合いながら、雰囲気に第一の性質を付与するのである」[85]。「世界のにおい」とも呼びうるものと混合し、われわれを全面的に包摂する雰囲気は、物理的ないし感覚的な本性と同様、精神的な本性にも「先立つ」ものである。主体の側において、においの浸透に能動的な意味で対応しうるのは主体の「吸引（aspiration）」だが、吸引という活動には一種の受動性が残存しつづける。というのもこの活動はまさになにかを――空気を――主体の内部に入り込ませることに存しているからである。能動的な行為が受動的なものに支えられているこの構造を、ミンコウスキーは次のように言い表している。「われわれの行為の一切は、より捉えがたいようななにか、より鮮明でないようななにか、より全面的ななにか、ばらばらの要素には分解されえないなにかによってあたかも支えられているかのようである」[86]。さらにミンコウスキーは、第Ⅲ部でも触れた人間と空間との関係を論じた別のテクストのなかで、生きられた空間に固有の特徴である「内密性（intimité）」が、われわれを取り巻く雰囲気に基づいていることを強調している。「内密性は複数の人間存在を包摂し、彼らを包み込み、その意味では彼らの理解を超えたものである。内密性は「気候〔ムード〕（climat）」や「雰囲気」から生じ、それらと同じように、内密性に与るひとたちを浸すのである」[87]。人間存在は純粋な空間のうちに生きているのではなく、さまざまなにおいのついた雰囲気に取り囲まれて生きているのであって、このような雰囲気は人間存在どうしの関係をも下支えするものである。

以上のようなミンコウスキーの議論を踏襲しつつ、精神病理学者フーベルトゥス・テレンバッハは、雰囲気の問題により臨床的な観点から詳細な研究を捧げている。『味と雰囲気』（一九六八年）と題された著作のなかで、本書の関心からとりわけ重要なのは、テレンバッハが安心感を与えるという雰囲気の保護的性格を強調している点である。反対に雰囲気の形成がうまくいかず、われわれにとって異質なものと化す場合には、雰囲気は精神病を引き起こすほどに圧迫してくると言われる。テレンバッハはある症例を例に挙げながら述べる。「保護するものという意味での雰囲気的なものの形成がすでに早くから不十分であったことと特徴的な仕方で対応して――この形成が不十分だったことはさまざまな遺棄（Preisgegebensein）の体験のなかで示されている――いまや精神病が、異質な雰囲気的なもの（*das Fremd-Atmosphärische*）によって患者が圧倒されるというかたちで始まる」[88]。そして保護的な雰囲気が崩壊するとき、このような雰囲気の消滅は「仮借ない仕方で内面性を異質な介入へと晒す」[89]のであり、それとともに、主体を取り巻く雰囲気によってそのときまでは守られていた内的領域が全面的に剥き出しになるのである。

保護されているという感覚を与えるのに十分な仕方で雰囲気との関係が調整されているように見える特権的な場所は、われわれの「家」だろう。身体的・精神的生の維持のために家が果たしている重要な役割に関しては、非常に多くの主張が提示されている。本書第Ⅲ部で取り上げたように、家を人間存在の「最初の世界」と見なすバシュラールや、住居の平穏が取り上げられると人間の「内的解体」がもたらされると考えるボルノウがその代表的論者だが、ここでは「雰囲気の現象学」とも呼ばれる思想を展開している哲学者ヘルマン・シュミッツの名前も挙げておきたい。シュミッツは内的世界と外的世界とを分離し、場合によっては人間が敵対的な雰囲気から遠ざかることのできるような役割を家のうちに見いだしている。シュミッツにとって、家に居住することは「感情の安定性」にとって必要不可欠なのである[90]。

第Ⅲ部で詳しく論じたように、主体の構成における家の地位に関してレヴィナスはこれらの論者と見解を共有している。すでに引いた箇所だが、「分離」の成就としての家の重要性を述べた『全体性と無限』の主張をもう一度引用しておこう。「家の特権的な役割は、人間の活動の目的であることのうちにではなく、人間の活動の条件、その意味で人間の活動の始まりであることのうちにある。〔…〕人間が世界のうちに身を置くのは、ある私的な領域、わが家から出発して世界にやってきた者としてであり、しかも人間はいつでもわが家のうちに身を退けることができる。

〔…〕人間は外部にあると同時に内部にあるのであり、ある内密性から出発して外部に赴くのである」[91]。さきほど挙げた論者たちと同様に、レヴィナスもまた家ないし「住居」が主体の活動の基盤として機能していると主張しており、そこにウィニコットにおいて本質的な母子関係と近い関係を認める論者もいる[92]。

それに対して雰囲気の方はと言うと、レヴィナスにおいてはつねに否定的な仕方でのみ考えられている。漠然として未分化な環境であるかぎりで、雰囲気は存在一般、すなわちレヴィナスが〈ある〉（il y a）と呼ぶ動詞としての存在と結びつけられるのである。『実存から実存者へ』のレヴィナスによると、存在するものがすべて消え去ったとしても、そこから抽象的で純粋な無が生じるわけではない。そうではなく「力の場のように、誰のものでもない重々しい環境（ambiance）のように、存在が残りつづける[93]〔…〕」。〈ある〉と雰囲気の主題を導入するためにレヴィナスはこう続ける。「不在の現前としての暗闇は、単に現前するような内実ではない。これは残存する「なにか」ではなく、現前の雰囲気そのものであり、事後的に一つの内実として現われることはありうるが、そもそもは夜と〈ある〉という非人称的で実詞を欠いた出来事なのだ。それは無の密度のようであり、沈黙の呟きのようである。なにもない、しかしなにがしかの存在が力の場としてある。〔…〕このような存在‐密度（être-densité）、雰囲気、場に注意を喚起したい[94]〔…〕」。レヴィナスが「〈ある〉の恐怖」と呼ぶものにこの著作のなかでもっとも重々しい数頁が割かれていることを思い起こすならば、レヴィナスが〈ある〉と結びついた雰囲気の否定的側面のみを強調しているのも驚くべきことではない。そして、家の保護的機能に割り当てられていた大きな重要性はまさに、雰囲気の侵入によって引き起こされかねない内面性の融解の危険を考慮に入れることと完全に対応しているのである。

しかし『存在するとは別の仕方で』は、雰囲気の侵入によって全面的に破壊された主体を提示するまでに至る。そこで雰囲気は主体の内面性の奥底まで浸透し、心的平衡を維持するのに不可欠な内部と外部の区別を無効化してしまうのである。「外へ（Au dehors）」と題された最終章で、レヴィナスは、ここでは空間の開けそのものと同一視された雰囲気の侵入的性格と、この開けに晒された主体の様態とを次のように描写している。

> そしておそらく〔…〕空間の開けとは、なにかがなにかを覆うことのない外を、保護されていないこと（*non-protection*）、襞の裏側を、住まいなし（*sans-domicile*）を、非世界を、住まないことを、危険な吹きさらしを意味している。〔…〕空間の空虚が、不可視の空気で〔…〕、知覚されないにもかかわらず私の内部の奥底まで浸透している空気で満たされているということ、この不可視性ないしこの空虚が呼吸されるものであり、恐怖を引き起こすものだということ、私に関わらざるをえないこの不可視性はあらゆる主題化に先立って私を強迫するということ、単なる環境（*ambiance*）が雰囲気（*atmosphère*）としてのしかかり、主体はそれに服従し、肺腑までも晒されるということ――これらのことが意味しているのは、存在のうちに足をつけるよりもまえに苦しみ、自らを差し出す主体性である。受動性であり、そのすべてが耐え支えること（supporter）なのだ。(95)

主体と言われてはいるが、これはなんという主体性だろうか。ここでレヴィナス的主体は、いかなる逃げ道も保護も安全もないまま外気に晒され服従している。この主体は――精神病理学者たちの言に従えば――「健康な」主体がそこで自らの身体的かつ心的な平安を見いだすことができるような住まいや、私的領域をもたないとされる。この箇所で驚くべきことは、レヴィナスがこうした主体の描写にほとんど一般的な性格を与えている点である。実際、主体の受動性を示すものとしてここで「耐え支えること」と呼ばれているのは「呼吸する（respirer）」という行為にほかならない。さきほど見たように精神病理学的分析において雰囲気は、鼻（ミンコウスキーにおいては嗅覚）や口（テレンバッハにおいては口腔感覚）に関係づけられていたが、レヴィナスにおいて雰囲気の浸透は主体の「肺腑」にまで達すると言われる。無論このことは生理学的観点からすれば自明な事柄だが、レヴィナスが取り出そうと試みている呼吸の構造は、単純ではあるが非常に重要な事実を引き渡してもいる。すなわち主体はつねにすでに外部へと開かれており、口や鼻といった穴を通じて、自らではないものを自らの内奥まで吸い込んでいるということである。そしてこれがレヴィナスが理解するかぎりでの「精神（esprit）」という語の意味であり、そこには他者との倫理的関係さえもが認められている。前節で見たように、この箇所の原型は一九七二年のジャベス論だったが、精神病理学との関連を踏まえてあらためてこれを再読するならば、この議論は詩人の「霊感」に留まらない人間存在の根本様態を述べたものと考えられる。「ありうるかぎりでもっとも長い息――それが精神である。人間とは、吸気（inspiration）にあたっては中断することなく、呼気（expiration）にあたっては戻ることのないような、もっとも長い息が可能な生物ではないだろうか。〔…〕世界も場所ももたない自己の開け、ユートピアとしての空間の開けは、壁に囲まれていないということであり、そして、最後まで吸い込んで呼気〔臨終〕に至るまでの吸気とは《他者》の近さであり、この近さは他者のための責任としてでしかありえず、この責任は他者への身代わりとしてでしかありえない(96)」。

はたしてこうした驚くべき主張はどのように解釈されるべきだろうか。精神病理学的観点からすれば、少なくとも『存在するとは別の仕方で』で描写されるレヴィナス的主体は、なんらかの心的疾患に苛まれた「患者」（すなわちpatient）と見なされかねない。それどころか本節の冒頭で見たように、レヴィナス自身がこの著作で、「外傷」や「精神病」といった語を用いるのをいささかもためらっていないのである。このことはもちろん、「他なる人間に対する同じ憎悪の犠牲者たち、同じ反ユダヤ主義の犠牲者たち(97)」に追悼を捧げているこの著作の有名な献辞とも無関係ではありえないだろう。レヴィナスの伝記的・哲学的な道程を考慮に入れるなら、雰囲気に関するこのようなレヴィナスの思想は、個人的で自伝的な性格しかもっていないのだろうか。終わりなき喪に沈んだ病める主体、メランコリー的主体が問題になっているのだろうか(98)。

この問いは明らかに『存在するとは別の仕方で』という著作の叙述スタイルそのものに関わるものであり、本節ではそれに深入りすることはできない[99]。そのかわりに暫定的な結論として強調しておきたいのは、雰囲気の問題が非常に早い時期からレヴィナスの関心を捕らえていたという点である。このことを示しているのは、本書第Ⅰ部で部分的に引用した一九三三年のリトアニア語論文「仏独両文化における精神性の理解」である。フランスおよびドイツの哲学が「精神性（spiritualité）」の概念をどのように考えているのかをリトアニアの読者に紹介したこの論文で、レヴィナスは当時を代表するドイツ文学を題材にしながら雰囲気の主題に目配せを行っている。すなわちトーマス・マン『魔の山』（一九二四年）である。レヴィナスはこの小説のうちに、高地（山）と低地（平野）のあいだの根本的な対立を見て取っているが、この対立はなによりもまず空気の濃度の差異によって導かれる。「小説の活動の地としてダヴォスを選んだことで、トーマス・マンは非常に幸福な文学的効果を獲得している。ダヴォスの空気は、死すべく定められたわれわれが、そのうちで自身の運命と格闘している雰囲気〔大気〕の密度を超越している[100]」。死の不安に取り憑かれ、それゆえ生物学的生に執着しているにもかかわらず、山上に暮らす結核患者たちは逆説的にも「精神性の源泉」に触れているとレヴィナスは言う。彼はこうした具体的実存と不可避的な死との錯綜のうちに――これはハイデガーにも見られる錯綜だが――ドイツ文化における精神性の概念が完全な形で具現化しているのを認め、さらにこうも付け加える。「死の息吹のなかで、形而上学的な雰囲気が構成される」（同）。小説の主人公であるハンス・カストルプが対面するのを余儀なくされるのは、まさにこのような「雰囲気」である。「到着したその日から、彼はダヴォスの雰囲気に奇妙な仕方で酔わされていると感じている。この雰囲気は彼を引きつけると同時に、彼に嫌悪感を抱かせてもいる。彼は、この雰囲気がどのような精神的な踏み外しを約束しているのかを漠然と予感し、ひとが分解に恐れを抱くように、この雰囲気に恐れを抱くのである[101]」。

「雰囲気」に酔わされずにいること――四〇年以上の長きにわたるレヴィナスの思想の道程は、この「酔い」への関心とそれに対する抵抗のせめぎ合いのうちに要約されることもできる。「不眠の効用について」と題された晩年のあるインタヴューで、レヴィナスは、もしリセの最終学年の生徒に自分なりの哲学の定義を聞かれたらどう答えますかという問いに次のように答えている。「私なら彼にこう言うでしょう。哲学とは、人間が語る事柄について、そして思考しながら自らに語る事柄について人間が自問することを可能にするものである、と。言葉のリズムや、言葉が指示する一般概念に揺すられたり、酔わされたりすることをやめ、この現実における唯一者の唯一性、すなわち他者の唯一性に身を開くことである、と。言い換えるなら、結局のところ、愛に身を開く、ということです。歌うときとは違って、本当の意味で語るということであり、覚醒することであり、酔いから醒めることであり、単調な繰り言《リフレイン》から身を解き放つことです[102]」。他者に開かれていることを忘れない「目覚め（veille）」・「不眠（insomnie）」としての哲学という定義が述べられているが、これらの語はそもそも『実存から実存者へ』では主体が逃れるべき〈ある〉――〈ある〉は「完全に酔い醒めしている[103]」と言われる――を形容する措辞として用いられていた。さらに同著作で述べられる主体を取り込む「雰囲気」としての〈ある〉は、『存在するとは別の仕方で』では「他性の全重量[104]」と見なされている。このような用語法の変遷は、単なる見解の変化を意味するものではなく、むしろその急進化を表している。

　本書がおもに第Ⅰ部で扱った初期のテクストでは、ハイデガーの現存在分析のうちに具体的空間の「環境＝雰囲気（ambiance/atmosphère）」が読み取られていた。そして所与かつ自明なものとしてあるこの事実的な世界の「自然性」に対して、三〇年代のユダヤ教論考では、世界の不易性に疑義を呈するユダヤ教的な存在様態が対置されていた。ハイデガーの議論を自らの思想に言わば取り込んだ『全体性と無限』では、こうした具体的な「環境」が、本書が《同》の圏域と呼んだものへと改鋳された。《同》における刹那的な享受は、バッカス的な狂乱を思わせる「酔い」の――もちろん幸福な――一様態である。だが、それだからこそ、「風景」や「国」といった語で表現された《同》の「環境」のなかには、同化されうる小文字の「他なるもの」は見いだされるものの、強い意味での「他者」は含まれなかった。本書第Ⅲ部で強調したように、《他》はむしろ《同》に包摂されえないものとして導出されたからである。

他者の「顔」が具体的な世界に闖入してくる「抽象的なもの」として論じられていたのもそのためだった。

他方で、具体的な世界を裏打ちしている〈ある〉もまた、『実存から実存者へ』では「環境＝雰囲気（ambiance/atmosphère）」と言われていた。〈ある〉の導入は、具体的空間の「手前」であり他性をまったく包含しない《同》の根拠である「場所」を議論の俎上に載せるために必要だったわけだが、〈ある〉は同時に、それが内部も外部もない全面的な存在であり、《同》に還元不可能である以上、《他》の一つのあり方を示している。実際すでに論じたように、『全体性と無限』において〈ある〉は、元基の奥底に無規定に拡がる「大地の異邦性（étrangeté）」として解釈されていた。この用語法はすでに、他者の優れた形象が「異邦人」とされていたのと類比的だったわけである。[105]

重要なのは、具体的世界と〈ある〉という二つの次元は、立論上は別々に議論されているものだが、実際にはつねに二重写しのものとして考えられているということである。享受が「明日への気遣い」に脅かされることで他性を感得するように、具体的世界のうちにはつねに〈ある〉が回帰する可能性が含まれているからである。戦後のレヴィナスは二〇世紀の災厄を思い起こす際に、かつて〈ある〉を形容するために用いていた表現（空虚、眩暈、深淵など）をふたたび取り上げているが、〈ある〉はまさに何気ない日常の片隅から不意に襲いかかってくる恐怖だった。[106]

一方で具体的空間の自然な「雰囲気」のうちでそれに酔うことなく他者の他性に耳を傾けることと、他方で〈ある〉という他性の侵襲に流されることなくそれを「耐え支えること」――したがってこれがレヴィナスの思想を貫いている二重の要請であり、この点で『存在するとは別の仕方で』の最終部と、最初期のリトアニア語論文とが接続する。『魔の山』において、具体的な生の空間である低地の濃密な「雰囲気」を逃れて、純粋であるがゆえにそれだけ濃密な高地ダヴォスの「雰囲気」を呼吸しにいく結核患者――そしてカストルプ――は、後者の要請を満たすことができない存在だったとも言えるだろう。後者の「雰囲気」に酔わないためには、単に山に登るだけではなく、さらに天を衝くまでに至る上昇運動――前出のジャベス論および『存在するとは別の仕方で』の末尾に現れる「衝‐天（ex-cellence）」――が必要だったのだろう。レヴィナス本人が明かしているところによると、「存在することの彼方」を目指すこの運動は、『存在するとは別の仕方で』のエクリチュールそのものにも現れているという。同書の「予備的注記」にはこうある。「存在することの彼方という概念が独創的なものであると言い張ることはできない。しかし、この概念に至る道が険しい坂道であることは今も昔も変わらない。この登攀の困難――そして登攀の挫折とやり直し――は、本書のエクリチュールのうちにも刻み込まれている。おそらくこのエクリチュールは、探求者の息切れ（essoufflement）をもあかしだてているだろう」[107]〔強調は引用者〕。

本書はここまで、七〇年代の主著『存在するとは別の仕方で』を中心としたテクスト群を追いながら、レヴィナスの後期思想を「非場所の倫理」として定式化することを試みた。第Ⅳ部までは基本的にレヴィナスの哲学著作を扱ってきたが、本書が取り出した「場所」をめぐる思想は、レヴィナスのユダヤ教論考のなかで小さからぬ位置を占める一つの主題と無関係ではありえない。すなわち「約束の地（terre promise）」の所有にまつわる問題である。レヴィナスの「場所」の思想ならびに「非場所の倫理」は、この《聖地》の所有の問いと――そしてイスラエル国の問題と――いかなる関係を結んでいるのか。そこでわれわれは、さきほど見た「衝-天」という主題と奇妙な仕方で再会することになる。

第Ⅴ部　レヴィナスとイスラエル

第Ⅴ部では、これまでの論述で直接的には扱っていないレヴィナスのユダヤ教論考を取り上げながら、レヴィナスにおける「場所」の主題と密接な関係をもつ「約束の地（terre promise）」およびイスラエルの問題を論じていく。まず世界ユダヤ連盟管轄の東方ユダヤ師範学校校長としての「教育者」レヴィナスの活動を見ることで、誕生まもないイスラエル国と離散のあいだの緊張関係をめぐるレヴィナスの思考の軌跡をたどる。ついで一九六七年の第三次中東戦争（「六日戦争」）を大きな契機として展開される「約束の地」の所有の正当性をめぐるレヴィナスの思想を、ユダヤ教「パリ学派」との関連を踏まえながら論じていく。そこでは第Ⅳ部では論じられなかった「正義（justice）」の概念も同時に問題となる。とりわけ四〇年代後半から五〇年代の時期に関しては、のちの著作に再録されていないテクストをやや長めに引用しながら、イスラエルにまつわるレヴィナス自身の思索を詳しくたどってみたい。

第一章　離散とイスラエルのはざまで

第一節　教育者レヴィナス——ＥＮＩＯでの活動

第Ⅰ部第三章の冒頭で触れたように、一九六一年の『全体性と無限』で国家博士号を取得しポワチエ大学に赴任するまでのレヴィナスの活動の中心は、復員後から一九七九年まで校長を務めることになる世界ユダヤ連盟管轄の東方ユダヤ師範学校（École Normale Israélite Orientale: ENIO）だった。一人の哲学者として認知され大学で教鞭を執るようになるまでのレヴィナスがユダヤ系の高等教育機関に勤務し、ユダヤ人子弟の教育問題に専心していたことは、事実としては多少とも知られているものの、ユダヤ教育に対するレヴィナスの理念や具体的な教育活動に光が当てられることはほとんどない(1)。

世界ユダヤ連盟（Alliance Israélite Universelle: AIU）は、フランス革命の精神に則ってユダヤ教を普遍性へと開くとともに、各地のユダヤ人の保護を目指す組織として、一八六〇年にパリに創設された。フランスではヨーロッパでいち早く一七九一年にユダヤ人の解放がなされていたが、諸国では依然として、一八四〇年のダマスカス事件(2)や一八五八年のモルタラ事件(3)に代表されるユダヤ人迫害やキリスト教徒との対立があとを絶たなかった（とはいえ一八九四年のドレフュス事件はフランスでのユダヤ人解放の脆弱さを明るみに出すことになる）。世界ユダヤ連盟（以下、連盟と略す）は、直接的にはモルタラ事件を契機として、リベラル派ユダヤ教徒の知識人を中心に設立された。その支柱となったのは、ダマスカス事件の解決に尽力し、一八六四年から連盟の代表を務めることになる政治家アドルフ・クレミューである。その後、連盟はとりわけ中近東・地中海沿岸のユダヤ人マイノリティを保護するための活動に精力を注いでいくことになる（クレミューは一八七〇年、第二帝政瓦解後の国防政府の法相として、アルジェリアのユダヤ人にフランス市民権を付与するいわゆる「クレミュー法」を発令したことでも知られる）。

各地のユダヤ人の解放および共同体の再生という言わば政治的な活動とならんで、連盟はすでに「解放された者」の責務として、これらの「後発地域」のユダヤ人に近代教育を根づかせることも自らの重要な使命としており、この方面での活動の中心はクレミューの秘書を務めたこともある弁護士ナルシス・ルヴァンだった(4)。連盟は一八六二年にモロッコのテトゥアンに最初の学校を設立したのち、タンジェ（一八六四年）、バグダッド（一八六五年）、チュニス（一八七八年）、トリポリ（一八八九年）、カイロ（一八九六年）と、広範囲に及ぶ地中海沿岸地域に次々と学校を開校する。(5) しかし学校数が急速に増大していくなかで、早くも連盟は管轄学校で教える教員の不足に悩まされることになる。この問題の解決のためにパリに創設されたのが東方ユダヤ師範学校である（一八六七年、以下師範学校と略す）。師範学校は各地の連盟管轄学校からユダヤ人子女を迎え、ふたたび教員として管轄学校に送り出していく。レヴィナスが好んで引用するA‐H・ナヴォンの表現によれば、「地中海沿岸諸国のユダヤ教を再生させる手段は、再生すべき材料そのもののなかから取り出されることとなった(6)」のである。

その後着実に教員を輩出していく師範学校は、第二次世界大戦中に中断を強いられる。パリ占領下ではドイツ軍によって校舎が荒らされ、文書類も散逸の憂き目にあった。捕虜収容所から解放され復員し、一九四六年に師範学校の校長に就任したレヴィナスの第一の課題はしたがって、学校の活動を再開することそのものだった。「東方ユダヤ師範学校の再開」（一九四六年）というテクストは、学校再開時の様子をレヴィナス自身が活写した文章として非常に貴重なものだ。「現在のところ師範学校には一六歳から二〇歳までの二〇人の生徒がおり、その大半はモロッコ出身である。二人がベイルートから来ており、そして、テヘランからもう一人の生徒が到着するのを待っているところである。偶然的な理由がいくつか重なって、今年はパレスチナ人およびチュニジア人を引き受けることができなかった。しかし一九四七年からこれらの国々はふたたび師範学校のうちに場を見いだすことになるだろう。〔…〕師範学校の現校長にのしかかっている責任は恐ろしいものだ。単に物質的な次元に属することだけではない。たしかに、物資配給の現在の状況下で、日々のパンや、あれこれの多くのもの――これらは余分なものというわけではないのだが――を確保することは難しい仕事ではある(7)」。「師範学校の現校長」であるレヴィナスが、生徒たちの生活の物質的側面にも心を砕かねばならなかったことが分かる興味深いエピソードだが、実際、秘書も事務係もいない再開当初の師範学校では、レヴィナスと妻ライッサがほとんど親代わりのように生徒の面倒を見ていたようである(8)。

この時期のレヴィナスはヴァール主宰の哲学コレージュで立てつづけに哲学講演を行う一方で(9)、連盟の会報をおもな発表媒体として、ユダヤ教育に関する実践的な主張を行ってもいる。五〇年代にレヴィナスが発表したこれらの教育論のうちのいくつかは『困難な自由』の初版（一九六三年）に再録されたあと、同著作の第二版（一九七六年）からは削除された。第二版の序註ではその理由として、これらのテクストが提示していた問題がその深刻さ、現代性を失ったためと述べられているが、このことから逆に、一九六三年の時点でユダヤ人子弟の教育問題がレヴィナスにとっていかに喫緊の問題だったかが知られる。

　それではレヴィナスはいかなる現代性をユダヤ教育に認め、どのような方針に従って自らもその任に当たっていたのか。五〇年代から六〇年代前半までの数本の教育論を一瞥してみると、教師としてのレヴィナスの具体的な立場がいくつか浮かび上がってくる。まず大前提とされているのは、ユダヤ教育およびそれを通じたユダヤ教の再生はヘブライ語と分けて考えることはできないという認識である。「ユダヤ人《イスラエリット》のままでいたいと欲するユダヤ人《イスラエリット》が——イスラエル国への一切の帰属の外部においてさえ——存在するかどうかはユダヤ教育にかかっている[10]」という一文で始まるテクスト「ユダヤ教育に関する考察」（一九五一年）では、宗教教育と化したユダヤ教育の失敗の本質的な原因が、ヘブライ語習得の難しさと結びつけられている。

〔…〕現代の諸宗教のなかでもっとも古いこの宗教は、ヘブライ語という古い言語の知識から分けることができない。そしてヘブライ語の知識は、労なくして獲得されるものではない。ユダヤ教がヘブライ語と不可分なのは単に、礼拝がヘブライ語で行われ、信者がその主要な当事者であるからではない。やむをえない場合には、彼らに翻訳を渡すこともできたのである。ユダヤ教がヘブライ語と不可分なのは、ユダヤ人が至るところで宗教的少数派を構成しているからである。その正確なリズムでもってヘブライ語の角型文字に命を吹き込むような深遠かつ現実的な生から引き離されてしまうなら、彼らは貧困な理論的公教要理に還元されてしまうだろう[11]。

さらに、習得が困難なヘブライ語を消失から守るためには、この古き言語に基づいたユダヤ教育が、単なる懐古趣味的な関心の対象としてではなく、それ自体として若者にとって魅力的なものとならなければならない。そのための方策として、レヴィナスは大きく分けて二点を指摘している。まず第一に、ユダヤ教を一つの学知（science）の地位へと高めることの必要性である。「ユダヤ教を学知として打ち立てること、ユダヤ教を思考すること――それはもう一度ユダヤ教のテクストを、教えをもたらすもの〔教師〕（enseignants）とすることである」[12]。ユダヤ教を骨董品のように扱うのではなく、卓越した意味での教育の対象としての学知とすべきとはいえ、レヴィナスは「ユダヤ学（Wissenschaft des Judentums）」に代表されるユダヤ文献学との違いも強調している。同化の産物であるユダヤ学はユダヤ教のテクストを言わば無菌化し、五〇〇〇年にわたるユダヤ教の生を単なる資料体に――さらには墓碑銘《エピタフ》の集積に――してしまう。「なんという墓地だろう！　一五〇世代分の墓とは！」[13]（同）　タルムード講話が実際に示すことになるように、聖典の実証的研究に身を捧げるのではなくテクストから現代的意味を読み取る作業を重視するレヴィナスの構えは、ユダヤ教育という場面にすでに現れている。

若者をユダヤ教育に惹きつけるための第二の手段として、レヴィナスは、ユダヤ教育が公教育に対して劣位にあってはならないという制度的な主張も行っている。カウナスのユダヤ系高等学校を卒業したために資格不十分とされてドイツの大学に入学できなかった（そのためにレヴィナスはストラスブール大学に入学する）という自身の経験が背景にあるかどうかは不明だが、いずれにせよレヴィナスは共同体の指導者を育成するエリート教育の擁護を行っている。

〔…〕現在移入してきている、たちまち同化しつつある層に対するユダヤ的活動がその目的に達するためには、それが一般教育の一部をなしそれと同水準のものである必要がある。この教育がいかなる点でも公教育に劣っていてはならないし、解放されたユダヤ社会からもユダヤ教に愛着を抱くユダヤ社会からもこの教育が望まれていることが必要である。〔…〕そしてこの教育が、共同体のなかで支配的地位を占めるよう求められるような未来のエリートたちを、この大衆のなかに探し求める必要がある。言い換えれば、ユダヤ教が若者に対して、彼らの知的・社会的な昇進の不可欠の部分として提供されることが必要である。庶民的なユダヤ教育が――たしかに庶民的な教育は不可欠だが――エリートの養成によって裏打ちされ、それによって正当化されることが必要なのだ。[14]

ユダヤ教を学知へと高め、高い教養をそなえた共同体の指導者を養成すること――別のテクストでは、「知的ユダヤ人（Juifs savants）をユダヤ的知者（savants juifs）に変えることのできる新しい機関[15]」を創設する国際的なイニシアチヴが強く望まれている。

以上のようなレヴィナスの教育論を踏まえて、本節では東方ユダヤ師範学校長レヴィナスの教育活動・教育思想を伝えてくれる具体例として、レヴィナスが一九五七年にモロッコのトゥムリリン修道院で行った講演「成年者の宗教」の背景について詳しく見ていきたい（講演の内容は第Ⅲ部第三章で既出）。五〇年代のレヴィナスは、地中海沿岸のユダヤ人共同体を対象にした旺盛な講演活動を行っている。たとえば、アルジェのユダヤ系機関紙『ユダヤ通信』の一九五五年一月号に掲載された「エマニュエル・レヴィナス氏の北アフリカ講演旅行」という記事によると、レヴィナスは「現代のユダヤ人とはなにか」という題目で、この年の一月五日にアルジェで初回の講演を行い（五〇〇名以上の聴衆）、翌日には同じくアルジェリアのオランでも講演を行っている（八〇〇名の聴衆）。その後レヴィナスはモロッコに移り、ウジダ、フェズ、ラバト、カサブランカ、マラケシュ、タンジェの各都市をめぐって講演会を開いている。講演を聴講したアルジェの学生代表の「著名な実存主義哲学者がタルムード学者のまえで完全に消えてしまっているのを見て、がっかりする哲学の愛好者もいたことだろう」という感想が伝えられている。[16]

モロッコ独立直後の一九五七年にレヴィナスが講演を行っているトゥムリリン修道院[17]は、一九五二年にベネディクト修道会の一団によって建てられたモロッコにおける最初の修道院で、中アトラス山脈の高地に位置している。ベネディクト修道会の伝統からトゥムリリンの修道士たちは文化活動に熱心であり、一九五五年にモロッコやフランスの学生が文学・歴史・音楽といったさまざまな話題について語り合う集いがトゥムリリンで開かれた。この催しが発展し、そこに教師なども加わって、一九五六年からは一つの共通主題をめぐって一連の講演やセミナーが開催された。「都市」を主題に一二ヵ国から一二〇名の参加者を集めた一九五六年の初回に続いて、レヴィナスが参加した一九五七年の回の主題は「教育」で、二六ヵ国から二〇〇名が参加し、八月一日から二二日までの三週間にわたる大規模な催しは一種の夏季大学の様相を呈した[18]。教育というテーマはモロッコ皇太子ムーレイ・ハッサンによって提起されたもので、ハッサンは開会挨拶も行っている。また、この一九五七年の回には日本からも今道友信が参加している[19]。レヴィナスは、プログラムの冒頭に置かれた講演のあと、ムスリムやキリスト教徒の学生をまえに四日間連続のセミナーを催し、さらには修道院長の招きに応じて聖書注釈の講義を行ったという[20]。

レヴィナスの講演は「ユダヤ的叡智に従って教育されるべき人間」という題目で行われ、記録集に掲載されたのち[21]、「成年者の宗教」と改題されて『困難な自由』に収録された。この講演の内容は非常に豊富であり、レヴィナスの哲学全体にとっても非常に重要な示唆を含んでいるが、第Ⅲ部で扱った部分に加えて、ここでは次の二点に関して指摘をしておきたい。

第一に、レヴィナスは一人のユダヤ人として、ムスリムが多数を占めるモロッコの地に築かれた修道院で講演を行っていることに大きな意義を見いだしている。レヴィナスはこの講演を「セム人とキリスト教徒の皆さんをまえにして――ピウス一一世はキリスト教徒は霊的にはセム人だと述べていた――人間を事物の自然的秩序の上部に位置づけるようなテーゼを口にするのは余計なことではないだろうか[22]」と始めている。三〇年代のユダヤ教論考のなかで、レヴィナスはまさにピウス一一世という形象が体現するユダヤ-キリスト教の連帯を語っていたが、ここでは中近東のユダヤ人子弟の教育活動を通じて構想されたより広い一神教的連帯が問題となっている。さらにこの講演は、ユダヤ教の思想を通じて一神教の可能性そのものを問うている点で興味深い。とりわけ重要なのは、ここでのレヴィナスの一神教に対する考え方が、本書第Ⅲ部で見た『全体性と無限』の三層構造――異教・無神論・一神教――を具体的に支えているように思われる点である。次の一節がそのことを端的に示している。

人間の自立〔…〕を厳密に肯定すること、そして、聖なるもののうちにあるヌミノーゼ的概念を破壊することには、無神論の危険がはらまれている。しかし、この危険は冒されなければならないのである。この危険を通過してはじめて、人間は《超越者》という霊的観念へと高まっていく。神話と熱狂の威光のなかで《創造者》に異を唱え、《創造者》を否定したあとにようやく《創造者》を肯定する、そのような存在を生み出したことが《創造者》の偉大な栄光である。神との分離、無神論から出発して、遠くから神を探し求め、その声に聴従することのできる、そのような存在を創造したことが《創造者》の偉大な栄光なのである。〔…〕一神教は無神論を乗り越え、それを包括する。しかし、懐疑と、孤独と、反抗の年齢に到達していない者には、一神教は不可能である。(23)

『全体性と無限』では、ヌミノーゼ的神性への神話的信仰を捨て去った一神教的な信が、他性への開かれの様態を示す構造として取り出されていたが、その構造がこの講演ではほかならぬ「成年者の宗教」と呼ばれているわけである。

第二に指摘したいのは、この講演で教育に割り当てられた特別な地位である。この時期のレヴィナスは実際の教育に携わっていたわけだが、この講演において広い意味での教育は「人間の定義そのもの」(24)だと言われている。このことはレヴィナスが自身の教育活動に多大な意味を与えていたことを示しているが、同時にレヴィナスは、教育のうちに含まれている哲学的な重要性にも注意を促している。すなわち人間に対する教育は、神的力への盲従ではなく、あくまでも「自由な存在に対する働きかけ[25]」であり、その意味で教育は、自由（自律）と命令（他律）の両立可能性という、論文「自由と命令」以来のレヴィナスの問題関心の特権的な例となりえたのである。レヴィナスにとって、このような「自由な存在に対する働きかけ」こそが卓越した意味での他者との関係だった。『全体性と無限』ではこう言われる。「いかなる思考も、学校（école）なくして明晰なものとはなりえないのだが、この学校が学知を条件づける。学校においてこそ、自由を傷つけるかわりに自由を成就させるような外部性が肯定される。この外部性とはすなわち、《師》（Maître）の外部性である。二人の人間がいるときのみ、思考は明晰なものとなることができる[26]〔…〕」。イェシバーで生徒が二人一組になってタルムードを学習する方法（ヘブルタ）が念頭に置かれている可能性があるが（レヴィナス自身、シュシャーニ師という圧倒的な《師》の影響を強く受けている）、「教育」や「師」といった語が『全体性と無限』以外の哲学著作にはほとんど出てこないだけに、それに先立つ五〇年代の教育活動がレヴィナスの思想形成のなかで占めている役割は大きいと言えるだろう。実際『全体性と無限』には、「成年者の宗教」を忠実に翻案したような主張も見られる。「顔のうちに他者が顕現することに応じて自我は審問される――それをわれわれは言語と呼ぶ。言語がそこから到来するところの高さを、われわれは教え（enseignement）という語で示す。〔…〕最初の教えは、教えの外部性にほかならないこの高さ、倫理を教える。外部性ないし高さの無限と関係することで、なんの考えもなしに飛び立とうとする存在の幼稚さ〔…〕は自らの幼稚さを恥じる[27]」。幼稚さになぞらえられた手放しの自由に対して、卓越した外部との関わりである教育を介した自由こそが人間の成熟であり、「成年者」の証であると見なされているわけである[28]。

遺稿を収めた『著作集』の刊行によって哲学コレージュでのレヴィナスの講演内容がはじめて明らかになったこと

はすでに触れたが、それによるとレヴィナスは一九五〇年二月二三日に「教え」（«Les Enseignements»）と題する講演を行っており、そこでは生と省察が相通じ合う契機が教えと呼ばれている。「生とは、単に暗黙的なだけの省察ではないし、省察は、生とその諸力の単なる延長ではない。たしかに、一方が他方へと開かれるような契機が存在している。そしてこの状況を、私たちは教えと呼ぶ(29)」。さらに、これに先立つ一九四八年の講演「発話と沈黙」では、『全体性と無限』における教えの概念を先取りするような主張がすでに行われている。「言語の本質は教えである(30)」。トゥムリリン修道院での催しに参加した翌年、レヴィナスは連盟の集会の場で自らの講演とこの企画についての総括を行っている。

私は、人間たちをあらたな仕方でふたたびまとめること（regroupement）について、《教会》がその先頭に立っているという印象をもちました。トゥムリリンでの数日間は、私たちがロワイヨーモンやポンティニの刺激的な雰囲気のなかで味わっている知的な生活様式を単に北アフリカに導入していただけではありません。トゥムリリンという この奇妙な仕方で現代的な場所で、ある現代的な事柄が、ある前衛的な思想が形をもちはじめているのだと私には思われたのです。〔…〕そこで私は、《教会》は次のように考えているのではないかと自問しました。すなわち、諸国家や、諸国家間の関係を調整する諸制度さえも、それらがもつ旧来の形態のもとではもはや、いまだ不定形である巨大な大衆が入り込もうとしている真に普遍的な生のための枠組みとして役立つことはできないのだ、と。そしてまた、旧来の国民主義《ナショナリズム》や、もっとも新しい国民主義でさえ、すでに時代錯誤なのだ、と。さらには、あらたな力線に従って人間たちをふたたびまとめる動きが明日、あるいは明後日にも生まれようとしているのだということ、そして諸宗教が自らの糧としている理想が、人間のこうした再編成を指揮することができるのだ、ということです。ただしそのためには、この理想を十分に高め、十分に遠くまで推し進め、恐れることも妥協することもなくこの理想に奉仕すること、そしてこの理想を、〔他宗者を〕改宗させようとする情熱から――その希望までもから――分けるという条件が必要です(31)。

三大一神教徒のみならず世界中からの参加者が集ったトゥムリリン修道院での催しのうちに、レヴィナスは、もはや国家的な枠組みでは――さらには超国家的な枠組みでさえも――捉えることのできない「真に普遍的な生」の端緒を感じ取っている。ときにレヴィナスは通常の用法に反して、人間と人間の関係を「宗教（religion）」と呼び、人間と神の関係を「社会（société）」と呼ぶことがあるが(32)、語源が近いこれらの概念――「集まり」を意味する教会（église）の語源《ecclesia》を加えてもよい――をめぐる考察を通じて、レヴィナスは国民主義とは異なる仕方で人間どうしを「ふたたびまとめる」ための方途を考えていたと言ってよい。レヴィナスの哲学著作とユダヤ教論考が重なり合う場面をここにも見て取ることができるが、「成年者の宗教」では「一神教の困難な道は《西洋》の道のりと合流する」と言われ、西洋的精神すなわち哲学は「無神論の危険を受け入れる人類の立場」と同一視されている(33)。

本節では教育者としてのレヴィナスの姿を、五〇年代の教育論と講演活動の双方から追ってきた。次節では、同じく五〇年代に書かれたいくつかのユダヤ教論考を見ながら、イスラエルに対するこの時期のレヴィナスの距離感と態度表明とを明るみに出していきたい。教育の問題を通して浮かび上がってくる〈離散《ディアスポラ》〉とイスラエル国との緊張関係は、「場所」という本書全体の関心とも大きく関わっている。

第二節　「場所とユートピア」

レヴィナスの思索活動を一人の「二〇世紀のユダヤ人哲学者」の営為として振り返ってみると、第二次世界大戦直後のレヴィナスの関心の本質的部分を占めていた問題があらためて表面化してくる。二〇世紀の災厄を生きたレヴィナスは、それ以前の〈同化〉ユダヤ系哲学者――カントの同時代人でありユダヤ的啓蒙《ハスカラー》の立役者であるモーゼス・メンデルスゾーンがその代表だろう――とは決定的に異なる歴史的経験を通過している。すなわちユダヤ人大虐殺〈ホロコースト／ショアー〉とイスラエル建国である。この二つの出来事は、レヴィナスや類似の問題に取り組むユダヤ人思想家に対して、それぞれ次の重大な問いを提起したはずである。

一方で、ユダヤ人大虐殺は、未曽有の迫害による壊滅的な打撃を被ったユダヤ教をいかに再生させるかという問いを残した。ナチスによって文字どおり絶滅の危機に瀕した東欧のユダヤ共同体にかわって、スファラディー系のユダヤ教が復興の土台となったのは当然であり、レヴィナス自身も東方ユダヤ師範学校での活動を通じてこれらのコミュニティと深く接触していたわけだが、このことはアシュケナジー系の出自をもつレヴィナスにとっては、ユダヤ教的伝統をどのような形で保持し次世代に伝達していくべきかという問題を投げかけるとともに、ユダヤ教と《西洋》との関連を再考する契機にもなった。無論レヴィナスは中近東のユダヤ人子弟と日常的に接しており、基本的にスファラディー系のユダヤ教には好意的だったが、一九六〇年のある教育論では、二つのユダヤ教を明確に区別したうえで、それぞれと《西洋》との距離を次のような問題含みの仕方で吐露してもいる。

たしかにセファルディーム移民の「新しい波」は、東欧からの移民と同様に、家庭において熱烈にユダヤ的生活が営まれている世界からやってきている。〔…〕彼らがもたらすユダヤ的感受性とヘブライ語の知識によって、熱狂から冷め切ってしまい単一言語使用となっているわれわれの共同体は数え切れないほどの恩恵に浴することができる。しかし彼らのユダヤ教は、ロシアやポーランド、リトアニアのユダヤ人たちのユダヤ教と比べて、知性の面、理論の面で劣っている。さらにこれら地中海沿岸地域のユダヤ人たちは、西洋の光に対してより敏感である〈感光度が高いと言ってもよい）。しかし、彼らは必ずしも朝日の光と夕日の光とを区別していない。だからこそ世界ユダヤ連盟は過去数十年にわたって、彼らを中世的世界から近代的世界へと連れてきたのである。〈オリエントから引き離すこと〉（dés-orientation）が必要であり、また有益だったのだ。[34]

ハシディズムの民衆的熱狂に反対するミトナグディームという形象が象徴するリトアニア・ユダヤ教の中心地カウナスからやってきてフランスに帰化し、大革命由来の近代的理念を各国のユダヤ共同体に波及させることを目指す世界ユダヤ連盟の活動に参画するレヴィナスは、ユダヤ教育と西洋的伝統とをたがいに不可分のものと考えている。前節で見た「成年者の宗教」という表現は、「啓蒙とは人間が未成年状態から抜け出ることである」というカントの有名な文言を彷彿とさせるが、レヴィナスにとって人間を「幼稚さ」から脱出させる「啓蒙（Lumières）」の光は、あくまでも「日の昇る方（Orient）」ではなく「日の沈む方（Occident）」の光でなければならなかったのだ。さらに、北アフリカの旧植民地の独立にともなってフランスに移入してくるユダヤ系移民（ピエ・ノワール）をどのようにコミュニティに編入していくべきかも問われるべき喫緊の課題であった。

第二に、一九四八年のイスラエル建国によって、「追放（galout）」という二〇〇〇年来の集合的経験を生きてきたユダヤ人は、突如として出現した「シオン」といかなる現実的な関係を結ぶべきかという問いを突きつけられた。この点でレヴィナスは、二〇世紀の前半を生き、思想的にも近傍に位置するヘルマン・コーエンやフランツ・ローゼンツヴァイクらが知らなかった問題に直面している。シオニズムに対する両者の留保（特にコーエンにおいては明確な嫌悪）はよく知られているが、実際にイスラエル国が創設されたあとでシオニズムに対して態度表明を行わなければならないというのは、二人には想像の及ばなかった状況に違いない。

第一の問いに対するレヴィナスの回答が、前節で見た東方ユダヤ師範学校での教育活動に見いだせるとすれば、第二の問いへの対応もまた同時期のユダヤ教論考のなかから取り出せるはずである。戦後から五〇年代にかけてのレヴィナスは、建国まもないイスラエル国をどのように捉え、〈離散〉とイスラエル国との緊張をどのように生きたのか。そして、その緊張関係において、彼の考える《西洋》はいかなる役割を果たしていたのか。

まず確認しておかなければならないのは、世界ユダヤ連盟の一員としてユダヤ教育に携わるレヴィナスは、ヘブライ語習得や伝統的釈義などの宗教的教育だけでなく、まさにフランス革命以来の西洋の「普遍性」をユダヤ人子女に伝える義務を自らに課していたということである。このことは前節で引いた師範学校再開に関するテクストですでに明確に述べられている。

> 一八六五年から一九三九年までの生徒たちが感じていた偉大な情動とは、西洋の眩惑であり陶酔であった。われわれにとっても貴重なものでありつづける情動であり、保たなければならない情動である。文化的次元での国家間の協力の試みという現今の世界の趨勢が、この情動を助長している。一七八九年以来のユダヤの歴史は、われわれの思想および感情に、普遍的な広がりを提示したことになるだろう。われわれのうちに普遍的なものの要請を養うことによって、われわれはまさに、ユダヤ教がもつ人間主義的な意義を強化することができる。しかし、いまやユダヤ教は、同情を誘う過去の遺物をはるかに超えたものとならねばならない(35)。

一八六五年というのは東方ユダヤ師範学校の計画がもちあがった年だが、それから西洋的なものが幻滅と恐怖に変わる一九三九年に至るまで、師範学校の生徒はたえず西洋の魅惑に浴していたとレヴィナスは述べている。しかもそれは、フランス革命という出来事によって「ユダヤの歴史」のうちに書き込まれた「普遍的な広がり」と関係している。師範学校でのレヴィナスの課題はまさに、破綻以前の西洋の「普遍性」を、西洋と等価と見なされたユダヤ教を通じて取り戻すことにほかならない。このことをレヴィナスは「ユダヤ的ヒューマニズム（humanisme juif）」という語を用いながら表明する。

> ここ一五年来のユダヤ人《イスラエリット》たちの歴史を支配している事実とは、人々のあいだ、および共同体におけるユダヤ教の意識そのものの目覚めである。一九三三年以来の殉教がわれわれに与えたのは、われわれが空間のみならず時間を通して連帯しているという一層鋭い意識であり、また、われわれの存在の源泉や存在理由、そしてわれわれの運命の殉教のうちに、われわれが経験した試練の意味を見いだそうとする欲求であった。父祖たちの大地への回帰という形態をとるにせよ、あるいは、神秘的・道徳的な諸経験を――ユダヤ教はそこから生まれ、決してそこから追い払われることはできなかったのだが――回復するというより一般的な、そしておそらくはより深遠な形態をとるにせよ、イスラエルにはユダヤ的ヒューマニズムという欲求が存在している。師範学校はこのことも考慮に入れなければならない。師範学校はこのユダヤ的ヒューマニズムへの通路を開かねばならない。教師たちの新しい世代が、仕えるべく呼び求められているユダヤ人大衆に身を捧げるとき、その意味はまさにこのユダヤ的ヒューマニズムのうちに見いだされる。〔…〕真の教師というものは、自分の職業を超えて、すなわち、文字のイロハや書き取り、比例計算といった慎ましい現実を超えて、一つの《イデア》が現実化されているのを感じるものなのだ。（同）

前代未聞の迫害によって惹起された「ユダヤ教の意識そのものの目覚め」は、古来のユダヤ教の伝統に回帰して諸国民に背を向けることを意味するのではなく、むしろ「ユダヤ的ヒューマニズムという欲求」を呼び覚ましたのだとレヴィナスは言う。「ユダヤ的ヒューマニズム」とは、ユダヤ的条件を通して人間そのものの条件を問う姿勢であると考えてよいが、それは同時に西洋的な「普遍性」をユダヤ教のうちに引き受けることでもある。ここには西洋的価値とユダヤ的価値とのある種の混交を見て取ることができるが[36]、その際にレヴィナスが、「父祖たちの大地への回帰」を「ユダヤ的ヒューマニズム」の要請に応えるための必要条件とは見なしていない点に注意しなければならない。それどころか世界ユダヤ連盟管轄の東方ユダヤ師範学校は、ほかならぬ西洋の地でこの「ユダヤ的ヒューマニズム」のために精力を注がなければならないのである。同じテクストではこうも言われる。

パリ滞在を経た世界ユダヤ連盟の教師は、知的エリートがすでに存在している地域に戻っていくのであるから、フランスを離れるに際して、世界を揺り動かしているすべての問題に通じていなければならないし、とりわけ真正かつ普遍的な文明に浸透していなければならない。ところで、国民主義的熱狂のうちでしばしば自分の地方を宇宙と見なしてしまいかねない年若い諸国家には、まさにこの文明が欠けている。このことは、少なくともユダヤ教にとっては一つの権利放棄となってしまうだろう。したがって師範学校には、普遍主義的精神の中心地でありつづけ、普遍主義的精神の輝きを増大させながら、生徒たちをパリのあらゆる知的・芸術的資源に触れさせる義務がある[37]。

これは一九四六年のテクストだから、「真正かつ普遍的な文明」を欠いていると言われる「年若い諸国家」は必ずしもイスラエル国を指しているわけではない。しかし、西洋の「普遍性」に関するレヴィナスの全面的な賛同――ユダヤ人が被った破滅的試練を経由しているだけに非常に逆説的な賛同――は必然的に、まもなく建国宣言が出されるイスラエル国への態度表明の基本的な土台として役立つことになる。

知られているかぎり、レヴィナスがはじめてイスラエル建国に言及しているテクストは、一九四九年に世界ユダヤ連盟の会報に掲載された短文「言葉が追放から戻るとき……」である。さきのテクストと同様、レヴィナスはユダヤ教と西洋的価値との結びつきを強調しつつ、連盟の教育活動は「内的離散《ディアスポラ》からのユダヤ教の回帰」を促進しているとし、次のように述べる。

内的離散《ディアスポラ》、というのも、西欧における解放以前、東欧のユダヤ的啓蒙《ハスカラー》以前から、二〇〇〇年来ゲットーのうちで涵養され崇拝されたヘブライ語の言葉は追放された言葉だったからだ。過去の言葉。思い出としての言葉である。ヘブライ語の言葉を聖なるものとする儀礼行為や文言は、象徴的な意味しか有していなかった。ある風景や出来事を思い起こさせるものにすぎなかったのである。ヘブライ語の言葉は現実を意味するのではなく、現実のかわりだった。事物を支配すべきものだったこの言葉たちは、事物と化してしまった。われわれの口を出た言葉たちは、中断された歴史の空虚のうちに沈んでしまった。あるいはそれらは、弱まり変形した残響としてわれわれに戻ってきた。外ではひとがわれわれの詩編を詠い、われわれの預言者たちを引用し、われわれの神の加護を祈っていた。なんと調子外れに歌っていたことだろう！　なんと訛っていたことだろう！　そして純粋な発声ができるわれわれはと言えば、歴史から引きこもり現在をもたず、それらに現代性を与えることができなかったのだ。

イスラエル国の創設が離散《ディアスポラ》の終焉と一致するのかどうか私には分からない。しかし、イスラエル国の創設はすでに、言葉たちの追放の終焉を示している。私の心をかくも動かしているのはヘブライ語の再生ではない。ミシュナーの用語でサンドウィッチを注文すること、イザヤの言語を用いて市場で罵り合うこと、あらたな風習のために古い名前を見つけること——このことは慣習や辞書に関わる事柄である。文献学者のための出来事である。しかし、指し示すべき事物をどこかにやってしまった古い言葉たちが、これらすべての古い事物を引き渡すことによって、突如としてその埋もれた思想や力を取り戻させたこと——これが驚異に近いことなのだ(38)。

ここでレヴィナスが述べている「言葉たちの追放の終焉」について、たとえばそれを、ヘブライ語の世俗化をめぐってゲルショム・ショーレムが一九二六年にローゼンツヴァイクに捧げたテクストと関連づけて考察してみるのも面白いだろう[39]。ヘブライ語を日常語として再生することを通じてこの聖なる言語の「現代化」を盲目的に推進するひとたちを揶揄するショーレムは、友人ヴァルター・ベンヤミン由来の「名」の言語論を引き受けつつ、いつか聖なる言語が再来して来たるべき世代に降りかかってくるのではないかという黙示録的な危惧を語っているが、対してレヴィナスは、「古い名前」の回帰にともなって取り戻される「埋もれた思想や力」の再発見に力点を置いている。その例の一つとして挙げられているのは、イスラエル国の建国宣言で述べられた「全能の神の名において」という定式である。「イスラエル国の建国宣言を伝える新聞を再読していただきたい。「全能の神の名において」。これはどこかで聴いたことのある表現だった。いくつかの国の元首はいまでも荘厳な瞬間にはこの表現を用いている。ヒトラー自身もこの表現を好んで使っていた。われわれがこの表現を耳にするとき、この表現がなにやら知らぬ借り物の響き、あてがわれたものの響き、模造の響きを失ったことはなかったのだ。一九四八年五月一五日テル・アヴィヴにて、この表現は損なわれていないその意味、その原典をふたたび見いだしたのである[40]」。ここでイスラエル建国は、離散そのものの終焉を意味してはいないにしても、さまざまな離散の地で行われてきた儀式や祈りが「本来」の場所へ回帰することを可能にする出来事として評価されている。

興味深いことに、ユダヤ人の「内的離散」からの回帰を祝福するイスラエル建国直後のこうした肯定的な意見表明と比べると、その後五〇年代を通じてレヴィナスがイスラエル国と離散の関係について繰り返している主張は、むしろ正反対の方向に向かっているように思われる。すなわち、一九四九年の時点では、離散の地フランスにいるレヴィナスがイスラエル建国という事件に接して、少なくとも「内的」な離散の終わりを――実際には離散状態に留まっているわけだから――感じていたのに対し、それ以後のレヴィナスはあたかも、この出来事が結局のところ一部のユダヤ人にとっての「外的」な離散の終焉を意味していたにすぎなかったかのような態度を示しているのである。

実際、イスラエル国に対する距離感は、早くも一九五〇年に、ユダヤ教育をめぐってユダヤ機関が開催した会議に際して表明されている。これは一九五〇年一一月一九日から二五日にかけて、ユダヤ教育に携わる諸組織のメンバー（西側西洋諸国と北アフリカが中心）がパリに集い、さまざまな芸術的催しや哲学講演を通して交流を深めながら――特にブーバーの講演が多くの聴衆を集めたとのことである――今後のユダヤ教育のあり方について議論を行ったものである。この催しそのものに関するレヴィナスの皮肉混じりの描写はさておき、この会議では教育活動をめぐるイスラエル国と世界ユダヤ連盟との対立が表面化する。北アフリカでの学校問題に割かれた審議では、連盟の副代表ジュール・ブラウンシュヴィックが議長を務めるはずだったにもかかわらず、妨害を受け、かわりに連盟の事務局長補佐であったアンドレ・シュラキが司会となり、そこでレヴィナスは東方ユダヤ師範学校校長として連盟の学校活動についての報告を行った。この会議でとりわけ問題となったのは、教育問題をめぐるイスラエル国と離散の諸地域との橋渡しとするために、ユダヤ機関が任命したメンバーからなる諮問機関をヨーロッパの地に創設しようという提案だった。イスラエル国の意向に左右されない自由な教育活動を阻害する危険があるこの決議案には、連盟はもとより、長老会議や在仏ユダヤ系団体代表協議会（ＣＲＩＦ）の代表者も反対の立場を採ったとのことだが、その理由をレヴィナスは次のように説明している。

イスラエル国を、世界のなかでわれわれが進むべき方向を定める際の参照点の一つと見なすことは、ユダヤ人としての長い歴史のあとでは、われわれの決定でどうにかなるものではないのかもしれない。イスラエルの存在は、われわれのユダヤ的感受性に生活空間（espace vital）のようなものをもたらし、また、われわれのヘブライ的研究に、これまで欠けていた意義と威厳をもたらしている。しかし、一つの現実が精神的生にとって重要だとしても、それは精神的生の自由を圧迫することによってではない。離散の諸国のうちに自らの過去や現在、そしてとりわけ未来を有しているユダヤ共同体に関して言うならば、精神的威光の中心としてのイスラエルは、この威光そのものによってでしかこれらの共同体に自らを押しつけるべきではない。さまざまな活動――これらはしばしば見事なものだ――の責任を担っている主要な名士たちもまた、諸共同体に対して光を放っているのであり――これらの共同体をイスラエルの諸現実との関連でのみ取り扱うのは、不条理であるし危険でもある――彼らは、外部からは見えないさまざまな問題、あるいは見えるとしても誤った視野でしか見えることのないさまざまな問題に直面している。これらの集まりは、独力で、年若いイスラエル国がもつ精神的源泉に助けを求めることができる。そのために誰かがこれらの源泉を組織しにやってくる必要はないのである。たとえそれが諮問的な団体であるにせよ、離散の地の教育活動をイスラエルの諸価値のみならずそのイニシアチヴにまで従属させようとする団体に、どうして参入することができよう(41)。

イスラエル国はユダヤ的感受性にとって「生活空間」のごときものを提供している――すでに本書第Ⅲ部末尾と前節で扱った一九五七年の講演「成年者の宗教」のレヴィナスは、人間が生きるために「生活空間」を必要とするという単なる事実からはいかなる権利も生じえないと主張していた(42)。無論それに先立つ一九五〇年の段階で、この時評的なテクストに現れる「生活空間」という語に大きな負荷をかけることは難しいが、それでも、「生活空間」としてのイスラエル国が体現する「現実」とユダヤの「精神的源泉」との対立はきわめて明快である。自らの過去や現在のみならず未来をも離散の地に負っていると言われるユダヤ共同体は、「年若いイスラエル国」に頼ることなしに自らの「精神的生」を生きつづけることができる。一九五四年のある教育論では、高度な学知としてのユダヤ教の復権を目指すべきだとする文脈で、「［イスラエルでは］いまや聖書を大地から出発して理解できるという口実のもとで、数千年来の注釈を消し去ることができるとひとは豪語している(43)」と述べられている。離散の地にあってもユダヤ教の「精神的生」に参与することができるのだから――レヴィナスが重視する一一世紀フランスの注釈者ラシーの釈義をはじめとして、伝統的注釈は離散の地で花開いた――ましてや「大地」を唯一の根拠にしてその伝統をないがしろにする試みはすべて棄却されなければならないだろう。「ヨーロッパでは、イスラエルを駆り立てているような大地の神秘主義では不十分である」（同）。

　ユダヤ教の教育と思想的源泉をめぐる対立は、五〇年代のテクストを通じて、より広くイスラエル国と離散の相克として語られるようになる。たとえばさきほど引いた同じテクストでは、さきに見た「ユダヤ的ヒューマニズム」とも近い立場が、ほかならぬ離散とのつながりにおいて述べられる。「自分の存在の意味を自問しながら存在すること、血と土からなる生物的安心感を超えた使信によって自分の存在の意味を正当化すること――これは離散《ディアスポラ》のユダヤ人として生きることではなく、端的にユダヤ人として生きるということであり、端的に人間として生きることである。もし離散《ディアスポラ》がこうした生が花開くのを助けたのだとしたら、離散《ディアスポラ》はユダヤの歴史と人類史の偉大な一時期を表しているということになるだろう[44]」。離散によってこそ、「血と土」の連続性が保証する「生物的安心感」を超えた存在の正当性を見いだすことが可能になるとするこの箇所は、レヴィナスが離散そのものに大きな意義を与えている文章として注目に値するものだ。しかもこのような存在の正当化が「人間」そのものにまで拡大されていることは、レヴィナスの言う「ユダヤ的ヒューマニズム」があくまでも離散に基づいて構想されていることを明らかにしている。

　しかし、このような離散の評価が、イスラエル国（土地への定着）と離散《ディアスポラ》（土地からの離脱）との単純な対立に基づいた、根づきからの解放としての離散の称揚ではないことに注意しなければならない。むしろ離散は西洋諸国への根づきと同一視されているからである。人類史にとっての離散の意義を述べていたテクストと同年の「今日の同化」（一九五四年）という文章の冒頭で、レヴィナスは、西洋諸国やアメリカからのイスラエル国への移住が進んでいない理由をいささか驚くべき仕方で説明している。「ドレフュス事件と国家社会主義の二〇年間は、一五〇年来の西洋ユダヤ教が依拠してきた物質的・哲学的土台を悲劇的な仕方で揺るがした。この二つの危機は、ユダヤ人と西洋世界との決定的な断絶をしるしづけたわけではなかった。イスラエル国の創設がユダヤ人たち自身に明らかにしたのは——彼らの多くが大いに驚いたことに——自分が西洋諸国に深々と根づいているということであった」[45]。反ユダヤ主義の根深さを明るみに出しフランス全体に多大な動揺をもたらしたドレフュス事件、そして、ユダヤ人そのものの根絶を目論んだ国家社会主義でさえ、ユダヤ人が西洋と離別する決定的な事件とはならなかった。イスラエル国が創設されたあともユダヤ人の多くが移住を選ばなかったことによって、ユダヤ人の西洋への根づきの深さが逆照射されたのである。レヴィナスはこうも述べている。「そして、どんな愛国主義であれ〈人のパン〉を生み出す大地への固着を恥じることなく称揚しているのに、なぜユダヤ人にだけ、自分を養ってくれる土地を愛する権利を認めないことがあろうか？〔…〕西洋のユダヤ教が西洋に留まったのは、一五〇年来それが西洋教育を受けてきたからである。この地の人間たち、さまざまな物、さまざまな風景は、実質をもった現実的な世界である。イスラエルにおける一つの国家の現実化は、同化という現実を自覚する機会となったのである」[46]。ここでレヴィナスは、「現実的な（réel）」「現実化（réalisation）」「現実（réalité）」という三つの関連語を用いることで、イスラエル国と離散のはざまに拡がる〈現実的なもの〉の変質の様態を強調しているように思われる。「生活空間」として突然「現実化」したイスラエル国は、離散の地にあるユダヤ人にイスラエルとの精神的な絆を思い起こさせると同時に、翻って自分が西洋の「現実」に深々と「現実的」に定着していたことを明るみに出したのである。

異なる文脈ではあるが、レヴィナスはこれとよく似た主張を一九五〇年のテクスト「場所とユートピア」のなかですでに提出していた。このテクストの主題は、イスラエル国と離散のあいだの対立ではなくユダヤ教とキリスト教との対立である。このテクストを取り上げるのが重要なのは、このテクストが、本書が第Ⅳ部までたどってきた場所から非場所へというレヴィナスの思想の変遷からすると予想外の結論を導き出しているからである。すなわち、レヴィナスは天上の「ユートピア」を志向するキリスト教に対して、ユダヤ教は地上の「場所」を重視していることをきわめて論争的な仕方で語っているのである。

問題となっているのは、ここでもまた「現実の重さ（le poids de la réalité）」である。レヴィナスによれば、キリスト教は現世的な事柄の重要性を否定しはしないものの、この「現実の重さ」を過大評価していると同時に過小評価しているという。まず、キリスト教は現世的な事柄のうちに「人間の活動に対する全面的な抵抗」を見ている点で、それを過大評価している。第二にキリスト教は、神性の介入によってこの「粗暴な重み（cette brutale pesanteur）」が突如として変形することを期待している点で、それを過小評価しているのである。それに対しレヴィナスは、ユダヤ教が現世に執着している理由を次のように説明する。

〔…〕それは、ユダヤ教にとっては、人間からその隣人へと至る道の途上において、意識〔良心〕の最初の微光が灯るからである。個人とは――孤独な個人とは――自らが圧殺し破壊するすべてのものを考慮することなく成長し、養分や空気や陽光を独占する樹木でないとしたらなんであろうか。自らの本性（nature）と存在が十全に正当化された存在でないとしたらなんであろうか。簒奪者（usurpateur）でないとしたら、個人とはなんであろうか。意識の到来とは――そして精神の最初の輝きでさえ――私の脇に死体が転がっていることとの発見でないとしたら、そして殺人を犯しながら存在していることへの私の恐れでないとしたらなにを意味するのであろうか。他者たちへの注意と、その結果として私を他者たちの一員として考え、私を裁くことの可能性――意識とは正義（justice）である。(47)

意識〔良心〕とは――正義としての意識とは――殺さないことではなく、自分が殺しているのではないかと恐れることだと言われている。孤独な個人は、われがちに陽光を求めて成長し、ほかの植物を押しのけて枝葉を広げる樹木のように、その自然的本性からして「簒奪者」である。だからこそ殺人者たる自らを裁く「正義」が要請されるのである。レヴィナスはこう続ける。「殺人者となることなく存在すること。このような責任から身を引き離すこともできるし、このような責任が私に課せられる場所を否認し、隠遁者としての救済を求めることもできる。ユートピアを選ぶこともできるのである。しかし反対に、精神の名において、自らの業がその意味を汲み取ってくる諸条件から逃げないこともできるし、現世に留まることもできる。そして、それは倫理的行動を選ぶことを意味しているのである」[48]。キリスト教とユダヤ教の対立は、現世的な事柄から脱出して「ユートピア」における救済を求めることと、〈汝殺すことなかれ〉という命令が課される「場所」に留まり、その地で正義を求めることとの対立に置き換えられる。次章で見るように、本書第Ⅳ部では扱っていない『存在するとは別の仕方で』の正義論は、こうした「場所」の所有――「約束の地」という「場所」――をめぐるレヴィナスの議論を踏まえずには理解することが難しい。と同時に、本書が取り出したレヴィナスの思想の中心である「非場所の倫理」のなかでは非常に座りの悪いこの論文「場所とユートピア」は、以上の文脈においてはじめてその全体的な見取り図のうちに位置づけられることができる。実際この論文ではさらに、次章で論じる「約束の地」論を先取りするような仕方で、次のような主張も見られる。「正義なきままである世界のなかで《救済》を口にすることは、魂とは不死の要請ではなく殺人の不可能性であることを忘れることであり、それゆえ、精神とは正義の社会（société juste）の配慮そのものだということを忘れることである。イスラエルを作らなければならないのだ」[49]。この「場所とユートピア」が収められた『困難な自由』のなかで、一九五〇年のこの論文は非常に早い時期に属するものだが、同時期の教育論の多くが削除された一九七六年の第二版以降も削除されずに残っている。このことからも、この論文で提出されているレヴィナスの思想がその後も変更を加えられていないことが分かるが[50]、次章で見ていく六〇年代後半の議論を追うことでそのことはよりはっきりと確認されることになる。

ここまで本章では、東方ユダヤ師範学校校長としてのレヴィナスの教育活動を追いながら、イスラエル国と離散との関係をめぐる彼の思想をたどってきた。レヴィナスは、ヨーロッパの普遍性に触れつづけてきた離散の価値を肯定することで同化を一定程度は評価しており、さらにはユダヤ教そのものの普遍性、ユダヤ教と哲学との近さを強調していた。イスラエル国の建設は、反対にそのような西洋とユダヤ教の関係に亀裂を生じさせるものと考えられていたのであり、そこでレヴィナスはむしろ西洋の側に自らを位置づけていた。とはいえ、ユダヤ教が周囲世界に完全に溶解してしまわないために、ヘブライ語習得に立脚したユダヤ教育の充実が目指されていたわけである。

このようなレヴィナスの思想における一種の地政学的布置は、次章で論じる六〇年代のテクストでは大きく様相を変える。問題となるのは一九六七年の第三次中東戦争（「六日戦争」）周辺のテクストである。この戦争でのイスラエルの劇的な勝利は、「約束の地」をめぐるレヴィナスの思想にいかなる影を落としたのか。

第二章　困難なシオニズム――六日戦争とその後

第一節　「約された地」か「許された地」か

レヴィナスにとって、一九五〇年代後半は、『全体性と無限』に実を結ぶ哲学論文が精力的に発表される非常に多産な時期である一方で、一九五七年から始まる「フランス語圏ユダヤ知識人会議」の活動を通して、もう片方の活動の軸であるタルムード講話が準備される時期に当たっており、同会議で恒例となっていくレヴィナスの講話は、いわゆるユダヤ教「パリ学派」(1)を象徴するものとなる。離散のユダヤ人という立場からイスラエル国を見据えていたレヴィナスが、五〇年代を通じてイスラエル国に対してある種の留保を置いていたことは前章で見たが、イスラエル国とのこの距離は、レヴィナスを囲むパリ学派においても一様に共有されていたわけではない。とりわけ、一九六七年の第三次中東戦争（六日戦争）でのイスラエルの勝利を契機として、フランス語圏ユダヤ知識人会議の主要な参加者が次々とイスラエルへの「移住＝上昇（alyah）」(2)を決断していく。なかでもパリ学派の分離にとって決定的だったのは、同会議でレヴィナスのタルムード講話と対をなす聖書講話を行っていたアンドレ・ネエルのイスラエル移住である。のちにレヴィナスは、イスラエル在住のユダヤ人が曝されている日常的な危険を共有していないという理由から、イスラエル国に対する批判的発言を自らに禁じるようになる(3)。

この時期のイスラエルをめぐるレヴィナスの議論を考えるにあたって前提となるのは、イスラエルの建設は、神がアブラハムとその子孫に与えることを約束したカナン（パレスチナ）の地の占有と不可分だということである。通常「イスラエル国（Erets-Israel）」を指す際に「土地（Erets）」という語が用いられるように、さらには定冠詞で限定されただけの「土地（haAretz）」がイスラエル国そのものを指すように、イスラエルはどこでもよい場所にではなく、イスラエル十二氏族がカナン人を征服して回復した嗣業の土地に創設されなければならなかった。「イスラエル」をテーマとした第七回フランス語圏ユダヤ知識人会議（一九六五年一〇月二四～二五日）において、レヴィナスが「約束された地か許された地か(4)」と題されたタルムード講話を行っている理由はこの観点から理解される。すなわちレヴィナスはイスラエルという国家の正当性を、「約束の地」を所有することの正当性を通じて問うているのである。

このことはまたシオニズムに対するレヴィナスの態度を考察する際にも重要な論点である。政治的シオニズムの創始者テオドール・ヘルツルが『ユダヤ人国家』（一八九六年）で提起していた「パレスチナかアルゼンチンか」という有名な問いを、レヴィナスが自らの問いとして引き継ぐことはない(5)。ユダヤ人国家建設の地を必ずしも「約束の地」に限定していなかったヘルツルの当初の姿勢を念頭に置くならば、むしろレヴィナスは、イスラエルと「約束の地」との不可分な連結を政治的シオニズム以上に重視していたと言わなければならない。レヴィナスは、おそらくはヘルツルの意図を超えて、彼の「見かけ上は非常に西洋的な政治的理念」の背後に「ユダヤ人国家と約束の地の同一視」を読み取ってさえいるのである(6)。

それでは「約束の地」にイスラエル国にとっての根本的な重要性を与えつつも、離散がもつ意義を認めつづけていたレヴィナスの態度をどのように理解すべきだろうか。本章では、まず六〇年代のレヴィナスの思想におけるイスラエルの問題を分析するために、「約束の地」をめぐる前述のタルムード講話および、六日戦争の翌年に発表されたテクスト「空間は一次元ではない」を中心的に取り上げたい。というのも前者のテクストでは、「土地」および「場所」の所有という本書全体の関心をも占める問題が扱われ、また後者では、レヴィナスが生涯を通じて維持することになる離散ユダヤ人という立場がもっとも明確に表明されているからである。

タルムード講話「約された地か許された地か」は第七回フランス語圏ユダヤ知識人会議での講演であり、のちに『タルムード四講話』（一九六八年）に収録された。同書の序文の言葉によると「一九六七年六月にイスラエルが勝つことを余儀なくされた六日戦争[7]」の二年前に行われたこの講話は、旧約聖書「民数記」第13章で語られるカナン偵察の場面を主題としている。

モーセに率いられてエジプトを脱したイスラエルの民に、神は「約束の地」カナンを偵察するよう命じる。モーセによって派遣された一二人は、カナンの住民がいかに強力で、その地を征服することがどれほど困難であるかを伝え、それればかりか、この土地が「そこに住み着こうとする者を食い尽くすような土地」（「民数記」13、32）であると報告する。偵察隊がもたらした「乳と蜜の流れる土地」に関する悪しき報告によって混乱したイスラエルの民は、エジプトに引き返した方がましだと指導者モーセとアロンに反抗する。しかし、カナンの地への侵入を進言したカレブと、のちにモーセの後継者となるヨシュアを除いて、カナンの地を悪しざまに伝えた偵察者たちは神の怒りを買い、疫病に罹って命を落としてしまう。そして、この騒動ののちイスラエルの民は結局四〇年ものあいだ荒野をさまようことになる。「非常に短いものとなるはずだったこの歩みが長い彷徨となったのは偶然ではない[8]」とレヴィナスは講話の冒頭で述べている。

この場面を論じたタルムード「ソター」（34b-35a）を解釈するレヴィナスは、この物語の字義どおりの結末を超えて、「約束の地」を中傷し民のうちに不和をもたらしたこの報告がもつ別の意味を明らかにしている。レヴィナスが立てている中心的な問いは、神がイスラエルの民にカナンの地を与えるという「約束」は、その地を征服し所有することを無条件に正当化しうるだろうか、というものだ。レヴィナスはこの正当性を振りかざすことで大地に執着する「当時のシオニストたち」(9)を問いに付しながら、「約束の地」をまえにした偵察者たちの躊躇の意味を解釈していく。彼らはなぜ、自分たちの所有に入ることが「約束」されている土地を目前にしながら、そこに進出することをためったのか。

この地の賛美者と偵察者の形象を通して浮かび上がってくる「土地の崇拝」と「この崇拝と結びついた恥」(同)との対立に注目しながら、レヴィナスはこの問いに対する三つの回答を順に俎上に載せていく。まず第一のもっとも通俗的な仮説は、「建てる・住む・存在する」という「ハイデガー的秩序」を体現するカナンの住民の強大さをまえにして、エジプトを脱出したばかりの虚弱な偵察隊は恐れをなした、というものである。「カナンの住民たちは自然の諸力のように自然に生まれてきた農民であるのだが、とはいえ組織力も有しており、都市の建設者でもある。建てる、住む、存在する――ハイデガー的秩序である」(10)。第二の仮説は、この強力なカナンの住民たちが偵察隊の眼にユダヤ人の未来を、すなわち「約束の地」に生まれたユダヤ人（サブラ）を予示するものと映ったというものである。「偵察者たちは懸念に捕らわれた。彼らはこう考えたのである。これがかの地でわれわれを待つものだ、これがイスラエルの子らの未来の姿なのだ、と。地面に足を置くたびに穴を穿ちながら歩くこのひとたち、畝溝を掘り、都市を建設し、首の周りに太陽を掛けているこのひとたちが。しかし、それではユダヤの民の終わりではないか！」(11)そして第三の仮説、レヴィナスが詳しく検討していく仮説は、偵察隊はほかのひとびとが打ち立てた土地を征服することに対して道徳的な危惧を抱いた、というものである。一見すると他人のものを略取することに対する良心の呵責にすぎないとも思われる偵察隊のこの不安を、タルムードおよびそれを読むレヴィナスは興味深い仕方で論じていく。

この仮説を検討する際の出発点となる箇所は、「ヘブロンはエジプトのツォアンよりも七年前に建てられた町である」（「民数記」13、22）という、時間的順序に逆らった聖句である。「ハムの子孫は、クシュ、エジプト、プト、カナンであった」（「創世記」10、6）とすれば、兄であるエジプトの町よりも弟であるカナンの町の方が先に建てられたということがどうして可能だろうか。そこでタルムードは、「七年前に建てられた」を「七倍も拓けていた」と解釈することで時代錯誤を逃れる。しかしこの解釈もまた別の困難に突き当たる。というのも、実際にはヘブロンはイスラエルのなかでもっとも岩が多く不毛な土地であり、それゆえそこにはアブラハム、イサク、ヤコブらの墓所があるのだが、それに対し、あらゆる国のなかでエジプトほど肥沃な土地はほかにないからだ。にもかかわらずヘブロンがエジプトのツォアンよりも「七倍も拓けていた」とすれば、そこで問題となっているのは土地の物質的な豊穣さではなく、道徳的ないし精神的な優位ということになる。イスラエルの民の父祖たちが眠るこの土地は、それがはらむ潜在性を現勢化できるひとびとを呼び求めているのである。しかし、はたしてイスラエルの民はカナンの先住民と比べて、この土地の精神的な優位が要請する道徳的利点を有していると言えるのだろうか。この問いこそがカナンに派遣された偵察隊が直面した戸惑いであり、先住民の住む地に進出することを彼らが是としなかった理由であるとレヴィナスは解釈する。

カナンの地を誹謗した偵察隊がそれを理由に神の罰を受けて死ぬという、聖書の表面上の意味からすれば、レヴィナスのこの読解は偵察隊に対して多分に好意的な解釈だと言える。「たとえ絶対的に道徳的な民であっても征服する権利はもたない(12)」とする偵察隊は、きわめて「美しく清廉な良心(13)」の持ち主だったのだ。しかしまた、この無垢な良心の呵責に苛まれた偵察隊の報告によって、「共同体全体は声をあげて叫び、民は夜通し泣き言を言った」（「民数記」14、1）。

それでは偵察者たちのこの道徳的に正当な躊躇に対して、カナンの地に入ることを主張したカレブとヨシュアは倫理的ではないということになるのだろうか。そうではない、とレヴィナスは答える。「「私たちは天に昇るためにその土地に行く」。われわれは、通常の土地所有と同じような仕方で土地を所有しに行くのではない。われわれはこの土地に、正義の国（cité juste）を建設しに行くからである」[14]。「約束の地」に関するレヴィナス自身の思想はまさに、偵察隊の純粋な躊躇とカレブたちの正義の希求というこの対比から導き出されている。このタルムード講話の結論と言える箇所を引こう。

〔…〕天空を征服するがごとく一つの国（pays）を征服しに行く者たち、すなわち昇る者たちはすでに、この繊細な涙の彼方にいる。彼らは単に正義に身を投じるのではなく、正義を厳密に自分自身に適用するのである。彼らはすでに、可能的に流謫（exil）の境遇にある。〔…〕彼らは仮借なき責任を引き受け、自らの不正の代価を自らの流謫によって支払うよう求められているのである。自分の行為の帰結をつねに受け入れ、自分が祖国に値する存在でないときには流謫を甘受することができる者のみが、その祖国に入る権利を有する。ご覧のようにこの国は尋常でない国である。《天空》のような国である。その住民が不正であるときには、彼らを吐き出す国なのである。これに似た国はほかにはない。このような条件のもとで国を受け入れる覚悟が、この国に対する権利を与えるのである[15]。

「約束の地」に「昇る」とは、この地を無条件的に所有することではない。たとえこの地を与えられるべく「約束」されている民であっても、律法の書たるトーラーが規定する倫理的な掟に背くならば、「先住民を吐き出したと同じように、土地があなたたちを吐き出すであろう」（「レビ記」18、28）。「約束の地」という「場所」は、それが厳格な正義を要請するがゆえに、安住を保証するどころかたえず「流謫」の可能性を含んでいる。しかも、トーラーが規定するこの正義は、民族的ないし国民的な尺度でのみ測られる正義ではなく、「普遍的正義（justice universelle）」だと言われている。「自分は正義の社会を建設し、土地を聖別するのだと思い込むことは誰にもありうることであり、それが征服者や植民地主義者を勇気づけるのではないかと言うひともあるだろう。しかし、それにはこう答えなければならない。トーラーを認めるとは、普遍的正義の諸規範を認めることである、と。〔…〕私たちがトーラーと呼んでいるものは、人間的正義の諸規範を提供する。そして、イスラエルの民がイスラエルの土地を自分のものとして要求するのは、この普遍的正義の名においてであって、民族的正義の名においてではない」(16)。ここで問題となっているのがいかなる「正義」なのかについては後述する。

それでは「約束の地」を主題としたこの一九六五年のタルムード講話の二年後、六日戦争の勝利によって実際に「聖地」を征服したイスラエル国に対して、レヴィナスはいかなる態度表明を行ったのだろうか。

第二節　ユダヤ教パリ学派と帰還運動――六日戦争をめぐって

一九六七年六月五日にイスラエル空軍がエジプト、シリア、ヨルダンに奇襲攻撃を行い、地上部隊の侵攻を経て同一〇日に停戦に至った第三次中東戦争は、戦闘が行われた日数を受けて六日戦争とも呼ばれる。イスラエルが電撃作戦にて勝利を収めたこの戦争の結果、同国は東エルサレムを含むヨルダン川西岸、ガザ地区、シナイ半島、ゴラン高原を占領した。とりわけ、嘆きの壁のある旧市街・東エルサレムの獲得は、イスラエルのみならず世界中のユダヤ人にとって歴史的な成果として受け止められるとともに、同じくこの地を聖地とするムスリムにとっては大きな敗北感を残すこととなった。

レヴィナスの思想に関する本書の文脈のみに限定するなら、六日戦争は次の二つの余波を生んだ。第一に、イスラエル建国以来、比較的良好な関係を結んでいたフランスと同国との関係悪化である。とりわけド・ゴール大統領が一九六七年一一月二七日の記者会見でユダヤ人を「自分自身に確信を抱いた、威圧的な選民（peuple d'élite, sûr de lui-même et dominateur)」と呼んだことは大きな論議となった。レイモン・アロンは同年一二月二八日の日付をもつテクストで即座にこれに反応し、ド・ゴールが反ユダヤ主義を復権したと批判している。「共産主義者はソ連に対して無条件に忠誠を誓う（誓っていた）わけだが、それと同じようにイスラエル国に対して無条件に忠誠を誓うユダヤ人を私はほとんど知らない。脅かされた小国への彼らの共感が、フランスの安全を損なうことはない。〔…〕この共感だけでは、つねに潜在的なものに留まっている反ユダヤ主義をふたたび活発にすることすらできなかっただろう――もしド・ゴール将軍が、響きの詰まった半ダースの語によって、反ユダヤ主義を荘厳に復権しなかったとしたら(17)」。

第二に、本章の冒頭でも述べたように、レヴィナスとともに「パリ学派」を牽引していたアンドレ・ネエルやレオン・アシュケナジといったフランス語圏ユダヤ知識人会議の主要メンバーが、六日戦争を受けて次々とイスラエルへの「移住＝上昇」を果たしていく。フランス・イスラエル両国の政治的亀裂と、イスラエルに合流するユダヤ人たちとのあいだにあって、レヴィナスのように移住を選ばない「フランスのユダヤ人」には、イスラエル国に対してどのような態度を取るべきかという困難な問いが立てられることとなった。

このような状況のもと、『エスプリ』誌は一九六八年四月号で「今日、フランスで、ユダヤ人であること（Juifs, en France, aujourd'hui）」という特集を組んだ。これは六日戦争でのイスラエルの勝利を機に噴出したさまざまな議論を検討するために同誌が誌上会議を企画したものである。『エスプリ』誌側の代表である編集長ジャン＝マリ・ドムナックおよび主筆ポール・チボーに加えて、アレクサンドル・デルジャンスキ、リシャール・マリエンストラス、ラビ（ウラジミール・）、ピエール・ヴィダル＝ナケがこの討論に参加したが、「エマニュエル・レヴィナスは書面による意見表明の方を望んだ(18)」。これが論文「空間は一次元ではない(19)」である。この討論の記録とデルジャンスキによる総括に続いて掲載されたレヴィナスのテクストからは、その文責をあくまでも一身に引き受けるという強い態度が読み取れる。

『エスプリ』誌が企画した討論の背景には、さきに触れた六日戦争後のフランスとイスラエルの関係悪化があり、フランスの反イスラエル政策とド・ゴール大統領の言辞のうちに読み取れる反ユダヤ主義の痕跡に対して、フランス市民権を有するユダヤ人はどのように対応すべきか、というのが討論の基調をなす問いだった。一般論としては、ある国家の成員がその政策に反対したとしてもそれによって市民権そのものが否定されることにはならないし、また、ある国家の政策に対する他国からの批判がこの国家の存続それ自体を危ぶませることもない。しかし、ことイスラエルの政策が批判されるときにはつねに、イスラエルという国家の存在そのものが危機に曝されるのである。ヴィダル＝ナケが「私たちが無条件に連帯しているのはイスラエル国の存在についてです[20]」と強調するのはそのためだが、これがイスラエルの政策に対する一切の批判を封殺するための論理ではないことは、ヴィダル＝ナケ自身が六日戦争の直後に発表した論考からも分かる。そのなかでヴィダル＝ナケは、イスラエル軍によるシナイ半島・ゴラン高原・ヨルダン川西岸地区の占領を受け、エルサレムの嘆きの壁の再取得に沸き立つイスラエルの軍事的・宗教的パレードに冷ややかな視線を向けつつ、アラブ諸国によるイスラエルの承認とパレスチナに住むアラブ人の国民的希求をともに含む解決を目指すべきだと訴えていた[21]。

　イスラエルとフランス両国のあいだにはさまれる形で、フランス市民権を享受しているにもかかわらずフランス政府に反してイスラエル国を支持する在フランスのユダヤ人たちは「二重国籍〔二重の忠誠〕(double allegeance)」の嫌疑をかけられることとなった。しかし、そこで問題となるのは、フランスに対する裏切りや二心といった表面的な事態ではなく、フランスとイスラエルという二つの政治的極の相克をいかに思考するかであり、このことは離散と「シオンへの回帰」の関係を現今の状況下で問い直すことでもあった。たとえばデルジャンスキは、近代国家こそが近現代のユダヤ人問題の鍵であるとしたうえで「それゆえイスラエル国は全ユダヤ人の潜在的国家なのです[22]」とし、そこからユダヤ教を、エルサレムという地理的な布置とも不可分に結びついた「一つの神‐地‐政的事実（un fait théo-géo-politique）」と見なしている。「ユダヤ教の祈りはたえずエルサレムへの回帰について語っています。シオニズムを、多かれ少なかれ短期間のうちに実現されるべき「シオンへの回帰」として理解するならば、それはユダヤ的意識の一つの基調なのです[23]」。

シオンへの回帰をつねに口にしながらもイスラエル国への移住を選ばないという、離散の言わば「倒錯性」を強調するこのような見解に対して、他の参加者はむしろイスラエル建国後も離散の地に留まることがもつ肯定的側面を指摘しているが、とりわけマリエンストラスは、同化したユダヤ人のフランスへの帰属を植物の根づきにたとえ、この「自然的事実」を引き受けつつも意識的に信仰に向かうという離散のユダヤ教の明晰さを讃える。「私にとって、離散ユダヤ教がもつ魅力的な側面の一つは、この明晰さ、すなわち、人間によって作られ意志によって保たれている総体に帰属しているという意識です。それに対して、多くのひとは依然として一種の国民的無意識、遺伝的幻影のなかで生きているのです——これはあらゆる狂信的態度の根底にあるものです[24]」。むしろ、離散を批判することで旧来の国民主義の論理を反復しているにすぎないシオニストたちは、イスラエルを「他の国家と同じような国家」と見なし、イスラエルと離散とに分かたれているユダヤ人の状況を一つの「疎外」と捉えるのである。「彼らにとっての「健康な」状況は、言わばふたたび「他の植物と同じような植物」になることにあります。彼らの言うところの自然な状況は、それぞれの民族が自らの境界線からなる——お許しください——ゲットーのなかに厳密に閉じ込められているようなものなのです[25]」。自然的事実としてのフランス人、意志的選択によるユダヤ人という区別は、ユダヤ人であることとは「インターナショナリストである一つの仕方[26]」だと言うヴィダル＝ナケも同意するところであった。

この討論に参加するかわりに文書による意見表明を望んだレヴィナスのテクストは「空間は一次元ではない」と題されている。「フランス人であることとは——ユークリッド空間の手前で——一次元のなかでのみ動くものなのだろうか[27]」という問いが端的に示しているように、レヴィナスは、フランスが体現する普遍性とユダヤ人が象徴する特殊性との矛盾を指摘することでフランスのユダヤ人を「二重国籍」と揶揄する語法が、二次元にさえも及ばない「一次元」的なものだと批判している。前節で扱った「約束の地」をめぐる講話が行われた会議での討論でレヴィナスは、「私にとって、問いは答えよりもはるかに重要なのです」という、ほかの箇所でも繰り返される発言をしているが、[28] このテクストではこれと対照的な断固たる態度が取られている。「性急な問題提起は、答えが与えられないまま放っておかれると非常に現実的な危険を引き起こすおそれがある。以下に続く文章の責任は著者のみにあるが、この文章は、著者にとって、『エスプリ』誌にはまだ精神が宿っていることを証明するさまざまな考察をまえに尻込みすることはない」[29]。ここで言われる問題提起とは、本文冒頭で述べられる「一九六七年六月以後、〈フランスにおいてユダヤ人であること〉の新しい仕方が存在しているのだろうか」（同）という問いを指しているが、この問いはその裏面と言える〈ユダヤ教を奉じるフランス人であること〉の理解と不可分である。このことを述べるレヴィナスの舌鋒は非常に鋭い。「『エスプリ』誌によると、フランスのユダヤ人たちにとって――語義矛盾なのだが――フランス人であることの新しい仕方が現れているのではないかとわれわれは問われている。こう問うひとたちは、かつての仕方というものを正確に知っているのだろうか。さまざまに異なる出自をもつユダヤ人集団が、フランスの歴史のうちに身を投じた際の気分がいかなるものだったかを言うべきだろうか[30]」。

それではレヴィナスにとって、フランス人たる「かつての仕方」とはどのようなものだったのか。レヴィナスもさきの討論の各参加者が用いるのと同様の表現でもって、フランスへの同化とイスラエル支持とのあいだの葛藤について論じているが、そこでレヴィナスが強調するのは、解放されたユダヤ人のフランスへの同化は、フランスが体現している普遍的価値への愛着という形で現れたことだ。フランスとは「公的建物のペディメントに書かれた〔自由・平等・友愛という〕三位一体の道徳的かつ哲学的な標語によって自らの政治的実存を表明する国[31]」であり、政治的次元と道徳的次元との一致こそがフランスという国家の例外的な本質だった。そして、フランス革命や人権宣言が標榜していた理念から出発して、「〔…〕フランスへの愛着はこれらの理念を生み出した歴史や風景にまで及び、植物的な根づきの意識と化すに至った。この意識のうちで多くのフランスのユダヤ人《イスラエリット》はそれ以後、郷土（terroir）の子、土着者（autochtones）となり、彼らの愛の宗教的源泉を忘れてしまうことだろう。彼らは、草原が緑であったり、木々に花が咲くのと同じくらい、自然な《フランス人》となったのである(32)」。

レヴィナスによると、こうした同化ユダヤ人の心理的転回の契機となったのは、イスラエル建国ではなくドレフュス事件だった。五〇年代のレヴィナスが、イスラエル国の建設をユダヤ人と西洋との決定的な断絶として捉えていたことを思い出すなら、この点にすでに離散の評価をめぐるレヴィナスの方向転換が見て取れる。最終的には正義が勝利を収め、政治がふたたび道徳と結びついたとはいえ、ドレフュス事件は「《理性》の脆弱さ(33)」を示した忘れがたい出来事であり、レヴィナスはこの事件のうちに、解放されたユダヤ教のあらたな感受性の誕生を見る。「それは愛国者的感情の変容ではなく、あらたな警戒、世界へのあらたな注意、実存のなかで震え緊張するあらたな仕方」であり、同時にフランスの同化ユダヤ人が忘れてしまっていた「古来の宗教的経験の再発見」だった(34)。ヨーロッパで「一九三三年から一九四五年のあいだに起こったこと」は、このあらたな感受性を「不可能なもののさらにその先(35)」にまで導いたのだが、レヴィナスにとって、アウシュヴィッツ以後に実現した「シオニストの夢」は、普遍的価値を体現していた《ヨーロッパ》の終焉に呼応した出来事だった。ドレフュス事件において露呈した理性の挫折可能性、ユダヤ人大虐殺において現実化した倫理の不可能性に対して、レヴィナスは現在のイスラエルがもつ意義を次のように説明する。

〔…〕《聖地》がメシア的《治世》に近づくのは、この土地が一つの国家の形態を取っているからではない。そうではなく、この土地に住む人間たちが政治の誘惑に抵抗することができるからである。アウシュヴィッツの直後に建国を宣言されたこの国家が、預言者たちの教えを自らのものとして引き受けているからである。この国家が献身と

犠牲をかき立てるからである。〔…〕

イスラエル国の復活と、その危険かつ純粋な生はもはや、二重に宗教的なその起源から分離されることはない。その起源とはすなわち、国家によって、この国家が自らに与えている世俗的な形態にもかかわらずよみがえりつつある《聖地》である。イスラエルに「昇ること」、それは間違いなくフランスのユダヤ人にとっては、国籍を変更することではなく、一つの使命に応答することである。ほかのひとたちは、誓願を立てたり修道院に入ったり布教に出かける。あるいは革命政党に加入する。ユダヤ人たちは《聖地》の呼び声を通じて、彼らの古き書物がもつ新しい真理を聴き取り、そして、教義神学としてではなく一つの歴史として要約される宗教的運命のうちに入っていく〔…〕。(36)

前章で見た五〇年代のテクストでも離散の地へのユダヤ人の根づきが述べられてはいたが、イスラエル国の方はあくまでも土地とのつながりのうちで捉えられていた。しかしここではレヴィナスが強調を置く点が変わっている。そのことをより明確に見るために、続いてこのテクストを締めくくる段落からも引用しよう。

政治的・民族的なカテゴリーに収まることのない真理と運命である。それらは、ほかのさまざまな精神的冒険と同様に――とはいえわれわれの冒険はもっとも古く、もっとも高度なもののうちに含まれるが――フランスへの忠誠を脅かすことはない。十全な意識をもったユダヤ人であること、十全な意識をもったキリスト教徒であること、十全な意識をもった共産主義者であること、これらは、たえず《存在》において不安定であること〉(se trouver en porte-à-faux dans l'Etre) である。ムスリムの友よ、六日戦争による憎悪なき私の敵であるあなたがたもそうなのだ！　しかし、偉大な近代国家――すなわち人類の僕《しもべ》――は、まさにその国家の市民によって冒されているこのような冒険に、自らの偉大さと、現在への注意と、世界への存在感とを負っているのである。[37]

ここで言われる「《存在》において不安定であること」とは、レヴィナスがスピノザ哲学のうちに批判的に読み取っている「存在への固執（persévérance dans l'être）」に対置しつつ提示する主体性の様態に近いものだ。六〇年代後半から七〇年代にかけてのレヴィナスはこの主体性をさまざまな表現に訴えながら論じているが、とりわけ『存在するとは別の仕方で』は、「非場所」の概念とも呼応する「自己のうえに休らわないこと（ne-pas-reposer sur soi）」やすでに触れた「不穏（inquiétude）」といった語彙を用いている。[38] このようなあり方はユダヤ人だけに限定されず、キリスト教徒やムスリムや革命家といった、それぞれの「使命」に応じるひとたちにも拡大されているが、いずれにしても五〇年代のテクストと比較した場合、六日戦争後に書かれたこのテクストでは、イスラエルに移住するユダヤ人の不安定さが主張されるとともに、それと反比例する形で、離散の地への根づきが以前よりも強調されるのである。[39] この不安定性を担保しているのは、さきの引用中にあった「政治の誘惑に抵抗する」という要請である。政治性と道徳性とが一つの近代国家のうちで結合しているというフランスの例外的性格は、かつての預言主義を自らのものとするイスラエルのうちにも認められている。前節で見た「約束の地」をめぐる講話で述べられていたように、正義の厳命に従うことを求める「約束の地」に住むひとは、自らの不正の代価を自らの流謫によって、すなわち自らの「場所」の喪失によって支払う覚悟をもたなければならない。その点でイスラエルのユダヤ人は「可能的」に流謫の状態にあり、この地への居住が確固たる根づきとは無縁のものとされるのである。反対にレヴィナスの言う「政治」とは自らの「場所」に安住し、その安定性に疑念を抱かないことを前提としているのだと言える。

それでは、六日戦争によってエルサレムの再統合を達成したイスラエルは、この地が求める正義の要請に応じていると言えるのだろうか。ふたたび「イスラエル」を主題として六日戦争の半年後に開催された第九回フランス語圏ユダヤ知識人会議（一九六八年一月二八～二九日）の開会の辞で、「〔…〕イスラエルは絶対に無実である」[40]と表明しているネエルの回答は、然りだったように思われる。六日戦争が「パリ学派」の分裂の契機となったことはすでに触れたが、『エスプリ』誌の討論の参加者の一人であり、レヴィナスが「約束の地」の講話のなかで親愛に満ちた呼びかけを行ってもいるウラジミール・ラビ[41]は、「もしイスラエルが危機のうちにあって、そして爆弾〔水爆〕を保有しているのなら、それを爆発させることを私は受け入れるし、それに同意する」というネエルの発言を同会議の会場で暴露している[42]。その後も、六日戦争の勝利をメシア時代が到来する徴候と見なす類の神学的議論を批判することをやめなかったラビは、フランスのユダヤ共同体におけるネエルやエリー・ヴィーゼルらの御用知識人化と、彼らに対する偶像崇拝を糾弾するテクストを世界ユダヤ連盟の機関誌に発表している[43]。共同体内部から発せられたこの挑発的なテクストは多くの反論を呼んだが、それに対する再反論のなかでラビは、一九六七年一一月一二日にレヴィナスとネエルのあいだで交わされた驚くべき会話を伝えている。六日戦争によって八〇万人のアラブ人が家を奪われたことに触れながら、「イスラエルが正義を欠くならイスラエルよ滅びよ」というネエル自身の言葉を喚起するレヴィナスに対し、ネエルはあくまでも「イスラエルは正義の側にある」という主張を繰り返していたという[44]。

「結局のところイスラエルは私たちの同一化をまさに具現するものである。同様にイスラエルは、私たちの明晰さをまさに具現するものでありつづけなければならない[45]」とするラビにとって、六日戦争ののちも「明晰でありつづけた例外的な一人がエマニュエル・レヴィナスだった[46]」。ラビのこの評価がいかなる点に由来するのか、またそれがどの程度まで正当なのかを問うためには、以上に見てきたレヴィナスのイスラエル観を、その後のレヴィナスの思想およびイスラエルに対する立場との関係で捉え直していく必要があるだろう。

第三節　場所かつ非場所――人間のユートピア

一九七〇年代以降にレヴィナスがイスラエル国に関して行っている主張をたどってみると、イスラエル建国からすでに二〇年以上が経過したこの時期には、離散との対比でイスラエル国が捉えられることは稀になっている。それにともなって、イスラエル国の存在そのものの是非をめぐる原則論から、すでに成立した国家としての同国の正当性を探る議論へと徐々にレヴィナスの力点が移動しているのが見て取れる。たとえば「カエサルの国とダヴィデの国」(一九七一年)と題されたテクストは、『全体性と無限』では国家を批判的に扱っていたレヴィナスが「国家への諾(Oui à l'Etat)」を明言したものとして知られている。「国家の彼方とは、ユダヤ教が垣間見ることのできた一時期であるが、とはいえ諸国家の時代にあって、《律法》から引き離された国家を認めることはなかったし、国家は必要な道のりではないと――たとえ国家の彼方に赴くためであれ――考えることはなかった[47]」。ただし、国家の必要性を述べつつもレヴィナスは、この国家が古来のユダヤ教の預言主義に立脚した「一神教的政治(politique monothéiste)」に従っていると指摘するのを忘れない。「言葉と事実を突き合わせつつ、一神教徒たちにふさわしい政治理論を忍耐づよく練り上げること――このことをアブラハムの後継者たちに許すはずなのは、アブラハムの後裔に約束された土地のうえで行使される近代国家の責任のみである[48]」。ニコライ・ベルジャーエフの遺稿「霊の国とカエサルの国」にも似たこのテクストの題名に見られるように、ここでレヴィナスが俎上に載せているのは、七〇年代後半以降のタルムード講話でしばしば問題となる政治的秩序(ギリシア・ローマ的なもの)と精神的秩序(ヘブライ的なもの)との対立であり、それらの奇妙な混合である。高度な精神性を体現する「約束の地」に打ち立てられたイスラエル国は、道徳的な要請に従うと同時に、「近代国家」としての責務を果たさなければならないというのである[49]。

これ以降、イスラエルに暮らすユダヤ人が冒す日常的な危険を共有していないという理由でイスラエルに対する発言を次第に慎んでいくなかで、レヴィナスが現今のイスラエルが置かれた政治的状況に積極的に言及したのは、大きく分けて二回である。第一の機会は、エジプト大統領として第四次中東戦争（ヨム・キプール戦争、一九七三年一〇月六〜二六日）の勝利を導いたアンワル・サダトのイスラエル訪問（一九七七年一一月一九日）である。レヴィナスは「政治はあとで！」（一九七九年）と題されたテクストで、キャンプ・デーヴィッド会談（一九七八年九月五〜一七日）への道を開いたこの訪問を高く評価している。「一九七七年一一月一九日のサダト大統領のエルサレム来訪は、テレビ画面では、月面への人類の第一歩にも似たもの——とはいえそれほど非理性的なものではない——と映ったかもしれない。イスラエルとエジプトのあいだで締結された和平、サダト大統領の来訪によってこの和平が引き起こされた際の特異な諸状況は、われわれにとって、和解が生じるチャンスが得られるような道そのものを表している。現実問題としては、合意を挫折させかねないありとあらゆる波瀾がありうるし、おそらくはこの合意を待ち受けていてそれを無に帰してしまうようなありとあらゆる暗礁がありうるにもかかわらず、である(50)」。パレスチナの地をめぐるユダヤ人とアラブ人の衝突が、つねに領土や権力にまつわる政治的な用語で語られてきたことを批判するレヴィナスは、六〇年代のテクストで述べられていたイスラエルの「不安定さ」をふたたび取り上げ、そこに大地に深々と定着した諸国民との相違を見いだしている。「民族誌的な好奇心からではなく、人間性の極度の可能性として扱われるべきイスラエルの困難な自由。諸国民のうちに腰を据え、自らの大地にしっかりと定着した国民は、自分自身について至高の主権者たる意識をもっており、これらの国民にとっては、この土地の堅固さ、この確信、揺るぎないものというこの根源的経験が自己肯定を支えているのだが、人間性の極度の可能性としてのイスラエルは、このような意識を攪乱し、苛立たせるのである(51)」。一九三五年のテクスト「マイモニデスの現代性」で述べられていた「異教徒はこの世界が堅固で、実に安定したものだと思っている(52)」という主張が思い出されるが、ここでは、いまある「場所」に身を置くことの正当性がつねに問いただされるというイスラエルの「不安定さ」が「人間性の極度の可能性」であるとまで言われている。レヴィナスはイスラエルが曝されているこの「不安定さ」をもって、イスラエルの脆弱さの――その軍事力の強大さにもかかわらず――根拠とする。「イスラエルは、武装した威圧的な国家として、地中海沿岸における軍事大国の一つとして、武装解除したパレスチナ人と直面し、彼らの存在を承認することさえしていない！　これがことの真相なのだろうか。非常に現実的な力を持ちつつ、イスラエルは世界でもっとも脆く、傷つきやすいものでもあるのではないだろうか。イスラエルは、異議を申し立てられることのない国民である隣国、自らの大地に囲まれた自然の同盟国に恵まれた隣国のただなかにあるのだ。大地、大地、大地、見渡すかぎりの大地ではないか[53]」。レヴィナスにとって、諸国からの異議申し立てに曝されつつたえず自らの基盤を揺さぶられ、政治的秩序と精神的秩序のせめぎ合いのなかで身を保ちつづけることこそが、単に政治的な表現のみに訴えるのではない「預言主義的道徳とその平和の観念が体現されるべき国家[54]」の様態にほかならない。

イスラエル国に対するレヴィナスの発言の是非を適切な仕方で問うためには、レヴィナス個人の思想の検討に留まらず、イスラエル・パレスチナ問題に関する同時代のユダヤ人哲学者の思索および活動をさらに広い時代的視野のもとで捉え直さなければならないだろう。しかし、レヴィナスの思想のみに限定した場合でも、前二節で宙吊りにしていた問題、すなわち「約束の地」の所有を正当化する「普遍的正義」の問題をあらためて吟味してみなければならない。本書の中心的関心である「場所」の問いがそこに大きく関わってくるだけになおさらである。

前二節で扱った六日戦争前後のテクストでは、政治に対する精神性ないし倫理の優位が一貫して述べられるとともに、「約束の地」の所有は無条件的な権利相続によってではなく、この「普遍的正義」の名においてのみ正当化されうるという議論が展開されていた。「約束の地」を所有することは、国民主義的な論理によってのみ動く「政治の誘惑」に屈することでも、カナンの偵察隊がそうであった無責任な純粋さを良しとすることでもなく、厳格な正義の要請に従いながらこの所有権のつねなる失効可能性を引き受けることだった。その意味で、「レアル・ポリティーク」と「美しき心」の二項対立を超えて、レヴィナスが「正義の社会の建設」という「第三の道」を選択したのだとするジョエル・アンセルの指摘は、レヴィナスの主張の要約としてはまったく的確である[55]。しかし、レヴィナスにおけるイスラエルの問題をめぐる先行研究のうち、アンセルを含む論者の多くがこの「正義の社会の建設」ないしトーラーの掟の実現[56]という理念をもってその結論としているのは不十分だと言わざるをえない。レヴィナスにとってそもそも「正義」がいかなるものだったのかが十分に問われていないからである。

本書第Ⅳ部で扱ったレヴィナスの七〇年代の主著『存在するとは別の仕方で』において、「第三者（le tiers）」という概念とともに導入された正義の次元が、レヴィナスの倫理の深化の過程に位置づけられるものであることは強調されるべき事柄である[57]。この著作で、「近さ」に結晶化される極度の倫理的関係は、「非場所」に加えて「身代わり」や「人質」という、方法的に選択された誇張表現によって論じられているが、それに対して正義の次元は、こうした倫理的関係の過剰を修正するものとして導出されている。単独の他者に直面するとき、この他者の近さは主体の内側にまで嵌入し、主体は自らの同一性を炸裂させるに至る無限の責任によって、自身が定位する「場所」を剝奪され「流謫」の可能性を背負うことになる。しかし、「他者の他者」である「第三者」がともに存在している場合、つまりいずれも唯一的な他者が複数いる場合、そこではどちらの他者に対して責任を負うべきかという「比較不可能なものの比較」の必要性、すなわち正義の要請が生じる。この意味での正義とは、倫理的関係の苛烈さ（身代わりの過剰）に尺度をあてがうことで「自己を計算へと送り返す[58]」ような社会の複数性の次元であり、この次元においてはじめて、代替不可能な責任を担っていた「私」が「他者たちと同じような他者[59]」となることができる。したがって正義は、他者たちと同等となることで「私」の責任が軽減される契機であり、「非場所」という倫理的関係の唯一性を共通の「場所」が担保する複数性の次元へと開くものである。レヴィナスはこのことを「一つの場所にともにあること（*en-*

semble-dans-un-lieu)」と呼び、次のように述べる。

　他者を前にした《語ること》の意味作用は、そのときまでは一つの方向のみに向かっていたのだが、このような《語ること》のなかに第三者は矛盾を導き入れる。これは、それ自体として責任の限界であり、〈私は正義でもってなにをなすべきか〉という問いの誕生である。意識＝良心（conscience）の問いである。正義が必要である。言い換えれば、比較、共存、同時性、集約、秩序、主題化、顔の可視性が必要である。そしてそれによって、志向性と知性が必要であり、志向性と知性においては体系の理解可能性が必要である。さらにそれによって、法廷の前でそうであるように、平等な関係での共現前が必要である。共時性としての存在することとは、一つの場所にともにあることである。近さは、空間のなかで、隣接（contiguïté）という新しい意味を得る。しかし、純粋な隣接は「単なる自然」ではない。隣接はすでに、主題化する思考と、場所と、離散した諸項における空間の連続性の分割と、全体を——正義から出発して——前提としている[60]。

　前二節での議論を思い起こしつつ、「場所」および「非場所」という概念に着目して『存在するとは別の仕方で』を見てみると、「約束の地」という「場所」の所有は正義の要請に従うことによってのみ正当化されるという議論が、国家としての「イスラエル」という語が一度も用いられることのないこの著作の正義論と呼応していることに気づく。いくつかのタルムード講話で述べられているように、「外見上はユートピア的な知であるトーラーのみが、人間に一つの場所を保証する[61]」、さらに「シオニズムとは、十全な仕方で人間的な社会の学知と、そのような社会への希望であ」り、この希望は「エルサレムに、地上のエルサレムにあるのであって、一切の場所の外にではなく（non pas hors tout lieu）、敬虔な思考のうちにあるのだ[62]」とすれば、正義の名のもとでの共存は、どこでもよい「場所」ではなく、エルサレムという一つの範例的な「場所」を呼び求めていることになる。『存在するとは別の仕方で』において、「人間的な仕方で場所をもった〔生起した〕ことが、その場所に閉じ込められたままでいることは決してできなかった」と述べて、自らの哲学が想起しかねない「ユートピア主義」という批判を回避しようとするとき、レヴィナスは、このことを理解するためには「場所と化すことで非場所が例外的に歴史の空間に入るような出来事」を参照するには及ばないと続けている[63]。本書のここまでの道程をたどるならば、他者に対する唯一的責任を担う「非場所」という倫理性が、普遍的正義が統べる「地上のエルサレム」という「場所」と化すことによって「諸国民の時」に入った出来事、すなわち国家という政治的形態を取った「約束の地」への回帰という出来事が、あらためて引き合いに出す必要がないほどにこの著作の前提となっていると考えることは不可能ではない[64]。

　とはいえ、のちに「第一哲学としての倫理」（一九八二年の講演）を標榜することになるレヴィナスにとって、倫理を修正する正義はあくまでも倫理によって基礎づけられるものに留まる。というのも、「正義が正義でありつづけるのは、近き者たち（proches）と遠き者たち（lointains）のあいだの区別が存在しない社会においてのみであるが、この社会にはまた、もっとも近き者の脇を通り過ぎることの不可能性も残存しつづける[65]」からである。比較や共存と同一視される正義は言わば客観性そのものであり、そこにおいて計算や計量によって測定される「近き者」と「遠き者」は相対的なものにすぎない。正義の次元では、近さは相対的な隔たりの少なさとしての「隣接」と化すのである。それに対して倫理的関係は、誰が「近き者」なのかを判定する客観的な近接性とは異なった近さに基づくと言われる。そこでは、客観的な意味ではなく倫理的な意味で「もっとも近き者は誰か」、すなわち「私」が責任を負うべき「隣人（prochain）」は誰かという問いが措定される[66]。そしてこの著作を、国家社会主義や「他者に対する同一の憎悪」による犠牲者のなかでも「もっとも近き者たちの思い出」に捧げるレヴィナスにとって、この問いへの答えはあらかじめ与えられているように思われる[67]。

晩年のレヴィナスがイスラエルに言及するのは、基本的に以上のような正義論に基づいてである。しかし、『存在するとは別の仕方で』に見られる倫理と正義との錯綜がイスラエルの現実政治についての考察と結びついたとき、そこにはいくつかの困難な帰結がともなっていた。七〇年代以降のレヴィナスがイスラエルの状況に関してまとまった発言を行うのは二回であると本節の冒頭で述べたが、まさにその二回目の機会において以上のことが特に問題となる。すなわち、一九八二年のイスラエルのレバノン侵攻の際にイスラエル軍制圧下のサブラ、シャティーラ両難民キャンプで起こった虐殺事件を受けた一連の発言である。

サロモン・マルカに招請されたレヴィナスとアラン・フィンケルクロートが行った一九八二年九月二八日のラジオ討議「イスラエル――倫理と政治」のなかで、倫理と正義の絡み合いを倫理と政治とのあいだのアンチノミーと読み替えるレヴィナスは、シオニズムは倫理的な正当性をもった政治的理念であるとし、「ユダヤ人が多数を占める政治的単位」が「どこでもよい場所にではなく（pas n'importe où）」存在することが必要だと主張している(68)。しかし、客観的な判断や計算によって倫理的関係を複数性へと開く正義が、「多数」という語が示すような数の論理への従属に還元されてしまうのであれば、そこでは正義を、さらには政治を基礎づけていたはずの倫理的唯一性そのものが否応なく無効化されてしまうのではないか。

たしかに、ここでもレヴィナスは他者に対して負うべき「私」の責任の無限定性を述べてはいるが、この他者を防衛するためには倫理では不十分であり、倫理そのものによって政治が要請されるのだという。

私は、責任に限界があるとか、「私」における責任に限界があるとはまったく考えていません。繰り返しますが、私は、他者に対する負いを決して免れることがないのです。しかし私が思うに――このことも言わねばなりませんが――私たちをかくも激しく攻撃する者たちすべてにはその権利はないし、それゆえ、無際限の責任というこの感情のわきには、防衛のための余地がたしかに存在しているのです。というのも、関係するのがつねに「私」であるというわけではなく、私にとっての近き者たち――私の隣人――ということもあるからです。この防衛に私は政治という名前を与えます。ただし、これは倫理的に必要な政治です。倫理のわきに、政治のための余地があるのです。(69)

非常に深刻なのは、こうした「倫理的に必要な」政治に先行してこれを基礎づける倫理の要請そのものによって、それぞれが単独かつ代替不可能であるはずの「他者」のあいだに歴然とした差異が生じていることである。(70)「私の民族、私にとって近き者たちは、私の隣人でもあります」、それゆえ「ユダヤ民族を護るとき、私たちは隣人を護っているのです(71)」と言うレヴィナスは、「イスラエル人にとっての「他者」とは第一にパレスチナ人ではないのですか」と「「他者」の哲学者(72)」に問う対話者のマルカに対して、次のように答えている。

> 他者についての私の定義はまったく異なるものです。他者とは隣人であり、必ずしも近き者ではないのですが、それでもやはり近き者に変わりはありません。そしてこの意味において、他者のためにあるとき、あなたは隣人のためにあるのです。しかし、あなたの隣人が別の隣人を攻撃したり、あるいは彼に対して不正であるとき、あなたはなにができるでしょうか。そこでは他性が別の性格をもつのです。すなわち、そこでは他性のなかに敵（ennemi）が現れうるのです。あるいは、少なくともそこでは、誰に理があり誰が誤っているのか、そして誰が正しく誰が不正なのかを知るという問題が立てられるのです。誤っているひとたちがいるのです。（同）

隣人、近き者、そして他者がたえず身分を替え、政治に制限を与えるはずの倫理が、それにもかかわらず政治の干渉を受けつづけている。そこでは「場所」と「非場所」が不断に反転し、倫理と政治が解消不可能な仕方で複雑に絡み合っているように思われる。『存在するとは別の仕方で』においては、倫理と正義という二つの要請のあいだで揺れ動くこの不安定さこそが主体の主体性を特徴づけていた。しかしレヴィナスが「空間は一次元ではない」のなかで、「ムスリムの友よ、六日戦争による憎悪なき私の敵であるあなたがたもそうなのだ！」[73]と述べていたことを思い出すとき、この主体性の一方の極である正義＝政治の次元であった「一つの場所にともにあること」が必ずしも許されていないパレスチナ人にとっても事情は本当に同じだろうかと問うことは、可能であるし必要でもあるだろう。さらにここでは、隣人、近き者、他者といった概念に「敵（ennemi）」が加わっている。政治と戦争および「全体性」の結びつきに関してレヴィナスが明らかにカール・シュミットを参照しているかどうかは別にしても[74]、シュミットにおいて「友（Freund）」と「敵（Feind）」の分割は「政治的なもの」そのものの境界確定であった。友と敵という区別は政治的な行動を動機づける「特殊政治的な区別」であって、「政治的な敵とは、まさに他者、異質者（der Fremde）であり、その本質にとっては、特に強い意味で、実存的に他者であり異質者であるということだけで足りる」[75]。レヴィナスが非常に早い時期から、「他者とは、私がそうでないものである。私が強者なら他者は弱者であり、貧しき者、「寡婦であり孤児」である。〔…〕あるいは他者とは、異質者〔異邦人〕（étranger）、敵、強き者である」[76]と記していたことを考慮に入れたとき、「他者の哲学者」レヴィナスの思想に伏在する「敵の歴史」[77]を調査しなければならないのだろうか。そして、隣人を防衛するという倫理的要請に基づいて現れるという「敵」は、「政治的なもの」とは無縁な純粋に倫理的な決定によってのみ定まると言えるのだろうか。

以上のようないくつかの問いを総括してみると、「約束の地」に関するレヴィナスの議論および『存在するとは別の仕方で』の正義論がイスラエルの現実政治をめぐる考察と結びつくとき、そこでは、政治にとって倫理が必要であるまさにその瞬間に、倫理のうちへの政治の介入が容認されてしまっているのではないかと問うことができる。他者に対して無際限の責任を負うという倫理的関係が、別の他者の出現によって政治的関係に変容してしまうとすれば、このことは「第一哲学」としての倫理の陥穽を示しているのだろうか。おそらくはそのような問題設定から、レヴィナスの倫理がもつ不備を補いつつそれをより実践的な政治思想へと練り上げようとする試みが生じているのだろう。(78)

しかし、もう一度「場所」という本書全体の関心に戻るなら、倫理と政治との錯綜をどちらか一方の極に回収してしまうのが不可能であることは明らかである。なぜなら本章で論じたレヴィナスにおけるイスラエルの様態は、レヴィナスが哲学著作のなかで主体性に与えている性格と類比的だからである。すなわち、単独性に基づいた倫理（非場所）と複数性に基づいた正義（場所）の相克は、レヴィナスが論じる主体性とイスラエルの双方に共通して見られる構造であり、だからこそレヴィナスはイスラエルに人間性の範例という非常に強い意味を担わせていたわけである。「イスラエルにとっての賭け金ないし袋小路である土地(79)」に具現化した、場所と非場所の両立不可能な両立を表しうるものとして、実際『存在するとは別の仕方で』には、「場所あるいは非場所、場所かつ非場所、人間的なもののユートピア（lieu ou non-lieu, lieu et non-lieu, utopie de l'humain）(80)」という興味深い表現がある。「非場所」と「ユートピア」という概念がならんでいるが、ここではそれらが同義語として用いられているわけではない。ときとして「場所あるいは非場所」として現れる人間存在の場所的なあり方、すなわち矛盾的に成り立つ「場所かつ非場所」こそが、単純な対立を免れる「ユートピア」として定式化されているのである。そして、二次元的な思考では捉えられない「場所かつ非場所」の両立を考えるためにレヴィナスが依拠するのは、本書がしばしば出会ってきた「高さ」の主題である。

本書第Ⅲ部第三章で見たように、レヴィナスはガガーリンの偉業を〈場所〉からの解放として高く評価していた。しかし、熱烈にガガーリンを称賛したほぼ一〇年後――すでにガガーリンの死後であり、『存在するとは別の仕方で』の前年である――レヴィナスはかつての賛美にはっきりと修正を加えている。「しかしまた惑星間飛行の寓話において、ガガーリンに帰された失言がある。彼は天空に神は見つからなかったと宣言したというのだ。とはいえ、この失言を真剣に受け止め、そこに非常に重要な告白を聴き取ることもできる。すなわち「場所なき」空間の無重力という新しい実存の条件は、そこに最初に投げ出された人間によって、なおもここ（*ici*）として、真の他性なき同じものとして感得されたということである(81)」。

たしかにガガーリンは、単に経験的に占められる空間的位置としての場所から自由になっただけでなく、経験の可能性の条件としての〈場所〉――経験の文字どおりの「地平」――から解放され、あらたな「人間の条件」への通路を開いた。しかし、ひとたび大地の外部に出るやいなや、この脱出そのものもまた一つの可能な経験に帰着してしまい、経験の条件としての〈場所〉を離れることで獲得された「高さ」も、結局のところ測定可能な高度に還元され、ふたたび経験の地平のうえに引きずり下ろされてしまうのではないか。一九七三年にレヴィナスが明かしているのはこうしたある種の落胆だが、その根拠として神が名指されているからといって、レヴィナスの発言にただの信仰告白を見て取ってはならない。西洋哲学における《他》の《同》への還元、超越の破壊を厳しく断ずるとはいえ、このテクストが収められた論集の題名でもある「観念に到来する神」を語るレヴィナスにとって、問題は知と截然と分けられた信に賭け金を置くことではなく、知の限界を見定めたうえでなおも知解可能である「他なるもの」を記述することにあったからだ。レヴィナスが頻繁に参照するプラトン『パイドロス』（265b）のなかで、イデアを目指す理性が、第四種にして究極的な「狂気」とされていることを思い起こしてもいい(82)。その意味で、地球の外部に他性を認めることの失敗に由来する「同じもの」の領域の拡大もまた、さらなる超越の探求を妨げるどころか、それをより一層促すものとなるだろう。しかもその際にレヴィナスは、あたかもこの挫折を逆手に取るような仕方で、あくまでも「天空」の比喩に訴えつづける。ただしそれは、地上からさらに離れた空の高みを目指すというのではなく、言わば地上に還ってくるような仕方でなされる。どういうことか。

レヴィナスは「観念に到来する神」を思考するための手がかりを、カントが『実践理性批判』の末尾で提示する有名な定式のうちに見いだす。イカロスの物語が示しているように、「高さ」を本質的なものと考えていた古代人において、星々への眼差しは容易に偶像崇拝に堕落しうるものであり、憧憬に満ちたこの眼差しは一神教では禁じられていた。それゆえ、「高さ」のうちに超越を認めることの失敗を証明した宇宙開発は、同時に星々という古代以来の偶像の破壊を意味してもいたのだ。「宇宙旅行は〔…〕これらの偶像がただの石であり、そのうえをひとは歩くことができるものだということを示している——神的なものが別の意味をまとうしるしである[83]」。このとき、神を最高度の存在者として主題化することで神をも内在性のうちに包摂する存在論とは異なる仕方で、神の「いかなる高さをも超えた高さ」が思考されなければならない。「しかし、この高さはなおも存在論に属しているのだろうか。この高さは内在性と断絶しているのではないだろうか。高さという様態は、われわれの頭上に拡がる天空から借り受けられているのではないだろうか。「私のうえなる星空と私のうちなる道徳法則」というカントの表現は、主題化できないものを語っているのではないだろうか[84]」。天空から借用された「高さ」の概念は、「高さ」を内在性に帰着してしまう存在論ではなく、「高さ」を人間の内面性のうちに保つ倫理のうちに見いだされるべきであり、そのとき、はるか高みにある天空の星空と地上にある「私のうちなる道徳法則」とが照応する。「汝殺すことなかれ」という戒律に凝縮する道徳的意識こそ、「《無限》が「天空の高み」から降下する「場所[85]」」なのである。

　レヴィナスが一九七二年のジャベス論のなかで、こうした意味での「高さ」を表すために「天空性（caelumnité/célestité）」なる語を用いていたことはすでに第Ⅳ部第三章で見た。この「高さ」は、経験的な外部を超えた外部であり、存在論的な内在性のうちに陥入してくる超越の契機である。『存在するとは別の仕方で』にはこうある。「外部性の強意（emphase）とは、卓越＝衝天（excellence）である。高さであり、天空である。天空の王国は倫理的なものだ。この誇張、この衝‐天は、内存在性への我執からの超脱である「他者のために＝他者のかわりに」である。これこそ、主体の〈他者のための一者＝他者のかわりの一者〉の意義について本書で用いられた奇妙な言説が語ろうと努めたことである」[86]。そして他者に応答することに存する倫理的責任で構成されている主体性、「人間的なもの」のうちで、「存在することは炸裂し、高みへと転落する（*tombe vers le haut*）」[87]。かくして「私のうえなる星空と私のうちなる道徳法則」は、卓越した「高さ」として倫理的主体のうちに結集し、全方位から到来する他者の呼び声が言わば宇宙の統一性そのものとして主体にふりかかるのである。

　先述のとおり、天空の重みが主体のうえにのしかかり、主体が宇宙全体を受動的な仕方で耐え支える特異な中心点になるというこの構図は、レヴィナスの思想において、単に主体性の議論だけではなくイスラエルに関しても適用されている。卓越した「高さ」が天上から地上へと還帰する仕方で考えられるとき、地上には倫理的責任を担う主体と類比的な構造をもつ霊的な中心点が要請されるのである。神が観念のうちに到来する様態が「降下（descente）」[88]と呼ばれているのと同様に、神がそこに「降《くだ》られた」（「出エジプト記」第19章）ところが、責任と選びとを一体のものとして引き受ける「場所」となるのだ。七〇年代のタルムード講話は述べている。「したがって、トーラーの学知と教養は典礼よりも重要ということになる。エルサレムの卓越＝衡天とは、そのトーラーである。ああ、この場所の高さ、比類なきこの天空の光と青さよ！　照明である。学知である」[89]。ひとびとが「上昇」していくこの「高さ」は、学知の「高さ」であると同時に、正義が要求する「高さ」でもある。ユダヤ人国家とユダヤ教との関係を「学び（étude）」と名指していた一九五一年のテクスト[90]で、レヴィナスは宗教的ユダヤ人とそうでない者を次の対立のうちで捉えている。「対立は、正義のために国家を求める者たちと、国家の存続を保証するために正義を求める者たちのあいだにあるのだ」[91]。

　そして「正義のために国家を求める」こともまた、無条件に許容されるわけではない。なぜならば『存在するとは別の仕方で』の末尾で言われるように、「大地を覆う一握の人間にとっては、〔暴力に対する嫌悪を超えた〕第二段階での存在することの弛緩が必要である。戦争に対してなされる正義の戦争においても、ほかならぬこの正義ゆえに不断におののき（*trembler*）、さらには震撼しなければならない（*frissonner*）。この弱さが必要なのだ[92]。「一つの場所にともにあること」である正義のうちにあっても、この正義は倫理的要請によって揺さぶられ、決して同じ場所に安住することはなく、まさに「場所かつ非場所」たる「人間的なもののユートピア」となる。この「震撼」は、『存在するとは別の仕方で』の別の語彙を用いるなら、「まったく他なる人間に対する戦慄（un frémissement de l'humain tout autre）[93]」である。レヴィナスはここでもプラトン『パイドロス』（251a）に言及しつつ、この《frémissement》を「身震い・悪寒」を意味するギリシア語《*φρίκη*》の訳語として用いるとしている。プラトンにおいて問題になっているのは、地上の美をまえにした人間のうちに、天上の美の本体に対する畏怖がよみがえることで起こる震えである。レヴィナスにとってもまた、天上的なものが陥入することで卓越した「高さ」と化した地上の「場所」をたえず動揺させる震えは、他なる人間によって惹起される震えである。本章で見た困難な問題をはらむさきのテクスト「イスラエル――倫理と政治」においても、レヴィナスはタルムード講話「約された地か許された地か」で論じられたのと同一の「民数記」の物語に触れつつこう述べている。

> モーセは、イスラエルが入っていくべき土地を調査するように偵察者たちを派遣します。しかし偵察者たちはこの地を中傷します。テクストによれば、彼らは死刑に処されます。そしてタルムードはなおもこう問うています。「この断罪、土地を中傷した偵察者たちのこの処罰は、われわれになにを教えるのか」。このことが私たちに教えるのはとりわけ、人間に関する中傷の重大さでしょう。なぜならば、「石と木でしかない」ものの中傷でさえ死に値するのだとしたら、ましてや、人間に対する中傷はどれほど重くなければならないのでしょう。この論証――ましてや（*a fortiori*）という論証――は見事です。たとえそれが聖地であれ、人間は大地よりも聖なるものです。なぜならば、人間に対してなされた攻撃のまえでは、この聖地は剝き出しになり、石と木として現れるからです[94]。

比較不可能なもののあいだの比較考量を通じて「もっとも近き者は誰か」という問いに答える正義の要請のうちにあって、この正義は、同じく大地よりも聖なるものである「遠き者」に対する責任によってつねに震撼されなければならないだろう。複数形の「平和（chalom/chalaïm）」をその名のうちに含む聖地エルサレムのうえに築かれるべき平和[95]、「平和、平和、遠き者にも近き者にも」（「イザヤ書」57、19）と言われる平和[96]は、そのような条件のもとではじめて構想可能なものとなるだろう。この平和は、自らの場所に安住しない不安定さのうちで戦慄する、場所と非場所、倫理と政治のあいだの動揺そのものである。

結び 「場所」をこえて

サロモン・マルカは、アレクサンドル・デルジャンスキの証言として、一九五二年にはじめてイスラエルを訪問した折にレヴィナスが漏らしたという言葉を伝えている。「コヴノは死んだと思っていた。いま私はコヴノは永遠だということが分かった」(1)。リトアニアのレヴィナスの親族たちはみな第二次世界大戦中に虐殺され、のちに幾人かの研究者がコヴノ（カウナス）を訪れた際にも、そこにレヴィナス家が生活を営んでいた痕跡を認めることは困難だったと言われる(2)。第一次世界大戦およびロシア革命の動乱期に、吹きすさぶポグロムの嵐を避けて西方に逃れ、最終的にフランスに「安住」の地を見いだしたレヴィナスは、離散とイスラエルのあいだのさまざまな対立や矛盾に巻き込まれながらも、誕生まもないこの国家のうちに、消滅してしまったと信じていたリトアニア・ユダヤ教の痕跡を見いだしたのである。哲学者の思想の内実をその伝記的事実に還元してしまうことが避けるべきなのはもちろんだが、それでもレヴィナスの思想は――とりわけ本書が取り出した「場所」の主題に着目するならば――リトアニア、フランス、そしてイスラエルからの言わば三点測量によってでしかその精確な位置を見定めることはできないだろう。本書ではレヴィナスとリトアニア・ユダヤ教の関係について詳しく扱うことはできなかったが、「風景が食物の言葉で語られるのだ」というガガーリン論の表現や、「約束の地」を統べる精神的秩序に与えられた重要性を思い起こすとき、レヴィナスが好んで引用する一九世紀リトアニアのラビで、倫理の教えと個人の道徳的前進を唱えるムサール運動の創始者イスラエル・サランテル（一八一〇〜一八八三）の言葉「私の隣人の物質的欲求は、私にとっての精神的欲求である」(3)が、その思想の後景でつねに響いていたことを想定するのも不可能ではない。

本書がたどった道程をあらためて俯瞰するならば、第V部のイスラエル論の最後で取り出した「場所かつ非場所」の構造と、その両立不可能な両立を思考可能にする「高さ」の概念は、『存在するとは別の仕方で』に先立つ哲学著作のうちにも見いだされることが分かる。四〇年代の著作において、あくまでも《他》に到達するための前提として《同》が抽出されていたように、そして『全体性と無限』において、異教・無神論・一神教（《他》の否定／《他》の忘却／《他》への超越）という三層構造が相互に還元不可能なものとして組み立てられていたように、「場所」と「非場所」は、はじめから後者に優位が与えられていたわけではなく、あくまでも両者の支え合いのうちに人間存在の根本様態が求められていたのである。レヴィナスがハイデガーの思想を「場所」への執着と難じたのは、そうすることでハイデガーの哲学を棄却するためではなく、それを《他》への超越に必要な一契機として自らの思想に組み込むためだった。レヴィナスの居住論において《同》の様態が「滞在」と名指され、家への居住が「彷徨」と結びつけられていたことは第III部で見たが、その議論の出発点にハイデガーの「真理の本質について」があったことも見逃すことのできない点である。その意味で七〇年代の「非場所の倫理」に頂点を見るレヴィナスの思想は、広い意味での「場所の倫理」なのである。

ただし、この《同》がすでに《他》への方向性を内包したものとして構想されていたこともまた忘れてはならない。哲学的人間学とも似た仕方で、レヴィナスは《同》の「起き上がり」に刻まれている「高みに向かう方向」を強調していたからだ。《同》は大地に足を据え「場所」を所有しながら、《他》の領域である上方を見上げる。しかしこの眼差しは単なる天空への憧憬ではない。《同》は《他》の「高さ」を見上げつつ、自らの「場所」においてこの「高さ」を耐え支えるからである。一九六二年の講演「超越と高さ」では、「高みに向かう方向」に含まれる上方と下方への二重の動きのうちに「責任（responsabilité）」の本義が認められている。「私が〈それに対して〉応えるべき者は、私が〈それに向かって〉応えるべき者でもあります。この「誰々に対して」(de qui...) と「誰々に向かって」(à qui...) は一致します。責任＝応答可能性（responsabilité）のこの二重の運動が、高さの次元を指し示しているのです」(4)。レヴィナスにおいて、主体（そしてイスラエル）は、自らに降りかかるこの「高さ」の重みを担う中心点と化すのである。

デリダは「暴力と形而上学」のなかで、空間的ではない《他》の絶対的な外部性を言うレヴィナスを批判し、哲学的言語は本来的に「内‐外構造（la structure Dedans-Dehors）」を逃れることができないと指摘している。「《場所》に向けた、空間的場所性に向けた、自らの場所の外へのこの流刑、この隠喩（*métaphore*）は、哲学的ロゴスにとって生来的だということになろう」(5)。《同》と《他》（内部性と外部性）の根源的な相互汚染、哲学的言語における空間的な「隠喩」の侵入の不可避性といった困難を、デリダはおもに『全体性と無限』のうちに喝破していたが(6)、本書が最後に取り出した「場所かつ非場所」の思想は、この困難に対するレヴィナスの応答だったとも言える。とはいえデリダが指摘したこの困難は、日常的言語と哲学的言語の関係や、レヴィナスにおける経験論と形而上学の混交といったより大きな問いにも関わるとともに、同時期にデリダ自身がさまざまなところで論じている「エクリチュール（écriture）」と「空間化（espacement）」の主題とも通じるものであり、デリダがこの論文で掘り下げている問題はレヴィナスの哲学のみに留まるわけではない。本書を超えたところで、外部をめぐる同時代の思想（ブランショ、ナンシーら）や、あるいは「脱領土化（déterritorialisation）」（ドゥルーズ／ガタリ）の議論とレヴィナスとの関わりを探査することも不可能ではないだろう(7)。

「場所」と「非場所」の両立可能性の問題とも関連しながらも本書で詳しく論じることのできなかった問題として、特に七〇年代後半以降のタルムード講話で集中的に提出される、ヘブライ的伝統とギリシア的伝統の関係がある。この二つの伝統の相克はまず第一に、哲学という「知」とユダヤ教の「信」として現れるが、レヴィナスはタルムードがもつ理知的側面を繰り返し強調している。タルムードが神学的主題を論じているときであっても、そこで聖句は宗教的権威をまとった証拠物として援用されるのではなく、レヴィナスが「聖句の彼方」と呼ぶ、理性に向かって発信される意味の次元を自らのうちに胚胎している。それゆえ両者の対立はむしろ、タルムード講話「誘惑の誘惑」（一九六四年）が詳論するように、知のうちへの一切の同一化を試みるギリシア的叡智と、知に還元されえない他性の保持を目指すユダヤ的叡智として現れ、前者のうちには知を僭称する詭弁へと転じうる危険が読み取られていた(8)。しかし七〇年代後半以降のタルムード講話になると、この対立は次第に鋭さを失っていき、最終的にはギリシア的叡智の積極的意義が強調されるに至る。具体的には、留保を付けながらもギリシア的叡智の人間主義を讃えた講話「西欧のモデル」（一九七六年）を経て、「聖典の翻訳」（一九八四年）、「偶像崇拝としてのトーラーの蔑視」（一九八五年）などの八〇年代の一連の講演では、ヘブライ語で語られた真理をギリシア的普遍性のうちに「翻訳」する可能性が肯定的に述べられるのである。

注目すべきは、そこでレヴィナスがギリシア語を、比喩を概念化する「解読（déchiffrement）」の言語、さらには「解釈学（herméneutique）」のための言語と呼んでいることである(9)。つまり、タルムード読解というレヴィナスの解釈の営為そのものがユダヤ的叡智をギリシア的叡智に「翻訳」する作業であり、この作業にレヴィナスは強い意味での「哲学者＝解釈者」として実践的に参画していることが明らかになる（しばしばレヴィナスは『七十人訳聖書』は未完成である(10)」とも述べる）。このことは『存在するとは別の仕方で』で提示される、「語られたこと」のうちに硬直化した「語ること」を、あらためて「語り直すこと」によって再活性化する働きとも対応するものだが、本書が取り出した「場所」と「非場所」の錯綜はこうして、イスラエル論で主張される倫理と政治の確執を経て、晩年のタルムード講話で主題化されるユダヤ的伝統とギリシア的伝統との相互補完的な相克へと通じている。デリダは「暴力と形而上学」の末尾で、「ユダヤ系ギリシア人はギリシア系ユダヤ人だ。両極端が出会う」というジョイス『ユリシーズ』の一節を引用することで、レヴィナスの思想における両伝統の「結合」にすでに注意を促していたが[11]、この見解は最晩年にまで至るレヴィナスの問題系を早くも予告していたのである。

しかし、デリダのレヴィナス読解、そしてデリダ自身のその後の議論を踏まえるなら、〈ギリシア的なもの〉と〈ユダヤ的なもの〉という両極端の出会い、「場所」と「非場所」の錯綜をもって結論とするのは不十分だろう。レヴィナスが講演「第一哲学としての倫理」のなかで、「私の現存在の現《ダー》のうちで誰かの場所《プラス》を占めてしまうことへの危惧」、「場所《リュー》をもつことの不可能性——深遠なユートピア[12]」に言及し、その一方でサブラ、シャティーラの難民キャンプでの虐殺事件に接して倫理的要請に基づく政治の必要性——隣人を防衛するために「場所」を占めることの必要性——を唱えたのと同じ一九八二年、はじめてエルサレムを訪問したデリダは、エルサレムの墓地に「最後の場所」を得ようとする世界中のユダヤ人と、電話やパソコンといった遠隔技術を駆使してこれらの要請に応える現地のユダヤ人との対照を通じて、エルサレムという「約束の場所」に逆説的な仕方で凝縮した無限の「いま・ここ」はなにを意味しているのかと自問している。そこで響いているのは、「場所《プラス》を割り振ることができるのは誰か」、「〈ここ〉を割り当てたり〈そこ〉を拒んだりすること、この場所《リュー》を自分の場所《リュー》にし、それを選ぶこと——あるいはそこで自分は選ばれていると信じること——をあるひとには許し、別のひとには拒んだりすることを——そのことを告白しつつ——自らに許すことができるのは誰か[13]」といった困難な問いである。レヴィナスが倫理の要請に基づく「非場所」と正義の要請に基づく「一つの場所にともにあること（ensemble-dans-un-lieu）」との対立と両立の可能性をめぐって思考していたのに対して、レヴィナスの思考を踏まえそれに寄り添いつつ、しかしおそらくはレヴィナスを超えたところで、この「一つの場所」のうちで「いかにしてともに生きるのか（comment vivre ensemble）」という問いを、デリダとともに問うていかなければならない[14]。レヴィナスの「場所」の倫理ないし正義のさらなる射程は、この問いが指し示す方向に向かって延びているのである。

あとがき

「春は来りぬ　北アルプスの　み山の雪は　深けれど」。私が通った小・中学校の校歌の歌い出しである。木々の芽吹きとともに伝えられる春の訪れは、いまだ冬の深雪を負って立つ山脈の厳しい姿と対をなして、人間の暦と自然の営みの交わりと隔たりをあらわにする。しかし、白い峰々の現前が突きつける無言の「けれど」は、それでもたしかに春は来たのだという事実の晴れやかさをかえって際立たせ、あらたな門出を励ましているかにみえる。それは人間がわずかな希望を抱くことをゆるすしるしでもあるのだろう。

この歌の作詞は郷里出身の哲学者・務台理作である。私は都合九年間この校歌を歌ったわけだが、務台が誰であるかさえ知らなかった当時の私は、自分もまたヨーロッパの哲学に関心を抱くことになるとは思わなかったし、まして や、務台と同じく戦後の教育界を牽引した南原繁の偉績を記念する賞をいただいて、「場所」という務台とも縁が深い言葉を冠した著書を上梓することができるとは想像もしなかった。

こうして郷里に触れるのは、なにも誇らしい気持ちがあってのことではない。大学でレヴィナスに出会う少しまえから、私にとって郷里という場所は容易に肯定も否定もできない面倒なものとして現れていた。その年頃のひとが当然もつはずの離郷への憧れと、愛読していた安部公房の作品が描くさまざまな故郷喪失のモチーフは、一方で私を鼓舞し、ときに背中を押したけれども、その裏側で内気な私はすぐに家に帰りたがり、すると今度は落ち着いた身でふたたび逃走の夢を育てるのだった。はじめて手にしたレヴィナスのテクストである「逃走について」を、私は実家の炬燵で読んだのである。

それからずいぶん時間が経ったものの、レヴィナスの哲学の代名詞である他者や外部といった華々しい語を自信をもって口にできない自分への恥ずかしさが、本書の行間を頼りなく蛇行して、ここまで流れ着いてしまった。とはいえテクストを裏切ったわけではない。おそらくレヴィナス自身が、哲学とはほんらい郷愁だという例のノヴァーリスの言葉と真剣に格闘した哲学者だったからだろう。前向きに考えるなら、本書を終えることで、私はついにレヴィナスを読む準備ができたのかもしれない。

論じきることができなかった問題もたくさん残っている。本書にいただく叱正を、あらためてテクストと向き合う糧としたい。

本書は二〇一一年一二月に東京大学大学院総合文化研究科に提出した博士論文に若干の修正を加えたものである。論文審査にあたっては、東京大学大学院総合文化研究科の増田一夫教授、森山工准教授（現教授）、原和之准教授、高橋哲哉教授、そして明治大学大学院文学研究科の合田正人教授にご査読いただいた。

森山先生には、学部二年次より演習でフランス語の読み方を鍛えていただくとともに、人類学や社会学のテクストへの興味を養っていただいた。先生の授業ではじめて輪読したのがマルク・オジェの『非場所』だったことには不思議な偶然を感じずにはいない。予習のため一頁を読み解くのに何時間も苦闘した日々が、研究生活のなによりの支えになっている。原先生には、東京大学グローバルＣＯＥ「共生のための国際哲学教育研究センター」の企画を通じて勉強の機会を数多くいただいた。博士課程の後半からＰＤにかけての時期に、先生がいつも笑顔で励ましてくださったことはとてもありがたかった。

私がレヴィナスという名前を知ったのは大学入学直後に受講した高橋先生の講義においてである。レヴィナスの文章にはまったく歯が立たなかったが、なぜかその難解さに惹かれ、先生の解説を頼りになんとか読めるようになりたいと本屋で手に取ったのが、文庫で新版が出たばかりの合田先生の『レヴィナス』と、新しい編集による『レヴィナス・コレクション』だった。レヴィナスを読むそもそものきっかけを与えてくださった両先生に拙い勉強の成果を見ていただけたことはこのうえない喜びである。

主査で学部以来の指導教員である増田先生には一〇年以上にわたってご指導いただき、論文の完成まで優しく見守っていただいた。口頭試問の席で、均整が取れているかに見える私の論文は最後に思想の軋む場所を露呈しているのではという合田先生のご指摘を受けて増田先生がおっしゃった、この論文はむしろその軋む場所に向かってひたすら突き進んでいるように見えるというご発言には、私の性格の一端をも言い当てられた気がして、忘れられない嬉しい思い出になった。

ほかにも学部・大学院を通じて多くの先生方のご指導にあずかることができた。特に池上俊一先生、石井洋二郎先生、工藤庸子先生、鈴木啓二先生、湯浅博雄先生、吉岡知哉先生の授業で学んだことは、そのときに読んだひとつひとつのテクストとともにあざやかな記憶として残っている。またカトリーヌ・シャリエ先生は、フランス語で博士論文を書く約束を果たせなかった不義理な学生をその後も気にかけてくださった。

高校時代の恩師である小川幸司先生は、文字どおり光り輝く星のように、いまも私を導いてくださっている。先生にお会いすることがなければ、現在の私は本当に存在していなかった。

感謝の気持ちは言い尽くせないが、お世話になった先生方にここでわずかでもお伝えできればと思う。

振り返ってみれば、学部専門課程に進学してから今日に至るまで、尊敬する先輩や優れた友人の背中を必死に追うことが私にとっての勉強の意味だった。森田團氏、西山達也氏、森元庸介氏、磯忍氏には、テクストを読む楽しさをいつも楽しく教えていただいた。石川学、澤田哲生、竹本研史、堤裕策、渡名喜庸哲、中田健太郎の各氏には数えきれない場面で厄介になっている。友人たちとの恵まれた出会いに心から感謝したい。上田和彦先生、村上靖彦先生をはじめレヴィナス研究の先達の方々、およびともに研究を続けているレヴィナス研究会のメンバー、特に馬場智一、佐藤香織、平石晃樹、小手川正二郎の各氏にもお礼申し上げる。

第三回東京大学南原繁記念出版賞により本書を刊行できたことについて、東京大学出版会はじめ関係する皆さまと、ご講評をいただいた中島隆博先生にあらためて感謝いたします。本としての体裁を整えるにあたっては、東京大学出版会編集局の小暮明氏のお世話になった。ありがとうございました。

こうした謝辞はともすると過剰に映るかもしれない。固有名をなによりも大事にし、言葉には宛先があることを、文《ぶん》は文《ふみ》であることを説く哲学者に捧げた本のさだめとして、おゆるし願えれば幸いである。そしてお名前を挙げるのを控えさせていただいたほかの大勢の方々のお世話になっていることも言うまでもない。

最後に、物心両面での援助を惜しまず与えてくれた家族と、不慣れな場所でともに奮闘している妻に感謝する。この文が届くかどうかは分からないけれども、本書を彼岸の父に宛てさせていただく。

二〇一四年二月　大津にて

藤岡俊博

著者略歴
1979年生まれ．東京大学大学院総合文化研究科博士課程修了（地域文化研究専攻）．博士（学術）．現在，滋賀大学経済学部准教授．

主要訳書
アラン・カイエ『功利的理性批判』（以文社，2011），ピエール・ブーレッツ『20世紀ユダヤ思想家』（共訳，みすず書房，2011-2013）など．

レヴィナスと「場所」の倫理

2014年3月14日　初　版

［検印廃止］

著　者　藤岡俊博《ふじおかとしひろ》

発行所　一般財団法人　東京大学出版会
代表者　渡辺 浩
153-0041 東京都目黒区駒場4-5-29
電話 03-6407-1069　FAX 03-6407-1991
振替 00160-6-59964
http://www.utp.or.jp/

印刷所　株式会社精興社
製本所　牧製本印刷株式会社

ISBN 978-4-13-016033-9　Printed in Japan

主要人名索引

さ 行

た 行

な 行

は 行

ま　行

や　行

ら　行

わ　行

事項索引

あ　行

〈ある〉(il y a)　73-89, 95, 115, 187-190, 270, 308, 312, 313, *53, 54, 73, 74, 84, 100, 102*
家 (maison)　3, 145, 147, 162-174, 189, 210-215, 249, 284, 307, 308, *70, 101*
異　教 (paganisme)　47-57, 108, 130, 132, 133, 178-180, 184-206, *47, 52, 72, 73, 76, 78, 100*
異郷性 (exotisme)　78-80, 116, *53*
イスラエル (国) (État d'Israël)　328-341, 343-367, *106, 111*
一神教 (monothéisme)　50, 51, 89, 92, 187, 190-192, 324, 327, 358, 369, 374, *47, 100*
異邦人 (étranger)　118, 143, 148, 180, 286, 287, 313, 366
意味すること (signifiance)　229, 234, 235, 260
エゴイズム (égoïsme)　144, 155, 156, 185, 186, 189, 190, 215, 227
選び (élection)　55, 211, 270, 271, 277, 370, *92*
エロス (的) (éros)　70, 169, 238, 304, *70, 85*
応　答 (réponse)　251, 254, 265-267, 269-273, 276-278, 283, 288, 300, 355, 370, *91, 92*

か　行

懐疑論 (scepticisme)　252
顔 (visage)　2, 123-127, 169, 182, 186, 189, 190, 205, 210, 214, 228-231, 236
隔時性 (diachronie)　237, 249, 251, 256, *77, 85, 88*
攪　乱 (dérangement)　235, 236, 242, 251, 359
可傷性 (vulnérabilité)　259, 260
家政 (économie)　162, 210, 211
語ること (le Dire)　237, 252, 253, 255, 260, 272, 273, 277, 279, 283, 286, 294, 296, 299, 300, 362, 376, *73, 88*
糧 (nourriture)　68-70, 123, 148-152, 159, 160, 162, 163, 167, 181, *51*
貨幣 (argent)　127
環　境 (milieu/ambiance)　5, 23, 30, 106, 108, 115, 116, 149, 150, 154, 155, 157-161, 164, 166, 173, 305, 308, 309, 312, 313, *50, 56, 58, 66, 87, 101*
環境世界 (monde ambiant/Umwelt)　8, 21, 23, 29, 30, 41, 63, 64, 66, 77, 81, 84, 85, 90, 96-101, 104-109, 111, 112, 115-118, 141-143, 145, 147, 149, 158, 159, 161, 168, 173, 174, 180, *50, 56, 57, 66, 108*
感受性 (sensibilité)　135, 160, 162, 258-260
関心 (Sorge/souci)　55, 64, 66-70, 81, 152, 160, 276
歓待性 (hospitalité)　171, 210, 211, 215, 216, *70*
観念論 (idéalisme)　27, 44, 76, 102, 104, 130, 137, 139, 164, 195, 260
記　号 (signe)　84, 85, 233-236, 249-255, 260, 283
基体化 (hypostase)　88, 95, 270, *89*
キネステーゼ (cinesthésie)　106, 138,

146, 147, 153, 156, *62*

気分〔魂の状態〕(état d'âme)　108, 116, 186, *59*

享受 (jouissance)　3, 68-71, 123, 139, 146, 148-166, 168, 172, 173, 188-190, 202, 227, 260, 312, 313, *50-52, 67, 72*

恐怖 (horreur)　85-87, 308, *53, 74*

局所化 (localisation)　95, 102, 103, 106, 157, 164, 173

居住 (habitation)　121, 122, 128-133, 137, 141, 145-147, 163-164, 167-169, 172, 177-180, 182, 185-188, 205, 206, 210-213, 217, 243, 249, 286, 288, 299, 307, 356, 374, *64, 66*

空間 (espace/Raum)　7-10, 21, 23, 28-30, 81, 90, 91, 96-102, 104-109, 112, 114, 115, 117, 130, 131, 136-138, 158, 167, 185, 199, 236-238, 242, 243, 296, 299, 306, 308-310, 362, 363, 368, 375, *39-41, 56, 62, 102*

　幾何学的空間 (espace géométrique)　23, 106, 109, 130, 137, 179, 180

　具体的空間 (espace concret)　9-10, 23-25, 30, 31, 112, 180, 312, 313

　生活空間 (espace vital)　212, 213, 335, 336, 338, *56*

具体性 (concrétude)　21-23, 31-33, 37-41, 229, 241, *43*

芸術 (art)　40, 77-80, 114, 116, 135, 159, 160, 182, 196, 197, 201, 202, 281, 285, 286, 290, *45, 78, 93, 95, 96*

元基(的)・元基態 (élément/élémental)　3, 55, 78, 79, 135, 149, 158-162, 164-166, 172, 173, 188-190, 213, 313, *66-68, 73, 74*

言説 (discours)　124-126, 155, 191, 200, 229, 283, *60*

権能 (pouvoir)　123, 124, 126, 132, 156, 185, 186, 190, 207-209, 228, 239, 258, *64, 68*

公現 (épiphanie)　229

高揚＝起き上がり (élévation)　153, 155-157, *66*

ここ (ici)　95, 96, 101-105, 146, 147, 149, 173, 278, 368, 377

誇張(的) (hyperbole)　249, 263, 268, 361, 369, *87*

顧慮 (Fürsorge)　66, 273, *90*

痕跡 (trace)　205, 224, 225, 227-237, 242, 249, 251, 254, 255, 298, *87, 99*

さ　行

再帰 (récurrence)　261-263, 289, 293

作品＝業 (œuvre)　127, 228, *83*

シオニズム (sionisme)　301, 329, 344, 362, 364, *106, 109*

自我 (Moi)　3, 36, 37, 42, 82, 108, 127, 139, 144-147, 155, 159, 161, 166, 172, 190, 191, 212, 213, 215, 216, 224, 227, 245, 259-261, 268, 288, 325, *62, 64, 77, 101*

自我論(的) (égologie)　144, 157, *63*

時間(性) (temps)　10, 27, 35, 36, 39, 40, 90, 96, 104, 105, 109, 162, 199, 201, 206, 231, 236, 251, 252, 255, 256, 258, 272, *44, 56, 77, 84, 85*

　メシア的時間 (le temps messianique)　224

志向性 (intentionnalité)　22-25, 136, 138, 139, 152-154, 362, *42*

事実性 (facticité)　41, 42, 58, 229, 236-237

四方域 (Geviert)　130-133, 176, 186, 217, *60*

指名 (assignation)　261, 268, 271

宗教 (religion)　125, 192, 204, 327, *79, 105*

趣向性 (Bewandtnis)　65, 66, 80, 81, 173

瞬間 (instant)　40, 160, 201, 255, 256,

68, 88
情態性（Befindlichkeit） 42, 113, 230, 274, 276, *58, 92*
衝-天（ex-cellence） 296, 313, 369, 370, *98*
女性性・女性的なもの（féminité/le féminin） 169-174, 208, 214, 250, *70, 71, 101*
書物（livre） 297, 298, 300, 302
　書物へ臨む存在（zum-Buch-Sein） 302
真摯さ（sincérité） 64, 69, 71, 151, 231, 272
身体（corps） 10, 36-38, 42, 51, 54, 97, 102, 105-107, 115, 116, 136, 144, 145, 147-149, 153-158, 160, 161, 166, 172-174, 259, 260, *57, 66*
神秘（mystère） 208, 209
スプートニク号（Sputnik） 175, 176
生（vie） 20-23, 41, 52, 67-71, 109, 110, 129, 137-139, 142, 149-152, 154, 158, 159, 162, 163, 201, 210, 240, 241, 258, 281, 282, 305, 311, 313, 326, 335-337, 355, *62, 65*
　生存競争〔生への闘争〕（lutte pour la vie） 67, 149
　生の哲学（philosophie de la vie） 32, 67, 108, 149, *65*
正義（justice） 127, 128, 171, 186, 187, 212, 243, 244, 339, 340, 348, 349, 356, 357, 360-364, 366, 367, 370-372, 377, *70, 71, 106, 110*
精神（esprit） 32, 35-37, 50, 92, 105, 106, 259, 303-304, 310, 335, 336, 339, 340, 355, 358, 374, *40, 66, 72*
　精神性（spiritualité） 32, 303, 311, 358, *100*
　精神病理学（psychopathologie） 239, 305, 306, 309, 310, *100*
　精神分析（psychanalise） 32, 135, 304, 305, *100*
聖地（terre sainte） 349, 354, 355, 371, 372
聖なるもの（le sacré） 87, 187, 188, 190, 191, 324
世界（monde/Welt） 3, 8, 21-23, 25, 30, 37, 38, 49-52, 54-58, 64-71, 77-82, 84, 90, 91, 95-98, 100-102, 106, 107, 109, 112, 113, 115, 116, 129, 130, 136-138, 142, 145, 147, 150, 152-154, 158-161, 163-169, 172, 178-180, 182-184, 187, 188, 196-202, 213, 214, 229-231, 233-237, 242, 251, 264, 268, 273, 274, 276, 284, 289, 298, 299, 302, 306, 307, 310, 312, 313, 359, *47, 50, 53-56, 62, 84*
世界内存在（In-der-Welt-sein） 24, 26, 28-30, 41, 64-66, 69, 90, 91, 96-101, 107, 108, 136, 146, 149, 214, 274, 276, 302, *50, 65*
世界ユダヤ連盟（Alliance Israélite Universelle） 19, 47, 54, 63, 122, 295, 301, 317, 318, 329, 330, 332, 335, 357, *103*
責任（responsabilité） 55, 143, 171, 212, 253, 255, 261, 264-269, 277, 278, 283, 299, 310, 340, 348, 358、361-364, 366, 370, 372, 375, *63, 92*

た　行

第三者（tiers） 127, 243, 361, 362, *110*
大地（terre） 91, 103, 109-115, 117, 118, 130, 131, 133, 136, 142, 145, 148, 154, 155, 158, 159, 161, 162, 164, 165, 176, 179, 185, 188, 205, 212-214, 284, 294, 313, 336, 337, 338, 359, 360, 370, 371, *55, 65, 68, 72*
高さ（hauteur） 155, 156, 161, 191, 325, 367-371, 374, 375, *66, 92*

他者のための一者（l'un pour l'autre）　255, 260, 289, 295, 369
他性（altérité）　2-3, 38, 77-78, 80, 81, 116-118, 124, 139, 143, 144, 146, 174, 192, 208, 227, 256, 291, 312, 313, 324, 365, 368, 376, *83, 102*
治外法権〔脱領域性〕（extra-territorialité）　163
近さ（proximité）　224, *227*, 237-240, 242-245, 249-251, 253, 283, 293, 299, 310, 361-363, *85, 93, 101*
超越（transcendance）　21-23, 25, 27, 29, 49, 84, 89, 91, 129, 137, 157, 189-191, 210, 215-217, 228, 239-241, 250-252, 285, 290, 296, 311, 368, 369, *42, 43, 312*
地理性（géographicité）　111-113
定位（position）　4, 10, 95, 96, 102-107, 114-116, 144, 147, 148, 153-155, 157, 173, 187, 253, 263, 299, 361, *89*
哲学的人間学（anthropologie philosophique）　150, 154, 374, *51, 52, 66*
転義（trope）　263, 264, 289, 293, 295, *95*
天空性（caelumnité/célestité）　296, 303, 369
《同》（le Même）　2-4, 10, 38, 104, 107, 117, 124, 125, 132, 139, 143-149, 151, 153-159, 161, 162, 164, 168, 172-174, 180, 185-190, 192, 213-217, 227, 228, 239-241, 244, 312, 313, 368, 374, 375, *38, 63, 64, 68*
道具（Zeug/outil）　24, 29, 65-70, 79-81, 98-100, 123, 150-152, 160, 163, 172, 173, 188, 233, 242, *51, 67*
逃走（évasion）　38-40, 43, 44, 56, 96, *48, 78*
東方ユダヤ師範学校（École Normale Israélite Orientale）　47, 63, 122, 223, 317-319, 322, 328-330, 332, 335
土着者（的）（autochtone）　118, 145, 147, 148, 180, 354, *65*
トーラー（Torah）　348, 349, 362, 363, 370, *110, 111*

な　行

内部（性）（intériorité）　3, 4, 77-81, 85, 86, 106, 107, 161, 164-170, 172, 187-189, 198, 214, 296, 299, 308, 309, 313, 375
内密性（intimité）　164, 166, 168-170, 291, 306, 308
謎（énigme）　224, 225, 236
根づき（enracinement）　117, 118, 130, 132, 179, 180, 182, 186, 214, 286, 288, 337, 338, 352, 355, 356
眠り（sommeil）　85, 88, 96, 102, 103, 114
ノマディズム（nomadisme）　129, 131, 133, 182, 183, *72*
ノマド（nomade）　131, 182, 205

は　行

配慮（Besorgen）　29, 65, 66, 96, 98-100, 104, 151, 243, 273, *51-52, 90*
パリ学派（école de Paris）　317, 343, 350, 357, *106*
被投性（Geworfenheit）　42, 73, 74, 167
人質（otage）　249, 264, 267, 268, 361
非場所（non-lieu）　4, 9, 10, 165, 168, 173, 217, 221, 227, 244, 245, 247-256, 263-265, 279, 281, 282, 284, 288, 289, 297, 298, 301, 302, 338, 340, 356, 361-363, 365, 367, 371, 372, 374, 375, 377, *86, 87, 97-99, 110*
秘密（Geheimnis）　206, 207, 292, 293
表象（représentation）　22, 79, 125, 135, 138, 139, 152-155, 162, 254
不安（Angst/angoisse）　24, 230, 276, *84*
ブイリーナ（byline）　*72*
風景（paysage）　90, 108, 113-116, 118, 129-131, 133, 136, 137, 142, 159,

177-183, 186, 213, 284, 286, 312, 338, 353, 373, *59*, *102*
物質性 (matérialité) 76, 77, 79, 80, 101, 116, 151, 188
不眠 (insomnie) 76, 85, 86, 88, 95, 102, 312
雰囲気 (ambiance/atmosphère) 23, 30, 58, 106, 159, 303, 305-313, *100*
分離 (séparation) 144, 149, 150, 162, 164-166, 180, 189-192, 202, 210, 215, 216, 230, 235, 307, 324, *52*, *63-65*
彷徨 (errance) 3, 182, 206-217, 285, 288, 295, 300, 301, 345, 374, *79*
母性 (maternité) 170, 259, 260, 262, 264

ま 行

身代わり (substitution) 224, 249, 252-255, 257, 260, 263-265, 278, 283, 295, 299, 310, 361, *90*
六日戦争 (第三次中東戦争) (Guerre des Six Jours) 317, 343, 344, 349-351, 355-357, 360, 366
無関心〔無差異〕ならざること (non-indifférence) 244, 256
無限 (infini) 7, 132, 191, 215, 216, 239, 256, 325, 369, *51*, *73*, *81*, *86*
無神論 (athéisme) 93, 185, 187-192, 216, 298, 324, 327, 374
〈もの〉(Ding) 8, 106, 130, 131, 136, 178, 185

や 行

約束の地 (terre promise) 212, 213, 288, 344-346, 348, 353, 356-358, 360, 362, 363, *71*
融即 (participation) 39, 82, 84-89, 91, 109, 144, 188, 190-192, 269, 270, *45*, *54*, *55*
ユートピア (utopie) 165, 247, 284-287, 294, 299, 310, 339, 340, 362-363, 367, 371, *95*, *97*
赦し (pardon) 35, *44*
欲望 (désir) 22, 68-71, 142, 143, 148, 150, 155, 156, 210, 228, *63*, *83*
　形而上学的欲望 (désir métaphysique) 2, 3, 141, 143, 144, 168
欲求 (besoin) 43, 57, 69, 70, 129, 148, 149, 151, 154-157, 160, 162, 213, 228, 331, 374, *51*, *63*
呼び声 (appel) 82, 144, 266, 267, 269-278, 355, 370, *90-92*

ら 行

裸性 (nudité) 68, 77, 79, 80, 126, 182, 230, 239
離散 (diaspora) 181, 214, 298, 330, 333-338, 341, 343-345, 351, 352, 354-356, 358, 362, 373
隣人 (prochain) 237-245, 250, 251, 253-256, 269, 283, 286, 296, 339, 365, 366, 374, *86*, *88*, *92*
倫理 (的) (éthique) 1, 122, 126, 133, 169, 170, 183, 192, 193, 204, 212, 213, 217, 227, 228, 239, 247-249, 254-256, 279-282, 299, 300, 310, 314, 325, 340, 347, 348, 354, 360, 361, 363-367, 369-374, 376, 377, *63*, *64*, *70*, *73*, *79*, *86-88*, *98*, *101*, *104*, *111*
流謫 (exil) 3, 182, 348, 356, 361
労働 (travail) 136, 149, 151, 152, 155-157, 159, 161, 162, 163, 165, 166, 189

わ 行

わが家 (chez soi) 3, 10, 52, 58, 115, 142, 145, 147, 163-165, 172, 173, 185, 190, 213, 214, 307, *67*, *68*
われここに (me voici) 265-272, 277-279, *90*, *91*, *93*

参考文献

欧語文献に関しては著者名の abc 順（同一著者の場合は刊行順），日本語文献に関しては著者名の五十音順に表記した．なお，編者，訳者などが 3 名以上いる場合，1 名のみ掲げ，ほかは省略した．

I　エマニュエル・レヴィナスのテクスト

(1) 著作・論文集（刊行順）

Théorie de l'intuition dans la phénoménologie de Husserl [1930], 8e éd., Paris, Vrin, 2001.〔『フッサール現象学の直観理論』，佐藤真理人／桑野耕三訳，法政大学出版局，1991 年〕

De l'existence à l'existant [1947/1978], 2e éd. augmentée, Paris, Vrin, 2004.〔『実存から実存者へ』，西谷修訳，講談社学術文庫，1996 年〕

Le temps et l'autre [1948/1979], 7e éd., Paris, PUF, «Quadrige», 1998.〔『時間と他者』，原田佳彦訳，法政大学出版局，1986 年〕

En découvrant l'existence avec Husserl et Heidegger [1949], 2e éd. corrigée, Paris, Vrin, 1967.〔『実存の発見　フッサールとハイデッガーと共に』，佐藤真理人ほか訳，法政大学出版局，1996 年〕

Totalité et infini. Essai sur l'extériorité [1961], 4e éd., La Haye, Martinus Nijhoff, 1984.〔『全体性と無限　外部性についての試論』（改訂版），合田正人訳，国文社，2006 年．熊野純彦訳（岩波文庫，2005-2006 年）も参照したが，合田訳の頁数のみを掲げた〕

Difficile liberté. Essais sur le judaïsme [1963/1976], 4e éd., Paris, Albin Michel, 2006.〔『困難な自由　ユダヤ教についての試論』（初版），内田樹訳，国文社，2008 年／『困難な自由』（増補版・定本全訳），合田正人監訳／三浦直希訳，法政大学出版局，2008 年〕

Quatre lectures talmudiques, Paris, Minuit, 1968.〔『タルムード四講話』，内田樹訳，国文社，1987 年〕

Humanisme de l'autre homme, Montpellier, Fata Morgana, 1972.〔『他者のユマニスム』，小林康夫訳，書肆風の薔薇，1990 年〕

Autrement qu'être ou au-delà de l'essence, La Haye, Martinus Nijhoff, 1974.〔『存在の彼方へ』，合田正人訳，講談社学術文庫，1999 年〕

Sur Maurice Blanchot, Montpellier, Fata Morgana, 1975.〔『モーリス・ブランショ』，内田樹訳，国文社，1992 年〕

Noms propres, Montpellier, Fata Morgana, 1976.〔『固有名』，合田正人訳，みすず書房，1994 年〕

Du sacré au saint. Cinq nouvelles lectures talmudiques, Paris, Minuit, 1977.〔『タルムード新五講話　神聖から聖潔へ』，内田樹訳，国文社，1990 年〕

L'au-delà du verset, Paris, Minuit, 1982.〔『聖句の彼方』，合田正人訳，法政大学出版局，1996 年〕

De Dieu qui vient à l'idée [1982], 2e éd. revue et augmentée, Paris, Vrin, 1998.〔『観念に到来する神について』，内田樹訳，国文社，1997 年〕

Éthique et infini, Paris, Fayard, 1982.〔『倫理と無限　フィリップ・ネモとの対話』，西山雄二訳，ちくま学芸文庫，2010 年〕

Transcendance et intelligibilité [1983], Genève, Labor et fides, 1996.〔『超越と知解可能性』，中山元訳，彩流社，1996 年〕

Hors sujet, Montpellier, Fata Morgana, 1987.〔『外の主体』，合田正人訳，みすず書房，1997 年〕

À l'heure des nations, Paris, Minuit, 1988.〔『諸国民の時に』，合田正人訳，法政大学出版局，1993 年〕

Entre nous. Essais sur le penser-à-l'autre, Paris, Grasset, 1991.〔『われわれのあいだで　《他者に向けて思考すること》をめぐる試論』，合田正人／谷口博史訳，法政大学出版局，1993 年〕

(2) レヴィナス以外の編者によるもの（初出の刊行順）

Quelques réflexions sur la philosophie de l'hitlérisme [1934], suivi d'un essai de Miguel Abensour, Paris, Payot & Rivages, 1997.〔「ヒトラー主義哲学に関する若干の考察」，『レヴィナス・コレクション』所収，合田正人編訳，ちくま学芸文庫，1999 年〕

De l'évasion [1935/1982], précédé d'un essai de Jacques Rolland, Paris, Le Livre de Poche, 1998.〔「逃走論」，『レヴィナス・コレクション』（前掲）所収〕

Liberté et commandement [1953], préfacé par Pierre Hayat, Saint-Clément-de-Rivière, Fata Morgana, 1994.〔「付論：自由と命令／超越と高さ」として，『歴史の不測』，合田正人／谷口博史訳，法政大学出版局，1997 年に所収〕

Autrement que savoir, avec des études de Guy Petitdemange et Jacques Rolland, Paris, Osiris, 1988.

De l'oblitération, entretien avec Françoise Armengaud à propos de l'œuvre de Sosno, 2e éd., Paris, Éditions de la Différence, 1990.

Dieu, la mort et le temps, établissement du texte, notes et postface de Jacques Rolland, Paris, Grasset, 1993.〔『神・死・時間』，合田正人訳，法政大学出版局，1994 年〕

Les imprévus de l'histoire, préfacé par Pierre Hayat, Fontfroide-le-Haut, Fata Mor-

gana, 1994.〔『歴史の不測』, 合田正人／谷口博史訳, 法政大学出版局, 1997 年〕

L'intrigue de l'infini, textes réunis et présentés par Marie-Anne Lescourret, Paris, Flammarion, «Champs», 1994.

Altérité et transcendance, préfacé par Pierre Hayat, Saint-Clément-de-Rivière, Fata Morgana, 1995.〔『他性と超越』, 合田正人／松丸和弘訳, 法政大学出版局, 2001 年〕

Nouvelles lectures talmudiques, Paris, Minuit, 1996.

Éthique comme philosophie première [1982], préfacé et annoté par Jacques Rolland, Paris, Payot & Rivages, 1998.

Paul Celan, de l'être à l'autre, Fontfroide-le-Haut, Fata Morgana, 2002.

(3) 上記著作に未収録のテクスト（本書で参照したもの）

Emmanuel Levinas, «La compréhension de la spiritualité dans les cultures française et allemande» [1934], trad. par Liudmila Edel-Matuolis, *Cités*, n° 25, 2006.

———, Recension de Louis Lavelle, *La présence totale* (Paris, Fernand Aubier, 1934, 253 p.), *Recherches philosophiques*, t. 4, 1934.〔「書評 II――ルイ・ラヴェル『全的現前』」, 『レヴィナス・コレクション』（前掲）所収〕

———, «L'actualité de Maïmonide» [1935], in *Cahier de l'Herne. Emmanuel Lévinas*, Paris, L'Herne, 1991.〔「マイモニデスの現代性」, 『レヴィナス・コレクション』（前掲）所収〕

———, «L'inspiration religieuse de l'Alliance» [1935], in *Cahier de l'Herne. Emmanuel Lévinas*, Paris, L'Herne, 1991.〔「同盟の宗教的霊感」, 『超越・外傷・神曲』, 内田樹／合田正人編訳, 国文社, 1986 年所収〕

———, «Une histoire de l'École Normale Israélite Orientale» [1936], in *Cahier de l'Herne. Emmanuel Lévinas*, Paris, L'Herne, 1991.〔「東方イスラエル師範学校史」, 藤岡俊博訳, 『現代思想　3 月臨時増刊号』, 「総特集　レヴィナス」, 青土社, 2012 年所収〕

———, «Fraterniser sans se convertir. À propos d'un livre récent» [1936], in *Cahier de l'Herne. Emmanuel Lévinas*, Paris, L'Herne, 1991.〔「改宗することなく友愛を結ぶこと――最近の一冊の本について」, 藤岡俊博訳, 『現代思想　3 月臨時増刊号』（前掲）所収〕

———, «La signification de la pratique religieuse» [1937], *Les cahiers du judaïsme*, n° 6, hiver 1999-2000.

———, Recension de Hans Reiner, *Das Phänomen des Glaubens dargestellt im Hinblick auf das Problem seines metaphysischen Gehalts* (Halle, Max Niemeyer, 1934, XI-256 p.), *Revue philosophique de la France et de l'étranger*, n° 11-12, 1937.

———, «L'essence spirituelle de l'antisémitisme d'après Jacques Maritain» [1938],

in *Cahier de l'Herne. Emmanuel Lévinas*, Paris, L'Herne, 1991.〔「反ユダヤ主義の霊的本質――ジャック・マリタンによる」,『超越・外傷・神曲』(前掲) 所収〕

――, «À propos de la mort du pape Pie XI» [1939], in *Cahier de l'Herne. Emmanuel Lévinas*, Paris, L'Herne, 1991.〔「ピウス一一世の死について」, 藤岡俊博訳,『現代思想　3月臨時増刊号』(前掲) 所収〕

――, «La réouverture de l'Ecole Normale Israélite Orientale», *Les cahiers de l'Alliance Israélite Universelle*, n° 11, décembre-janvier 1946-1947.

――, «Une enquête à l'École Normale sur la vie religieuse», *Les cahiers de l'Alliance Israélite Universelle*, n° 20-21, février-mars 1948.

――, «Quand les mots reviennent de l'exil...», *Les cahiers de l'Alliance Israélite Universelle*, n° 32, avril 1949; repris in *Cahiers d'Études Lévinassiennes*, «Lévinas-Sartre», n° 5, 2006.

――, «Pluralisme et transcendance» [1949], E. W. Beth, H. J. Pos et J. H. A. Hollak (dir.), *Actes du Xe congrès international de philosophie*, Amsterdam, North-Holland Publishing Company, 1949 [Nendeln/Liechtenstein, Kraus Reprint, 1968].〔「多元性と超越」,『レヴィナス・コレクション』(前掲) 所収〕

――, «Une conférence de culture et d'éducation juive», *Évidences*, n° 15, 1950.

――, «Conférence d'éducation et de Culture Juives», *Les cahiers de l'Alliance Israélite Universelle*, n° 48-49, décembre-janvier 1950-1951.

――, «Rencontres», *Les cahiers de l'Alliance Israélite Universelle*, n° 112, novembre 1957.

――, «Une mission à Tioumliline», *Les cahiers de l'Alliance Israélite Universelle*, n° 119, juillet-août 1958.

――, Compte rendu de Martin Heidegger, *De l'Essence de la Vérité* (traduction et introduction par Alphonse de Waelhens et Walter Biemel, Louvain/Paris, Nauwelaerts/Vrin, 1948), *Revue philosophique de la France et de l'étranger*, n° 4, 1959.

――, «Le permanent et l'humain chez Husserl», *L'Age Nouveau*, juillet-septembre 1960.

――, Lettre du 22 octobre 1964 à Jacques Derrida, in Marie-Louise Mallet et Ginette Michaud (dir.), *Cahier de l'Herne. Jacques Derrida*, Paris, L'Herne, 2004.

――, «La substitution», *Revue philosophique de Louvain*, n° 91, avril 1968.

――, «The primacy of pure practical reason» [1971], English translation by Blake Billings, *Man and World*, 27, 1994.

――, «Exégèse et transcendance. À propos d'un texte du traité *Makoth* 23b», in Gérard Nahon et Charles Touati (dir.), *Hommage à Georges Vajda*, Louvain, Peeters, 1980.

――, «Israël: éthique et politique» [entretien avec Alain Finkielkraut et Shlomo Malka], *Les Nouveaux Cahiers*, n° 71, hiver 1982-1983.〔「虐殺は誰の責任か――

イスラエル　倫理と政治」，内田樹訳，『ユリイカ』，1985 年 8 月号〕
———, «Ethics of the infinite» (an interview with Richard Kearney), in Richard Kearney, *Dialogues with Contemporary Continental Thinkers*, Manchester, Manchester University Press, 1984.
———, «Intention, Ereignis und der Andere», Gespräch zwischen Emmanuel Levinas und Christoph von Wolzogen am 20. Dezember 1985 in Paris, in Emmanuel Levinas, *Humanismus des anderen Menschen*, übersetzt und mit einer Einleitung versehen von Ludwig Wenzler, Hamburg, Felix Meiner Verlag, 1989; «L'intention, l'événement et l'autre», traduit par Alain David, *Philosophie*, n° 93, mars 2007.
———, «Le hors-de-soi du livre (*En guise de lecture talmudique*)», supplément à *Instants*, n° 1, 1989.〔「本の忘我　タルムード解釈のために」，港道隆訳，『現代詩手帖』，1991 年 6 月号〕
———, «Prefatory Note» of «Reflections on the Philosophy of Hitlerism», *Critical Inquiry*, v. 17, n° 1, autumn 1990.

(4) 刊行中のレヴィナス著作集

Œuvres 1, Carnets de captivité suivi de Écrits sur la captivité et Notes philosophiques diverses, volume publié sous la responsabilité de Rodolphe Calin et de Catherine Chalier, Paris, Grasset/Imec, 2009.
Œuvres 2, Parole et Silence et autres conférences inédites au Collège philosophique, volume publié sous la responsabilité de Rodolphe Calin et de Catherine Chalier, Paris, Grasset/Imec, 2011.
Œuvres 3, Eros, littérature et philosophie, Paris, Grasset/Imec, 2013.

(5) 本書で参照した各国語訳

Vom Sein zum Seienden, übersetzt von Anna Maria Krewani und Wolfgang Nikoraus Krewani, Freiburg/München, Karl Alber, 2008.
Humanismus des anderen Menschen, übersetzt und mit einer Einleitung versehen von Ludwig Wenzler, Hamburg, Felix Meiner Verlag, 1989.

II　レヴィナスに関する文献

(1) 論文集，雑誌特集号など（刊行順）

François Laruelle (dir.), *Textes pour Emmanuel Levinas*, Paris, Jean-Michel Place, 1980.

Exercices de la patience, n° 1, «Lévinas», Paris, Obsidiane, 1980.
Cahiers de la nuit surveillée, n° 3, «Emmanuel Lévinas», Paris, Verdier, 1984.
Les Nouveaux Cahiers, n° 82, «Emmanuel Lévinas», 1985.
Cité, n° 17, «Emmanuel Lévinas», 1987.
Jean-Christophe Aeschlimann (dir.), *Répondre d'Autrui. Emmanuel Lévinas*, Bourdry/Neuchâtel, Éd. de la Baconnière, 1989.
Études phénoménologiques, n° 12, «Emmanuel Levinas», 1990.
Parabel, Bd. 12, «Lévinas», Gießen, Focus Verlag, 1990.
Catherine Chalier et Miguel Abensour (dir.), *Cahier de l'Herne. Emmanuel Lévinas*, Paris, L'Herne, 1991.
Robert Bernasconi and Simon Critchley (eds.), *Re-Reading Levinas*, Bloomington/Indianapolis, Indiana University Press, 1991.
Jean Greisch et Jacques Rolland (dir.), *Emmanuel Lévinas. L'éthique comme philosophie première*, Paris, Cerf, 1993.
Michel Dupuis (dir.), *Lévinas en contrastes*, Bruxelles, De Boeck, 1994.
Arno Münster (dir.), *La différence comme non-indifférence. Éthique et altérité chez Emmanuel Lévinas*, Paris, Kimé, 1995.
L'Arche, n° 459, «Lévinas, philosophe et juif», février 1996.
Esprit, n° 234, «Lectures d'Emmanuel Levinas», juillet 1997.
Les Cahiers philosophiques de Strasbourg, n° 6, «Dossier: Emmanuel Lévinas», hiver 1997.
Emmanuel Lévinas, philosophe et pédagogue, Paris, Nadir, 1998.
Rue Descartes, n° 19, «Emmanuel Levinas», 1998.
Nathalie Frogneux et Françoise Mies (dir.), *Emmanuel Lévinas et l'histoire*, Paris, Cerf, 1998.
Jean Halpérin et Nelly Hansson (dir.), *Difficile justice. Dans la trace d'Emmanuel Lévinas*, Paris, Albin Michel, 1998.
Sarah Harasym (ed.), *Levinas and Lacan. The Missed Encounter*, New York, State University of New York Press, 1998.
Josef Wohlmuth (hrsg.), *Emmanuel Levinas: eine Herausforderung für die christliche Theologie*, 2., verbesserte Auflage, Paderborn/München/Wien/Zürich, Ferdinand Schöningh, 1999.
Pardès, n° 26, «Emmanuel Levinas. Philosophie et judaïsme», 1999.
Noesis, n° 3, «La métaphysique d'Emmanuel Levinas», 1999.
Jean-Luc Marion (dir.), *Emmanuel Lévinas. Positivité et transcendance*, Paris, PUF, 2000.
Tina Chanter (ed.), *Feminist Interpretations of Emmanuel Levinas*, Pennsylvania, The Pennsylvania State University Press, 2001.
Danielle Cohen-Levinas et Shmuel Trigano (dir.), *Emmanuel Levinas. Philosophie*

et judaïsme, Paris, In Press, 2002.
Le Coq-Héron, n° 171, «Philosophie/psychanalyse», décembre 2002.
Revue philosophique de Louvain, n° 1-2, «Le paradigme levinassien», février-mai 2002.
Les Cahiers philosophiques de Strasbourg, n° 14, «Lévinas et la politique», automne 2002.
Transversalités, n° 84, «Levinas et la source hébraïque», octobre-décembre 2002.
Magazine littéraire, n° 419, «Emmanuel Lévinas. Éthique, religion, esthétique : une philosophie de l'Autre», avril 2003.
L'Arche, n° 573, «Un siècle avec Levinas», janvier 2006.
Revue internationale de philosophie, n° 235, «Emmanuel Levinas», 2006.
Cités, n° 25, «Emmanuel Levinas. Une philosophie de l'évasion», 2006.
Études phénoménologiques, n° 43-44, «Levinas et la phénoménologie», 2006.
Les études philosophiques, n° 3, «Emmanuel Levinas (1996-2006)», juillet 2006.
Joëlle Hansel (dir.), *Levinas. De l'Être à l'Autre*, Paris, PUF, 2006.
Philippe Fontaine et Ari Simhon (dir.), *Emmanuel Levinas, phénoménologie, éthique, esthétique et herméneutique*, Argenteuil, Le Cercle Herméneutique, 2007.
Pardès, n° 42, «Emmanuel Levinas et les théologies», 2007.
Danielle Cohen-Levinas et Bruno Clément (dir.), *Emmanuel Levinas et les territoires de la pensée*, Paris, PUF, 2007.
Joëlle Hansel (dir.), *Levinas à Jérusalem*, Paris, Klincksieck, 2007.
Miguel Abensour et Anne Kupiec (dir.), *Emmanuel Levinas. La question du livre*, Saint-Germain-la-Blanche-Herbe, IMEC, 2008.
Daniel Cohen-Levinas (dir.), *Lire* Totalité et Infini *d'Emmanuel Levinas. Études et interprétations*, Paris, Hermann, 2011.
Europe, n° 991-992, «Emmanuel Levinas», novembre-décembre 2011.
Roger Burggraeve (*et al.*), *Levinas autrement*, Leuven, Peeters, 2012.
Cahiers de philosophie de l'Université de Caen, n° 49, «Levinas : au-delà du visible», 2012.
『エピステーメー　II』, 第3号, 「エマニュエル・レヴィナス」, 朝日出版社, 1986年
『思想』, 「エマニュエル・レヴィナス」, 岩波書店, 1997年4月
『哲学雑誌』, 第121巻第793号, 「レヴィナス　ヘブライズムとヘレニズム」, 哲学会編, 有斐閣, 2006年
『実存思想論集』, 第22号, 「レヴィナスと実存思想」, 実存思想協会編, 理想社, 2007年
『現代思想　3月臨時増刊号』, 「総特集　レヴィナス」, 青土社, 2012年

(2) 刊行中の『レヴィナス研究手帖』(*Cahiers d'Études Lévinassiennes*)

Cahiers d'Études Lévinassiennes, n° 1, «Lévinas, le temps», Institut d'Études Lévinassiennes, 2002.
———, n° 2, «Le monothéisme», 2003.
———, n° 3, «Pensée du retour», 2004.
———, n° 4, «Messianisme», 2005.
———, n° 5, «Lévinas-Sartre», 2006.
———, n° 6, «L'universel», 2007.
———, n° 7, «Le mal», 2008.
———, n° 8, «Lévinas-Rosenzweig», 2009.
———, n° 9, «Philosopher ?», 2010.
———, n° 10, «L'Université», 2011.
———, n° 11, «Les Nations», 2012.
———, n° 12, «La Nature», 2013.

(3) 文献目録

Roger Burggraeve, *Emmanuel Levinas : une bibliographie primaire et secondaire : 1929–1985*, Leuven, Peeters, 1986 [rééd.: 1990].
Bibliographie d'Emmanuel Lévinas : 1929–2005, Institut d'Études Lévinassiennes, 2005.
松丸和弘／合田正人（編）「エマニュエル・レヴィナス文献目録」,『思想』,「エマニュエル・レヴィナス」, 岩波書店, 1997 年 4 月

(4) 総索引

Cristian Ciocan et Georges Hansel (dir.), *Levinas Concordance*, Dordrecht, Springer, 2005.

(5) 参照した二次文献

（上記論文集所収の論文に関しては, 編者名・特集題目などを適宜省略した）

Abensour, Miguel, «Penser l'utopie autrement», in *Cahier de l'Herne. Emmanuel Lévinas*, Paris, L'Herne, 1991.
———, «Le Mal élémental», in Emmanuel Levinas, *Quelques réflexions sur la philosophie de l'hitlérisme*, Paris, Payot & Rivages, 1997.
———, «L'extravagante hypothèse», *Rue Descartes*, n° 19, 1998.
Amodio, Paolo, «Difficile sionisme. Pensée d'Israël et allégorie de la politique», in

Emmanuel Levinas. Philosophie et judaïsme, Paris, In Press, 2002.

Armengaud, Françoise, «Éthique et esthétique: De l'ombre à l'oblitération», in *Cahier de l'Herne. Emmanuel Lévinas*, Paris, L'Herne, 1991.

Aronowicz, Annette, «L'éducation juive dans la pensée d'Emmanuel Levinas», in *Emmanuel Levinas. Philosophie et judaïsme*, Paris, In Press, 2002.

Baranova, Jurate, «Emmanuel Levinas de retour en Lituanie», traduit du lituanien par Liudmila Edel-Matuolis, *Cahiers Lituaniens*, n° 7, automne 2006.

Bensussan, Gérard, «Quand faire c'est dire. Naase venichma dans l'œuvre de Levinas», *Pardès*, n° 26, 1999.

———, *Éthique et expérience. Levinas politique*, Strasbourg, La Phocide, 2008.

Bouretz, Pierre, «Pour ce qui est du monde qui vient...», *Rue Descartes*, n° 19, 1998.

———, «Politique et après: une éthique d'adultes», in *Difficile justice. Dans la trace d'Emmanuel Lévinas*, Paris, Albin Michel, 1998.

———, *Témoins du futur. Philosophie et messianisme*, Paris, Gallimard, 2003.〔『20 世紀ユダヤ思想家』，合田正人ほか訳，みすず書房，2011-2013 年〕

Burggraeve, Roger, *Emmanuel Levinas et la socialité de l'argent*, Leuven, Peeters, 1997.〔『貨幣の哲学』，合田正人／三浦直希訳，法政大学出版局，2003 年〕

Calin, Rodolphe, *Levinas et l'exception du soi*, Paris, PUF, 2005.

Chalier, Catherine, *Figures du féminin. Lecture d'Emmanuel Lévinas* [1982], 2e éd. augmentée, Paris, Des femmes-Antoinette Fouque, 2006.

———, «L'utopie messianique», in *Répondre d'Autrui. Emmanuel Lévinas*, Bourdry/Neuchâtel, Éd. de la Baconnière, 1989.

———, «L'âme de la vie. Lévinas, lecteur de R. Haïm de Volozin», in *Cahier de l'Herne. Emmanuel Lévinas*, Paris, L'Herne, 1991.

———, *Lévinas. L'utopie de l'humain* [1993], Paris, Albin Michel, 2004.

———, «Le bonheur ajourné», *Rue Descartes*, n° 19, 1998.

———, *La trace de l'infini. Emmanuel Lévinas et la source hébraïque*, Paris, Cerf, 2002.

Chrétien, Jean-Louis, «La dette et l'élection», in *Cahier de l'Herne. Emmanuel Lévinas*, Paris, L'Herne, 1991.

———, «Lieu et non-lieu dans la pensée de Levinas», in *Emmanuel Levinas et les territoires de la pensée*, Paris, PUF, 2007.

Ciaramelli, Fabio, «De l'errance à la responsabilité», *Études phénoménologiques*, n° 12, 1990.

Cohen, Richard. A., *Elevations. The Height of the Good in Rosenzweig and Levinas*, Chicago/London, The University of Chicago Press, 1994.

Cohen-Boulakia, Claude, «De l'altruisme comme ivresse?», in *Emmanuel Levinas. Philosophie et judaïsme*, Paris, In Press, 2002.

Colette, Jacques, «Lévinas et la phénoménologie husserlienne», *Cahiers de la nuit*

surveillée, n° 3, 1984.

Courtine, Jean-François, «L'ontologie fondamentale d'Emmanuel Levinas», in *Emmanuel Levinas et les territoires de la pensée*, Paris, PUF, 2007.

———, *Levinas: La trame logique de l'être*, Paris, Hermann, 2012.

Critchley, Simon, «Five Problems in Levinas's View of Politics and the Sketch of a Solution to Them», *Political Theory*, v. 32, n° 2, 2004.

Davidson, Arnold I., «1933-1934: Thoughts on National Socialism. Introduction to Musil and Levinas», *Critical Inquiry*, v. 17, n° 1, autumn 1990.

Delhom, Pascal, *Der Dritte. Lévinas' Philosophie zwischen Verantwortung und Gerechtigkeit*, München, Wilhelm Fink Verlag, 2000.

Derrida, Jacques, «Violence et métaphysique», in *L'écriture et la différence* [1967], Paris, Seuil, «Points-Essais», 1979.〔「暴力と形而上学」,『エクリチュールと差異』所収，合田正人／谷口博史訳，法政大学出版局，2013 年〕

———, «En ce moment même dans cet ouvrage me voici», in *Psyché. Inventions de l'autre*, Paris, Galilée, 1987.

———, *Adieu à Emmanuel Lévinas*, Paris, Galilée, 1997.〔『アデュー　エマニュエル・レヴィナスへ』，藤本一勇訳，岩波書店，2004 年〕

———, «Derrida avec Lévinas», propos recueillis par Alain David, *Magazine littéraire*, n° 419, avril 2003.

Dewitte, Jacques, «Un beau risque à courir», *Cahiers d'Études Lévinassiennes*, n° 1, 2002.

Dupuis, Michel, «Une éthique séculière», in *Lévinas en contrastes*, Bruxelles, De Boeck, 1994.

———, *Pronoms et visages. Lecture d'Emmanuel Levinas*, Dordrecht/Boston/London, Kluwer Academic Publishers, 1996.

Dupuy, Bernard, «Le Dieu indévisageable», *Les Nouveaux Cahiers*, n° 82, 1985.

Faessler, Marc, *En découvrant la transcendance avec Emmanuel Levinas*, Lausanne, Faculté de théologie de Lausanne, 2005.

Finkielkraut, Alain, *La sagesse de l'amour* [1984], Paris, Gallimard, «Folio-Essais», 2001.〔『愛の知恵』，磯本輝子／中嶋公子訳，法政大学出版局，1995 年〕

———, «Le risque du politique», in *Cahier de l'Herne. Emmanuel Lévinas*, Paris, L'Herne, 1991.

Forthomme, Bernard, *Une philosophie de la transcendance. La métaphysique d'Emmanuel Lévinas*, Paris, Vrin, 1979.

Franck, Didier, *Dramatique des phénomènes*, Paris, PUF, 2001.〔『現象学を超えて』，本郷均ほか訳，萌書房，2003 年〕

———, *L'un-pour-l'autre. Levinas et la signification*, Paris, PUF, 2008.

Greisch, Jean, «Éthique et ontologie. Quelques considérations "hypocritiques"», in *Emmanuel Lévinas. L'éthique comme philosophie première*, Paris, Cerf, 1993.

Habib, Stéphane, *La résponsabilité chez Sartre et Lévinas*, Paris, L'Harmattan, 1998.

———, *Levinas et Rosenzweig. Philosophie de la Révélation*, Paris, PUF, 2005.

Hansel, Joëlle, «La promesse et le droit: la notion de "terre promise" dans l'œuvre d'Emmanuel Levinas», *Perspectives*, n° 11, 2004.

———, «Autrement que Heidegger: Levinas et l'ontologie à la française», in *Levinas. De l'Être à l'Autre*, Paris, PUF, 2006.

———, «Paganisme et "philosophie de l'hitlérisme"», *Cités*, n° 25, 2006.

———, «*Hic et nunc*: lieu et subjectivité dans les premiers écrits d'Emmanuel Levinas», in *Levinas à Jérusalem*, Paris, Klincksieck, 2007.

Hering, Jean, Compte rendu d'Emmanuel Levinas, *Théorie de l'intuition dans la phénoménologie de Husserl, Revue philosophique de la France et de l'étranger*, n° 5-6, 1932.

Hill, Leslie, «"Distrust of Poetry": Levinas, Blanchot, Celan», *MLN*, 120, 2005.

Housset, Emmanuel, «La patience des mains», in *Emmanuel Levinas, phénoménologie, éthique, esthétique et herméneutique*, Argenteuil, Le Cercle Herméneutique, 2007.

Jabes, Edmond, «Il n'y a de trace que dans le désert», in *Textes pour Emmanuel Levinas*, Paris, Jean-Michel Place, 1980.

Kayser, Paulette, *Emmanuel Levinas: la trace du féminin*, Paris, PUF, 2000.

Lahache, Stéphanie, «Le messianisme dans la pensée d'Emmanuel Levinas», in *Emmanuel Levinas. Philosophie et judaïsme*, Paris, In Press, 2002.

Lannoy, Jean-Luc, «Questions d'humeurs: Levinas et la mélancolie», in *Lévinas en contrastes*, Bruxelles, De Boeck, 1994.

Lescourret, Marie-Anne, *Emmanuel Levinas*, Paris, Flammarion, «Champs», 1994.

Levy, Benny, *Visage continu. La pensée du Retour chez Emmanuel Lévinas*, Paris, Verdier, 1998.

———, *Être juif. Études lévinassiennes*, Paris, Verdier, 2003.

Levy, Ze'ev, «Hermann Cohen and Emmanuel Levinas», in Stéphane Mosès and Hartwig Wiedebach (eds.), *Hermann Cohen's Philosophy of Religion: International Conference in Jerusalem 1996*, Hildesheim/Zürich/New York, Georg Olmas Verlag, 1997.

———, «The concept of God and Man in the philosophies of Hermann Cohen and Emmanuel Lévinas», *Archivio di filosofia*, v. 71, 2003.

Makowski, François, «Lévinas, Heidegger, Platon (Et le Spoutnik): Où est l'extériorité?», *Les Cahiers philosophiques de Strasbourg*, n° 6, «Dossier: Emmanuel Lévinas», hiver 1997.

Malka, Salomon, *Lire Lévinas*, Paris, Cerf, 1984.〔『レヴィナスを読む』, 内田樹訳, 国文社, 1996 年〕

———, *Emmanuel Lévinas. La vie et la trace*, Paris, JC Lattès, 2002.

———, «Israël Salanter et Emmanuel Levinas, une sagesse du monde», in *Levinas à Jérusalem*, Paris, Klincksieck, 2007.

Marion, Jean-Luc, «Note sur l'indifférence ontologique», in *Emmanuel Lévinas. L'éthique comme philosophie première*, Paris, Cerf, 1993.〔「存在論的無差異についての覚書」，合田正人／高橋聡一郎訳，『思想』，1997 年 4 月〕

———, «La voix sans nom. Hommage—à partir—de Levinas», *Rue Descartes*, n° 19, 1998.

Mies, Françoise et Sauvage, Pierre, «Lévinas et le sionisme», in *Emmanuel Lévinas et l'histoire*, Paris, Cerf, 1998.

———, «Levinas et le sionisme (1906-1952)», in *Levinas à Jérusalem*, Paris, Klincksieck, 2007.

Mosès, Stéphane, «L'idée de justice dans la philosophie d'Emmanuel Levinas», *Archivio di filosofia*, n° 61, 1993.

———, *Au-delà de la guerre : trois études sur Levinas*, Paris/Tel Aviv, Éditions de l'éclat, 2004.

Münster, Arno, *Le principe dialogue*, Paris, Kimé, 1997.

Murakami, Yasuhiko, *Lévinas phénoménologue*, Grenoble, Jérôme Millon, 2002.

———, *Hyperbole. Pour une psychopathologie lévinassienne*, Amiens, Association pour la promotion de la Phénoménologie, 2008.

Nordmann, Sophie, «Judaïsme et paganisme chez Cohen, Rosenzweig et Levinas. Un "geste spéculatif" commun», *Archives de Philosophie*, n° 70, 2007.

———, *Philosophie et judaïsme. H. Cohen, F. Rosenzweig, E. Levinas*, Paris, PUF, «Philosophies», 2008.

Ouaknin, Marc-Alain, *Méditations érotiques. Essai sur Emmanuel Lévinas*, Paris, Payot & Rivages, 1998.

Perez, Félix, *En dévouvrant le quotidien avec Emmanuel Lévinas*, Paris, L'Harmattan, 2000.

Petitdemange, Guy, «Emmanuel Levinas : Au-dehors, sans retour», in *Répondre d'Autrui. Emmanuel Lévinas*, Bourdry/Neuchâtel, Éd. de la Baconnière, 1989.

———, *Philosophes et philosophies du XXe siècle*, Paris, Seuil, 2003.

Petrosino, Silvano et Rolland, Jacques, *La vérité nomade. Introduction à Emmanuel Lévinas*, Paris, La Découverte, 1984.

———, «D'un livre à l'autre. *Totalité et Infini—Autrement qu'être*», *Cahiers de la nuit surveillée*, n° 3, 1984.

Pisanté, Jean, «Lévinas-Winnicott, le rendez-vous manqué», *La psychiatrie de l'enfant*, 45, 2002.

Plüss, David, *Das Messianische. Judentum und Philosophie im Werk Emmanuel Lévinas'*, Stuttgart/Berlin/Köln, Kohlhammer, 2001.

Poirié, François, *Emmanuel Lévinas. Essai et entretiens* [1987], Arles, Actes Sud,

1996.〔『暴力と聖性　レヴィナスは語る』，内田樹訳，国文社，1991年〕

Ricœur, Paul, *Autrement. Lecture d'*Autrement qu'être ou au-delà de l'essence *d'Emmanuel Levinas*, Paris, PUF, 1997.

———, «Subjectivité et an-archie», *Cahiers de la nuit surveillée*, n° 3, 1984.

———, «L'ambiguïté comme façon de l'autrement», in *Emmanuel Lévinas. L'éthique comme philosophie première*, Paris, Cerf, 1993.

———, «Le souci de transmettre», *L'Arche*, n° 459, février 1996.

Rolland, Jacques, «Sortir de l'être par une nouvelle voie», in Emmanuel Levinas, *De l'évasion*, Paris, Le Livre de Poche, 1998.

———, «Un chemin de pensée: *Totalité et Infini—Autrement qu'être*», *Rue Descartes*, n° 19, 1998.

———, «Quelques propositions certaines et incertaines», *Pardès*, n° 26, 1999.

———, *Parcours de l'autrement. Lecture d'Emmanuel Lévinas*, Paris, PUF, 2000.

Salanskis, Jean-Michel, *Levinas vivant*, Paris, Les Belles Lettres, 2006.

Schlegel, Jean-Louis, «Levinas et Rosenzweig», *Cahiers de la nuit surveillée*, n° 3, 1984.

Sebbah, François-David, *Lévinas. Ambiguïtés de l'altérité*, Paris, Les Belles Lettres, 2000.

Simon-Nahum, Perrine, «Entre Vajda et Lévinas. Les études juives en France après 1945», *Cahiers du judaïsme*, n° 3, automne 1998.

Strasser, Stephan, *Jenseits von Sein und Zeit. Eine Einführung in Emmanuel Levinas' Philosophie*, Den Haag, Martinus Nijhoff, 1978.

Taminiaux, Jacques, «La première réplique à l'ontologie fondamentale», in *Cahier de l'Herne. Emmanuel Lévinas*, Paris, L'Herne, 1991.

———, «L'attention à *Sein und Zeit* dans *Totalité et Infini*», in *Sillages phénoménologiques*, Bruxelles, Ousia, 2002.

———, «Art et destin. Le débat avec la phénoménologie dans "La réalité et son ombre"», in *Levinas. De l'Être à l'Autre*, Paris, PUF, 2006.

Tijmes, Pieter, «Home and Homelessness: Heidegger and Levinas on Dwelling», *Worldviews: environment, culture, religion*, vol. 2, n° 3, 1998.

Valavandis-Wybrands, Harita, «Veille et il y a», *Exercices de la patience*, n° 1, 1980.

Vanni, Michel, «Oubli de l'autre et oubli de l'être. Une étrange proximité entre Heidegger et Levinas», Ernst Wolfgang Orth (ed.), *Phänomenologische Forschungen*, Bd. 1, Freiburg/München, K. Alber, 1999.

———, *L'impatience des réponses. L'éthique d'Emmanuel Lévinas au risque de son inscription pratique*, Paris, CNRS Édition, 2004.

Waintrater, Meïr, «Levinas ou Lévinas?», *L'Arche*, n° 573, «Un siècle avec Levinas», janvier 2006.

浅野幸「居住の倫理と存在論——レヴィナスとハイデガーにおける「住むこと」の

思想をめぐって」，『神戸海星女子学院大学・短期大学紀要』，第 33 号，1994 年
伊原木大祐『レヴィナス　犠牲の身体』，創文社，2010 年
上田和彦『レヴィナスとブランショ　〈他者〉を揺るがす中性的なもの』，水声社，2005 年
内田樹『レヴィナスと愛の現象学』，せりか書房，2001 年
――，『他者と死者　ラカンによるレヴィナス』，海鳥社，2004 年
熊野純彦『レヴィナス　移ろいゆくものへの視線』，岩波書店，1999 年
――，『レヴィナス入門』，筑摩書房，1999 年
合田正人『レヴィナスの思想　希望の揺籃』，弘文堂，1988 年
――，『レヴィナスを読む　〈異常な日常〉の思想』，NHK ブックス，1999 年
――，『レヴィナス　存在の革命へ向けて』，ちくま学芸文庫，2000 年
小手川正二郎「人格と真理――レヴィナス『全体性と無限』の理性論」，慶應義塾大学大学院文学研究科博士論文，2012 年
小林玲子「レヴィナスとイスラエル」，『理想』，第 673 号，2004 年
斎藤慶典『力と他者――レヴィナスに』，勁草書房，2000 年
――，『レヴィナス　無起源からの思考』，講談社選書メチエ，2005 年
佐藤真理人「ハイデッガーとレヴィナスにおける〈住む〉の問題」，『哲学世界』，早稲田大学大学院哲学院生自治会『哲学世界』刊行委員会編，第 13 号，1990 年
佐藤義之『レヴィナスの倫理』，勁草書房，2000 年
――，『物語とレヴィナスの「顔」』，晃洋書房，2004 年
関根小織『レヴィナスと現れないものの現象学』，晃洋書房，2007 年
谷口龍男『「イリヤ」からの脱出を求めて　エマニュエル・レヴィナス論』，北樹出版，1990 年
渡名喜庸哲「三〇年代のエマニュエル・レヴィナスにおける「ヒトラー主義の哲学」批判」，『Résonances』，東京大学教養学部フランス語部会編，第 5 号，2007 年
――，«Question de l'"œuvre" chez Emmanuel Lévinas»，『フランス哲学・思想研究』，第 13 号，日仏哲学会編，2008 年
――，«Emmanuel Lévinas et Hannah Arendt: croisements de l'éthique et du politique», thèse de doctorat soutenue à l'université Paris Diderot (Paris 7), 2011.
永井晋『現象学の転回　「顕現しないもの」に向けて』，知泉書館，2007 年
馬場智一「根源への思考としての「住むこと」とパガニスム批判　レヴィナスとハイデガー」，『一橋論叢』，第 132 号，2004 年
――，«Du mode d'existence païenne selon Levinas», C. Ciocan and M. Neamtu (eds.), *Philosophical Concepts and Religious Metaphors: New Perspectives on Phenomenology and Theology*, special issue Studia Phaenomenologica 2009, Zeta Books, 2009.
――，『倫理の他者　レヴィナスにおける異教概念』，勁草書房，2012 年

――――，「ユダヤ哲学から西欧哲学批判へ――ジャコブ・ゴルダンと初期レヴィナス」，『哲学』，第63号，日本哲学会，2012年
三浦直希「レヴィナスのエコノミー　正義と慈愛のあいだ」，東京都立大学大学院人文科学研究科博士論文，2003年
港道隆『レヴィナス　法-外な思想』，講談社，1997年
村上靖彦『レヴィナス　壊れものとしての人間』，河出書房新社，2012年
屋良朝彦『メルロ＝ポンティとレヴィナス――他者への覚醒』，東信堂，2004年

III　そのほかの参考文献

(1) 外国語文献

Agamben, Giorgio, *Le langage et la mort* [1982], traduit de l'italien par Marilène Raiola, Paris, Christian Bourgois, 1997.〔『言葉と死』，上村忠男訳，筑摩書房，2009年〕
――――, *Potentialities. Collected Essays in Philosophy*, edited and translated with an Introduction by Daniel Heller-Roazen, Stanford, California, Stanford University Press, 1999.
――――, *L'ouvert. De l'homme et de l'animal* [2002], traduit de l'italien par Joël Gayraud, Paris, Payot & Rivages, 2002.〔『開かれ　人間と動物』，岡田温司／多賀健太郎訳，平凡社，2004年〕
Amado Levy-Valensi, Éliane et Halpérin, Jean (dir.), *Israël dans la conscience juive. Données et débats*, Paris, PUF, 1971.
Anidjar, Gil, *The Jew, the Arab. A History of the Enemy*, Stanford, California, Stanford University Press, 2003.
Arendt, Hannah, *The Human Condition* [1958], 2nd ed., with an introduction by Margaret Canovan, Chicago/London, The University of Chicago Press, 1998.〔『人間の条件』，志水速雄訳，ちくま学芸文庫，2000年〕
Arendt, Hannah/Heidegger, Martin, *Briefe 1925 bis 1975 und andere Zeugnisse* [1998], aus den Nachlässen herausgegeben von Ursula Ludz, 3 Aufl., Frankfurt am Main, Vittorio Klostermann, 2002.〔ウルズラ・ルッツ編『アーレント＝ハイデガー往復書簡』，大島かおり／木田元訳，みすず書房，2003年〕
Aron, Raymond, *De Gaulle, Israël et les Juifs*, Paris, Plon, 1968.
Aubenque, Pierre, «Le débat de 1929 entre Cassirer et Heidegger», in Jean Seidengart (dir.), *Ernst Cassirer: De Marbourg à New York, l'itinéraire philosophique*, Paris, Cerf, 1990.
Bachelard, Gaston, *L'intuition de l'instant* [1931], Paris, Le Livre de Poche, 1994.〔『瞬間の直観』，掛下栄一郎訳，紀伊國屋書店，1999年〕
――――, *La Terre et les rêveries de la volonté* [1948], Paris, José Corti, 2004.〔『大

地と意志の夢想』，及川馥訳，思潮社，1972 年〕
———, *La Terre et les rêveries du repos* [1948], Paris, José Corti, 2004.〔『大地と休息の夢想』，饗庭孝男訳，思潮社，1970 年〕
———, *La poétique de l'espace* [1957], 9e éd., Paris, PUF, «Quadrige», 2007.〔『空間の詩学』，岩村行雄訳，ちくま学芸文庫，2002 年〕
Beaufret, Jean, *De l'existentialisme à Heidegger. Introduction aux philosophies de l'existence* [1986], Paris, Vrin, 2000.
Beelmann, Axel, *Heimat als Daseinsmetapher. Weltanschauliche Elemente im Denken des Theologiestudenten Martin Heidegger*, Wien, Passagen Verlag, 1994.
Bensussan, Gérard, *Questions juives*, Paris, Osiris, 1988.
———, *Franz Rosenzweig. Existence et philosophie*, Paris, PUF, «Philosophies», 2000.
———, *Le temps messianique. Temps historique et temps vécu*, Paris, Vrin, 2001.
———, *Qu'est-ce que la philosophie juive?* Paris, Desclée de Brouwer, 2003.
Benveniste, Émile, *Problèmes de linguistique générale*, I [1966], Paris, Gallimard, «Tel», 2006.
Bergson, Henri, «L'idée de lieu chez Aristote» [*Quid Aristoteles de loco senserit*], traduction française de Robert Mossé-Bastide, *Les Études bergsoniennes*, vol. 2, Paris, Albin Michel, 1949.〔「アリストテレスの場所論」，村治能就／広川洋一訳，『ベルグソン全集　1』，白水社，2007 年〕
———, *L'évolution créatrice* [1907], in *Œuvres*, Paris, PUF, 1963.〔『創造的進化』，真方敬道訳，岩波文庫，2001 年〕
Berque, Augustin, «Milieu et logique du lieu chez Watsuji», *Revue philosophique de Louvain*, t. 92, n° 4, 1994.
———, *Écoumène. Introduction à l'étude des milieux humains*, Paris, Belin, 2000.〔『風土学序説　文化をふたたび自然に，自然をふたたび文化に』，中山元訳，筑摩書房，2002 年〕
Besse, Jean-Marc, *Voir la terre. Six essais sur le paysage et la géographie*, Arles, Actes Sud, 2000.
Blanchot, Maurice, *L'espace littéraire* [1955], Paris, Gallimard, «Folio-Essais», 2000.〔『文学空間』，粟津則雄／出口裕弘訳，現代思潮社，1976 年〕
———, *Le livre à venir* [1959], Paris, Gallimard, «Folio-Essais», 2005.〔『来るべき書物』，粟津則雄訳，筑摩書房，1989 年〕
———, *L'entretien infini*, Paris, Gallimard, 1969.
———, *L'amitié*, Paris, Gallimard, 1971.
———, *L'écriture du désastre*, Paris, Gallimard, 1980.
———, *Écrits politiques: Guerre d'Algérie, Mai 68, etc., 1958-1993*, Paris, Léo Scheer, 2003.〔『ブランショ政治論集』，安原伸一朗ほか訳，月曜社，2005 年〕
Bocquet, Jérôme (dir.), *L'Enseignement français en Méditerranée. Les mission-*

naires et l'Alliance israélite universelle, Rennes, Presses Universitaires de Rennes, 2010.

Bollnow, Otto Friedrich, *Mensch und Raum* [1963], 10. Aufl., Stuttgart, Kohlhammer, 2004.〔『人間と空間』, 大塚惠一ほか訳, せりか書房, 1978 年〕

Cacciari, Massimo, *Icônes de la loi* [1985], traduit de l'italien par Marilène Raiola, Paris, Christian Bourgois, 1990.

Canguilhem, Georges, *La connaissance de la vie* [1952], 2ᵉ éd. revue et augmentée, Paris, Vrin, 2003.〔『生命の認識』, 杉山吉弘訳, 法政大学出版局, 2002 年〕

Casey, Edward S., *Getting Back into Place. Toward a Renewed Understanding of the Place-World*, Bloomington & Indianapolis, Indiana University Press, 1993.

———, *The Fate of Place. A Philosophical History*, Berkeley/Los Angeles/London, University of California Press, 1997.〔『場所の運命　哲学における隠された歴史』, 江川隆男ほか訳, 新曜社, 2008 年〕

Cassirer, Ernst, *Indiviuum und Kosmos in der Philosophie der Renaissance*, in *Gesammelte Werke*, Bd. 14, Text und Anmerkungen bearbeitet von Friederike Plaga und Claus Rosenkranz, Hamburg, Felix Meiner, 2002.〔『個と宇宙　ルネサンス精神史』, 薗田坦訳, 名古屋大学出版会, 2001 年〕

Celan, Paul, «Gespräch im Gebirg» [1959]; «Der Meridian» [1960]; «Brief an Hans Bender» [1960], in *Gesammelte Werke in fünf Bänden*, hrsg. von Beda Allemann und Stefan Reichert unter Mitwirkung von Rolf Bücher, Bd. 3, Frankfurt am Main, Suhrkamp, 1986.〔『パウル・ツェラン詩論集』, 飯吉光夫訳, 静地社, 1986 年／『照らし出された戦後ドイツ　ゲオルク・ビューヒナー賞記念講演集 (1951-1999)』, 谷口廣治監訳, ビューヒナー・レーデ研究会ほか訳, 人文書院, 2000 年〕

———, *Die Gedichte. Kommentierte Gesamtausgabe in einem Band*, herausgegeben und kommentiert von Barbara Wiedemann, Frankfurt am Main, Suhrkamp, 2005.

Chalier, Catherine, *Les Matriarches. Sarah, Rebecca, Rachel et Léa* [1985], préface d'Emmanuel Lévinas, Paris, Cerf, 2000.

———, *Pensées de l'éternité. Spinoza et Rosenzweig*, Paris, Cerf, 1993.

———, *De l'intranquillité de l'âme* [1999], Paris, Payot & Rivages, 2005.

Chrétien, Jean-Louis, «De l'espace au lieu», in *Cahier de l'Herne. Les symboles du lieu. L'habitation de l'homme*, Paris, L'Herne, 1983.

———, *L'appel et la réponse*, Paris, Minuit, 1992.

Cohen, Hermann, *Ethik des reinen Willens*, Berlin, Bruno Cassirer, 1904.〔『純粋意志の倫理學』, 村上寛逸訳, 第一書房, 1933 年〕

———, *Religion der Vernunft aus den Quellen des Judentums* [1919], mit einer Einführung von Ulrich Oelschläger, Wiesbaden, Marixverlag, 2008.

Condillac, Étienne Bonnot de, *Traité des sensations* [1754], Paris, Fayard, 1984.

Courtine, Jean-François, *Heidegger et la phénoménologie*, Paris, Vrin, 1990.

Craig, John E., «Maurice Halbwachs à Strasbourg», *Revue française de sociologie*, t. 20, 1979.

Dardel, Éric, *L'homme et la terre* [1952], nouvelle édition présentée par Philippe Pinchemel et Jean-Marc Besse, Paris, Édition du CTHS, 1990.

De Waelhens, Alphonse, *La philosophie de Martin Heidegger* [1942], 5e éd., Louvain, Nauwelaerts, 1967.

Del Nevo, Matthew, «Edmond Jabès and Kabbalism after God», *Journal of the American Academy of Religion*, no 2, 1997.

Derrida, Jacques, Introduction à Edmund Husserl, *L'origine de la géométrie* [1962], trad. par Jacques Derrida, 5e éd., Paris, PUF, 1999.〔『幾何学の起源』，田島節夫ほか訳，青土社，2003 年〕

———, *La voix et le phénomène* [1967], Paris, PUF, «Quadrige», 1998.〔『声と現象　フッサール現象学における記号の問題への序論』，高橋允昭訳，理想社，1970 年〕

———, *Marges. De la philosophie*, Paris, Minuit, 1972.〔『哲学の余白　上・下』，高橋允昭／藤本一勇訳，法政大学出版局，2007/2008 年〕

———, *Schibboleth. Pour Paul Celan*, Paris, Galilée, 1986.〔『シボレート　パウル・ツェランのために』，飯吉光夫ほか訳，岩波書店，2000 年〕

———, *Khôra*, Paris, Galilée, 1993.〔『コーラ　プラトンの場』，守中高明訳，未來社，2004 年〕

———, *Spectres de Marx*, Paris, Galilée, 1993.〔『マルクスの亡霊たち』，増田一夫訳，藤原書店，2007 年〕

———, *Le monolinguisme de l'autre*, Paris, Galilée, 1996.〔『たった一つの，私のものではない言葉　他者の単一言語使用』，守中高明訳，岩波書店，2001 年〕

———, *Demeure*, Paris, Galilée, 1998.〔『滞留』，湯浅博雄監訳，未來社，2000 年〕

———, *Donner la mort*, Paris, Galilée, 1999.〔『死を与える』，廣瀬浩司／林好雄訳，ちくま学芸文庫，2004 年〕

———, «Avouer—L'impossible: "retours", repentir et réconciliation», in *Comment vivre ensemble?*, Actes du XXXVIIe Colloque des intellectuels juifs de langue française, textes réunis par Jean Halpérin et Nelly Hansson, Paris, Albin Michel, 2001.

———, «Abraham, l'autre», in Joseph Cohen et Raphael Zagury-Orly (dir.), *Judéités. Questions pour Jacques Derrida*, Paris, Galilée, 2003.

———, «Les yeux de la langue», in Marie-Louise Mallet et Ginette Michaud (dir.), *Cahiers de l'Herne. Jacques Derrida*, Paris, L'Herne, 2004.

Descartes, René, *Principia philosophiae, Œuvres de Descartes*, publiées par Charles Adam et Paul Tannery, VIII-1, Paris, Vrin, 1973.〔『哲学原理』，桂寿一訳，岩波文庫，2001 年〕

Dewitte, Jacques, «Monde et espace. La question de la spatialité chez Heidegger», in Robert Alexander (*et al.*), *Le temps et l'espace*, Bruxelles, Ousia, 1992.

Dufrenne, Mikel, «La mentalité primitive et Heidegger» [1954], in *Jalons*, La Haye, Martinus Nijhoff, 1966.

Durkheim, Émile, Compte rendu de Friedrich Ratzel, *Der Staat und sein Boden geographisch beobachtet* (Leipzig, Hirzel, 1896), *L'Année sociologique*, 1, 1898.

———, Compte rendu de Friedrich Ratzel, *Anthropogeographie* (2e éd., Stuttgart, J. Engelhorn, 1899), *L'Année sociologique*, 3, 1900.

———, *Les formes élémentaires de la vie religieuse* [1912], Paris, PUF, «Quadrige», 2003.〔『宗教生活の原初形態　上・下』，古野清人訳，岩波文庫，2005 年〕

———, *Lettres à Marcel Mauss*, présentées par Philippe Besnard et Marcel Fournier, Paris, PUF, 1998.

Eliade, Milcea, *Les moissons du solstice* (*Mémoire II, 1937-1960*), traduit de roumain par Alain Paruit, Paris, Gallimard, 1988.〔『エリアーデ回想（下）　1937-1960 年の回想・冬至の収穫』，石井忠厚訳，未來社，1990 年〕

Faye, Emmanuel, *Heidegger. L'introduction du nazisme dans la philosophie. Autour des séminaires inédits de 1933-1935*, Paris, Albin Michel, 2005.

Febvre, Lucien, *La terre et l'évolution humaine* [1922], Paris, Albin Michel, «L'évolution de l'humanité», 1970.〔『大地と人類の進化　歴史への地理学的序論　上・下』，飯塚浩二／田辺裕訳，岩波文庫，1971/1972 年〕

Fink, Eugen, *Studien zur Phänomenologie. 1930-1939*, Den Haag, Martinus Nijhoff, 1966.

France-Lanord, Hadrien, *Paul Celan et Martin Heidegger. Le sens d'un dialogue*, Paris, Fayard, 2004.

Franck, Didier, *Heidegger et le problème de l'espace*, Paris, Minuit, 1986.

———, *Heidegger et le christianisme. L'explication silencieuse*, Paris, PUF, 2004.〔『ハイデッガーとキリスト教　黙せる対決』，中敬夫訳，萌書房，2007 年

Goldschmidt, Victor, «La théorie aristotélicienne du lieu», in *Écrits*, t. 1, Paris, Vrin, 1984.

Gordin, Jacob, *Écrits. Le renouveau de la pensée juive en France*, Paris, Albin Michel, 1995.

Gordon, Peter Eli, *Rosenzweig and Heidegger: Between Judaism and German Philosophy*, Berkeley/Los Angels/London, University of California Press, 2003.

Graetz, Michael, *Les juifs en France au XIXe siècle*, traduit de l'hébreu par Salomon Malka, Paris, Seuil, 1989.

Guzzoni, Ute, *Wohnen und Wandern*, Düsseldorf, Parerga Verlag GmbH, 1994.〔『住まうこととさすらうこと』，米田美智子訳，晃洋書房，2002 年〕

Hegel, G. W. F., *Phänomenologie des Geistes, Werke in zwanzig Bänden*, Bd. 3, Frankfurt am Main, Suhrkamp, 1970.〔『精神現象学　上・下』，樫山欽四郎訳，

平凡社ライブラリー，1997 年〕
Heidegger, Martin, *Les conférences de Cassel (1925)*, Édition bilingue introduite, traduite et annotée par Jean-Claude Gens, Paris, Vrin, 2003.〔『ハイデッガー カッセル講演』，後藤嘉也訳，平凡社ライブラリー，2006 年〕
———, *Sein und Zeit* [1927], 18. Aufl., Tübingen, Max Niemeyer, 2001.〔『存在と時間　上・下』，細谷貞雄訳，ちくま学芸文庫，1994 年〕
———, GA4: *Erläuterungen zu Hölderlins Dichtung*, Frankfurt am Main, Vittorio Klostermann, 1981.〔『ヘルダーリンの詩作の解明』，濱田恂子／イーリス・ブフハイム訳，創文社，1997 年〕
———, GA5: *Holzwege*, Frankfurt am Main, Vittorio Klostermann, 1981.〔『杣径』，茅野良男／ハンス・ブロッカルト訳，創文社，1988 年〕
———, GA7: *Vorträge und Aufsätze*, Frankfurt am Main, Vittorio Klostermann, 2000.
———, GA9: *Wegmarken*, Frankfurt am Main, Vittorio Klostermann, 1976.〔『道標』，辻村公一／ハルトムート・ブフナー訳，創文社，1985 年〕
———, GA12: *Unterwegs zur Sprache*, Frankfurt am Main, Vittorio Klostermann, 1985.〔『言葉への途上』，亀山健吉／ヘルムート・グロス訳，創文社，1996 年〕
———, GA13: *Aus der Erfahrung des Denkens. 1910–1976*, Frankfurt am Main, Vittorio Klostermann, 1983.〔『思惟の経験から』，東専一郎ほか訳，創文社，1994 年〕
———, GA16: *Reden und andere Zeugnisse eines Lebensweges. 1910–1976*, Frankfurt am Main, Vittorio Klostermann, 2000.
———, GA26: *Metaphysische Anfangsgründe der Logik im Ausgang von Leibniz*, Frankfurt am Main, Vittorio Klostermann, 1978.〔『論理学の形而上学的な始原諸根拠　ライプニッツから出発して』，酒井潔／ヴィル・クルンカー訳，創文社，2002 年〕
———, GA40: *Einführung in die Metaphysik*, Frankfurt am Main, Vittorio Klostermann, 2000.〔『形而上学入門』，川原栄峰訳，平凡社ライブラリー，1994 年〕
———, *Être et temps*, traduit par Emmanuel Martineau, Paris, Authentica, 1985.
———, *De l'essence de la vérité*, traduction et introduction par Alphonse de Waelhens et Walter Biemel, Louvain/Paris, Nauwelaerts/Vrin, 1948.
Husserl, Edmund, *Husserliana*, Bd. 1: *Cartesianische Meditationen und Pariser Vorträge*, Den Haag, Martinus Nijhoff, 1950.〔『デカルト的省察』，浜渦辰二訳，岩波文庫，2001 年〕
———, Bd. 3: *Ideen zu einer reinen Phänomenologie und phänomenologischen Philosophie*, 1. Buch, *Allgemeine Einführung in die reine Phänomenologie*, Den Haag, Martinus Nijhoff, 1950.〔『イデーン　I-I』『イデーン　I-II』，渡辺二郎訳，みすず書房，1979/1984 年〕
———, Bd. 4: *Ideen zu einer reinen Phänomenologie und phänomenologischen*

Philosophie, 2. Buch, *Phänomenologische Untersuchungen zu Konstitution*, Den Haag, Martinus Nijhoff, 1952.〔『イデーン　II-I』, 立松弘孝／別所良美訳, みすず書房, 2001年／『イデーン　II-II』, 立松弘孝／榊原哲也訳, みすず書房, 2009年〕

———, Bd. 5: *Ideen zu einer reinen Phänomenologie und phänomenologischen Philosophie*, 3. Buch, *Die Phänomenologie und die Fundamente der Wissenschaften*, Den Haag, Martinus Nijhoff, 1952.〔『イデーン　III』, 渡辺二郎／千田義光訳, みすず書房, 2010年〕

———, Bd. 6: *Die Krisis der europäischen Wissenschaften und die transzendentale Phänomenologie*, Den Haag, Martinus Nijhoff, 1954.〔『ヨーロッパ諸学の危機と超越論的現象学』, 細谷恒夫／木田元訳, 中公文庫, 1995年〕

———, Bd. 27: *Aufsätze und Vorträge* (1922–1937), hrsg. von Thomas Nenon und Hans Rainer Sepp, Dordrecht/Boston/London, Kluwer Academic Publishers, 1989.

———, *Husserliana Dokumente*, Bd. 3: *Briefwechsel*, Bd. 7, *Wissenschaftlerkorrespondenz*, hrsg. von Karl Schuhmann, Dordrecht/Boston/London, Kluwer Academic Publishers, 1994.

———, «Notizen zur Raumkonstitution», edited by Alfred Schütz, *Philosophy and Phenomenological Research*, vol. 1, n° 1, 1940; vol. 1, n° 2, 1940.

———, «Grundlegende Untersuchungen zum phänomenologischen Ursprung der Räumlichkeit der Natur», in Marvin Farber (ed.), *Philosophical Essays in Memory of Edmund Husserl* [1940], New York, Greenwood Press, 1968.〔「自然の空間性の現象学的起源に関する基礎研究——コペルニクス説の転覆」, 新田義弘／村田純一訳, 『講座現象学③　現象学と現代思想』, 弘文堂, 1980年〕

Irigaray, Luce, *Éthique de la différence sexuelle*, Paris, Minuit, 1984.〔『性的差異のエチカ』, 浜名優美訳, 産業図書, 1986年〕

Jabès, Edmond, *Le Livre des Questions* [*Le Livre des Questions*: 1963; *Le Livre de Yukel*: 1964; *Le Retour au Livre*: 1965], Paris, Gallimard, «L'imaginaire», 2002.〔『問いの書』, 鈴木創士訳, 書肆風の薔薇, 1988年／『ユーケルの書』, 鈴木創士訳, 書肆風の薔薇, 1991年／『書物への回帰』, 鈴木創士訳, 水声社, 1995年〕

———, *Le Livre des Questions*, II [*Yaël*: 1967; *Elya*: 1969; *Aely*: 1972;. (*El, ou le dernier livre*): 1973], Paris, Gallimard, «L'imaginaire», 1997.

———, *Le Livre des Ressemblances* [*Le Livre des Ressemblances*: 1976; *Le Soupçon Le Désert*: 1978; *L'ineffaçable L'inaperçu*: 1980], Paris, Gallimard, «L'imaginaire», 1991.

———, *Du désert au livre. Entretiens avec Marcel Cohen* [1980], nouvelle édition revue et corrigée, Pessac, Éditions Opales, 2001.

———, *Le Livre du Partage*, Paris, Gallimard, 1987.

Janicaud, Dominique, *Heidegger en France* [2001], Paris, Hachette, «Pluriel», 2005.

Kajon, Irène, «La critique du paganisme chez Hermann Cohen», in Gabrielle Sed-Rajan (dir.), *Rashi: 1040–1990. Hommage à Ephraïm E. Urbach*, Paris, Cerf, 1993.

Karsenti, Bruno, Présentation de Lucien Lévy-Bruhl, *Carnets* [1949], Paris, PUF, «Quadrige», 1998.

Keck, Frédéric, «Causalité mentale et perception de l'invisible. Le concept de participation chez Lucien Lévy-Bruhl», *Revue philosophique de la France et de l'étranger*, n° 3, 2005.

———, *Lévy-Bruhl. Entre philosophie et anthropologie*, Paris, CNRS Éditions, 2008.

Lacoue-Labarthe, Philippe, *La poésie comme expérience*, Paris, Christian Bourgois, 1986.〔『経験としての詩　ツェラン・ヘルダーリン・ハイデガー』，谷口博史訳，未來社，1997 年〕

Laqueur, Walter, *A History of Zionism. From the French Revolution to the Establishment of the State of Israel* [1972], with a new preface by the author, New York, Schocken Books, 2003.〔『ユダヤ人問題とシオニズムの歴史』，高坂誠訳，第三書館，1994 年〕

Laruelle, François, «Edmond Jabès ou le devenir-juif», *Critique*, n° 385–386, juin-juillet 1979.

Laskier, Michael M., *The Alliance israélite universelle and the Jewish communities of Morocco, 1862–1962*, Albany, State University of New York Press, 1983.

Levi-Strauss, Claude, *La pensée sauvage* [1962], Paris, Pocket, 2004.〔『野生の思考』，大橋保夫訳，みすず書房，1987 年〕

Lévy-Bruhl, Lucien, *Les fonctions mentales dans les sociétés inférieures* [1910], 9e éd., Paris, PUF, 1951.〔『未開社会の思惟　上・下』，山田吉彦訳，岩波文庫，1953 年〕

———, *Primitifs* [*La mentalité primitive*: 1922; *L'âme primitive*: 1927; *La mythologie primitive*: 1935], Paris, Anabet, 2007.〔『原始神話学』，古野清人訳，弘文堂，1996 年〕

———, *Carnets* [1949], Paris, PUF, «Quadrige», 1998.

Loraux, Nicole, *Les enfants d'Athéna. Idées athéniennes sur la citoyenneté et la division des sexes* [1981], Paris, Seuil, «Points-Essais», 1990.

———, *Né de la terre. Mythe et politique à Athène*, Paris, Seuil, 1996.

Löwith, Karl, «Les implications politiques de la philosophie de l'existence chez Heidegger» [1946], *Les Temps Modernes*, n° 650, juillet-octobre 2008.

———, *Sämtliche Schriften*, Bd. 1: *Mensch und Menschenwelt: Beiträge zur Anthropologie*, Stuttgart, Metzler, 1981.

———, Bd. 3: *Wissen, Glaube und Skepsis: zur Kritik von Religion und Theologie*,

Stuttgart, Metzler, 1985.

——, Bd. 8: *Heidegger—Denker in dürftiger Zeit. Zur Stellung der Philosophie im 20. Jahrhundert*, Stuttgart, Metzler, 1984.

Maïmonide, Moïse, *Le Guide des égarés*, trad. de l'arabe par Salomon Munk, suivi du *Traité des huits chapitres*, trad. de l'arabe par Jules Wolf, nouvelle édition revue par Charles Mopsik, Paris, Verdier, 1979.

Makowski, François, «Négligence du lieu et émergence de l'espace dans la *Physique* (IV, 1-5) d'Aristote», in *L'espace lui-même*, Revue ÉPOKHÈ, n° 4, Numéro coordonné par Renaud Barbaras, Grenoble, Jérôme Millon, 1994.

Malka, Salomon, *Monsieur Chouchani. L'énigme d'un maître du XXe siècle*, Paris, JC Lattès, 1994.

Marcel, Gabriel, *Essai de philosophie concrète* [1940], Paris, Gallimard, «Folio-Essais», 1999.

Marion, Jean-Luc, *L'idole et la distance* [1977], 2e éd., Paris, Grasset, 1989.

——, *Dieu sans l'être* [1982], Paris, PUF, «Quadrige», 2002.

——, «Le système ou l'étoile», *Archives de philosophie*, 46, 1983.

——, «L'interloqué», in *Cahiers Confrontation*, 20, 1989.

——, *Étant donné* [1997], Paris, PUF, «Quadrige», 2005.

Marquet, Jean-François, «Unité et totalité chez F. Rosenzweig. Étude sur l'architecture de *L'Étoile de la Rédemption*», *Archives de philosophie*, 61, 1998.

Mauss, Marcel, *Sociologie et anthropologie* [1950], 11e éd., Paris, PUF, «Quadrige», 2004.〔『社会学と人類学』（二分冊），有地亨ほか訳，弘文堂，1973/1976 年〕

Mayeux, Marie-Rose, «Cours internationaux d'été de Toumliline: 1956-1957-1958-1959», *Archives des sciences sociales des religions*, v. 9, n° 1, 1960.

Merleau-Ponty, Maurice, *Phénoménologie de la perception* [1945], Paris, Gallimard, «Tel», 2005.〔『知覚の現象学』，中島盛夫訳，法政大学出版局，1982 年〕

——, *Signes* [1960], Paris, Gallimard, «Folio-Essais», 2001.〔『シーニュ』（二分冊），竹内芳郎ほか訳，みすず書房，1969/1970 年〕

Meschonnic, Henri, *Poésie sans réponse* (*Pour la poétique, V*), Paris, Gallimard, 1978.

Minkowski, Eugène, *Le temps vécu* [1933], Paris, PUF, «Quadrige», 1995.〔『生きられる時間　現象学的・精神病理学的研究』（二分冊），中江育生／清水誠訳，みすず書房，1972/1973 年〕

——, *Vers une cosmologie* [1936], Paris, Payot & Rivages, 1999.〔『精神のコスモロジーへ』，中村雄二郎／松本小四郎訳，人文書院，1983 年〕

——, «Espace, intimité, habitat», *Situation. Beiträge zur phänomenologischen Psychologie und Psychopathologie*, v. 1, Utrecht/Antwerpen, 1954.

Mole, Gary D., *Lévinas, Blanchot, Jabès: Figures of Estrangement*, Gainesville, University Press of Florida, 1997.

Moreau, Joseph, *L'espace et le temps selon Aristote*, Padova, Editrice Antenore, 1965.

Mortley, Raoul, *French philosophers in conversation: Levinas, Schneider, Serres, Irigaray, Le Doeuff, Derrida*, London, Routledge, 1991.

Mosès, Stéphane, *Système et Révélation. La philosophie de Franz Rosenzweig* [1982], 2e éd. revue et corrigée, Paris, Seuil, 2003.

——, *L'ange de l'histoire. Rosenzweig, Benjamin, Scholem*, Paris, Seuil, 1992.〔『歴史の天使　ローゼンツヴァイク，ベンヤミン，ショーレム』，合田正人訳，法政大学出版局，2003 年〕

Neher, André, *L'existence juive. Solitude et affrontements*, Paris, Seuil, 1962.

——, *L'exil de la parole. Du silence biblique au silence d'Auschwitz*, Paris, Seuil, 1970.

——, *L'identité juive* [1977], Paris, Payot & Rivages, 1996.

Nordmann, Sophie, *Du singulier à l'universel. Essai sur la philosophie religieuse de Hermann Cohen*, Paris, Vrin, 2007.

Pie XI, *Nazisme et communisme. Deux encycliques de mars 1937*, Présentation de Michel Sales, Introductions de François Rouleau et Michel Fourcade, Paris, Desclée, 1991.

Pradeau, Jean-François, «Etre quelque part, occuper une place. ***Τόπος*** et ***χώρα*** dans le *Timée*», *Les études philosophiques*, n° 3, juillet-septembre 1995.

Rabbi Haïm de Volozine, *L'âme de la vie* [1824], présentation, traduction et commentaires par Benjamin Gross, préface d'Emmanuel Lévinas, Paris, Verdier, 2006.

Rabi, Wladimir, «découvrons edmond jabès», *L'Arche*, 26 février 1972.

——, «La nouvelle trahison des clercs», *Les Nouveaux Cahiers*, n° 28, printemps 1972.

——, «Les intellectuels juif sont-ils des robots?», *Les Nouveaux Cahiers*, n° 29, été 1972.

——, *Un peuple de trop sur la terre?*, Paris, Les presses d'aujourd'hui, 1979.

Raczymow, Henri, «Qui est Edmond Jabès?», *Cahiers obsidiane*, n° 5, 1982.

Ratzel, Frédéric, «Le sol, la société et l'État», *L'Année sociologique*, 3, 1900.

Relph, Edward, *Place and Placelessness*, London, Pion, 1976.〔『場所の現象学　没場所性を越えて』，高野岳彦ほか訳，ちくま学芸文庫，1999 年〕

Ricœur, Paul, *Le conflit des interprétations*, Paris, Seuil, 1969.

——, *Soi-même comme un autre* [1990], Paris, Seuil, «Points-Essais», 2001.〔『他者のような自己自身』，久米博訳，法政大学出版局，1996 年〕

——, *Lectures, 3* [1994], Paris, Seuil, «Points-Essais», 2006.

——, *La mémoire, l'histoire, l'oubli* [2000], Paris, Seuil, «Points-Essais», 2003.〔『記憶・歴史・忘却　上・下』，久米博訳，新曜社，2004/2005 年〕

Rodrigue, Aron, *French Jews, Turkish Jews: the Alliance israélite universelle and the politics of Jewish schooling in Turkey, 1860–1925*, Bloomington and Indianapolis, Indiana University Press, 1990.

Rosenzweig, Franz, *Der Stern der Erlösung* [1921], Frankfurt am Main, Suhrkamp, 1988.〔『救済の星』，村岡晋一ほか訳，みすず書房，2009 年〕

———, *Der Mensch und sein Werk. Gesammelte Schriften. III. Zweistromland. Kleinere Schriften zu Glanben und Denken*, hrsg. von Reinhold und Annemarie Mayer, Dordrecht, Martinus Nijhoff, 1984.

Sartre, Jean-Paul, *L'être et le néant* [1943], Paris, Gallimard, «Tel», 1994.〔『存在と無　I・II・III』，松浪信三郎訳，ちくま学芸文庫，2007–2008 年〕

Scheler, Max, «Die Stellung des Menschen im Kosmos», in *Gesammelte Werke*, Bd. 9, *Späte Schriften*, 2., durchges. Aufl., Bonn, Bouvier, 1995.〔「宇宙における人間の地位」，亀井裕／山本達訳，『シェーラー著作集　13』，飯島宗享ほか編，白水社，1977 年〕

Schmitt, Carl, *Der Begriff des Politischen. Text von 1932 mit einem Vorwort und drei Corollarien*, 7. Aufl. der Ausgabe von 1963, Berlin, Duncker & Humblot, 2002.〔『政治的なものの概念』，田中浩／原田武雄訳，未來社，1999 年〕

Schmitz, Hermann, «Was leistet das Wohnen für die emotionale Stabilität?», *Curare*, n° 1, 1979.〔「住むということは情緒の安定に対して如何なる役割を果たすか」，竹市明弘／気多雅子訳，『理想』，1980 年 12 月〕

Simmel, Georg, *Das Individuum und die Freiheit* [1957], Berlin, Wagenbach, 1984.

Spitzer, Leo, «Milieu and Ambiance» [1942], in *Essays in Historical Semantics* [1948], New York, Russell & Russell, 1968.

Tellenbach, Hubertus, «Die Räumlichkeit der Melancholischen. Über Veränderungen des Raumerlebens in der endogenen Melancholie», *Der Nervenarzt*, vol. 27, 1956.

———, *Geschmack und Atomosphäre*, Salzburg, Otto Müller Verlag, 1968.〔『味と雰囲気』，宮本忠雄／上田宣子訳，みすず書房，2007 年〕

Trigano, Shmuel, *Le récit de la disparue. Essai sur l'identité juive* [1977], Paris, Gallimard, «Folio-Essais», 2001.

———, *La nouvelle question juive. L'avenir d'un espoir* [1979], avec la postface inédite, Paris, Gallimard, «Folio-Essais», 2002.

———, «L'apostasie du Messie. Le paradoxe de l'Emancipation», *Esprit*, mai 1979.

———, «Lieu», *Les Temps Modernes*, septembre 1979.

———, «Qu'est-ce que l'Ecole juive de Paris? Le judaïsme d'après la Shoa face à l'histoire», *Pardès*, n° 23, 1997.

Tuan, Yi-Fu, *Topophilia. A Study of Environmental Perception, Attitudes, and Values*, Englewood Cliffs, Prentice-Hall, 1974.〔『トポフィリア　人間と環境』，小野有五／阿部一訳，ちくま学芸文庫，2008 年〕

———, *Space and Place*, Minneapolis, University of Minnesota Press, 1977.〔『空間の経験　身体から都市へ』，山本浩訳，ちくま学芸文庫，1993 年〕
Uexküll, Jakob von, *Streifzüge durch die Umwelten von Tieren und Menschen* [1934], Hamburg, Rowohlt, 1956.〔『生物から見た世界』，日高敏隆／羽田節子訳，岩波文庫，2005 年〕
Van Breda, Herman Leo, «Le sauvetage de l'héritage husserlien et la fondation des Archives-Husserl», in Herman Leo Van Breda et Jacques Taminiaux (dir.), *Husserl et la pensée moderne*, La Haye, Martinus Nijhoff, 1959.〔「フッサールの遺稿救出とフッサール文庫の創設」，立松弘孝訳，『フッサールと現代思想』所収，せりか書房，1972 年〕
Vidal-Naquet, Pierre, *Les Juifs, la mémoire et le présent* [1991], Paris, Seuil, «Points-Essais», 1995.
Zarader, Marlène, *Heidegger et les paroles de l'origine* [1986], 2e éd. revue, Paris, Vrin, 1990.
———, *La dette impensée. Heidegger et l'héritage hébraïque*, Paris, Seuil, 1990.〔『ハイデガーとヘブライの遺産　思考されざる債務』，合田正人訳，法政大学出版局，1995 年〕
Zimmerli, Walter, *Die Weltlichkeit des Alten Testaments*, Göttingen, Vandenhoeck & Ruprecht, 1971.〔『旧約聖書の世界観』，山我哲雄訳，教文館，1992 年〕

Information juive, n° 62, janvier 1955.
Esprit, avril 1968.
La Revue de Belles-Lettres, n° 2-3, 1972.
Les Nouveaux Cahiers, n° 31, hiver 1972-1973.
Instants, n° 1, 1989.
Rue Descartes, «Salut à Jacques Derrida», n° 48, 2005.
Les Temps Modernes, «Heidegger. Qu'appelle-t-on le Lieu?», n° 650, juillet-octobre 2008.

(2) 日本語文献

今道友信『知の光を求めて　一哲学者の歩んだ道』，中央公論新社，2000 年
上田閑照『場所　二重世界内存在』，弘文堂，1992 年
———,『経験と場所　哲学コレクション II』，岩波現代文庫，2007 年
宇京賴三「ツェランとハイデガー：詩「トートナウベルク」をめぐって」，『人文論叢』，三重大学人文学部文化学科研究紀要，第 21 号，2004 年
河島幸夫「ピウス 11 世回勅「深き憂慮に満たされて」——原資料の翻訳と解説」，『西南学院大学法學論集』，西南学院大学学術研究所，第 33 巻，2001 年
———,「回勅「深き憂慮に満たされて」の背景と意義——教皇ピウス 11 世のナチ

ズム批判」,『西南学院大学法學論集』, 西南学院大学学術研究所, 第34巻, 2002年
木岡伸夫『風景の論理　沈黙から語りへ』, 世界思想社, 2007年
――――,『風土の論理　地理哲学への道』, ミネルヴァ書房, 2011年
日下部吉信編訳『初期ギリシア自然哲学者断片集　1』, ちくま学芸文庫, 2000年
小林康夫『表象の光学』, 未來社, 2003年
佐伯守『〈場所的〉ということ　ドゥルーズ／西田幾多郎を読む』, 晃洋書房, 1999年
佐藤貴史『フランツ・ローゼンツヴァイク 「新しい思考」の誕生』, 知泉書館, 2010年
鈴村和成『境界の思考　ジャベス・デリダ・ランボー』, 未來社, 1992年
高橋哲哉『記憶のエチカ　戦争・哲学・アウシュヴィッツ』, 岩波書店, 1995年
武内大「キネステーゼと大地」, 新田義弘／河本英夫編『自己意識の現象学』所収, 世界思想社, 2005年
谷徹「原故郷と異他世界　三十年代の現象学の遺産と可能性」, 新田義弘編『他者の現象学　II』所収, 北斗出版, 1992年
中村雄二郎『場所（トポス）』, 弘文堂, 1989年
西谷修『不死のワンダーランド　戦争の世紀を超えて』, 講談社学術文庫, 1996年
平野嘉彦「物語の余白に　ツェラーンと〈哲学者〉たち」, 野家啓一（編）『物語　現代哲学の冒険8』所収, 岩波書店, 1990年
三浦直希「エドモン・ジャベスにおける神と言語の問題」,『Lingua』, 第18号, 上智大学一般外国語教育センター, 2007年
森田團『ベンヤミン　媒質の哲学』, 水声社, 2011年

アテナイオス『食卓の賢人たち　2』, 柳沼重剛訳, 京都大学学術出版会, 1998年
――――,『アリストテレス全集3　自然学』, 出隆／岩崎允胤訳, 岩波書店, 1968年
アリストテレス『形而上学　上・下』, 出隆訳, 岩波文庫, 2002年
スピノザ『エチカ　上・下』, 畠中尚志訳, 岩波文庫, 2001年
――――,『スピノザ往復書簡集』, 畠中尚志訳, 岩波文庫, 2005年
プラトン『プラトン全集12　ティマイオス・クリティアス』, 種山恭子／田之頭安彦訳, 岩波書店, 1993年
――――,『パイドン』, 岩田靖夫訳, 岩波文庫, 1999年
――――,『テアイテトス』, 田中美知太郎訳, 岩波文庫, 2000年
――――,『パイドロス』, 藤沢令夫訳, 岩波文庫, 2000年
――――,『国家　上・下』, 藤沢令夫訳, 岩波文庫, 2001年

(3) 参照した聖書の版

『新共同訳　聖書』, 日本聖書協会編, 2001年

La Bible, traduite et présentée par André Chouraqui, Paris, Desclée de Brouwer, 2003.

(4) 辞書・辞典類

Dictionnaire de la langue française, par Emile Littré, Paris, Hachette, 1874.

Dictionnaire encyclopédique du judaïsme, publié sous la direction de Geoffrey Wigoder, Paris, Cerf/Robert Laffont, 1996.

Encyclopaedia Judaica, 2nd ed., Fred Skolnik (editor-in-chief) and Michael Berenbaum (executive editor), Detroit, Macmillan Reference USA, 2007.

Historisches Wörterbuch der Philosophie, hrsg. von Joachim Ritter, Basel/Stuttgart, Schwabe & Co Verlag, 1971.

Les notions philosophiques, t. 1, *Encyclopédie philosophique universelle*, II, volume dirigé par Sylvain Auroux, Paris, PUF, 1990.

The Jewish Encyclopedia [1901–1906], online version (http://www.jewishencyclopedia.com).

Vocabulaire technique et critique de la philosophie, par André Lalande, 9e éd., Paris, PUF, 1962.

Wörterbuch der philosophischen Begriffe, historisch-quellenmässig bearbeitet von Rudolf Eisler, Berlin, E. S. Mittler & Sohn, 1927.

注

序　レヴィナスの「場所」へ

(1) レヴィナスの姓の表記は «Levinas» と «Lévinas» の二種類があり，編者や出版社によって異なる表記が用いられている．本書ではレヴィナスの父親の身分証明書の転写に従い，前者の表記を採用する．この点に関しては Meïr Waintrater, «Levinas ou Lévinas ?», *L'Arche*, n° 573, «Un siècle avec Levinas», janvier 2006, p. 54 を参照.

(2) この語彙に関しては後述する.

(3) 正確にはレヴィナスの帰化申請の日付が 1930 年 10 月 18 日であり，その後数ヵ月リトアニアに休暇で帰ったのちに認可が下りたとある．詳しい事情については Salomon Malka, *Emmanuel Lévinas. La vie et la trace*, Paris, JC Lattès, 2002, pp. 69–72 を参照.

(4) Emmanuel Levinas, «Diachronie et représentation» [1985], in EN, p. 185/232.

(5) レヴィナスは他なるものを表す語として «autre», «Autre», «autrui» の語を用いている．基本的に，«autre» はもっとも広く世界内の「他なるもの・他者」（同化吸収されるものを含む）を指し，«Autre» は «Même» と対立する範疇としての《他》および《同》に還元不可能な強い意味での「他者」を，最後に «autrui» は私ではない他なる人間を意味している．人間のみを指す «autrui» はしばしば「他人」と訳されているが，日本語の「他人」が含意する「知らないひと・関係ないひと」という否定的なニュアンスを省くため，本書では一貫して «autrui» を「他者」と訳出する．したがって，本書では文脈によってこの三つの語のいずれにも「他者」の訳語が適用されているが，レヴィナス自身がこれらの差異を厳密に制度化していない箇所があること，そして，まさにこの混ざり合いこそが問題になる場合があることなどを考慮に入れるならば，この不都合も許容されうると思われる.

(6) TI, p. 3/31. 本書第 III 部第二章 142 頁以下を参照.

(7) Emmanuel Levinas, «La trace de l'autre» [1963], in EDE, p. 191/276. 本書第 IV 部第一章 228 頁以下を参照.

(8) TI, p. 6/35.

(9) TI, p. 7/37. 強調はレヴィナス.

(10) TI, p. 8/38. 以上の引用については本書第 III 部第二章 145 頁以下を参照.
(11) いずれも空間の部分としての「場所」を表す語だが，一般的に哲学概念として用いられるのは，ギリシア語の «**τόπος**» およびラテン語の «locus» に対応する «lieu» であり，それに対して «place» は，「広い」を意味するギリシア語の形容詞 «**πλατύς**» に由来し，「広場」のような開けたところという空間的含意をもつ（«place» はむしろギリシア語の «**χώρα**» の翻訳として用いられることがある）．それゆえ，同じように「場所」を指す際にも，«lieu» は事物がそこにある当の場所を意味するのに対し，«place» は事物が占める空間的広がりとしての場所を意味する．たとえば，事物は「移動する（déplacer）」ことで «place» を変えたり，ほかの事物の «place» をかわりに占めることで「埋め合わせる＝配置換えをする（remplacer）」が，そのつどこの事物はあくまでも自らの «lieu» のうちにある．ただし「…のかわりに」という熟語表現として «au lieu de» と «à la place de» の両方が可能であるように，さらにはフランス語の lieu/place（ドイツ語の Ort/Platz）の区別が英語には存在しない（英語ではいずれも «place» と翻訳される）ことなどを踏まえるならば，両者の厳密な差異が問題とならない場面も少なくない．本書で見ていくように，レヴィナスにおいてもこの二つの語彙の用法を正確に区別することは難しい.
(12) 本書第 II 部第三章第二節を参照.
(13) アリストテレス『形而上学』（1026a33）を参照.
(14) プラトン『プラトン全集 12　ティマイオス・クリティアス』，種山恭子／田之頭安彦訳，岩波書店，1993 年，84 頁.
(15)『ティマイオス』における翻訳しえないものとしての «**χώρα**» の奇妙な地位に関しては，Jacques Derrida, *Khôra*, Paris, Galilée, 1993 を参照．また『ティマイオス』およびその他のプラトンの対話篇において «**χώρα**» と «**τόπος**» がどのように用いられているのかを精査した研究として，Jean-François Pradeau, «Etre quelque part, occuper une place. ***Τόπος*** et ***χώρα*** dans le *Timée*», *Les études philosophiques*, n° 3, juillet-septembre 1995 が参考になる．この二つの語には共通の含意もあるが，プラドーによると『ティマイオス』では，運動する物体の占める場所を示す語としては «**χώρα**» ではなくつねに «**τόπος**» が用いられているという（p. 377).
(16) Joseph Moreau, *L'espace et le temps selon Aristote*, Padova, Editrice Antenore, 1965, p. 32. 強調はモロー.
(17) Henri Bergson, «L'idée de lieu chez Aristote» [*Quid Aristoteles de loco senserit*], traduction française de Robert Mossé-Bastide, *Les Études bergsoniennes*, vol. 2, Paris, Albin Michel, 1949, p. 41.
(18) アリストテレス『アリストテレス全集 3　自然学』，出隆／岩崎允胤訳，岩波書店，1968 年，138 頁.
(19) Henri Bergson, «L'idée de lieu chez Aristote», art. cit., p. 83. 強調はベルクソン.

（20） Joseph Moreau, *L'espace et le temps selon Aristote, op. cit.*, p. 43. アリストテレスの場所論の包括的な解説としては Victor Goldschmidt, «La théorie aristotélicienne du lieu», in *Écrits*, t. 1, Paris, Vrin, 1984 を参照.

（21） ルネサンス期における個と宇宙について，とりわけクザーヌスが場所と運動の相対性に着目することによってアリストテレスの自然学の基盤を揺るがした点に関しては，エルンスト・カッシーラー『ルネサンス哲学における個と宇宙』（1927 年）を参照（Ernst Cassirer, *Indiviuum und Kosmos in der Philosophie der Renaissance*, in *Gesammelte Werke*, Bd. 14, Text und Anmerkungen bearbeitet von Friederike Plaga und Claus Rosenkranz, Hamburg, Felix Meiner, 2002）.

（22） AT, VIII-1, p. 45. デカルト『哲学原理』，桂寿一訳，岩波文庫，2001 年，103 頁（表記を一部変更した）.

（23） AT, VIII-1, p. 47. 同邦訳 105-106 頁.

（24） Henri Bergson, «L'idée de lieu chez Aristote», art. cit., p. 29.

（25） 本書第 II 部第三章第一節を参照.

（26） Martin Heidegger, *Einführung in die Metaphysik*, GA 40, Vittorio Klostermann, Frankfurt am Main, 1983, p. 70.

（27） Martin Heidegger, «Bauen Wohnen Denken» [1951], in *Vorträge und Aufsätze*, GA7, Frankfurt am Main, Vittorio Klostermann, 2000, p. 156. 強調はハイデガー．また本書 128 頁以下を参照.

（28） Cf. Edward S. Casey, *The Fate of Place. A Philosophical History*, Berkeley/Los Angeles/London, University of California Press, 1997. 各部の題名は「空虚から器へ」（第 I 部），「場所から空間へ」（第 II 部），「空間の優位」（第 III 部），「場所の再出現」（第 IV 部）となっている．最終部で取り上げられている哲学者は，ハイデガーのほかにカント，ホワイトヘッド，フッサール，メルロー＝ポンティ，バシュラール，フーコー，ドゥルーズ／ガタリ，デリダ，イリガライである．ちなみに同書にレヴィナスは登場しない.

（29） François Makowski, «Négligence du lieu et émergence de l'espace dans la *Physique* (IV, 1-5) d'Aristote», in *L'espace lui-même*, Revue ÉPOKHÈ, n° 4, Numéro coordonné par Renaud Barbaras, Grenoble, Jérôme Millon, 1994, p. 83. 強調はマコウスキー.

（30）「本書全体が試みているのは，ソクラテス的秩序に先立つこのデカルト的秩序に即して精神的なものを提示することにほかならない」（TI, p. 155/264）.

（31） Edward S. Casey, *The Fate of Place, op. cit.*, p. ix.

（32） ここまで触れた西洋哲学史における場所論とは別の文脈での場所の問題として，レヴィナス自身が詳しく論じることはないものの，ユダヤ思想において「場所（Maqom）」という語が神の名として用いられることを指摘しておきたい．たとえばレヴィナスが論文を捧げてもいる 19 世紀リトアニアのタルムード学者ヴォロズィンのラビ・ハイーム（1759-1821）は，この語が登場する聖句の注解を解説しながら述べている．「われわれは簡単に次のことを理解することができる.

すなわち，場所の空間性が，それが保護する全存在と全対象の条件であり支えであるのと同様に，万物の《主人》たる《創造主》は真の場所であり，あらゆる世界とあらゆる存在の条件であり支えである，ということである」（Rabbi Haïm de Volozine, *L'âme de la vie* [1824], présentation, traduction et commentaires par Benjamin Gross, préface d'Emmanuel Lévinas, Paris, Verdier, 2006, p. 230）．また，周知のように場所の問題は西田幾多郎の大きな主題であるが，本書では京都学派における場所の議論をまったく取り上げることができない．「ある」とは「於てある」ことだとする西田哲学の場所論の本義を，おもにハイデガーに依拠して「二重世界内存在」として捉えている上田閑照の議論を参照．和辻哲郎の言う「風土」は «milieu» と翻訳されて，オギュスタン・ベルクによって広く紹介されている（cf. Augustin Berque, «Milieu et logique du lieu chez Watsuji», *Revue philosophique de Louvain*, t. 92, n° 4, 1994）．

(33) Jean-Louis Chrétien, «Lieu et non-lieu dans la pensée d'Emmanuel Levinas», in Danielle Cohen-Levinas et Bruno Clément (dir.), *Emmanuel Levinas et les territoires de la pensée*, Paris, PUF, 2007.

(34) Joëlle Hansel, «*Hic et nunc*: lieu et subjectivité dans les premiers écrits d'Emmanuel Levinas», in Joëlle Hansel (dir.), *Levinas à Jérusalem*, Paris, Klincksieck, 2007.

(35) レヴィナスの思想の研究が本格的に開始されたのはようやく1980年以降であり，マリ＝アンヌ・レスクーレの伝記（Marie-Anne Lescourret, *Emmanuel Levinas*, Paris, Flammarion, «Champs», 1994）などにより徐々に歴史的事実が明らかになりつつあるものの，思想史的観点からレヴィナスの思想を捉える研究はいまだその端緒にあると言ってよい．そのなかにあって，レスクーレの伝記よりもはるかに早い時期にレヴィナスの生涯を詳細に調査し，単なる祖述に留まらない思想史的検討を加えた合田正人の業績の意義はあらためて特筆すべきである（『レヴィナスの思想　希望の揺籃』，弘文堂，1988年ほか）．また，それに先立って，フランスにおいてさえその存在がほとんど知られていなかったレヴィナスの論考を『超越・外傷・神曲』（内田樹／合田正人編訳，国文社，1986年）として紹介したことも，今日に至るレヴィナス研究の素地を築いた点で大いに評価されるべきことである．

第Ⅰ部　具体性の諸相

(1) レヴィナスとゴルディンの関係については以下を参照．Marie-Anne Lescourret, *Emmanuel Levinas, op. cit.*, pp. 163-166；合田正人『レヴィナス』，ちくま学芸文庫，2000年，219-220頁．またユダヤ思想に立脚したレヴィナスの西欧哲学批判の端緒にゴルディンの強い影響を認める最近の研究として，馬場智一「ユダヤ哲学から西欧哲学批判へ――ジャコブ・ゴルダンと初期レヴィナス」（『哲学』，第63号，日本哲学会，2012年）がある．レヴィナスはゴルディンの没後

25周年に際して彼に論考を捧げている．Cf. Emmanuel Levinas, «Jacob Gordin» [1972], in DL, pp. 219-224/221-227.

(2) レヴィナスがローゼンツヴァイクの著作と出会ったのは1935年頃だったと言われている．両者の思想的関係については第III部第三章第三節で論じる．

第一章　現象学による具体的空間の復権

(3) Emmanuel Levinas, «Fribourg, Husserl et la phénoménologie», in IH, p. 95/82.

(4) *Ibid.*, p. 103/90.

(5) *Ibid.*, p. 96/83. 強調はレヴィナス．

(6) *Ibid.*, p. 98/85. 強調はレヴィナス．現在では「志向性」は «intentionnalité» と書かれるのが一般的であるが，中期までのレヴィナスはドイツ語の «Intentionalität» をフランス語に置き換えた «intentionalité» という表記を用いている．

(7) ジャック・コレットは1930年代のレヴィナスとフッサール現象学との関係をまさに「志向性と超越」という表題のもとに要約している．Cf. Jacques Colette, «Lévinas et la phénoménologie husserlienne», in Jacques Rolland (dir.), *Cahiers de la nuit surveillée*, n° 3, 1984, pp. 21-23.

(8) Emmanuel Levinas, «Fribourg, Husserl et la phénoménologie», art. cit., in IH, pp. 99-100/86.

(9) *Ibid.*, p. 99/86.

(10) *Ibid.*, p. 100/87. 強調はレヴィナス．

(11) Emmanuel Levinas, «La ruine de la représentation» [1959], in EDE, p. 133/214.

(12) Emmanuel Levinas, «Fribourg, Husserl et la phénoménologie», art. cit., in IH, p. 105/92.

(13) この段落に先立つ箇所でレヴィナスは「最良の精神の持ち主たちが学説に惹きつけられるとしたら，群衆はその成功によって魅了される」とも記している（*ibid.*, p. 104/91）．

(14) *Ibid.*, p. 100/87.

(15) そもそも『フッサール現象学における直観の理論』において，ハイデガーの問題系がレヴィナスのフッサール解釈に影響を与えていることはしばしば指摘されている．Cf. Jean-François Lavigne, «Lévinas avant Lévinas: l'introducteur et le traducteur de Husserl», in Jean-Luc Marion (dir.), *Emmanuel Lévinas. Positivité et transcendance*, Paris, PUF, 2000, p. 59.

(16) Jean Hering, Compte rendu d'Emmanuel Levinas, *Théorie de l'intuition dans la phénoménologie de Husserl, Revue philosophique de la France et de l'étranger*, n° 5-6, 1932, p. 479. ヘーリンクについては合田正人『レヴィナス』（前掲），89-97頁を参照．レスクーレの伝記は，ストラスブールでヘーリンクがレヴィナスに『存在と時間』を手渡した際，「しかしこのなかにはフッサールがありませ

ん」と驚くレヴィナスに対し，「ハイデガーはフッサールよりも先に行っている」とヘーリンクが応じたとする話を伝えている（Marie-Anne Lescourret, *Emmanuel Levinas, op. cit.*, p. 74）.

(17) Cf. François Poirié, *Emmanuel Lévinas. Essai et entretiens* [1987], Arles, Actes Sud, 1996, p. 87.

(18) Emmanuel Levinas, «L'œuvre d'Edmond Husserl» [1940], in EDE, p. 50/113. この点に関して，意識の「外」への超越のうちに「内」への退却を認めつつこの「内」をあらためて「外」へ開いていく運動を強調している合田正人の指摘は適切だろう．さらに「〔…〕このこと一つをとっても，「外」あるいは「外部」の思想家としてのレヴィナスを，レヴィナス論の出発点とすることは決してできない」という指摘は本書の読解の方針と一致している．合田正人『レヴィナス』（前掲），141-143 頁を参照.

(19) Dominique Janicaud, *Heidegger en France, I. Récit* [2001], Paris, Hachette, «Pluriel», 2005, p. 33.

(20) Emmanuel Levinas, «Martin Heidegger et l'ontologie», *Revue philosophique de la France et de l'étranger*, n° 5-6, 1932, p. 396. ハイデガー自身，カントの『純粋理性批判』の意義は認識論に存するのではないことを『存在と時間』の冒頭から明言している．Cf. Martin Heidegger, *Sein und Zeit* [1927], 18. Aufl., Tübingen, Max Niemeyer, 2001, pp. 10-11/上 45. 以下 SuZ と略記し，参照頁数を邦訳頁数（参考文献参照）と合わせて記す.

(21) Emmanuel Levinas, «Martin Heidegger et l'ontologie», art. cit., p. 398.

(22) *Ibid.*, p. 395.

(23) SuZ, p. 1/上 23.

(24) SuZ, p. 7/上 38-39.

(25) Cf. SuZ, pp. 42-43/上 109-111.

(26) SuZ, p. 61/上 146.

(27) SuZ, p. 16/上 57. 強調はハイデガー.

(28) SuZ, p. 66/上 157.

(29) Emmanuel Levinas, «Martin Heidegger et l'ontologie», in EDE, p. 62/130-131.

(30) Cf. Avant-propos d'EDE, p. 5/2.

第二章　存在への繫縛と存在からの逃走

(1) Emmanuel Levinas, «Fribourg, Husserl et la phénoménologie», art. cit., in IH, p. 106, n. 2/92. 強調はレヴィナス.

(2) とはいえレヴィナスがガブリエル・マルセルやジャン・ヴァールらの哲学における具体性の問題に関心を寄せていたことは間違いないと思われる．のちにレヴィナスはヴァールの『具体的なものに向けて』（1932 年）に言及しつつ，2 人の哲学とマルティン・ブーバーの言う「我」と「汝」の関係の類縁性を指摘してい

る．Cf. Emmanuel Levinas, «Le mot je, le mot tu, le mot Dieu»［1978］, in AT, pp. 104-105/100.

(3) 1994年に発見されたこのテクストはまず英訳され（«The understanding of spirituality in French and German culture», trad. by Adrius Valevičius, *Continental Philosophy Review*, 31, 1998, pp. 1-10），その後この英訳からフランス語に重訳された（«La notion de spiritualité dans les cultures française et allemande», trad. par Marie-Cécile Dassonneville, *Sens. Juifs et chrétiens dans le monde d'aujourd'hui*, n° 11, 2000, pp. 470-480）．本書では，次注で引くように，2006年に『シテ』誌に掲載されたリトアニア語原文からのフランス語訳を参照した．

(4) Emmanuel Levinas, «La compréhension de la spiritualité dans les cultures française et allemande»［*Vairas* (*Kaunas*), n° 5, v. 7, 1933］, trad. par Liudmila Edel-Matuolis, *Cités*, n° 25, 2006, p. 132.

(5) Emmanuel Levinas, «Signature»［1963/1976］, in DL, p. 374/388.

(6) Cf. Roger Burggraeve, *Emmanuel Levinas et la socialité de l'argent*, Leuven, Peeters, 1997, p. 94.

(7) この論文の緻密な読解から出発してレヴィナスの30年代のテクストを取り扱ったものとしてはほかに，渡名喜庸哲「30年代のエマニュエル・レヴィナスにおける「ヒトラー主義の哲学」批判」（『Résonances』，東京大学教養学部フランス語部会編，第5号，2007年）を参照のこと．

(8) QRPH, p. 7/92.

(9) ここでは詳述されていないが，問題となっているのはユダヤ教の重要な概念の一つである「テシュヴァー」である．「悔悛・返答」を意味するヘブライ語«techouvah»は，「帰る・戻る・立ち返る」を意味する動詞«chouv»の派生語であり，この動詞は，たとえば「これらすべてのことがあなたに臨む終わりの日，苦しみの時に，あなたはあなたの神，主のもとに立ち帰り，その声に聴き従う」（「申命記」4, 30，強調は引用者）のように用いられる．それゆえテシュヴァーは，神のもとに戻りその赦しを得るために必要な個々人の「悔悛・回心」でもある．テシュヴァーについては「赦し」をめぐるタルムード講話「他者に対して」（1963年）で触れられている．Cf. Emmanuel Levinas, «Envers autrui», in QLT, pp. 38-39/42-43.

(10) QRPH, p. 9/94. レヴィナスはユダヤ教における時間の不可逆性の転換を非常に早い時期から自身の時間論のなかに組み込んでおり，この箇所は『実存から実存者へ』の最終節「時間へ」との関連で読解することが可能である．そこでレヴィナスは「メシア（Messie）」への「希望（espoir）」によって作動する時間を考察することで，決定的なものからの解放としての時間性を指し示している（Cf. EE, p. 153/175以下）．

(11) QRPH, p. 11/96. 強調はレヴィナス．

(12) QRPH, p. 12/96.

(13) QRPH, p. 15/99. とはいえこれはマルクス主義の意義を否定するためになされている議論ではない．むしろレヴィナスが生涯を通じてマルクス主義に共感を抱きつづけたことはよく知られている．Cf. EE, p. 69/85; TI, p. 119/210.
(14) QRPH, p. 15/99.
(15) QRPH, p. 18/101. 強調はレヴィナス．
(16) QRPH, pp. 18-19/102-103. 強調はレヴィナス．
(17) QRPH, p. 20/103.
(18) QRPH, p. 24/107.
(19) Miguel Abensour, «Le Mal élémental», in QRPH, p. 45.
(20) Cf. EE, p. 9/3; p. 19/23.
(21)「実存は，実存の旅をもつれさせる重み――それが自分自身にほかならないとしても――を引きずっている」(EE, p. 38/48)．それに対し，いかなるときでも開始し終了することができる「遊び」に関しては，おもに演戯（jeu）に即して論じられる．Cf. EE, pp. 34-35/44-45. また本書 231 頁以下を参照．
(22) Emmanuel Levinas, Recension de Louis Lavelle, *La présence totale* (Paris, Fernand Aubier, 1934, 253 p.), *Recherches philosophiques*, t. 4, 1934, p. 392/126. 邦訳は『レヴィナス・コレクション』所収．
(23) 引用はすべて *ibid.*, p. 393/127 による．強調はいずれもレヴィナス．
(24) *Ibid.*, p. 395/131. レヴィ＝ブリュールに由来する「融即」に関しては第II部第二章第三節で詳述する．
(25) *Ibid.* 強調はレヴィナス．
(26) Cf. Joëlle Hansel, «Autrement que Heidegger: Levinas et l'ontologie à la française», in Joëlle Hansel (dir.), *Levinas. De l'Être à l'Autre*, Paris, PUF, 2006.
(27) Emmanuel Levinas, Recension de Louis Lavelle, *La présence totale*, art. cit., p. 395/132.
(28) Emmanuel Levinas, «La réalité et son ombre», in IH, p. 139/123. レヴィナスの芸術論を主題とした研究はすでに数多くあるが，論文「現実とその影」を綿密に分析した最近の研究として Jacques Taminiaux, «Art et destin. Le débat avec la phénoménologie dans "La réalité et son ombre"», in Joëlle Hansel (dir.), *Levinas. De l'Être à l'Autre, op. cit.* を挙げておく．
(29) DE, p. 94/147.
(30) DE, pp. 94-95/148. 強調はレヴィナス．
(31) レヴィナスが「存在（Sein）」と「存在者（Seiendes）」の訳語として être/étant と existence (exister)/existant とを特に区別せずに用いていることは，「逃走について」の詳細な解説のなかでジャック・ロランが指摘しているとおりである．Cf. Jacques Rolland, «Sortir de l'être par une nouvelle voie», in DE, p. 76, n. 9. レヴィナスは音の響きから exister/existant を好むとしているが，そこに実存主義的な含意をもたせているわけではないことを強調している（TA, p. 24/11）．以上の事情に鑑みて，本書もこれらの語を特に区別せずに使用するが，

訳語としてはその差異を尊重して可能なかぎり「存在」「実存」と訳し分けることにする．

(32) Emmanuel Levinas, «Fribourg, Husserl et la phénoménologie», art. cit., in IH, p. 96/83.

(33) Cf. SuZ, pp. 134-135/上 292.「…にいる／ある」を意味する «sich befinden» は，「…の場所にある」と「…の状態にある」を，その名詞形である «Befinden» は「健康状態」を意味する．つまりハイデガーは「…の状態にあること」，すなわち現存在の「心持ち・心境」としての «Befindlichkeit» によって，現存在の「…の場所にあること」，すなわち現存在の「現」が開示されると考えている．

(34) SuZ, p. 134/上 293.

(35) TA, p. 55/55-56.

(36) DE, p. 98/151. 強調はレヴィナス．

(37) DE, p. 113/165.

(38) Cf. DE, pp. 115-116/167-168.

(39) DE, p. 122/174.

(40) Cf. Jacques Rolland, «Sortir de l'être par une nouvelle voie», art. cit., pp. 16-17.

(41) Cf. Joëlle Hansel, «Autrement que Heidegger: Levinas et l'ontologie à la française», art. cit., pp. 37-38.

(42) この対は『存在するとは別の仕方で』の冒頭の「別の仕方で存在することではなく，存在するとは別の仕方で，である」(AE, p. 3/21，強調はレヴィナス）という定式化に基づいている．ただし「存在の彼方へ（au-delà de l'être)」という表現は「逃走について」の最終盤で一度用いられている（DE, p. 126/176).

(43) DE, p. 99/152-153.

(44) DE, p. 127/177-178.

(45) たとえばロランが「逃走について」の最終部分に付している注を参照（DE, pp. 156-158).

第三章　異教とユダヤ教

(1) それぞれの原題と初出は次の通り．Emmanuel Levinas, «L'actualité de Maïmonide», *Paix et Droit*, v. 15, n° 4, avril 1935; «L'inspiration religieuse de l'Alliance», *Paix et Droit*, v. 15, n° 8, octobre 1935; «Une histoire de l'École Normale Israélite Orientale», *Paix et Droit*, v. 16, n° 3, mars 1936; «Fraterniser sans se convertir. À propos d'un livre récent», *Paix et Droit*, v. 16, n° 8, octobre 1936; «L'essence spirituelle de l'antisémitisme d'après Jacques Maritain», *Paix et Droit*, v. 18, n° 5, mai 1938; «À propos de la mort du pape Pie XI», *Paix et Droit*, v. 19, n° 3, mars 1939. 第三論文「改宗することなく友愛を結ぶこと」は既存の文献目録では 1935 年とされていることがあるが 1936 年が正しい．

(2) Cf. Emmanuel Levinas, «Épreuve d'une pensée (1935-1939)», in Catherine Chalier et Miguel Abensour (dir.), *Cahier de l'Herne. Emmanuel Lévinas*, Paris, L'Herne, 1991. 以下，『平和と権利』誌所収のテクストについてはこの『レルヌ』誌を参照し，CH と略記する（混乱を避けるため，同誌上のほかの著者の論文を参照する際には書名を記載する）．邦訳については参考文献参照.

(3) 西洋思想史におけるこの概念の通時的展開ならびに，レヴィナスの思想においてこの概念が果たしている役割を論じたものとしては，馬場智一『倫理の他者　レヴィナスにおける異教概念』（勁草書房，2012年）が詳しい．同書は全体の半分を paganisme 概念の概念史に割き，その詳細な記述を試みているものだが，本書の立場としては，レヴィナスによる paganisme という語の使用に対して過度の思想史的負荷をかけることについてはいささか懐疑的である．というのも，レヴィナスはこの語を用いるにあたって一度も概念的・思想史的な定義および説明を行ったことがなく，「（古代ギリシア・ローマの）異教・異教文明」という普通の語彙として用いているにすぎないように思われるからである（もちろんこの「普通」の語義がはらむバイアスを明るみに出すことは重要だが）．むしろ本章および第Ⅲ部で見ていくように，レヴィナスは paganisme という語に哲学的な位置づけを与えることによって自らの思想体系を組み立てているのであり，その際に力点が置かれているのは paganisme という語が含意する「土俗信仰」という側面である．本書では慣例にならって paganisme を「異教」と訳出するが，語源（paganus）および語彙の連続性から「土俗信仰」というニュアンスが含まれていることを強調しておきたい.

(4) Emmanuel Levinas, «L'actualité de Maïmonide», in CH, p. 142/136-137. 翻訳は『レヴィナス・コレクション』所収.

(5) *Ibid*., p. 143/140.

(6) Moïse Maïmonide, *Le Guide des égarés*, traduit de l'arabe par Salomon Munk, suivi du *Traité des huits chapitres*, traduit de l'arabe par Jules Wolf, nouvelle édition revue par Charles Mopsik, Paris, Verdier, 1979, p. 323.

(7) *Ibid*., p. 293. レヴィナスのマイモニデス論の１年前に，ヤーコプ・ゴルディンはレヴィナスの論考と同名のテクストを発表している．そこでゴルディンはアリストテレスとマイモニデスとの対立を次のように整理していた．「創造されていない世界の永遠性についてのアリストテレスの教理に対するマイモニデスの哲学的闘争は，一神教のメシア主義的・人間主義的内実のための闘争に変わる」（Jacob Gordin, «Actualité de Maïmonide» [1934], in *Écrits. Le renouveau de la pensée juive en France*, textes réunis et présentés par Marcel Goldmann, Paris, Albin Michel, 1995, p. 133）.

(8) Emmanuel Levinas, «L'actualité de Maïmonide», art. cit., in CH, p. 144/141-142. 強調はレヴィナス.

(9) Cf. Emmanuel Levinas, «Fraterniser sans se convertir. À propos d'un livre récent» [1936], in CH, p. 149/64. 翻訳は『現代思想　3月臨時増刊号』所収．この

文章はジョゼフ・ボンシルヴァン『ユダヤ教徒とキリスト教徒』（1936 年）で扱われているユダヤ人の改宗問題について論じている．

（10）Emmanuel Levinas, «L'essence spirituelle de l'antisémitisme (d'après Jacques Maritain)», in CH, p. 150/109-110. 翻訳は『超越・外傷・神曲』所収．

（11）キリスト教に対してユダヤ教の現世への執着を擁護したテクストとしては 1950 年の「場所とユートピア」がある．このテクストはイスラエルに対するレヴィナスの立場を理解するうえで重要であるため，本書 338 頁以下で取り上げる．

（12）Emmanuel Levinas, «L'essence spirituelle de l'antisémitisme (d'après Jacques Maritain)», art. cit., in CH, p. 151/110. 強調はレヴィナス．このテクストでレヴィナスが参照するマリタンの議論については，馬場智一『倫理の他者 レヴィナスにおける異教概念』（前掲）の第 III 部第 1 章で詳しく紹介されている．

（13）Emmanuel Levinas, «À propos de la mort du pape Pie XI», in CH, p. 152/65. 翻訳は『現代思想　3 月臨時増刊号』所収．

（14）この回勅については河島幸夫「ピウス 11 世回勅「深き憂慮に満たされて」——原資料の翻訳と解説」（『西南学院大学法學論集』，西南学院大学学術研究所，第 33 巻，2001 年），および同「回勅「深き憂慮に満たされて」の背景と意義——教皇ピウス 11 世のナチズム批判」（『西南学院大学法學論集』，西南学院大学学術研究所，第 34 巻，2002 年）を参照．ピウス 11 世はこの回勅の数日後には共産主義を批判する別の回勅「聖なる贖い主」（*Divini redemptoris*）を発表している．以上二つの回勅を収録したものとして Pie XI, *Nazisme et communisme. Deux encycliques de mars 1937*, Présentation de Michel Sales, Introductions de François Rouleau et Michel Fourcade, Paris, Desclée, 1991 を参照．

（15）Emmanuel Levinas, «À propos de la mort du pape Pie XI», art. cit., in CH, p. 151/65.

（16）*Ibid.*, p. 152/66.

（17）Emmanuel Levinas, «L'inspiration religieuse de l'alliance» [1935], in CH, p. 144/42. 翻訳は『超越・外傷・神曲』所収．

（18）*Ibid.*, p. 146/46. 強調はレヴィナス．

（19）*Ibid.*, p. 145/44.

（20）Emmanuel Levinas, «L'actualité de Maïmonide», art. cit., in CH, p. 144/142.

（21）Emmanuel Levinas, «À propos de la mort du pape Pie XI», art. cit., in CH, p. 152/66.

（22）ミゲル・アバンスールは，暗黙裏のハイデガー批判である「逃走」という範疇が，繋縛の現象を明らかにする「ヒトラー主義論文」のうちにすでに「陰刻彫り」の仕方で作動しているとする．Cf. Miguel Abensour, «Le Mal élémental», art. cit., p. 32. また渡名喜庸哲は，30 年代初頭の現象学論文でのレヴィナスの肯定的な「ハイデガー存在論評価」は「ヒトラー主義論文」を境に一変し，「逃走について」では「ハイデガーに対する一種の決別が暗に示されている」とする

（渡名喜庸哲「30年代のエマニュエル・レヴィナスにおける「ヒトラー主義の哲学」批判」（前掲），152頁）．本書はこれらの議論に異を唱えるものではないが，「ヒトラー主義論文」や「逃走について」のなかにハイデガーの名前が一度も現れないこと，これらのテクストをレヴィナスが自身の手で再版しなかったことなども無視できない事実だと思われる．

（23）ハイデガーの政治参加は単に一時的ないし表面的なものではなく，その哲学がそれ自体としてナチズムと強い親和性をもっていたとするエマニュエル・ファーユに代表される最近の議論も，このことと並行的に考えることができる．Cf. Emmanuel Faye, *Heidegger. L'introduction du nazisme dans la philosophie. Autour des séminaires inédits de 1933–1935*, Paris, Albin Michel, 2005. レヴィナスに関してのみ言うならば，30年代のテクスト群が広く知られるようになったのは，ロランによる紹介（1982年に「逃走について」を単行本として編集，出版）やロジェ・ビュルグヒュラーヴによる文献目録（1986年）以降であり，ハイデガーの批判者というすでに形成されていたレヴィナス像が30年代のテクストの解釈の枠組みになんらかの影響を与えていると考えることも不可能ではない．

（24）Emmanuel Levinas, «Prefatory Note» of «Reflections on the Philosophy of Hitlerism», *Critical Inquiry*, v. 17, n° 1, autumn 1990, p. 63; QRPH, p. 25. この「序註」は「ヒトラー主義論文」の英訳の掲載を求めたアーノルド・デイヴィッドソンに宛てられたものであり，彼によれば，掲載に際してレヴィナスは同論文をその文脈のなかに位置づける機会を求めたとのことである．Cf. Arnold I. Davidson, «1933–1934: Thoughts on National Socialism. Introduction to Musil and Levinas», *Critical Inquiry*, v. 17, n° 1, autumn 1990, p. 37.

（25）Emmanuel Levinas, «L'Autre, utopie et justice» [1988], in EN, pp. 255–256/322.

（26）*Ibid.*, p. 255/321.

（27）ジャック・タミニョーは40年代の著作でのハイデガー批判の原型を1940年の講演「時間的なものにおける存在論」に見ている．Cf. Jacques Taminiaux, «La première réplique à l'ontologie fondamentale», in *Cahier de l'Herne. Emmanuel Lévinas, op. cit.*, pp. 275–277. レヴィナスのこの講演はヴァールの講義の枠内で行われたものであり，レヴィナスがレンヌでドイツ軍の捕虜となる直前のテクストである．同講演は1948年に「ハイデガーによるところの，時間的なものにおける存在論」という題名でアルゼンチンの雑誌にスペイン語版が掲載されたのが初出であり，翌年の『フッサール，ハイデガーとともに実存を発見しつつ』の初版（1949年）にフランス語版が収録された．

（28）Joëlle Hansel, «Paganisme et "philosophie de l'hitlérisme"», *Cités*, n° 25, 2006, p. 36.

（29）EE, p. 19/24.

（30）当時『レ・タン・モデルヌ』誌上では，カール・レーヴィット「ハイデガーの実存哲学がもつ政治的含意」（1946年11月号），それに対してハイデガーを擁

護するド・ヴェーレンス「ハイデガーの哲学とナチズム」（1947年7月号）を中心に，ハイデガーの政治参加をめぐる論争が展開されていた．両者はさらに公開書簡で論争を続けている（1948年8月号）．レヴィナスはこの時期に芸術論「現実とその影」（1948年11月号），およびミシェル・レリス論「語の超越　ミシェル・レリスの『ビフュール』について」（1949年6月号）という2本の論文を同誌に寄稿しているが，この論争に関しては沈黙を保っていた．レーヴィットとド・ヴェーレンスのこれらのテクストは同誌の特集号「ハイデガー　場所とは何の謂か」に再録されている．Cf. *Les Temps Modernes*, n° 650, juillet-octobre 2008, pp. 10–45.

(31) Emmanuel Levinas, «La signification de la pratique religieuse» [1937], *Les cahiers du judaïsme*, n° 6, hiver 1999-2000. このテクストは，1937年4月9日のラジオ放送「イスラエルの声」の枠内で録音されたのち，1937年5月21日の『イスラエル世界』誌で発表された．

(32) *Ibid*., p. 75.

第II部　環境世界と根源的場所

第一章　『実存から実存者へ』の「世界」概念

(1) 環境世界の原語Umweltは通常，単に「環境」を指す語としても用いられる．ハイデガーの世界内存在の議論では，この環境が現存在を取り巻くもっとも身近な「世界」として考えられている．なお，この語はしばしば，フッサールにおいては「周囲世界」，ユクスキュルの生物学においては「環世界」と訳されているが，本書ではこの主題の連関を強調するため，一貫して「環境世界」と訳出する．

(2) EE, p. 25/34.『実存から実存者へ』の本論は「壊れた世界」および「転覆した世界」という言葉ではじまっている．

(3) EE, pp. 64–65/79–80.

(4) SuZ, p. 68/上162.

(5) SuZ, p. 69/上163.

(6) SuZ, p. 84/上193–194. 強調はハイデガー．

(7) Cf. Martin Heidegger, *Être et temps*, traduit par Emmanuel Martineau, Paris, Authentica, 1985, p. 311. 対してディディエ・フランクは，一切の目的論的意味を取り除きつつBewandtnisをfinalitéと訳すとしている．Cf. Didier Franck, *Heidegger et le problème de l'espace*, Paris, Minuit, 1986, p. 49.

(8) EE, p. 29/38.

(9) この区別と，「使用する（uti）」と「享受する（frui）」というアウグスティヌス的対立との親縁性に関してはしばしば指摘されている．Cf. Emmanuel Housset, «La patience des mains», in Philippe Fontaine et Ari Simhon (dir.), *Emmanuel Levinas, phénoménologie, éthique, esthétique et herméneutique*, Argen-

teuil, Le Cercle Herméneutique, 2007, p. 44. また『全体性と無限』の熊野純彦訳の訳注も参照（上巻 431 頁）．とりわけ 70 年代以降，レヴィナスはスピノザの言う「存在への努力（conatus）」（『エチカ』第 3 部定理 6 参照）を批判しているが，スピノザは実体のうちに「存在の無限の享受」（マイエル宛書簡 12 参照）を見てもいる．最後の点に関してはレヴィナスが執筆を担当した *Encyclopaedia Universalis* の「無限」の項で言及がある．Cf. Emmanuel Levinas, «Infini», in AT, p. 88/83.

（10）TA, p. 45/42–43.

（11）EE, p. 56/70.「もちろんわれわれは食べるために生きているわけではないが，かといって生きるために食べるというのも正確ではない」という文章は，「みんなは食わんがために生きているが，私は生きんがために食う」というソクラテスの言葉を受けていると思われる．この発言はアテナイオス『食卓の賢人たち』（4. 158. f.）などで紹介されている（『食卓の賢人たち　2』，柳沼重剛訳，京都大学学術出版会，1998 年，98 頁）．

（12）EE, p. 65/80.

（13）EE, p. 67/82.

（14）Cf. EE, p. 72/86. とはいえ享受という語自体は『実存から実存者へ』のなかで数度しか用いられておらず，まだ明確に概念化されるには至っていない．また同時期の「時間と他者」では，享受が対象との隔たりを含むものとして扱われている．

（15）この著作で語られる「ハイデガー哲学の風土と決別するという深い欲求」（強調は引用者）についてのデリダの批判は，この区別の曖昧な点を衝いたものである．Cf. Jacques Derrida, «Violence et métaphysique»［1964］, in *L'écriture et la différence*［1967］, Paris, Seuil, «Points-Essais», 1979, p. 215.「欲求（besoin）」という語自体はハイデガーの「配慮（Besorgen）」を受けたものであり，レヴィナスは配慮／道具の指示連関を欲求／糧の相関によって読み替えることを試みている．

（16）TI, p. 108/191.

（17）SuZ, p. 245/下 49. この文章は，現存在の「終末に臨む存在（Sein zum Ende）」との対比で，現存在とは異なる存在者の「終末に達していること（Zu-Ende-sein）」を分析している箇所に現れる．

（18）SuZ, p. 175/上 373.

（19）EE, p. 69/84. クルティーヌは，飢えも渇きも知らない現存在の「中性性」に関するレヴィナスのハイデガー批判について，デカルトのエゴ・コギト，カントの超越論的自我，フッサールの純粋自我なども引き合いに出しながら，ハイデガーにとってはそのような「人間」よりも現存在の方が根源的であり，現存在は飢えることがないというレヴィナスの批判は，哲学的人間学を基礎づけるはずのハイデガーの現存在分析の批判には当たらないとしている（Jean-François Courtine, «L'ontologie fondamentale d'Emmanuel Levinas», in Danielle Cohen-Levinas

et Bruno Clément（dir.）, *Emmanuel Levinas et les territoires de la pensée, op. cit.*, pp. 114–115）．クルティーヌの議論は緻密であり首肯できるものではあるが，少なくともレヴィナスが直接的に参照する『存在と時間』の枠組みにおいて（クルティーヌはハイデガーの初期講義を論拠の一つとして用いている），レヴィナスが享受と呼ぶ次元（ハイデガーにとっては哲学的人間学に属することになろう）が配慮の構造（現存在の分析論の適切な対象）から排除されている理由については，十分な説明が与えられていないように思われる．言うまでもなく『存在と時間』で例示される現存在の配慮の諸様態は非常に「人間的」である．

第二章　〈ある〉と融即

（1）この点に関しては本書 *64* 頁注（26）を参照.

（2）SuZ, p. 9/上 42. レーヴィットが指摘するように，ハイデガーは『形而上学とはなにか』（1929 年）の第 4 版に付した「後記」（1943 年）の中で，「存在は存在者なしにももちろん（wohl）現成する（wesen）ということ，しかし存在者は存在なしには決してあることはないこと」と記していた．この箇所は第 5 版（1949 年）では「存在は存在者なしには決して（nie）現成しないこと，そして存在者は存在なしには決してあることはないこと」と変更されている．Cf. Karl Löwith, *Heidegger—Denker in dürftiger Zeit*［1953］, in *Sämtliche Schriften*, Bd. 8, Stuttgart, Metzler, 1984, p. 160. また，同じ箇所でレーヴィットは，『存在と時間』において存在は存在者と区別されているが，存在者から「分離され（abgelöst）」ているわけではないことを指摘する．同様の指摘はレヴィナスも行っている（TA, p. 24/12）.

（3）TA, pp. 24–25/12–13.

（4）Cf. Alphonse de Waelhens, *La philosophie de Martin Heidegger*［1942］, 5e éd., Louvain, Nauwelaerts, 1967, p. 359. ここでド・ヴェーレンスが言及しているハンス・ライナーの著作『信の現象――その形而上学的内実の問題の見地から』（1934 年）については，レヴィナス自身も 1937 年に書評を執筆している．三部構成のこの著作のうちレヴィナスは第二部のみを重視しているが，「もっとも面白くない」とされる第三部については次のように言われている．「この著者が，正統なキリスト教と「ドイツのキリスト教」，「ゲルマン的異教」，そして総統の信仰と人種の信仰といったものを同時に正当化するとき，われわれは思わず，哲学とは既成事実の弁明をする技術として定義されるべきなのではないかと自問してしまう」（Recension de Hans Reiner, *Das Phänomen des Glaubens dargestellt im Hinblick auf das Problem seines metaphysischen Gehalts*, *Revue philosophique*, n° 11–12, 1937, p. 259）.

（5）ただしレーヴィットは，『存在と時間』出版前後の時期にハイデガー自身が明白に「キリスト教神学者」を自認していたことを指摘している．Cf. Karl Löwith, «Les implications politiques de la philosophie de l'existence chez Heidegger»

［1946］, *Les Temps Modernes*, n° 650, juillet-octobre 2008, p. 14.

(6) EE, pp. 93-94/113-114. 引用文中の «en quelque matière» は «en quelque manière» と解釈する．

(7) Cf. Henri Bergson, *L'évolution créatrice* ［1907］, in *Œuvres*, Paris, PUF, 1963, pp. 730-747. レヴィナスが〈ある〉の導入に際して念頭に置いているベルクソンの無の批判に関しては EE, p. 103/124 以下を参照．

(8) EE, p. 94/114.

(9) Maurice Blanchot, *L'espace littéraire* ［1955］, Paris, Gallimard, «Folio-Essais», 2000, p. 213. 強調はブランショ．レヴィナスはブランショの小説『謎の男トマ』（1941 年）のうちに〈ある〉の優れた描写を見ている．「不在の現前，夜，夜における主体の溶解，存在することの恐怖，一切の否定的な出来事のただなかにおける存在の回帰，非現実の現実，これらのものがそこには見事なまでに語られている」(EE, p. 103, n. 1/127)．〈ある〉をめぐるレヴィナスとブランショとの「共鳴」については，上田和彦『レヴィナスとブランショ〈他者〉を揺るがす中性的なもの』（水声社，2005 年）の特に 102-105 頁を参照．

(10) EE, p. 19/23.

(11) EE, p. 83/104.

(12) EE, p. 84/105. 強調はレヴィナス．

(13) レヴィナスは絵画における「異郷性」を議論するにあたって，フィンクの所論を批判的に参照している (EE, p. 87/108)．フィンクによれば，「描かれた像」はその物質的現実によって現実的世界に属しつつも，同時に非現実的世界を啓示する．レヴィナスはフィンクのこの議論に着想を得ながらも，そこでは世界からの根本的な引き離しである「異郷性」が考慮に入れられていないとしている．フィンクの論考「準現前化と像」が収録された『哲学および現象学研究年報』第 11 巻全体へのレヴィナスの書評を参照（『実存から実存者へ』の上記箇所で「第 9 巻」とされているのはレヴィナス自身の誤り）．Cf. Emmanuel Levinas, «Phénoménologie», *Revue philosophique de la France et de l'étranger*, n° 11-12, 1934 (repris in IdI)．フィンクの論文は Eugen Fink, *Studien zur Phänomenologie. 1930-1939*, Den Haag, Martinus Nijhoff, 1966 に再録されている．

(14) EE, pp. 85-86/106. 強調はレヴィナス．

(15) EE, p. 87/108.

(16) EE, p. 89/110.

(17) EE, p. 90/111-112.

(18) SuZ, p. 69/上 163. 強調はハイデガー．

(19) EE, p. 92/113.

(20) EE, p. 95/115.

(21) EE, p. 96/117.

(22) EE, p. 98/118.

(23) SuZ, p. 177/上 376.

（24）この点について『実存から実存者へ』の訳者である西谷修は次のように述べる．「ここではレヴィナスは，主体が本質的な無名性としての〈ある〉に融即した状態を指してこの語を用いているが，そのことは〈ある〉がたんにある種の極限状態において体験されるものではなく，ハイデガーとはまたちがった意味あいでとらえられた日常性と深く関わるものであることを示唆している」（129頁，訳注6）．

（25）EE, p. 95/115. 強調はレヴィナス．

（26）Cf. John E. Craig, «Maurice Halbwachs à Strasbourg», *Revue française de sociologie*, t. 20, 1979, pp. 276–278. また合田正人『レヴィナス』（前掲），79–82頁を参照.

（27）以下，原則的に primitif は「未開」と訳し，本文中では鉤括弧に入れて記す．

（28）Edmund Husserl, *Briefwechsel*, Bd. 7, *Wissenschaftlerkorrespondenz*, hrsg. von Karl Schuhmann, Dordrecht/Boston/London, Kluwer Academic Publishers, 1994, p. 162.

（29）*Ibid*., pp. 163–164.

（30）Cf. Maurice Merleau-Ponty, «Le philosophe et la sociologie» [1951], in *Signes* [1960], Paris, Gallimard, «Folio-Essais», 2001, pp. 174–175. フッサールがこの書簡で歴史相対主義にある種の場を認めているとするメルロー＝ポンティの解釈には，デリダによる批判がある．Cf. Jacques Derrida, Introduction à Edmund Husserl, *L'origine de la géométrie* [1962], trad. par Jacques Derrida, 5e éd., Paris, PUF, 1999, pp. 115–123.

（31）Edmund Husserl, «Phänomelogie und Anthropologie», *Husserliana*, Bd. 27, *Aufsätze und Vorträge* (*1922–1937*), hrsg. von Thomas Nenon und Hans Rainer Sepp, Dordrecht/Boston/London, Kluwer Academic Publishers, 1989. フッサールはここでも，世界表象ではなく客観的に定立している世界に意味と効力とを与える超越論的主観性の様相を模索している（pp. 175–176）．

（32）SuZ, pp. 81–82/上 187–188.

（33）EE, p. 110/131.

（34）EE, p. 111/133.

（35）EE, p. 98/118–119. 強調はレヴィナス．

（36）プラトン『パルメニデス』（132d）などを参照.

（37）Lucien Lévy-Bruhl, *Les fonctions mentales dans les sociétés inférieures* [1910], 9e éd., Paris, PUF, 1951, p. 76.

（38）*Ibid*., p. 77.

（39）Cf. Bruno Karsenti, Présentation de Lucien Lévy-Bruhl, *Carnets* [1949], Paris, PUF, «Quadrige», 1998, p. XXXIV.

（40）Émile Durkheim, *Les formes élémentaires de la vie religieuse* [1912], Paris, PUF, «Quadrige», 2003, p. 336, n. 1.

（41）Marcel Mauss, «Rapports réels et pratiques de la psychologie et de la socio-

logie» [1924], in *Sociologie et anthropologie* [1950], Paris, PUF, «Quadrige», 2004, p. 302.

(42) Claude Lévi-Strauss, *La pensée sauvage* [1962], Paris, Pocket, 2004, p. 319.

(43) EE, pp. 98-99/119-120. 強調はレヴィナス.

(44) EE, p. 94/114.

(45) EE, p. 96/116.

(46) Lucien Lévy-Bruhl, *Carnets, op. cit.*, p. 23.

(47) Frédéric Keck, «Causalité mentale et perception de l'invisible. Le concept de participation chez Lucien Lévy-Bruhl», *Revue philosophique de la France et de l'étranger*, n° 3, 2005, p. 321. ただしケックの言う「我／汝という関係の間主観性」は，レヴィナス自身が試みているように，ブーバーの定式化とは異なる仕方で理解されなければならない.

(48) TA, p. 22/9. ここで融即は，しばしばレヴィナスが批判の対象とする「脱自的融合（la fusion extatique）」と等しいとされる.

(49) Cf. TI, p. 19/55.

(50) Emmanuel Levinas, «Lévy-Bruhl et la philosophie contemporaine» [1957], in EN, p. 53/57.

(51) *Ibid.*, p. 64, n. 2/76.

(52) Lucien Lévy-Bruhl, *La mentalité primitive* [1922], in *Primitifs*, Paris, Anabet, 2007, p. 83. 2007年に刊行された『未開心性』（1922年）『未開的魂』（1927年）『未開神話学』（1935年）の合本から引用.

(53) *Ibid.*, p. 193.

(54) これに関して，レヴィ＝ブリュールが「未開」心性における世界を閉じた円環をなすものとして記述している点は興味深い.「他方でこの世界は有限で閉じている．多くの未開人の表象において，天空は釣鐘型の蓋のように大地ないし大洋の平坦な表面上に乗っかっている．世界はそのように地平の円環で締めくくられているのである」(*Ibid.*, p. 425).

(55) Mikel Dufrenne, «La mentalité primitive et Heidegger» [1954], in *Jalons*, La Haye, Martinus Nijhoff, 1966, p. 142.

(56) ポワチエ大学でレヴィナスの同僚だったデュフレンヌは，ポール・リクールと協力して，創設まもないパリ大学ナンテール校哲学科にレヴィナスを招聘した人物でもある（Cf. Marie-Anne Lescourret, *Emmanuel Levinas, op. cit.*, p. 231). レヴィナスがデュフレンヌを論じたものとしては，デュフレンヌの『ア・プリオリの概念』（1959年）を扱った「ア・プリオリと主体性　ミケル・デュフレンヌ氏の『ア・プリオリの概念』について」（1962年）がある（Emmanuel Levinas, «*A priori* et subjectivité. A propos de la "Notion de l'*a priori*" de M. Mikel Dufrenne» [1962], in EDE, pp. 179-186). また『全体性と無限』における主体性擁護の議論を一つの参照軸とするデュフレンヌの『人間の復権をもとめて』（1968年）を，レヴィナスは『他者のヒューマニズム』（1972年）で参照している（Cf.

HAH, p. 107, n. 5/170; p. 109, n. 2/173).

(57) Emmanuel Levinas, «Lévy-Bruhl et la philosophie contemporaine», art. cit., in EN, p. 67/74. 1951年のレオン・ブランシュヴィック論「西洋的存在」では，「神秘の覆いのもとに，心理学者や歴史家，社会学者たちは，未開心性の残滓を再発見するに至っている」というブランシュヴィックの言葉が引用されている．Cf. Emmanuel Levinas, «Être occidental» [1951], in DL, p. 71/64.

第三章　〈ある〉からの脱出──「場所」の所有

(1) EE, pp. 121-122/142. 強調はレヴィナス．

(2) SuZ, p. 54/上 133. 強調はハイデガー．

(3) レオ・シュピッツァーは，ハイデガーによるこの語源的考察は大いに疑わしいとしながらも，「in のようなありふれた前置詞に「環境の暖かさ」という元来の雰囲気を取り戻させるという試みにおいては，ハイデガーはまったく正当である」と述べている．Cf. Leo Spitzer, «Milieu and Ambiance» [1942], in *Essays in Historical Semantics* [1948], New York, Russell & Russell, 1968, p. 310, n. 12. ただしシュピッツァーはこの指摘を，当時のドイツで起こりつつあった非実質的な環境世界から具体的な「生活空間（Lebensraum）」への横滑りを問題とする文脈で行っている．ハイデガーの言う「仕事の世界（Arbeitswelt）」は，「個人を取り囲む，彼によって見られた世界」である環境世界と，「そのなかで個人（そして彼の民族）が生きることができなければならない世界，すなわち，征服によって拡大しなければならない世界」である生活空間とのあいだの「欠けた環」を提供するという．Cf. *ibid.*, pp. 244-245.

(4) SuZ, p. 86/上 198.

(5) 世界を「延長せるもの（res extensa）」として解釈するデカルトに対する批判がハイデガーの議論の根底にある．自身の世界性の議論と比較してデカルトの哲学を検討している『存在と時間』の第19-21節を参照．

(6) SuZ, p. 101/上 226.

(7) とはいえ『存在と時間』の第70節「現存在的空間性の時間性」でハイデガーが最終的に，現存在の空間性を「脱自的（ekstatisch）」かつ「地平的（horizontal）」な時間性に基づけているのはよく知られている．フランクは『ハイデガーと空間の問題』（前掲）のなかで，『存在と時間』が未完のままに終わった理由をこの点に読み取る脱構築的読解を試みている．ハイデガー自身はのちの「時間と存在」（1962/1969年）のなかでこの第70節を退けている．Cf. Didier Franck, *Heidegger et le problème de l'espace*, *op. cit.*, pp. 13-14.

(8) SuZ, p. 102/上 228-229. 強調はハイデガー．

(9) SuZ, p. 103/上 230.

(10) SuZ, p. 105/上 234. 強調はハイデガー．

(11) SuZ, p. 105/上 235.

（12）SuZ, p. 108/上 240.
（13）SuZ, p. 111/上 245-246.
（14）SuZ, p. 111/上 246.
（15）SuZ, p. 112/上 248.
（16）EE, pp. 117-118/137-138. 強調はレヴィナス.
（17）EE, pp. 119-120/140.
（18）EE, p. 118/139.
（19）EE, p. 120/140-141. 強調はレヴィナス.
（20）とりわけ「実存との関係と瞬間」と題された第一章における「疲労（fatigue)」「倦怠（lassitude)」「努力（effort)」に関する分析を参照.
（21）EE, p. 122/142-143. 強調はレヴィナス.
（22）このレヴィナスの方法は，フッサール『デカルト的省察』第53節における「原初的領分」への還元の手法と近いものである（第III部で後述）.
（23）SuZ, p. 107/上 238-239.
（24）SuZ, p. 368/下 293.
（25）SuZ, p. 368/下 294. 強調はハイデガー.
（26）たとえば1928年のマールブルク講義を参照. Martin Heidegger, *Metaphysische Anfangsgründe der Logik im Ausgang von Leibniz*, GA 26, Frankfurt am Main, Vittorio Klostermann, 1978, p. 171 *sq.* また Didier Franck, *Heidegger et le problème de l'espace, op. cit.*, pp. 32-33 も参照.
（27）「ハイデガーは身体性にいかなる積極的地位も割り当てていない」（Jacques Dewitte, «Monde et espace. La question de la spatialité chez Heidegger», in Robert Alexander（*et al.*）, *Le temps et l'espace*, Bruxelles, Ousia, 1992, p. 215. 強調はドゥヴィット）.
（28）EE, pp. 122-123/143.
（29）EE, p. 121/142.
（30）EE, p. 124/144.
（31）SuZ, p. 70/上 166.
（32）Martin Heidegger, «Vom Wesen und Begriff der *Φύσις*. Aristoteles, Physik B, 1», in *Wegmarken*, GA 9, Frankfurt am Main, Vittorio Klostermann, 1976, p. 260.
（33）TI, p. 17/52.
（34）Giorgio Agamben, *L'ouvert. De l'homme et de l'animal*, traduit de l'italien par Joël Gayraud, Paris, Payot & Rivages, 2002, pp. 67-68.
（35）George Canguilhem, «Le vivant et son milieu», in *La connaissance de la vie* [1952], 2e éd. revue et augmentée, Paris, Vrin, 2003.
（36）Martin Heidegger, *Les conférences de Cassel*（*1925*）, Édition bilingue introduite, traduite et annotée par Jean-Claude Gens, Paris, Vrin, 2003, p. 178.
（37）ハイデガーはこの問題関心を生物学と共有しながらも，生物学で言われる「環境世界をもつ」という表現を存在論的に基礎づけることを試みる（SuZ,

pp. 57–58/上 140）.

（38）Lucien Lévy-Bruhl, *La mentalité primitive*, in *Primitifs, op. cit.*, p. 82.

（39）デュルケームがこの社会形態論という試みに大きな期待を寄せていたことは，1898 年 5 月 4 日付のマルセル・モースへの手紙からも知られる（Émile Durkheim, *Lettres à Marcel Mauss*, présentées par Philippe Besnard et Marcel Fournier, Paris, PUF, 1998, p. 136）.

（40）Frédéric Ratzel, «Le sol, la société et l'État», *L'Année sociologique*, 3, 1900, p. 1.

（41）Émile Durkheim, Compte rendu de Friedrich Ratzel, *Der Staat und sein Boden geographisch beobachtet*（Leipzig, Hirzel, 1896）, *L'Année sociologique*, 1, 1898, p. 533.

（42）Émile Durkheim, Compte rendu de Friedrich Ratzel, *Anthropogeographie*（2e éd., Stuttgart, J. Engelhorn, 1899）, *L'Année sociologique*, 3, 1900, p. 558.

（43）Marcel Mauss, «Essai sur les variations saisonnières des sociétés eskimos. Étude de morphologie sociale», avec la collaboration de Henri Beuchat, *L'Année sociologique*, 9, 1906, p. 39; repris in *Sociologie et anthropologie, op. cit.*, p. 389.

（44）フェーブルは「影響」という非学問的な用語ではなく「関係」という語を用いることで，人文地理学を環境決定論から救おうとする．人文地理学の根本的な研究対象は，環境が社会に及ぼす影響ではなく，社会と環境が取り結ぶ相互的な関係であると言われる．Cf. Lucien Febvre, *La terre et l'évolution humaine* [1922], Paris, Albin Michel, «L'évolution de l'humanité», 1970, p. 390. デュルケーム学派によるラッツェルの受容，人文地理学と社会形態論の相克に関しては，同書の導入および第 1 部に詳しい．

（45）Eric Dardel, *L'homme et la terre* [1952], nouvelle édition présentée par Philippe Pinchemel et Jean-Marc Besse, Paris, Édition du CTHS, 1990, pp. 1–2. 強調はダルデル．

（46）*Ibid.*, p. 10.

（47）*Ibid.*, p. 35.

（48）*Ibid.*, pp. 8–9.

（49）*Ibid.*, p. 46.

（50）*Ibid.*, p. 7. 強調はダルデル．

（51）*Ibid.*, p. 42. 強調はダルデル．ここで言われる «tonalité affective» はハイデガーの「情態性」の訳語としてしばしば用いられる．

（52）Georg Simmel, «Philosophie der Landschaft» [1913], in *Das Individuum und die Freiheit*, Berlin, Wagenbach, 1984, p. 136.

（53）*Ibid.*, p. 139.

（54）Eric Dardel, *L'homme et la terre, op. cit.*, p. 43.

（55）*Ibid.*, p. 47.

（56）*Ibid.*, pp. 55–56. 強調はダルデル．ダルデルが «au lieu» としている部分の原

文は «à un lieu» である．

(57) EE, p. 119/139-140. 強調はレヴィナス．

(58) これは 30 年代の議論とのちの他者論とをつなげる論点であり，『実存から実存者へ』と同時期の「時間と他者」で詳しく展開される．主体の最初の自由に関しては特に TA, p. 34/25 を参照.

(59) EE, p. 61/75.

(60) EE, p. 88/109.

(61) EE, p. 89/110. 風景とは気分＝魂の状態である「と言われた」とあることからレヴィナスがなにかを参照していることが推測されるが，たとえばジャン・ボーフレは「実存主義について」(1945 年）のなかでバークリーに言及しつつ，「〔…〕すでに風景は，もはや一つの「気分＝魂の状態」にすぎない」と書いている（Jean Beaufret, «À propos de l'existentialisme» [1945], in *De l'existentialisme à Heidegger. Introduction aux philosophies de l'existence* [1986], Paris, Vrin, 2000, p. 41）．ちなみにレヴィナスはこの論文が掲載された『合流』誌（*Confluences*）に「ユダヤ的存在」(1947 年）というテクストを寄稿している．

(62) EE, p. 89/110.

(63) Emmanuel Levinas, «Heidegger, Gagarine et nous» [1961], in DL, p. 302/311.

(64) Jean-Marc Besse, *Voir la terre. Six essais sur le paysage et la géographie*, Arles, Actes Sud, 2000, p. 142.

(65) 風土としての「エクメーネ」を「地上的広がりに対する人類の生態的・技術的・象徴的な関係」と定義する，オギュスタン・ベルクの言わば存在論的地理学を付け加えてもよいだろう．Cf. Augustin Berque, *Écoumène. Introduction à l'étude des milieux humains*, Paris, Belin, 2000.

(66) Eric Dardel, *L'homme et la terre, op. cit.*, p. 56.

第 III 部　居住と彷徨

第一章　存在論批判へ——五〇年代の展開

(1) この時期の教育論については第 V 部第一章で扱う．

(2) Cf. Jean-François Courtine, «L'ontologie fondamentale d'Emmanuel Levinas», art. cit., p. 105 *sq.*

(3) Emmanuel Levinas, «L'ontologie est-elle fondamentale ?» [1951], in EN, p. 17/10.

(4) *Ibid.*, p. 19/13.

(5) この論文では «parole» および «langage» という語が特に区別されることなく用いられており，いずれにおいても他者に向かって「語る」という次元に力点が置かれている．

(6) *Ibid.*, p. 22/17.

(7) Emmanuel Levinas, «Éthique et esprit» [1952], in DL, p. 22/11. このテクストでは「存在論は根源的か」における言語や挨拶に関する議論も引き継がれている.

(8) Emmanuel Levinas, «L'ontologie est-elle fondamentale ?», art. cit., in EN, p. 20/14. 強調はレヴィナス. レヴィナスが他者との関係を表すために「絆（lien）」という語を用いているのは, «religion» の想定された語源の一つである «religare» を意識してのことだろう.

(9) TI, p. 173/289.

(10) TI, p. 53/107.

(11) Emmanuel Levinas, «Liberté et commandement» [1952], in LC, p. 36/223. 翻訳は『歴史の不測』に所収.

(12) *Ibid.*, p. 37/224.

(13) *Ibid.*, pp. 43-44/229. 強調はレヴィナス.

(14) *Ibid.*, p. 36/223.

(15) *Ibid.*, p. 45/230.

(16) Cf. EE, pp. 16-17/21.

(17) 非人称的理性と, それを基礎づける対話者どうしの言説という議論は,『全体性と無限』第 3 部 B「顔と倫理」の第 8 章「意志と理性」で詳しく展開される.

(18) Emmanuel Levinas, «Le Moi et la Totalité» [1954], in EN, p. 42/43.

(19) *Ibid.*, p. 46/49.

(20) *Ibid.*, p. 30/26.

(21) *Ibid.*, pp. 50-51/54. 強調はレヴィナス.

(22) *Ibid.*, p. 52/56. 邦訳に従って, この «qualification» は «quantification» の誤植であると判断し,「数量化」と訳した.

(23) このことはレヴィナスのハイデガー解釈を論じる際の第一の留意点として合田正人が指摘していた（合田正人『レヴィナス』（前掲), 186-187 頁).

(24) Emmanuel Levinas, «Le regard du poète» [1956], in SMB, pp. 24-25/36-37. 強調はレヴィナス. ハイデガー的な存在の「牧人（gardien)」に対して, のちにレヴィナスは「自分の兄弟の番人たる一者（l'un-gardien-de-son-frère)」という表現を対置するようになる. Cf. HAH, p. 14/17.

(25) Martin Heidegger, «Bauen Wohnen Denken», art. cit., p. 148. この講演は本書「序」でも参照した.

(26) *Ibid.*, p. 149.

(27) *Ibid.*, p. 152. 四要素からなるものとしてレヴィナスが «quaternité» と訳している「四方域」を,『講演論文集』の仏訳者アンドレ・プレオーは «Quadriparti» と訳しており, 現在ではこちらが定訳である.

(28) *Ibid.*, p. 156. 強調はハイデガー.

(29) Emmanuel Levinas, «Le regard du poète», art. cit., in SMB, p. 22/32. 強調はレヴィナス.

(30) Emmanuel Levinas, «La philosophie et l'idée de l'infini» [1957], in EDE,

p. 170/361–362. 強調はレヴィナス．翻訳は『超越・外傷・神曲』に所収．

(31) ファン・ブレダによるフッサールの遺稿の救出劇とフッサール文庫の設立をめぐる事情については，彼自身による詳細な記録が残されている．Cf. Herman Leo Van Breda, «Le sauvetage de l'héritage husserlien et la fondation des Archives-Husserl», in Herman Leo Van Breda et Jacques Taminiaux (dir.), *Husserl et la pensée moderne*, La Haye, Martinus Nijhoff, 1959. ファン・ブレダの死去に際して，レヴィナスはリクールとともに回想文を発表している（*Bulletin de la Société française de Philosophie*, n° 4, octobre-décembre 1973）．レヴィナスのテクストは『固有名』に再録された．

(32) ジャック・ロランの証言によると，国家博士論文である『全体性と無限』に付された副論文は「現象学研究」(*Recherches phénoménologiques*) と題されていた．Cf. Jacques Rolland, «Le souci de transmettre», *L'Arche*, n° 459, février 1996, p. 75. 最近公刊された資料によれば，「現象学研究」（ただし «Études sur la phénoménologie»）と題されたこの副論文は既刊著作に基づくとのことだから，おそらくは『フッサール，ハイデガーとともに実存を発見しつつ』の初版がそれに当たるのだろう．この時期の新しいフッサール論が追加されていたかは定かではない．『全体性と無限』に関する資料（レヴィナスによる口頭発表用のメモ，要旨，審査員の一人であるガブリエル・マルセルによる事前所見，『全体性と無限』出版のためのタミニョーによる書評）を収録した *Cahiers de philosophie de l'Université de Caen*, n° 49, «Levinas: au-delà du visible», 2012 を参照．

(33) 顕在的知覚の背後に残存しつづける未規定性の地平に関しては，フッサール『イデーン』第 1 巻第 44 節を参照．

(34) Emmanuel Levinas, «La ruine de la représentation» [1959], in EDE, pp. 130–131/209.

(35) *Ibid.*, p. 131/210.

(36) *Ibid.*, p. 132/211. 強調はレヴィナス．

(37) この論文の冒頭でレヴィナスは，自身がフライブルクに留学していた時期を回想しながら，ハイデガーを知るまえにフッサールによって教育を受けた弟子たち（フィンクやラントグレーベ）にとって，両者の思想の相違を論じることが重要な主題だったと述べている．しかし，それはフッサールの退官までのことであり，ハイデガーの着任とともにフライブルクにやってきた学生たちにとってフッサールは「もはや一人の先祖でしかなかった」(*ibid.*, p. 126/202)．ここからは当時の読解方法に対するレヴィナス自身の自省的な回想と，ハイデガーという解釈格子を通さずにフッサール現象学をあらたに解釈しようとする意図とを読み取ることができる．

(38) *Ibid.*, p. 132/212. 強調はレヴィナス．

(39) Emmanuel Levinas, «La philosophie et l'idée de l'infini», art. cit., in EDE, p. 171/362.

(40) Emmanuel Levinas, «Réflexions sur la "technique" phénoménologique»

［1959］, in EDE, p. 122/199. 強調はレヴィナス.

（41） Emmanuel Levinas, «La ruine de la représentation», art. cit., in EDE, p. 133/213. 興味深いことに同時期のユダヤ教論考では，ユダヤ教のうちにもこの「参入」と「離脱」の同時性が見て取られている.「この偽りの永遠性を軽蔑するユダヤ教は，つねに参入と離脱の同時性たらんと望んできた」（Emmanuel Levinas, «Judaïsme et temps présent»［1960］, in DL, p. 275/284）.

（42） Emmanuel Levinas, «Réflexions sur la “technique” phénoménologique», art. cit., in EDE, p. 119/193.

（43） Emmanuel Levinas, «La ruine de la représentation», art. cit., in EDE, pp. 133-134/213-214. 強調はレヴィナス.

（44） Cf. Emmanuel Levinas, «Intentionalité et métaphysique»［1959］, in EDE, pp. 140-142/223-226. レヴィナスは同論文の一節を割いて，アルフレッド・シュッツによって公刊された1934年のフッサールの遺稿「空間構成に関するノート」（Edmund Husserl, «Notizen zur Raumkonstitution», edited by Alfred Schütz, *Philosophy and Phenomenological Research*, vol. 1, n° 1, 1940, pp. 21-37; vol. 1, n° 2, 1940, pp. 217-226）を論じている．同一の主題を扱った同時期の遺稿で，少し先に公刊された「自然の空間性の現象学的起源に関する基礎研究――コペルニクス説の転覆」（Edmund Husserl, «Grundlegende Untersuchungen zum phänomenologischen Ursprung der Räumlichkeit der Natur», in Marvin Farber (ed.), *Philosophical Essays in Memory of Edmund Husserl*［1940］, New York, Greenwood Press, 1968, pp. 307-325）は，（少なくともこの時点では）レヴィナスに知られていなかったようである．レヴィナスがキネステーゼに関してもっとも詳細に論じているのは1965年の論文「志向性と感覚」（Emmanuel Levinas, «Intentionalité et sensation», in EDE, pp. 145-162）である．

（45） Emmanuel Levinas, «Intentionalité et métaphysique», art. cit., in EDE, p. 142/226.

（46） 1960年の論文「フッサールにおける〈永続的なもの〉と〈人間的なもの〉」は，主体の構成的側面（〈人間的なもの〉）と被構成的側面（〈永続的なもの〉）との絡み合いをより平明な仕方で論じている.「フッサール現象学におけるもっとも意義深い側面の一つはまさに，現代的意識の二つのモチーフ，すなわち〈本質的なもの〉の探究と具体的世界――そこで生が展開される世界，さまざまな仮象のうちに格下げすることのできない世界――の重要性という確信とを結びつけたことにあるということになるだろう」（Emmanuel Levinas, «Le permanent et l'humain chez Husserl», *L'Age Nouveau*, juillet-septembre 1960, p. 52）．そして哲学者とは「自我が巻き込まれている歴史と世界からの自己の取り戻し」（*ibid.*, p. 55）をたえず遂行する存在であると言われる．

（47） Emmanuel Levinas, «Intentionalité et métaphysique», art. cit., in EDE, p. 142/226.

（48） *Ibid.*, p. 143/227. 強調はレヴィナス.

（49）*Ibid.*, p. 139/221.
（50）*Ibid.*, p. 138/220. 強調はレヴィナス.

第二章　居住の倫理――『全体性と無限』

（1）佐藤真理人「ハイデッガーとレヴィナスにおける〈住む〉の問題」（『哲学世界』, 早稲田大学大学院哲学院生自治会『哲学世界』刊行委員会編, 第 13 号, 1990 年）, 浅野幸「居住の倫理と存在論――レヴィナスとハイデガーにおける「住むこと」の思想をめぐって」（『神戸海星女子学院大学・短期大学紀要』, 第 33 号, 1994 年）, 馬場智一「根源への思考としての「住むこと」とパガニスム批判　レヴィナスとハイデガー」（『一橋論叢』, 第 132 号, 2004 年）. また Pieter Tijmes, «Home and Homelessness: Heidegger and Levinas on Dwelling», *World-views: environment, culture, religion*, vol. 2, n° 3, 1998 も参照.
（2）TI, p. 3/30.
（3）TI, p. 3/30–31. 強調はレヴィナス. ここでもランボーが暗示されている.
（4）TI, p. 3/31. 欲望と区別された欲求は, 非我である世界の同化による自己同一化であり, それゆえ『他者のヒューマニズム』では帰還（回帰）と同一視されている. Cf. HAH, p. 45/71.
（5）このような見方はたとえば Claude Cohen-Boulakia, «De l'altruisme comme ivresse ?», in Danielle Cohen-Levinas et Shmuel Trigano (dir.), *Emmanuel Levinas. Philosophie et judaïsme, op. cit.* などが提出している.「他者への愛は自己愛〔…〕の達成でしかありえない」(p. 106),「他者に責任を負うことは, 私に責任を負うことである〔…〕」(p. 107) といった言明は, それ自体として, レヴィナスが言う《同》と《他》の非対称的関係によって禁じられていることに注意しなければならない. 利他主義に利己主義を対置することは, レヴィナスの「利他主義」が依拠する非対称性への反駁にはなりえないのである.
（6）TI, p. 24/64.
（7）Edmund Husserl, *Cartesianische Meditationen und Pariser Vorträge*, Den Haag, Martinus Nijhoff, 1950, p. 68.
（8）特に『存在するとは別の仕方で』について,「一貫性を失うのでなければ, 非対称性の倫理は非対称的倫理とならなければならない」と述べているクレティアンは, 他者に対する責任を一人称的に背負うことを主張するレヴィナスの思想がフッサールとは異なる意味において自我論的だとしているが,『全体性と無限』に関するかぎりレヴィナスの方法論はフッサールに忠実である. Cf. Jean-Louis Chrétien, «La dette et l'élection», in *Cahier de l'Herne. Emmanuel Lévinas, op. cit.*, p. 273.
（9）TI, p. 39/86.
（10）TI, p. 6/35. 強調はレヴィナス.
（11）分離の概念の形式的規定については, 特に『全体性と無限』第 1 部 B 章「分

離と言説」および第 1 部 D 章「分離と絶対者」を参照.

(12) キルケゴールについては TI, p. 10/42 を参照. レヴィナスにとって,《自我》は《同》として体系や歴史にまで拡大されうるものであり, キルケゴールのように体系に《自我》を対置するだけでは十分ではない. ローゼンツヴァイクに関しては,『救済の星』冒頭で言われる, 死を前にした不安が発する「我我我（Ich Ich Ich）」という叫びを参照（Franz Rosenzweig, *Der Stern der Erlösung* [1921], Frankfurt am Main, Suhrkamp, 1988, p. 3). レヴィナスが「主体性のこのような自我中心的な抗議——一人称での抗議——に対しては, ヘーゲル的現実の普遍性の方が正しいだろう」(TI, p. 277/442) と述べるとき, 念頭に置かれているのはこの二人の反ヘーゲル主義者であると思われる. ローゼンツヴァイクの「自我」と『全体性と無限』の関係については, Pierre Bouretz, «Politique et après: une éthique d'adultes», in Jean Halpérin et Nelly Hansson (dir.), *Difficile justice. Dans la trace d'Emmanuel Lévinas*, Paris, Albin Michel, 1998, pp. 135-136 を参照.

(13) TI, pp. 7-8/37-38. 強調はレヴィナス.「自分の尾に嚙みついて自分を捉える例の蛇」とは, 無限記号（∞）のもととなったとされる蛇の図案（ウロボロス）のことだろう.

(14) Cf. SuZ, p. 176/上 374-375.

(15) リトレ『フランス語辞典』の «manière» の項によると, 12 世紀頃に現れた «maneria» にアベラールが「種類（genre)」の意味を与えたのに対し, この語を新語と考えたソールズベリのヨハネスは, その語源を «manere» と解した (Charles de Rémusat の説). リトレは «manus» のうちにこの語の語源を認める立場（Friedrich Christian Diez の説）に従っている. Cf. Emile Littré, *Dictionnaire de la langue française*, Paris, Hachette, 1874, *ad loc.*

(16) 既存の『全体性と無限』の邦訳では「様式」(合田正人訳),「ふるまいかた」(熊野純彦訳) とされている. 後者の訳は態度・特性・習慣といった意味でギリシア語のエートスに近づけた訳語であろう.

(17) ハイデガーの居住思想がレヴィナスの思想展開に果たした両義的な役割については浅野幸の指摘を参照.「つまりレヴィナスにおいては「住む」ことに関わる言説が, ハイデガー的存在論から自身の倫理学へと跳躍するための深淵とスプリング・ボードとの両役を兼ね備えているのである」(浅野幸「居住の倫理と存在論」(前掲), 280 頁).

(18) フッサール『デカルト的省察』第 44 節,『イデーン』第 2 巻第 38 節などを参照. ただし, レヴィナスが「私はできる」をハイデガーに対して批判的に用い, その哲学を「力（puissance)」ないし「権能（pouvoir)」の哲学と呼ぶ箇所もあるので注意が必要である（Cf. TI, p. 16/51 など).

(19) TI, p. 15/49.

(20) TI, p. 138/238.

(21) EE, p. 120/141.

(22) この «autochtone» は大地から直接生まれる子であるから，「原生的」（熊野純彦訳）と解釈することも可能であるが，本書では大地の含意を強調するために「土着的（者）」と訳す．古代ギリシアにおけるこの概念の神話的・政治的生成に関しては，Nicole Loraux, *Les enfants d'Athéna. Idées athéniennes sur la citoyenneté et la division des sexes* [1981], Paris, Seuil, «Points-Essais», 1990 および *Né de la terre. Mythe et politique à Athène*, Paris, Seuil, 1996 を参照.

(23) TI, p. 88/161.

(24) TI, p. 85/156.

(25) Cf. SuZ, pp. 49-50/上 123. ハイデガーにとって生とは，客体的存在と現存在のあいだに位置する概念であり，現存在の分析論の観点からすれば，生は世界内存在という現存在の根本構制の「欠如的解釈」によってのみ接近されうる．それによって「ただ生きているだけ（Nur-noch-leben）」ということが可能である仕方が規定されるのである.

(26) Cf. TI, pp. 92-93/168. ただし，ここでレヴィナスが行っている生の哲学さらには「人種（race）」の哲学との距離化は非常に特徴的なものである．これらの哲学に対するレヴィナスの批判は，人間存在の生物的側面の称揚に焦点化されているのではなく，個人の生が有する「幸福（bonheur）」の次元が「種（espèce）」という非人称的な審級に従属させられていることに向けられているのである．すなわち，分離が成就する生の次元そのものに疑義が唱えられているわけではない.

(27) Emmanuel Levinas, «Le Moi et la Totalité», art. cit., in EN, p. 25/20-21. 強調はレヴィナス.

(28) *Ibid.*, p. 25/21. ユクスキュルは有名なダニの例において，動物主体と客体との関係を「機能環（Funktionskreis）」の図式によって説明している．機能環の図は「主体と客体がいかにぴったりはめこまれており，一つの組織立った全体を形成しているかを示している」（Jakob von Uexküll, *Streifzüge durch die Umwelten von Tieren und Menschen* [1934], Hamburg, Rowohlt, 1956, p. 27）.

(29) TI, p. 106/189.

(30) TI, p. 82/152.

(31) この 2 点については第 II 部で扱った『実存から実存者へ』の議論も参照のこと.

(32) TI, p. 82/152.

(33) TI, p. 83/153-154.

(34) TI, pp. 106-107/189-190.

(35) TI, p. 94/171.

(36) Cf. THI, p. 87/80.

(37) THI, p. 99/93.

(38) TI, p. 98/177.

(39) TI, p. 101/180.

(40) とはいえ前章で検討した4本のフッサール論のうち，最後の「フッサールにおける〈永続的なもの〉と〈人間的なもの〉」は，フッサールにおける「理論＝観照の還元不可能で特権的な性格」を指摘することで締めくくられている．Cf. Emmanuel Levinas, «Le permanent et l'humain chez Husserl», art. cit., p. 56.

(41) TI, p. 100/179-180. 強調はレヴィナス.

(42) Cf. TI, p. 101/180-181. レヴィナスはカントのカテゴリー表における関係の第三のカテゴリー「相互作用」に批判的に参照している．

(43) TI, p. 103/184.

(44) TI, p. 138/239. 強調はレヴィナス.

(45) Cf. TI, p. 134/233. 手は不定形の「元基」から固定した事物をつかみ取る機能をもつ．『全体性と無限』における元基については本書158頁以下を参照.

(46) 熊野純彦訳は，ここで「高揚＝起き上がり」と訳した «élévation» を「高みに向かっている〔直立している〕」としている．

(47) TI, p. 89/163. 強調はレヴィナス.

(48)『他者のヒューマニズム』でレヴィナスは，身体が垂直的構造をもつがゆえに人間が「高さ」の次元のもとに置かれるのではなく，存在が「高さ」に依拠して秩序づけられるがゆえに身体が上下の位置関係をそなえているのだと主張する．Cf. HAH, p. 54/86-87.

(49) この語の用法については TI, p. XIV/22 を参照．レヴィナスはこの語のうちに，「事件が「起こる」」や「自動車が「生産される」」という現実化の次元と，「議論が「提示される」」や「俳優が「姿を見せる」」という現れの次元とを同時に読み込んでいる（小カギ内の原語はすべて «se produit»）．

(50) TI, p. 90/164.

(51) このような議論の立て方は哲学的人間学を明確に意識したものである．たとえば哲学的人間学を基礎づけたとされるシェーラーの講演「宇宙における人間の地位」（1927年）は，「脊椎・哺乳動物系列の頂点」という人間の生物学的な定義（直立歩行やそれにともなう器官変形）を棄却したうえで，脊椎・哺乳動物をも含んだ動物一般に鋭く対立する人間の「本質概念」を模索する．シェーラーによれば，人間を規定するのは「精神（Geist）」と，その作用中心である「人格（Person）」である．Cf. Max Scheler, «Die Stellung des Menschen im Kosmos», in *Gesammelte Werke*, Bd. 9, *Späte Schriften*, 2., durchges. Aufl., Bonn, Bouvier, 1995, p. 12; 32. ハイデガーおよびレヴィナスの居住思想とヘルムート・プレスナーの議論を関連づけたものとして Pieter Tijmes, «Home and Homelessness: Heidegger and Levinas on Dwelling», art. cit., pp. 210-211 を参照.

(52) TI, p. 111/196.

(53) TI, p. 102/183.

(54) ユクスキュルは，おのおのの動物に固有の行動の場である環境世界（Umwelt）と，通常の地理的布置としての「環境（Umgebung）」を区別している．動物にとってのこの意味での環境は，人間にとっての固有の環境世界となる．

Cf. Jakob von Uexküll, *Streifzüge durch die Umwelten von Tieren und Menschen, op. cit.*, pp. 30-31. この区別については第II部で触れたカンギレムの「生物とその環境」も参照（George Canguilhem, «Le vivant et son milieu», art. cit., pp. 185-186）.

（55）TI, p. 103/185.

（56）TI, p. 104/185-186. 強調はレヴィナス.

（57）思想史的観点から «milieu» と «ambiance» の概念の変遷を論じた詳細な研究として，シュピッツァーの前掲論文 «Milieu and Ambiance» を参照.

（58）TI, p. 105/187.

（59）EE, p. 86/106.

（60）TI, p. 109/193.

（61）TI, p. 107/190-191.

（62）TI, p. 119/209.

（63）Cf. TI, p. 103/183; 109/193.

（64）TI, p. 135/233.

（65）コンディヤックは『感覚論』において，嗅覚しかもたない立像をモデルにして人間の感覚の分析を開始する．この立像に薔薇を差し出すとき，この立像はわれわれとの関係においては薔薇の香りを嗅ぐ立像であるが，薔薇との関係においては薔薇の香りそのものにほかならない．それゆえさまざまな花の香りは，そのそれぞれがこの立像自身の存在様態となる（Étienne Bonnot de Condillac, *Traité des sensations* [1754], Paris, Fayard, 1984, p. 15）．レヴィナスは「この立像は薔薇の香りである」という一節を何度か引用している．Cf. Emmanuel Levinas, «Le Moi et la Totalité», art. cit., in EN, p. 26/21; «Intentionalité et métaphysique», art. cit., in EDE, p. 140/223.

（66）TI, pp. 110-111/195-196.

（67）TI, p. 123/215. 合田正人訳の解釈に従い，«fermée ou ouverte» を «fermée et ouverte» と読む.

（68）TI, p. 114/201. 強調はレヴィナス．元基の未規定性が「神話的神性」と見なされる点に関しては本書 188 頁以下を参照.

（69）TI, p. 115/202.

（70）TI, p. 124/216-217. 強調はレヴィナス．引用箇所の冒頭文で用いられている「煌めく（luit）」という語はやや突飛に見えるが，おそらくは『存在と時間』での道具の分析におけるハイデガーの表現を踏まえたものだろう．道具の配視的な指示連関は通常は目立たないものだが，道具の破損などによって指示連関が阻まれると，これまで見えなかった道具の連関が「煌めく（aufleuchten）」と言われる（SuZ, p. 75/上 174）．レヴィナスの解釈する享受においても，享受の幸福が「明日への気遣い」によって脅かされるとき未来の次元が「煌めく」のである.

（71）EE, p. 65/80.「「わが家」が例の炭焼き人に与える支配」は，「炭焼き人も一家の主」（Charbonnier est maître chez soi）という諺を受けている．どんな者で

もわが家では自由に振る舞うことができるという意味だが，このような意味での「わが家」は，権能としての自由を確保する《同》の圏域をまさに具現化したものである．

(72) TI, pp. 125–126/219–220.

(73) TI, p. 126/220. 強調はレヴィナス．「ア・プリオリ」の語が二度用いられているが，テクストでは最初のもののみ斜体になっている．最初の「ア・プリオリ」はラテン語表記のための通常の斜体だろう．それに対して二度目の「ア・プリオリ」が斜体でないのは，「事後的に」という表現が斜体になっていることから分かるように，カントが定式化した「先験的・先天的」という意味を強調するためと思われる．それゆえ翻訳としては二度目の「ア・プリオリ」のみに傍点を付した．

(74) Cf. Jean-Louis Chrétien, «Lieu et non-lieu dans la pensée d'Emmanuel Levinas», art. cit., p. 134.

(75) TI, p. 129/225–226.

(76) TI, p. 124/217.

(77) TI, p. 130/226.

(78) TI, p. 130/226–227. 強調はレヴィナス．

(79) TI, p. 131/227–228.

(80) TI, p. 131/228.

(81) Gaston Bachelard, *La poétique de l'espace* [1957], 9e éd., Paris, PUF, «Quadrige», 2007, p. 24.

(82) *Ibid.*, p. 26.

(83) *Ibid.*, p. 27.

(84) そもそもこの著作でバシュラールは自ら現象学者として振る舞っている．レヴィナスはバシュラールを引用することはないが，しばしば印象的な仕方でその名前に言及している．たとえばあるタルムード講話では「この点で私たちユダヤ人はみな，ガストン・バシュラールが合理主義者たらんと努めていたのと同じように，西洋人たらんと努めている」と言われる（QLT, p. 71/81）．また『固有名』所収のマックス・ピカート論には「ピカートを読んでいると，《水》や《空気》や《大地》や《火》といった諸元基を語るバシュラールのことが思い起こされる．ピカートの友人であったバシュラールのことが」とある（NP, p. 143/152）．またバシュラールは，第 I 部で取り上げたレヴィナスの「逃走について」などが掲載された『哲学探究』誌の編集委員を務めていた．最後に『実存から実存者へ』の「瞬間（instant）」の議論と，『瞬間の直観』（1931 年）でのバシュラールの議論とは，いずれも瞬間をベルクソンの持続に対置しており，レヴィナスとバシュラールのあいだの直接的ないし間接的な関係を想定することは不可能ではない．

(85) 邦訳のあるよく知られた著作のみに言及するならば，エドワード・レルフ『場所と没場所性』（邦題は『場所の現象学　没場所性を超えて』）やイーフー・

トゥアン『空間と場所』などがある.

(86) レヴィナスとボルノウは，ハイデガーとカッシーラーとのあいだのダヴォス討論（1929 年）の学生参加者だった．第一次世界大戦後の仏独両国の和解を目指す学術交流の一環として開かれた両者の講義と，それに引きつづいた討論に，レヴィナスはハイデガー自身の尽力でフランス側の学生の一人（他にジャン・カヴァイエス，モーリス・ド・ガンディヤック，ピエール＝マクシム・シュールら）として参加することができたと言われている（Cf. Marie-Anne Lescourret, *Emmanuel Levinas, op. cit.*, p. 75）．会期中のある晩に学生参加者たちが披露した寸劇で，レヴィナスがカッシーラー，ボルノウがハイデガーの役をそれぞれ演じた．ダヴォス討論に関するレヴィナス自身の回想については，特に François Poirié, *Emmanuel Lévinas. Essai et entretiens, op. cit.*, pp. 80–84 を参照．なお討論の議事録はボルノウとヨアヒム・リッターによって執筆され，まずその仏訳がピエール・オーバンクの編集により出版されたのち（1972 年），翌年のヴィットーリオ・クロスターマン社版『カントと形而上学の問題』の第 4 版（1973 年）にドイツ語原文が掲載された．版権の問題により最初のフランス語版はそれ以後絶版となっている．この間の事情については Pierre Aubenque, «Le débat de 1929 entre Cassirer et Heidegger», in Jean Seidengart (dir.), *Ernst Cassirer: De Marbourg à New York, l'itinéraire philosophique*, Paris, Cerf, 1990, p. 83, n. 7 を参照.

(87) Otto Friedrich Bollnow, *Mensch und Raum* [1963], 10. Aufl., Stuttgart, Kohlhammer, 2004, p. 136.

(88) AE, p. 180/323.

(89) TI, p. 128/223.

(90) TI, p. 128/223–224. 強調はレヴィナス．内密性についてミンコウスキーは，それは複数の人間存在を含むが少数でなければならず，その数には質的な意義があると指摘する．Cf. Eugène Minkowski, «Espace, intimité, habitat», *Situation. Beiträge zur phänomenologischen Psychologie und Psychopathologie*, v. 1, Utrecht/Antwerpen, 1954, p. 178. レヴィナスとミンコウスキーの思想交流に関しては本書 239 頁以下も参照.

(91) TI, p. 128/224.

(92) EE, p. 145/167.

(93) もっとも整理された研究としては Paulette Kayser, *Emmanuel Levinas: la trace du féminin*, Paris, PUF, 2000 を参照.

(94) レヴィナスに対する批判の代表としては，シモーヌ・ド・ボーヴォワール『第二の性』（1949/1976 年），イリガライ『性的差異のエチカ』（1984 年）がある．これらに対するレヴィナスの側からの反論としては内田樹『レヴィナスと愛の現象学』（せりか書房，2001 年）がある.

(95) AE, p. 12/39 et *passim*.

(96) TI, p. 131/228. 強調はレヴィナス．ちなみにレヴィナスが「父（père）」と

「息子（fils）」の系列を重視していることも同様に批判されるが，このことがはじめて述べられた「時間と他者」の時点ではレヴィナスの息子ミカエルはまだ誕生していない（娘シモーヌはすでに生まれている）．

（97）Jacques Derrida, «Violence et métaphysique», art. cit., p. 228, n. 1.

（98）Catherine Chalier, *Figures du féminin. Lecture d'Emmanuel Lévinas*［1982］, 2e éd. augmentée, Paris, Des femmes-Antoinette Fouque, 2006, p. 9.

（99）このことは，『全体性と無限』の章題のうちで「現象学」という言葉が用いられているのが第 4 部 B 章の「エロスの現象学」だけであるということからも分かる．

（100）Cf. Emmanuel Levinas, «Le judaïsme et le féminin»［1960］, in DL, p. 52/42–43. このテクストでは「《家》とは女性である，とタルムードはわれわれに語る」（同）という記述があるが，ここでは「家」も「女性」も存在論的範疇として考えられている．

（101）EI, p. 71/84.

（102）Emmanuel Levinas, Préface à Catherine Chalier, *Les Matriarches. Sarah, Rebecca, Rachel et Léa*［1985］, Paris, Cerf, 2000, p. 8.

（103）Jacques Derrida, *Adieu à Emmanuel Lévinas*, Paris, Galilée, 1997, p. 85. デリダは「まさにこの瞬間この著作のうちにわれあり」（1980 年）において，レヴィナスは女性ではなく性的差異そのものを副次化したうえで，性的差異を超越しているはずの「まったき他なるもの」にあらためて父性，兄弟愛，「彼性（illéité）」といった男性性を刻印するのだと指摘していた（Jacques Derrida, «En ce moment même dans cet ouvrage me voici», in *Psyché. Inventions de l'autre*, Paris, Galilée, 1987, p. 194）．それに対して『アデュー』のこの部分では，レヴィナスの「女性性」の議論については「一つならずの読解」（p. 81）が可能だとして，上記の批判とともに，今度はレヴィナスの議論を「一種の女性主義宣言」（p. 83）として読むこともできるとする．これを関根小織はデリダの「奇妙なレヴィナス擁護」と呼び，「歓待性や受け入れや受容性などといった抽象概念の具現者として特定の生物学的属性を比喩的形象として使用している点」でレヴィナスもデリダも同じであるとしている．この主張の内容自体はまったく正当だが，デリダに関しては筋違いな批判だろう（関根小織『レヴィナスと現れないものの現象学』，晃洋書房，2007 年，149 頁，注 2）．デリダが行っているのは，男性中心主義的・女性主義的な二つの両立不可能な誇張的読解を提示したうえで，そのどちらかを排他的に選択することは倫理（さらには正義・法権利・政治）の可能性そのものを損なうという指摘にほかならない（そもそもデリダ自身，『アデュー』においてもレヴィナスの歓待性の議論に完全に同意しているわけではない）．

（104）TI, p. 131/228.

（105）興味深いことにイリガライの『性的差異のエチカ』には，レヴィナスを批判したテクストのほかに，アリストテレス『自然学』第 4 巻の「場所」の議論から出発して性的差異を考察しているテクストが収められている．「女性は，自らは

そこに住むことなく，場所とならねばならないことになろう．女性によって場所は男性の自由に使えるようになるのだが，女性は場所を所有することはない」（Luce Irigaray, «Le lieu, l'intervalle. Lecture d'Aristote, *Physique IV, 2, 3, 4, 5*», in *Éthique de la différence sexuelle*, Paris, Minuit, 1984, p. 56）．

（106） EE, p. 120/141.

第三章　他性の在り処──《同》から《他》へ

（1） Hannah Arendt, *The Human Condition* [1958], 2nd ed., with an introduction by Margaret Canovan, Chicago/London, The University of Chicago Press, 1998, p. 1.

（2） Martin Heidegger, «Das Wesen der Sprache» [1957/58], in *Unterwegs zur Sprache*, GA12, Frankfurt am Main, Vittorio Klostermann, 1985, p. 150. 強調はハイデガー．

（3） Martin Heidegger, «Aufzeichnungen aus der Werkstatt» [1959], in *Aus der Erfahrung des Denkens. 1910–1976*, GA13, Frankfurt am Main, Vittorio Klostermann, 1983, p. 152. 強調はハイデガー．

（4） この点に関してはハイデガーの論文「世界像の時代」（1938 年）を参照（Martin Heidegger, «Die Zeit des Weltbildes», in *Holzwege*, GA5, Frankfurt am Main, Vittorio Klostermann, 1981）．

（5） Dominique Janicaud, *Heidegger en France. I: Récit, op. cit.*, p. 200. デリダはこのテクストを「暴力的な論文」と呼んでいた．Cf. Jacques Derrida, «Violence et métaphysique», art. cit., p. 213, n. 1.

（6） Emmanuel Levinas, «Heidegger, Gagarine et nous» [1961], in DL, pp. 299–300/308–309.

（7） *Ibid.*, p. 300/309. 強調はレヴィナス．

（8） *Ibid.*, p. 301/310.

（9） *Ibid.*, pp. 301–302/311.「ルナ・パークでの彼の素晴らしい振る舞い（son magnifique numéro de Luna-Park）」が具体的になにを指しているのかは未詳だが，ガガーリンの飛行と帰還（1961 年 4 月 12 日）とこのテクストの初出（1961 年 6-7 月号）の時間関係などを考えると，おそらくは母国の凱旋パレードでのガガーリンの振る舞いを指しているのだろう．

（10） *Ibid.*, p. 301/310. 強調はレヴィナス．

（11） *Ibid.*, p. 302/311.「不正な者たちを吐き出す途方もない土地」は，「〔厭うべき行いによって〕あなたたちもその土地を汚すならば，先住民を吐き出したと同じように，土地があなたたちを吐き出すであろう」という「レビ記」の一節（18, 28）を受けている．第 V 部で論じるように，土地と正義との結びつきはレヴィナスにおける「約束の地」の問題に大きく関わる主題である．

（12） この 3 文字（アレフ，シン，ラメド）はそれぞれ，「食べること・食物（akh-

ilah)」「飲むこと・飲料（shetyiah)」「泊まること・宿泊（linah)」の頭文字である．

(13) *Ibid.*, p. 301/310. 強調はレヴィナス．

(14) Emmanuel Levinas, «Philosophie, justice, amour»［1982], in EN, p. 136/168.

(15)『著作集』第 1 巻で公刊された遺稿のなかで，レヴィナスはロシアの英雄叙事詩ブイリーナに言及している．「大地の重み」を一貫したモチーフとするブイリーナはたいてい「ノマディズム」や「ノマディズムから定住生活への移行」といった「これ以上ないほど貧しい概念」で解釈されているが，ブイリーナはこれらの概念の「形而上学的意味」を再発見するのだという．「それらは根底に触れているのであって，究極的なものとされるような社会現象の形象なのではない」. Emmanuel Levinas, *Œuvres 1, Carnets de captivité suivi de Écrits sur la captivité et Notes philosophiques diverses*, volume publié sous la responsabilité de Rodolphe Calin et de Catherine Chalier, Paris, Grasset/Imec, 2009, p. 278.

(16)『存在するとは別の仕方で』のレヴィナスの語法を用いるなら，「場所」からの解放は人間の「条件」ないし「無条件（incondition)」であるということになる．Cf. AE, p. 6/28 et *passim*.

(17) 本書が示そうと試みたように，「ハイデガー，ガガーリン，われわれ」と『全体性と無限』との主題的な近さを考慮に入れるなら，前者を単にハイデガーに対する「宗教的な批判」と見なすことはできないだろう．Cf. François Makowski, «Lévinas, Heidegger, Platon（Et le Spoutnik): Où est l'extériorité ?», *Les Cahiers philosophiques de Strasbourg*, n° 6, «Dossier: Emmanuel Lévinas», hiver 1997, p. 184.

(18) Hermann Cohen, *Ethik des reinen Willens*, Berlin, Bruno Cassirer, 1904, p. 1. ここで話題になっているのは，アテナイの町からほとんど出ないことをパイドロスに指摘されたソクラテスが，土地や樹木はなにも教えてくれないが町のひとたちはなにかを教えてくれると返答し対話が始まる『パイドロス』冒頭の場面である（230c–e)．遺稿のなかのあるメモで，レヴィナスはこの箇所を引用したあとで「しかしソクラテスは見事なまでに自然を享受している」と付け加えている．Emmanuel Levinas, *Œuvres 1, Carnets de captivité suivi de Écrits sur la captivité et Notes philosophiques diverses, op. cit.*, p. 326. ここでのソクラテスはレヴィナスが提示する「享受」の典型的な形象となっている．

(19) カントにおける実践理性の根源性についてレヴィナスが直接的に論じたものとして，オランダ語で発表された論文「純粋実践理性の優位」（1971 年）がある．以下の英訳がある．Emmanuel Levinas, «The primacy of pure practical reason», English translation by Blake Billings, *Man and World*, 27, 1994.

(20) Emmanuel Levinas, «Philosophie, justice, amour», art. cit., in EN, p. 135/166.

(21) 50 年代にはさらにシモーヌ・ヴェイユを批判する文脈で異教の概念が用いられる．「異教とは局地的な精神である」(Emmanuel Levinas, «Simone Weil contre la Bible»［1952], in DL, p. 183/184)．そこで批判されるのは旧約聖書を軽視

するヴェイユの身振りである．

(22) Emmanuel Levinas, «L'essence spirituelle de l'antisémitisme (d'après Jacques Maritain)», art. cit., in CH, p. 150/110.

(23) TI, pp. 16-17/51-52. 最後の部分は第一章で引いた論文「哲学と無限の観念」に対応箇所があるが，「自然」が大文字から小文字に変更され，「顔なき寛容な母」という部分があらたに付加されている．後述するように，異教は元基，さらには〈ある〉と関連づけられるが，レヴィナスの遺稿では〈ある〉の発想源として「『ファウスト』の母たちの王国」が挙げられている（Emmanuel Levinas, *Œuvres 1, Carnets de captivité suivi de Écrits sur la captivité et Notes philosophiques diverses, op. cit.*, p. 308）．「母たちの王国」とは『ファウスト』第 2 部第 1 幕で語られる，あらゆる存在の母型としての「形態の国」である．

(24)『全体性と無限』は，長年にわたるフッサールのテクストの研究と「『存在と時間』へのたえざる注意」によってしるしづけられていると言われている．Cf. Emmanuel Levinas, «*Totalité et Infini*. Préface à l'édition allemande» [1987], in EN, p. 249/312. この観点から『全体性と無限』と『存在と時間』との主題的な連関を，特に形而上学，言説，真理，正義などについてたどったものとして Jacques Taminiaux, «L'attention à *Sein und Zeit* dans *Totalité et Infini*», in *Sillages phénoménologiques*, Bruxelles, Ousia, 2002 がある．

(25) TI, p. 17/52. 強調はレヴィナス．

(26) この点に関しては，この順序の逆転そのものが存在論的差異によって可能となるのであって，存在に対する存在者の優位それ自体が存在論を免れていないのではないかという，マリオンによるまとまった批判がある．Cf. Jean-Luc Marion, *L'idole et la distance* [1977], 2e éd., Paris, Grasset, 1989, p. 277 *sq.* この批判に対してレヴィナスは『実存から実存者へ』第 2 版の序文（1978 年）で応答しているが，そこでレヴィナスは，存在と存在者の項の「逆転は，存在論よりも古い倫理に開かれつつ，存在論的差異を超えた意味――おそらくそれが，最終的には《無限》の意味そのものである――を意味させるような運動の最初の一歩にほかならなかったことになるだろう」と述べ，その展開が『全体性と無限』から『存在するとは別の仕方で』のあいだの哲学的道程だとしている（EE, p. 12/7）．レヴィナスは別の箇所でも『全体性と無限』が用いていた「存在論的言語」はそれ以後避けられていると述べているが（Emmanuel Levinas, «Signature», art. cit., in DL, p. 379/393），ペトロジーノ／ロランはこの論争を要約しつつ，『全体性と無限』の不十分さを弱点と捉えるのではなく，この著作が存在論的差異を超えた意味に取り組むための道を拓いたことを強調する．Cf. Silvano Petrosino, Jacques Rolland, *La vérité nomade. Introduction à Emmanuel Lévinas*, Paris, La Découverte, 1984, pp. 100-102. その後マリオンは，レヴィナスの自己解釈を踏まえつつ，あらためて『存在するとは別の仕方で』の読解を試みており，レヴィナスの倫理を存在論的差異と「語ること」との第二の差異によって特徴づけている．Cf. Jean-Luc Marion, «Note sur l'indifférence ontologique» [1986], in Jean

Greisch et Jacques Rolland (dir.), *Emmanuel Lévinas. L'éthique comme philosophie première*, Paris, Cerf, 1993, p. 51. これは同時代の哲学者の指摘にレヴィナスが直接的に応答した数少ない例である．ペトロジーノ／ロラン，マリオンが依拠する『全体性と無限』と『存在するとは別の仕方で』の時期区分の妥当性に関しては第Ⅳ部冒頭で検討する．

(27) EE, p. 99/120.

(28) レヴィナスの〈ある〉とこの「混沌」についてはCatherine Chalier, *La trace de l'infini. Emmanuel Levinas et la source hébraïque*, Paris, Cerf, 2002 の第 3 章「神の不在」を参照．

(29) Cf. AE, p. 207/370 など．

(30) この二つの概念の関係については，ビュルグヒュラーヴとレヴィナスの書簡でのやり取りが参考になる．多くの解釈者たちが〈ある〉と元基とを同一視しているが，前主体的な〈ある〉に対し元基は主体性の次元にあるのではないかと問うビュルグヒュラーヴに対して，レヴィナスは次のように答え，ビュルグヒュラーヴの整理に賛同している．「もちろん，〈ある〉という語の二つの用法には違いがあります．第一の場合において，それは，死よりも不条理な，無意味のたえざる脅威です．すなわち，抹消不可能な存在の恐怖です．第二の場合において，それは未確定ではありますが，快感を与えるものでもあります」(Roger Burggraeve, *Emmanuel Levinas et la socialité de l'argent, op. cit.*, p. 98)．

(31) TI, p. 116/203-204.

(32) TI, pp. 115-116/202-203.

(33) Emmanuel Levinas, «Heidegger, Gagarine et nous», art. cit., in DL, p. 301/310.

(34) TI, p. 29/72.

(35) TI, pp. 49-50/102-103. 強調はレヴィナス．

(36) 論文「成年者の宗教」の題名は，1957 年にモロッコで行われた講演「ユダヤ的叡智に従って教育されるべき人間」を『困難な自由』に再録するに際して付けられたものである．啓蒙に関するカントの思想が意識されているのは間違いないだろう．この論文の内容に関しては本書 212 頁以下で，またこの論文のもととなった講演の背景に関しては第 V 部第一章で詳しく述べる．

(37) TI, p. 52/106.

(38) レヴィナスをいわゆるユダヤ哲学の系譜に位置づけたものとしては，ピエール・ブーレッツの大著『未来の証人たち』(Pierre Bouretz, *Témoins du futur. Philosophie et messianisme*, Paris, Gallimard, 2003) や，ジェラール・ベンスーサン『ユダヤ哲学とはなにか』(*Qu'est-ce que la philosophie juive?*, Paris, Desclée de Brouwer, 2003) などの優れた著作があるが，これらはレヴィナスの思想だけに焦点を絞ったものではない．

(39) Cf. TI, p. 43/92.

(40) Cf. DMT, p. 229/282. この 2 ヵ所を中心にレヴィナスとコーエンの関係を論

じたものとしては，Ze'ev Levy, «Hermann Cohen and Emmanuel Levinas», in Stéphane Mosès and Hartwig Wiedebach (eds.), *Hermann Cohen's Philosophy of Religion: International Conference in Jerusalem 1996*, Hildesheim/Zürich/New York, Georg Olmas Verlag, 1997; «The concept of God and Man in the philosophies of Hermann Cohen and Emmanuel Lévinas», *Archivio di filosofia*, v. 71, 2003 がある．また「ノアの末裔（noachide）」についての言及もおそらくこの概念を練り上げたコーエンを念頭に置いたものだろう．Cf. Emmanuel Levinas, «La laïcité et la pensée d'Israël»［1960］, in IH, p. 187/168-169.

（41）Enrico Castelli (dir.), *Débats sur le langage théologique*, Paris, Aubier-Montaigne, 1969, p. 69; repris in IdI, p. 238. この発言は，1969 年 1 月 5 日から 11 日にかけてローマで開催されたエンリコ・カステッリ主宰のコロック「神学的言語の分析　神の名」におけるレヴィナスの講演「いくつかのタルムードのテクストによる神の名」を受けた討論でなされた．この講演テクストは『聖句の彼方』に再録されている（«Le Nom de Dieu d'après quelques textes talmudiques», in ADL, pp. 143-157）.

（42）Cf. Emmanuel Levinas, «Entre deux mondes (La voie de Franz Rosenzweig)»［1959］, in DL, pp. 235-260; «Franz Rosenzweig. Une pensée juive moderne»［1965］, in HS, pp. 71-96. ステファン・モーゼスのローゼンツヴァイク論『体系と啓示』（1982 年）に寄せた序文を付け加えてもよいだろう．これは「フランツ・ローゼンツヴァイクの哲学」という題で『諸国民の時』に再録されている（«La philosophie de Franz Rosenzweig», in AHN, pp. 175-185）.

（43）TI, p. XVI/25. ただしレヴィナスは至るところでローゼンツヴァイクと現象学的手法との近さを指摘してもいる．リチャード・A. コーエンは『全体性と無限』のこの箇所から出発して，レヴィナスとローゼンツヴァイクおよび現象学の関係を詳しく論じている．Cf. Richard A. Cohen, *Elevations. The Height of the Good in Rosenzweig and Levinas*, Chicago/London, The University of Chicago Press, 1994, pp. 223-240.

（44）«Intention, Ereignis und der Andere», Gespräch zwischen Emmanuel Levinas und Christoph von Wolzogen am 20. Dezember 1985 in Paris, in Emmanuel Levinas, *Humanismus des anderen Menschen*, übersetzt und mit einer Einleitung versehen von Ludwig Wenzler, Hamburg, Felix Meiner Verlag, 1989, p. 138. レヴィナスの著作の翻訳者を対話者としたこの対談は，明かされる機会の少ないレヴィナスの思想史的背景が掘り下げられている点で興味深い．仏訳 «L'intention, l'événement et l'autre», traduit par Alain David, *Philosophie*, n° 93, mars 2007 も参照した．

（45）後年のレヴィナスは「ダヴォスでハイデガー側に立ったことをヒトラー政権の時代に非常に後悔していました」と述べている（François Poirié, *Emmanuel Lévinas. Essai et entretiens, op. cit.*, p. 84）．またレヴィナスは，自分もその一人だった「若い学生」にとって，この討論は「世界の創造と終末」だったと回顧し

ている（*ibid.*, p. 83）.

(46) Franz Rosenzweig, «Vertauschte Fronten» [1929], in *Der Mensch und sein Werk. Gesammelte Schriften. III. Zweistromland. Kleinere Schriften zu Glauben und Denken*, hrsg. von Reinhold und Annemarie Mayer, Dordrecht, Martinus Nijhoff, 1984, p. 236. この点については Stéphane Mosès, *Système et révélation. La philosophie de Franz Rosenzweig* [1982], 2e éd. revue et corrigée, Paris, Bayard, 2003, pp. 294-295 も参照.

(47) Cf. Salomon Malka, *Emmanuel Lévinas. La vie et la trace, op. cit.*, p. 60. レヴィナス自身は「とりわけ私の知的ヴィジョンにおいて，フランツ・ローゼンツヴァイクの哲学は――私がそれを知った1935年以来――非常に大きな役割を果たしました」と述べている（François Poirié, *Emmanuel Lévinas. Essai et entretiens, op. cit.*, p. 147）. コーンは，ジュール・ブラウンシュヴィックとともにパリに最初のユダヤ系中等教育機関であるマイモニデス学校を設立した人物であり，レヴィナスはユダヤ教育におけるコーンの貢献を高く評価している．以下の箇所でコーンへの言及がある．Cf. Emmanuel Levinas, «Pour un humanisme hébraïque» [1956], in DL, p. 353/366; «Antihumanisme et éducation» [1973], in DL, p. 361/375.

(48) コーエンもレヴィナスが『救済の星』を読んだ1935年という年号を重視しているが（直接レヴィナス本人にも確認したと言われている），彼はむしろハイデガーの存在論の観点からフッサールの現象学を批判していたレヴィナスが，今度はローゼンツヴァイクと出会うことでハイデガーとは異なる道を歩むようになった点を指摘している（Richard A. Cohen, *Elevations, op. cit.*, pp. 236-237）.

(49) 時期的に早いものとしては，『救済の星』の仏訳者自身が両者の異教概念の近さを指摘している（完全に同一のものとしているわけではない）．Cf. Jean-Louis Schlegel, «Lévinas et Rosenzweig», *Cahiers de la nuit surveillée*, n° 3, 1984, pp. 59-63. 最近ではソフィ・ノールマンが，異教概念についてのコーエン，ローゼンツヴァイク，レヴィナスの「思弁的身振り」の共通性を指摘している．Cf. Sophie Nordmann, «Judaïsme et paganisme chez Cohen, Rosenzweig et Levinas. Un "geste spéculatif" commun», *Archives de philosophie*, t. 70, été 2007. また異教概念は後景に退いているものの，同一著者による次の著作も参照．Sophie Nordmann, *Philosophie et judaïsme. H. Cohen, F. Rosenzweig, E. Levinas*, Paris, PUF, «Philosophies», 2008. 馬場智一『倫理の他者　レヴィナスにおける異教概念』（前掲）は，ローゼンツヴァイクについて直接的に論じるかわりに，後期シェリングの理論体系の影響を『全体性と無限』に見て取っている．

(50) Franz Rosenzweig, *Der Stern der Erlösung* [1921], Frankfurt am Main, Suhrkamp, 1988, p. 13. 以下，『救済の星』の引用に際してはSEの略号を用い，頁数とともに記す．

(51) SE, p. 21.

(52) SE, p. 95.

（53）SE, p. 65.
（54）SE, p. 66.
（55）SE, p. 41.
（56）SE, p. 83.
（57）SE, pp. 84–85.
（58）SE, p. 85.
（59）SE, p. 87.
（60）SE, p. 88.「自己自身たち」という複数形は奇妙だが，共同体を形成することのない意志の集まりをローゼンツヴァイクはこのように表現している．レヴィナスが全体性を形づくることのない「自我たち（moi's）」について述べるのは，明らかにこの用語法を踏襲したものだろう．Cf. TI, p. 270/431.
（61）SE, p. 92.
（62）SE, p. 93.
（63）SE, pp. 95–96.
（64）Emmanuel Levinas, «Franz Rosenzweig: Une pensée juive moderne» [1965], in HS, p. 85/99. 晩年のレヴィナス自身も，「隔時性（diachronie）」の概念をさらに展開させた時間の「脱形式化」についての著作を準備していたと言われている．本書 *75* 頁注（47）を参照.
（65）SE, p. 278.
（66）SE, p. 438.
（67）モーゼスもまた『救済の星』で啓示が果たす両義的役割を指摘している．「啓示は，一方で，神から人間へという個別的関係を指示しており，そのようなものとしてこの著作の第 2 巻の一章をなしている．しかし他方で啓示は，それによって三つのエレメントが明白な実存へと到達する転回運動の総体をも表している．その意味で啓示は，体系そのものの一つの運動を構成すると同時に，『救済の星』第 2 巻の全体をカヴァーしているのである」（Stéphane Mosès, *Système et révélation, op. cit.*, p. 97）.
（68）『救済の星』のより包括的な構造把握に関しては，モーゼスの前掲書に加えて以下の研究を参照．Jean-Luc Marion, «Le système ou l'étoile», *Archives de philosophie*, 46, 1983; Jean-François Marquet, «Unité et totalité chez F. Rosenzweig. Étude sur l'architecture de *L'Étoile de la Rédemption*», *Archives de philosophie*, 61, 1998; Gérard Bensussan, *Franz Rosenzweig. Existence et philosophie*, Paris, PUF, «Philosophies», 2000.
（69）SE, p. 233.
（70）Cf. Franz Rosenzweig, «Das neue Denken. Einige nachträgliche Bemerkung zum *Stern der Erlösung*», in *Der Mensch und sein Werk. Gesammelte Schriften, III, op. cit.*, p. 147.
（71）SE, pp. 434–435.
（72）SE, p. 131.

（73）アバンスールは異教とユダヤ教との対立を存在と存在からの逃走の対立として解釈している．Cf. Miguel Abensour, «Le Mal élémental», art. cit., pp. 33-34. 同様の方向での解釈としては Joëlle Hansel, «Paganisme et "philosophie de l'hitlérisme"», *Cités*, n° 25, 2006 も参照．カトリーヌ・シャリエはこの対立を土地と書物の対立と読み替える．Cf. Catherine Chalier, *Lévinas. L'utopie de l'humain*［1993］, Paris, Albin Michel, 2004, pp. 18-19.

（74）Emmanuel Levinas, «La réalité et son ombre», art. cit., in IH, p. 126/111-112.

（75）*Ibid.*, p. 139/124.

（76）*Ibid.*, pp. 142-143/126-127. さらに『全体性と無限』では，おそらくは『救済の星』を念頭に「すべての芸術は造形的（plastique）である」（TI, p. 114/200）と言われ，芸術は事物に表面的な「正面（façade）」を与えるとされる（TI, p. 167/279）．

（77）SE, p. 38.

（78）SE, p. 95.

（79）SE, p. 38.

（80）«Intention, Ereignis und der Andere», art. cit., p. 140. レヴィナスは別の対談でも非ヨーロッパ世界を踊りと結びつけている．Cf. Raoul Mortley, *French philosophers in conversation: Levinas, Schneider, Serres, Irigaray, Le Doeuff, Derrida*, London, Routledge, 1991, p. 18.

（81）«Intention, Ereignis und der Andere», art. cit., p. 140. 強調はレヴィナス．

（82）宗教学者のミルチア・エリアーデが 1958 年に来日して伊勢神宮を参拝した際，同行していたアメリカの哲学者が案内役の若い神主に，神道に含まれている神学について尋ねたところ，平井氏というこの神主はこう答えたという．「私たちには神学はありません．私たちは，私たちは……踊るのです」．エリアーデはこの「冗談」を通じて，神道の神学は言語的な定式ではなく儀式や舞のなかでもっとも明白な仕方で表現されることを示唆している．Cf. Milcea Eliade, *Les moissons du solstice*（*Mémoire II, 1937-1960*）, traduit de roumain par Alain Paruit, Paris, Gallimard, 1988, p. 218.

（83）「踊り」についての指摘を含め，この点を批判的に論じたものとしては Simon Critchley, «Five Problems in Levinas's View of Politics and the Sketch of a Solution to Them», *Political Theory*, v. 32, n° 2, 2004 がある．

（84）Jean-Luc Marion, «Le système ou l'étoile», art. cit., p. 441. 強調はマリオン．

（85）Franz Rosenzweig, «Einleitung in die Akademieausgabe der Jüdischen Schriften Hermann Cohens»［1924］, in *Der Mensch und sein Werk. Gesammelte Schriften, III, op. cit.*, p. 185. この逸話にレーヴィットが興味深いコメントを付け加えている．「この文章は逆にすることもできよう．つまり哲学者コーエンはつねにユダヤ神学者であり，ますます一層そうなったのだ，と」（Karl Löwith, «Philosophie der Vernunft und Religion der Offenbarung. H. Cohens Religionsphilosophie»［1968］, in *Sämtliche Schriften, III, Wissen, Glaube und Skepsis:*

Zur Kritik von Religion und Theologie, Stuttgart, Metzler, 1985, p. 354).

(86) SE, p. 118.

(87) SE, p. 120.

(88) Emmanuel Levinas, «La tentation de la tentation» [1964], in QLT, pp. 70–71/80–81.

(89) Cf. Emmanuel Levinas, «Entre deux mondes (La voie de Franz Rosenzweig)», art. cit., in DL, p. 242/246. ここでレヴィナスは「新しい思考」におけるローゼンツヴァイクの「神は宗教を創造したのではなく，世界を創造したのだ」という有名な言葉を引いている (Franz Rosenzweig, «Das neue Denken», art. cit., p. 153). ジャン＝フランソワ・マルケは『救済の星』では「宗教的」という語がほとんど侮蔑的な含意をもっていることを指摘している (Jean-François Marquet, «Unité et totalité chez F. Rosenzweig. Étude sur l'architecture de *L'Étoile de la Rédemption*», art. cit., p. 439, n. 37). このことは『救済の星』におけるイスラムをめぐる議論にとって重要な論点であるが，本書で深入りすることはできない. この点に関連して，『救済の星』におけるイスラムの聖戦について論じたものとして Gil Anidjar, *The Jew, the Arab. A History of the Enemy*, Stanford, California, Stanford University Press, 2003 の補遺 1「ローゼンツヴァイクの戦争」を参照.

(90) Franz Rosenzweig, «"Urzelle" des *Stern der Ersösung*» [1917], in *Der Mensch und sein Werk. Gesammelte Schriften, III, op. cit.*, p. 132. イレーヌ・カジョンは，コーエンにおいても同様に神は「倫理の原初的な法」であり，それに対して汎神論は「無道徳主義」として解釈されていると指摘している. Cf. Irène Kajon, «La critique du paganisme chez Hermann Cohen», in Gabrielle Sed-Rajan (dir.), *Rashi: 1040–1990. Hommage à Ephraïm E. Urbach*, Paris, Cerf, 1993, p. 776.

(91) SE, p. 471.『救済の星』における「形象」については，Paul Ricœur, «La "figure" dans *L'Étoile de la Rédemption* de Franz Rosenzweig», in *Lectures, 3*, Paris, Seuil, 1994 を参照.

(92) 小林康夫『表象の光学』，未來社，2003 年，152 頁.

(93) Jacques Derrida, «Violence et métaphysique», art. cit., p. 213.

(94) Dominique Janicaud, *Heidegger en France. I: Récit, op. cit.*, p. 204.

(95) Martin Heidegger, «Vom Wesen der Wahrheit» [1943], in *Wegmarken*, GA9, *op. cit.*, p. 188.

(96) *Ibid.*, pp. 193–194.

(97) *Ibid.*, p. 194.

(98) *Ibid.*, p. 196.

(99) この議論の根底にあるのは，『存在と時間』の第 44 節で行われた伝統的真理概念との対決である. そこではまだ「彷徨」の語は用いられていないが，日常性のなかで頽落している現存在は同様に「非真理」のうちにあるとされている.

（100） *Ibid.*, p. 196.

（101） *Ibid.*, p. 198.

（102） Emmanuel Levinas, «Pluralisme et transcendance» ［1949］, E. W. Beth, H. J. Pos et J. H. A. Hollak（dir.）, *Actes du Xᵉ congrès international de philosophie*, Amsterdam, North-Holland Publishing Company, 1949 ［Nendeln/Liechtenstein, Kraus Reprint, 1968］, p. 382/337. 邦訳は『レヴィナス・コレクション』所収.

（103）『存在と時間』において現存在の非本来的様態が「根無し状態」と言われていることに関しては，本書 81 頁を参照.

（104） Alphonse de Waelhens, Introduction de Martin Heidegger, *De l'essence de la vérité*, traduction et introduction par Alphonse de Waelhens et Walter Biemel, Louvain/Paris, Nauwelaerts/Vrin, 1948, p. 45.

（105） *Ibid.*, p. 42.

（106） ハイデガー以外に取り上げられている哲学者とその書評子は，カール・ヤスパース（A.-L. ルロワ），ニコライ・ハルトマン（H. デュソール），テオドール・リット（E. カロ）である.

（107） Emmanuel Levinas, Compte rendu de Martin Heidegger, *De l'Essence de la Vérité*（traduction et introduction par Alphonse de Waelhens et Walter Biemel, Louvain/Paris, Nauwelaerts/Vrin, 1948）, *Revue philosophique de la France et de l'étranger*, n° 4, 1959, p. 562. 強調はレヴィナス.

（108） TI, p. 147/251-252. 強調はレヴィナス.

（109） レヴィナスによる「真理の本質について」の解釈に関しては Fabio Ciaramelli, «De l'errance à la responsabilité», *Études phénoménologiques*, n° 12, 1990 が詳細に検討しているが，この引用箇所については触れていない.

（110） Jacques Derrida, *Adieu, op. cit.*, p. 164. 強調はデリダ.

（111） *La Bible*, traduite et présentée par André Chouraqui, Paris, Desclée de Brouwer, 2003, p. 712.

（112） この講演の背景に関しては第 V 部第一章で触れる.

（113） Emmanuel Levinas, «Une religion d'adultes» ［1957］, in DL, p. 33/22-23. 強調はレヴィナス.

（114） Cf. TI, pp. 7-8/37-38.

（115）「あなたはあなたの神，主の前で次のように告白しなさい.「わたしの先祖は，滅びゆく一アラム人であり，わずかな人を伴ってエジプトに下り，そこに寄留しました.〔…〕」」（「申命記」26, 5 以下）.

（116） Emmanuel Levinas, «Une religion d'adultes», art. cit., in DL, p. 40/31.

（117）「土地はわたしのものであり，あなたたちはわたしの土地に寄留し，滞在する者にすぎない」（「レビ記」25, 23），「この地では宿り人にすぎないわたしに／あなたの戒めを隠さないでください」（「詩編」119, 19）などの箇所を参照.

（118）「ゼカリヤ書」では「主の日」（ここでレヴィナスは「メシア的時代」と呼んでいる）について次のように言われている.「エルサレムを攻めたあらゆる国か

ら／残りの者が皆，年ごとに上って来て／万軍の主なる王を礼拝し，仮庵祭を祝う．／地上の諸族の中で，エルサレムに上って万軍の主なる王を礼拝しようとしない者には，雨が与えられない．もし，エジプトの家族も上って来なければ，仮庵祭を祝うためにエルサレムに上らなかった諸国の民が，主から受けたと同じ疫病に見舞われることがないと言えようか．これこそ，仮庵祭を祝うために上って来なかったエジプトの受ける罰であり，またすべての国の受ける罰である」（「ゼカリヤ書」14, 16-19）．

（119）TI, pp. 147-148/252.

（120）イサク誕生を告知しにきた 3 人の使いをそれと知らずにもてなしたアブラハムの物語にちなんでいる（「創世記」第 18 章）．

（121）TI, p. 156/264-265.

（122）Cf. Michel Vanni, «Oubli de l'autre et oubli de l'être. Une étrange proximité entre Heidegger et Lévinas», in *Phänomenologische Forschungen*, hrsg. von Ernst Wolfgang Orth, Bd. 1, Freiburg/München, K. Alber, 1999. また Michel Vanni, *L'impatience des réponses. L'éthique d'Emmanuel Lévinas au risque de son inscription pratique*, Paris, CNRS, 2004, pp. 82-90 も参照.

（123）Cf. TI, p. 77/145. 被造物のための場を生み出すために無限は自ら身を退くとするこの箇所は，『全体性と無限』においてルーリアのカバラー，とりわけ「収縮」（ツィムツゥム）の影響がもっとも濃厚な部分である．永井晋『現象学の転回　「顕現しないもの」に向けて』（知泉書館，2007 年）は，この箇所を含めたレヴィナスの思想全般にわたるカバラー的思考の重要性を強調している．ただし，レヴィナスがカバラーからなんらかの着想を受けていることは疑いえないとしても，彼があくまでもタルムード的伝統を第一に重視していることを忘れてはならない．

第 IV 部　非場所の倫理

（1）AE, p. VI/6.

第一章　場所論的転回――「場所」から「非場所」へ

（2）Cf. Jacques Dewitte, «Un beau risque à courir», *Cahiers d'Études Lévinassiennes*, n° 1, «Lévinas, le temps», Institut d'Études Lévinassiennes, 2002.

（3）たとえば Jacques Rolland, «L'ambiguïté comme façon de l'autrement»（in *Emmanuel Lévinas. L'éthique comme philosophie première*, Paris, Cerf, 1993）; «Un chemin de pensée: *Totalité et Infini—Autrement qu'être*»（*Rue Descartes*, n° 19, 1998）は，副題を含めたタイトル『全体性と無限　外部性についての試論』と『存在するとは別の仕方で　あるいは存在の彼方へ』における「全体性と無限」と「存在の彼方へ」，「外部性」と「存在するとは別の仕方で」とを対応さ

せることで，二著作のあいだの思想的絡み合いに注意を促している．

(4) Emmanuel Levinas, «Signature», art. cit., in DL, p. 379/393. このテクストは『困難な自由』の巻末に収められた自伝的な小論であり，この箇所は第 2 版の際に（つまり『存在するとは別の仕方で』の出版後に）付け加えられた部分である．また，存在論的差異の内部での存在／存在者の項の逆転から，存在論的差異そのものの超克を目指すことが『全体性と無限』と『存在するとは別の仕方で』の歩みであるとする『実存から実存者へ』の第二版序文も参照（本書 *64* 頁注（26））．二著作の関係をおもに言語の観点からたどるシルヴァノ・ペトロジーノは，存在論的言語からの脱却を述べるレヴィナスの発言を「決定的な言明」と見なし，この二著作がデリダの言う「代補」の関係にあるとする．ペトロジーノによれば，レヴィナスが語るべき本質的な事柄はすでに『全体性と無限』のうちに尽くされているのであり，『存在するとは別の仕方で』は『全体性と無限』の言語を代補するものである．Cf. Silvano Petrosino, «D'un livre à l'autre. *Totalité et Infini—Autrement qu'être*», *Cahiers de la nuit surveillée*, n° 3, 1984, p. 197.

(5) この講演は「「二つの世界のはざまで」（フランツ・ローゼンツヴァイクの道）」と改題され，『困難な自由』に再録された．Cf. Emmanuel Levinas, «Entre deux mondes (La voie de Franz Rosenzweig)», art. cit., in DL.

(6) そのほかの論文として，フランス哲学会での講演に基づいた「超越と高さ」（1962 年）は，基本的に『全体性と無限』の主張を繰り返したものである（この論文および講演に引きつづいて行われた討論に関しては本書 239 頁以下で触れる）．作家論である『固有名』（1976 年）所収のテクストについては，本書の関心に応じて適宜言及する．

(7) 論文「言語と近さ」は未刊論文としてこの第二版に収録された．

(8) ここではレヴィナス自身の思想の展開を問題としているため，1962 年のデュフレンヌ論および 1965 年のフッサール論「志向性と感覚」は省略している．

(9) Jacques Derrida, «Violence et métaphysique», art. cit., p. 117, n. 1.

(10) HAH, p. 105/168.

(11) 1961 年の講演「意味作用」の講演原稿はレヴィナスの遺稿に含まれておらず，『著作集』第 2 巻には収録されていない．ただし同書には関係する手稿が補遺として収められている．

(12) Emmanuel Levinas, «Temps messianiques et temps historiques dans le chapitre XI du Traité Sanhédrin», in *La conscience juive*, Paris, PUF, 1963; «Le messianisme d'après un texte talmudique», in *La conscience juive face à l'histoire: le pardon*, Paris, PUF, 1965. この講演は一つにまとめられ，「メシアに関するテクスト」と題されて『困難な自由』に収録されている．Cf. Emmanuel Levinas, «Textes messianiques», in DL, pp. 83-129.

(13) *Ibid.*, p. 120/121.

(14) TI, p. 261/422.

(15) Emmanuel Levinas, «Notes sur la métaphore», texte inédit d'Emmanuel

Lévinas, établi et annoté par Rodolphe Calin, in Danielle Cohen-Levinas et Bruno Clément（dir.）, *Emmanuel Levinas et les territoires de la pensée, op. cit.*, p. 35. ここでレヴィナスはレーヴィットの論文「人間と世界との媒介としての言語」（1958年）に依拠しているが（Karl Löwith, «Die Sprache als Vermittler von Mensch und Welt» [1958], in *Sämtliche Schriften*, Bd. 1: *Mensch und Menschenwelt: Beiträge zur Anthropologie*, Stuttgart, Metzler, 1981），レーヴィットのこのテクストは「意味作用と意味」でも明示的な仕方ではないが参照されている．Cf. HAH, p. 23/32. また「時間と他者」以外の哲学コレージュでの講演に関しては，『著作集』第2巻に遺稿が収められている．

（16）Emmanuel Levinas, lettre du 22 octobre 1964 à Jacques Derrida, in Marie-Louise Mallet et Ginette Michaud（dir.）, *Cahier de l'Herne. Jacques Derrida*, Paris, L'Herne, 2004, p. 24.

（17）無論このことは「暴力と形而上学」がレヴィナスに与えた衝撃の大きさを否定するものではない．ある討論会の席上で，自らの言語論に向けられたデリダの批判をふたたび取り上げつつ，レヴィナスは，「これらの問いを取り上げ，それに応答しようと思いましたのは，これらの問いが私をとても悩ませたからであり，とりわけそれが，今日は出席してはおりませんが，デリダという，近しく，明晰かつ斬新な人間からやってきたものだからです」と述べている（AQS, p. 70）．アラン・ダヴィッドによれば，レヴィナスは学生たちにデリダを読むよう勧める際に，「暴力と形而上学」は自分にとって「麻酔にかけられたまま殺されるようなもの」だったとユーモアを交えつつ語ったという（*Rue Descartes*, «Salut à Jacques Derrida», n° 48, 2005, p. 113）．同様のエピソードはレスクーレも記している．Cf. Marie-Anne Lescourret, *Emmanuel Levinas, op. cit.*, p. 320.

（18）AE, pp. IX-X/8.

（19）Emmanuel Levinas, «La substitution», *Revue philosophique de Louvain*, n° 91, août 1968, p. 487.

（20）Emmanuel Levinas, «La trace de l'autre», art. cit., in EDE, p. 187/270. 強調はレヴィナス．

（21）*Ibid.*, p. 188/272. すでに『全体性と無限』は「他性とのアレルギーなき関係」を「欲望」として記述することを目指していた．Cf. TI, p. 18/53.

（22）本書69頁を参照．ただしこの論文では，存在の「彼方」を目指す試みの先駆が，プロティノスの「一者」やプラトン『パルメニデス』における「一」といった西洋哲学の議論のうちに積極的に認められている．

（23）レヴィナスにおける「作品＝業」概念の意義の変容に関しては，渡名喜庸哲 «Question de l' "œuvre" chez Emmanuel Lévinas»（『フランス哲学・思想研究』，第13号，日仏哲学会編，2008年）が詳しい．

（24）Emmanuel Levinas, «La trace de l'autre», art. cit., in EDE, p. 191/276. 強調はレヴィナス．アブラハムは，イサクの嫁を故郷から連れてくるように下僕に命じる際，その娘がカナンに来るのを拒んだとしてもイサク本人を行かせてはならな

いと厳命している（「創世記」24, 6 参照）.

(25) *Ibid.*, p. 192/278.

(26) *Ibid.*, p. 194/282.

(27) *Ibid.*, p. 194/281-282. 強調はレヴィナス.

(28) *Ibid.*, p. 194/282. 強調はレヴィナス.

(29) SuZ, pp. 186-187/上 393-394.

(30) SuZ, p. 187/上 395. 強調はハイデガー．この箇所は，世界内の存在者の完全な消失を想像することによって〈ある〉の議論を引き出しているレヴィナスに対する反論ともなりうるが，レヴィナスの議論はあくまでも「存在者なき存在」を俎上に載せるためのものであって，むしろ〈ある〉が世界のうちに回帰してくるありさまは「不安」による世界の開示と非常に近いものであると言える.

(31) Emmanuel Levinas, «La trace de l'autre», art. cit., in EDE, p. 194/282.

(32) *Ibid.*, p. 197/286.

(33) EE, pp. 34-35/44-45. 強調はレヴィナス.

(34) Emmanuel Levinas, «L'ontologie est-elle fondamentale?», art. cit., in EN, p. 15/8.

(35) *Ibid.*, p. 16/8.

(36) ここでのレヴィナスの文章から『モダン・タイムス』（1936 年）を想像することも可能だろう．この作品自体への言及は見当たらないものの，チャップリンはレヴィナスが名前を挙げるおそらく唯一の映画作家である.「逃走について」（1935 年）における『街の灯』（1931 年）への言及（DE, p. 113/165-166),「自我と全体性」（1954 年）における『黄金狂時代』（1925 年）への言及（EN, p. 26/21-22）を参照.

(37) Cf. SuZ, p. 84/上 193.

(38) SuZ, p. 80/上 184.

(39) ハイデガーに関しては，すでに部分的に何度も引用している『存在と時間』第 17 節「指示と記号」の全体を参照.

(40) SuZ, p. 78/上 180.

(41) Emmanuel Levinas, «La trace de l'autre», art. cit., in EDE, p. 199/291.

(42) *Ibid.*, pp. 199-200/291. 強調はレヴィナス.

(43) *Ibid.*, p. 201/293.

(44) *Ibid.*, p. 200/291.

(45) Cf. Emmanuel Levinas, «Énigme et phénomène» [1965], in EDE, p. 209/305.

(46) 邦訳『実存の発見』における「謎と現象」の訳注（七）を参照（394-395 頁）.

(47) ロランはマルク・フェスレルの証言を通して，最晩年において時間をめぐる問いはまさにレヴィナス自身の重大な問いとなっており，それに関する体系的な著作が準備されていた可能性が高いことを示している. Cf. Jacques Rolland, *Parcours de l'autrement. Lecture d'Emmanuel Lévinas*, Paris, PUF, 2000, p. 291. レヴィナス自身の発言としては，1986 年のビュルグヒュラーヴとの対談で,「私

は時間について，隔時性についての本を書くつもりです」と述べられているのがもっとも明示的なものである（Roger Burggraeve, *Emmanuel Levinas et la socialité de l'argent, op. cit.*, p. 62）．また同時期の別の対談で最近の関心事を問われたレヴィナスは，かつてローゼンツヴァイクのために使っていた言葉を用いて「時間の概念の脱形式化」であると語っている．Cf. Emmanuel Levinas, «L'Autre, Utopie et Justice»［1988］, in EN, p. 263/332. そもそも『存在するとは別の仕方で』出版後の 1975-1976 年に行われたソルボンヌでの最終講義「死と時間」（午後の講義である「神と存在－神学」とともに『神・死・時間』としてロランによって編集されている）は時間の持続を主題としていた．

(48) EE, p. 163/186. 最初の一文はやや解釈上の問題を含んでいる．(1) まず本書は «ou» を «où» の誤植と考え，「《エロス》においては」と訳出した．たしかに「あるいは」ないし「言い換えれば」でも意味が通らないわけではない．しかし，その場合に «ou» の前後の文章はほぼ等価値でなければならないが，後半の文章（「他者との近さのうちにあって…」）が間主観性の説明になっているとは考えにくい．むしろ《エロス》の説明をしていると考える方が自然だろう．つまりエロス的関係においては，他者にどれほど近づいても融合に至ることがないという近さと隔たりの運動が問題となっているために，そうした《エロス》によってこそ，単一性と多数性の範疇に還元されない間主観性が思考可能である，ということである．(2) 関係代名詞 «dont» の先行詞は «distance» ととるのが普通だが，そうすると意味が通じないため，文法的には無理があるが «l'Eros» を先行詞とした．エロス的関係のうちに実存の複数性を読み取る構えは本書 207 頁以下で取り上げた論文「多元論と超越」（1949 年）にも現れているが，そこには「〔…〕官能の悲愴さは二元性からできている」（Emmanuel Levinas, «Pluralisme et transcendance», art. cit., p. 383/339）という一文があるから，この箇所を「《エロス》の悲愴さ」とする本書の解釈は意味的には十分に妥当だろう（なお「多元論と超越」の同部分は『全体性と無限』（TI, p. 254/410）に再録されている）．同箇所のドイツ語訳も本書の解釈を支持しているように思われる．Cf. Emmanuel Levinas, *Vom Sein zum Seienden*, übersetzt von Anna Maria Krewani und Wolfgang Nikoraus Krewani, Freiburg/München, Karl Alber, 2008, p. 118: «Sie［Die Intersubjektivität］ist uns zugänglich im Eros, der in der Nähe des anderen vollständig den Abstand bewahrt, dessen Pathos gleichzeitig aus dieser Nähe und dieser Dualität der Seienden besteht».

(49) Emmanuel Levinas, «L'ontologie est-elle fondamentale?», art. cit., in EN, p. 21/16.

(50) Cf. TI, p. 50/103.

(51) TI, p. 174/290.

(52) この講演および討論はピエール・アヤの編集により論文「自由と命令」とともに出版されている（*Liberté et commandement*［1953］, préfacé par Pierre Hayat, Montpellier, Fata Morgana, 1994; Le Livre de Poche, 1999）．討論での発

言者はヴァール，ジャン・フィリオザ，アンリ・グイエ，ミンコウスキー，G.ヴィラ（未詳）であり，さらにジョゼ・エチェヴェリアなる人物からヴァールを通してレヴィナスに渡った書簡とそれに対するレヴィナスの回答が残っている．翻訳は講演・討論・書簡を含めすべて『歴史の不測』に所収．

(53) LC, p. 88/265.

(54) LC, pp. 89-90/266-267. 強調はレヴィナス．

(55) LC, p. 96/272.

(56) Emmanuel Levinas, «Énigme et phénomène», art. cit., in EDE, p. 207/302.

(57) *Ibid*., p. 207 (n. 1)/(53)-(54).「最初に到来した者（le premier venu）」という表現には，「任意の者・得体の知れない者」という意味もある．それゆえこの語は，一方で主体が隣人に絶対的に遅れていることから生じる倫理的責務を指すと同時に（cf. AE, p. 112/213），隣人は主体によって「これなるあるもの（*τόδε τι*）」として把捉されるに先立って主体に関わるという事態を指している（cf. AE, p. 109/207-208）．

(58) *Ibid*., p. 208/304.

(59) SuZ, p. 105/上 234. 強調はハイデガー．

(60) AE, p. 102/195. 論文「近さ」ではこの段落の直後に次節「近さと主体性」が続いている．わずかな加筆を除くと，論文「近さ」と『存在するとは別の仕方で』の該当箇所では，そのほかに大きな異同はない．

(61) AE, p. 103/197.

(62) AE, p. 108/205-206. 関係の実詞化というこの議論は，「無限の観念」においては無限とその観念とを分ける隔たりがこの無限の内実そのものをなすという議論と類比的である．Cf. TI, p. 20/56.

(63) AE, pp. 103-104/197-198. 強調はレヴィナス．

第二章　『存在するとは別の仕方で』の場所論的読解

(1) Cf. AE, p. 9/33. レヴィナスにおいてはほとんど唯一の用例だと思われるが，あるタルムード講話では，カフェでの無責任な社交性を表すために，この語に否定的な意味が与えられている．「カフェは，場所ではなく，非社会のための非場所である．すなわち連帯のない社会，束の間の社会，関わり合いのない社会，共通の利害のない社会，遊びの社会のための非場所である」（Emmanuel Levinas, «Judaïsme et révolution» [1969], in DSAS, p. 41/52）．このような「非場所」は，そこから否定的含意を取り除けば，マルク・オジェが複数形で綴る「超現代性」におけるさまざまな「非場所（non-lieux）」と近いものだろう．Cf. Marc Augé, *Non-lieux. Introduction à une anthropologie de la surmodernité*, Paris, Seuil, 1992.

(2) EE, p. 9/3. プラトン『国家』（509b）を参照．

(3) 日下部吉信編訳『初期ギリシア自然哲学者断片集　1』，ちくま学芸文庫，2000

年，343頁．ハイデガーは «Seine Eigenart ist dem Menschen sein Dämon» とするドイツ語訳を引いている．

(4) Martin Heidegger, «Brief über den "Humanismus"» [1947], in *Wegmarken*, GA 9, *op. cit*, pp. 354–355.

(5) Cf. Martin Heidegger, «Die Sprache im Gedicht. Eine Erörterung von Georg Trakls Gedicht» [1953], in *Unterwegs zur Sprache*, GA12, *op. cit.*, p. 33. ハイデガーは「場所（Ort）」という語がもつ「槍の穂先」という語源を紹介しつつ，詩の言葉がそこに凝集される「場所」の「論究＝所在究明」を目指している．

(6) Cf. SuZ, pp. 220–221/上 457–458.

(7) 単行本版『第一哲学としての倫理』の序文でロランが指摘しているように（Cf. Jacques Rolland, préface à EPP, p. 44），レヴィナスが «l'éthique» という語を女性名詞としてのみならず，「倫理的なもの」という名詞化された形容詞としても用いる場合がある以上，それを「第一哲学」と名指すことは必ずしも適切ではない．レヴィナスが倫理を根源的関係と考えるのであれば，なおさらそれを一学科（たとえそれが第一哲学であれ）と同一視することはできないはずだという批判もある．Cf. Didier Franck, *L'un-pour-l'autre. Levinas et la signification*, Paris, PUF, 2008, pp. 125–126.

(8) それゆえ本書の立場は，レヴィナスにおける「外傷」としての倫理が倫理であるためには，主体と他者のあいだに「場所」ないし「環境（milieu）」がなければならないとするミシェル・アールの主張と大きく異なる．Cf. Michel Haar, «L'obsession de l'autre. L'éthique comme traumatisme», in *Cahier de l'Herne. Emmanuel Lévinas, op. cit.*, p. 451. クレティアンもまた，同様の視点から「場所と非場所の同一性」を主張し，他者の歓待の前提として保証されるべき私の場所，さらには公共空間の「恩恵」を強調している．Cf. Jean-Louis Chrétien, «Lieu et non-lieu dans la pensée de Levinas», art. cit., p. 137.

(9) ポール・リクールは「誇張（hyperbole）」をレヴィナスの著述の特徴そのものだとしていた．Cf. Paul Ricœur, *Soi-même comme un autre* [1990], Paris, Seuil, «Points-Essais», 2001, pp. 388–392.

(10) Cf. TI, p. 182/301.

(11) Cf. TI, p. 39/87.

(12) Emmanuel Levinas, «Langage et proximité» [1967], in EDE, pp. 231–232/341. ここでの «langue» は，日本語やフランス語のように文化的背景をともなって制度化された言語であるため，言葉の働き・言語活動としての «langage» と区別して「体系的言語」と訳した．

(13) このテクスト以降，レヴィナスは多くの場合に非場所を小文字（non-lieu）で記しており，ここで大文字で表記されている非場所も小文字のそれと大きく異ならない．大文字の場合，この非場所のうちに「《無限者》（l'Infini）」ないし「《彼》（Il）」の痕跡との関係を見ることも可能だが，この問題については「彼性（illéité）」の概念も含めて本書では詳しく論じることができない．彼性と痕跡の

関連については，上田和彦『レヴィナスとブランショ』（前掲）の第二部第二章を参照.

(14) Cf. TA, p. 82/90.

(15) さらに『存在するとは別の仕方で』では，愛撫と隔時性との連関が示され，「愛撫の無－秩序（dés-ordre）」が語られている．Cf. AE, p. 114/216.

(16) Cf. AE, p. 112/213. レヴィナスが引用している «J'ai ouvert…il avait disparu» という部分は，アンドレ・シュラキ訳の聖書では «J'ouvre moi-méme ［…］ il était passé» と訳されており，こちらの方が隣人の過ぎ去りの様態をよく表しているように思われる.

(17) AE, p. 112/213.

(18) AE, p. 124/231.

(19) AE, p. 113/213-214.

(20) AE, p. 17/49.

(21) マリオンは，レヴィナスはこの差異によって存在論的差異の乗り越えを試みたと評価している．問題となるのは存在と存在者の関係の逆転ではなく，存在論的差異の全体と「語ること」という倫理的な差異である．本書 *64* 頁注（26）を参照.

(22) AE, p. 8/31.

(23) AE, p. 185/331.

(24) AE, p. 62/126. 強調はレヴィナス.

(25) AE, p. 63/127. 強調はレヴィナス.

(26) AE, p. 176/315. 強調はレヴィナス.

(27) HAH, p. 16/20.

(28) Cf. EDE, p. 230/339. 強調はレヴィナス.

(29) AE, p. 130/240 et *passim*.

(30) AE, p. 18/49-50.

(31) Cf. Shmuel Trigano, *Le récit de la disparue* [1977], Paris, Gallimard, «Folio-Essais», 2001, p. 365.

(32) AE, p. 192/342.

(33) Emmanuel Levinas, «Langage et proximité», art. cit., in EDE, p. 225, n. 1/(54)-(55), 注 3.

(34) Emmanuel Levinas, «Tout autrement» [1973], in NP, p. 88/95.

(35) EE, p. 127/148.

(36) EE, p. 131/152.

(37) EE, p. 147/168.

(38) TA, p. 17/3.

(39) Cf. EE, p. 159/182.

(40) ロランは，主体がそのうちに巻き込まれている「倫理的関係」は，まさに「瞬間」として理解すべきだとする．Cf. Jacques Rolland, *Parcours de*

l'autrement, op. cit., p. 314.

（41）Cf. AE, p. 138/253.

（42）AE, p. 138/254.

（43）Emmanuel Levinas, «Tout autrement», art. cit., in NP, p. 89/95-96.

（44）Emmanuel Levinas, «La trace de l'autre», art. cit., in EDE, p. 188/273.

（45）*Ibid.*, p. 189/273.

（46）AE, p. 125/232. 強調はレヴィナス.

（47）AE, p. 126/233. 強調はレヴィナス.

（48）AE, p. 129/238. 強調はレヴィナス.

（49）AE, p. 100/192-193. 強調はレヴィナス.

（50）AE, p. 130/240.

（51）サルトルへの言及としては AE, p. 131/242 を参照.「ヘーゲルと同様，サルトルにとっても《自己自身》は対自から出発して措定される」（強調はレヴィナス）.

（52）Cf. Jean-Paul Sartre, *L'être et le néant* [1943], Paris, Gallimard, «Tel», 1994, p. 392.

（53）AE, p. 126/235. 強調はレヴィナス.

（54）AE, p. 153/276.

（55）AE, p. 137/252.

（56）AE, pp. 130-131/240-241. 強調はレヴィナス．最後の文章内，«à l'endroit de la conscience» は Livre de poche 版（2004）では «à l'endroit dans la responsabilité» となっているが誤植だと思われる.

（57）AE, p. 131/242. 強調はレヴィナス.

（58）AE, p. 132/243. 強調はレヴィナス.

（59）AE, p. 132/244. 強調はレヴィナス.

（60）G. W. F. Hegel, *Phänomenologie des Geistes, Werke in zwanzig Bänden*, Bd. 3, Frankfurt am Main, Suhrkamp, 1970, p. 23. 強調はヘーゲル.

（61）AE, p. 134/246.

（62）レヴィナスは論文「身代わり」のなかで次のように述べている.「再帰代名詞である «se»，自己こそが，まさに描き出すべき大いなる秘密である」（Emmanuel Levinas, «La substitution», art. cit., p. 498）.

（63）Émile Benveniste, «Actif et moyen dans le verbe» [1950], in *Problèmes de linguistique générale*, I [1966], Paris, Gallimard, «Tel», 2006, p. 172.

（64）Cf. AE, p. 143/261.

（65）AE, p. 69/137. 強調はレヴィナス.

（66）AE, p. 141/258. 初版で «suivent le trope» とある箇所は，«suivent-ils le trope» となっている Livre de poche 版の方を採用した.

（67）Cf. EE, p. 120/141. 本書 103 頁以下を参照.『実存から実存者へ』のなかで，主体の定位の出来事を表していた「基体化（hypostase）」は，『存在するとは別

の仕方で』では場所をもつことのない主体の性格を表す概念に転用されている．特に AE, p. 134/246 以下を参照．

(68)『存在するとは別の仕方で』のレヴィナスは「条件」と「無条件」の語を並列して用いることで主体の無条件性を強調するとともに，主体を構成する「条件」そのものが主体の自己同一性を解体する「無条件」でもあることを示している．Cf. AE, p. 6/28.

(69) いずれも AE, p. 147/268. 強調はレヴィナス．

(70) AE, p. 148/269.

(71) AE, p. 150/273. マリオンが指摘しているように，ハイデガーは『存在と時間』第 26 節で，顧慮の一つの極端な場合としての「身代わり」を語っている．ただしこれは，あくまでも「配慮において彼の場所に身を置く」(im Besorgen sich an seinen Stelle setzen) ことである．Cf. Jean-Luc Marion, «La substitution et la sollicitude. Comment Levinas reprit Heidegger», in Danielle Cohen-Levinas et Bruno Clément (dir.), *Emmanuel Levinas et les territoires de la pensée, op. cit.*, p. 58.

(72) AE, p. 139, n. 12/436.

(73) AE, p. 147/269. 強調はレヴィナス．

(74) AE, p. 135/249.

(75) AE, pp. 12-13/40. アリストテレス『形而上学』では「どこに」は存在の一様態を表すものとされていた (1026a33).

(76) AE, p. 148/270. 強調はレヴィナス．

(77) 既刊著作ではイザヤという形象が重視されているが，最近公刊された捕虜期のノートでは，「サムエル記」の「われここに」への言及がある．「本質的なのは，神の呼び声を聴くことである．だからこそつねに hineni があるのだ．若きサムエルはまだ神の声を聴くすべを知らないという「サムエル記」の一節の美しさ」(Emmanuel Levinas, *Œuvres 1, Carnets de captivité suivi de Écrits sur la captivité et Notes philosophiques diverses, op. cit.*, p. 78)．原文中 «hineni» はヘブライ文字で記されている．

(78) AE, p. 145/265. 強調はレヴィナス．

(79) AE, p. 157/282.

(80) AE, p. 112/213.

(81) Cf. AE, p. 156/282.

(82) AE, pp. 180-181/323.

(83) AE, p. 180/323.

(84) AE, p. 119/223-224.

(85) AE, p. 68/135-136. 強調はレヴィナス．

(86) EE, p. 140/162.

(87) 第Ⅱ部第二章第三節および第三章第二節を参照．

(88) Cf. EE, pp. 16-17/21.

(89) AE, p. 145/264.

(90) EE, p. 99/120.

(91) Cf. Catherine Chalier, *La trace de l'infini, op. cit.*, pp. 77–78. また「死者に命を与え，存在していないものを呼び出して存在させる神」について語るパウロの言葉も参照（「ローマの信徒への手紙」4, 17).

(92) AE, p. 68/136.

(93) *Ibid.* 強調はレヴィナス.

(94) 呼び声を理解するまえにそれに応えてしまっているという構造は，「われわれは行動し，それから理解するだろう（naase venichma)」というより一般的な状況に拡大することができる．Cf. Gérard Bensussan, «Quand faire c'est dire. *Naase venichma* dans l'œuvre de Levinas», in Danielle Cohen-Levinas et Shmuel Trigano (dir.), *Emmanuel Levinas. Philosophie et judaïsme, op. cit.*, p. 52. 行動したあとに理解するというこの構造はタルムード講話の一つで中心的に扱われている（Emmanuel Levinas, «La tentation de la tentation» [1964], in QLT, pp. 67–109).

(95) AE, p. 190/340. クレティアンは「呼び声についてのラディカルな思想のすべては，呼び声は応答のうちでしか聴き取られないということを含意している」と述べている（Jean-Louis Chrétien, *L'appel et la réponse*, Paris, Minuit, 1992, p. 42).

(96) AE, p. 192/342.

(97) AE, p. 182/325.

(98)「現象的あるいは内面的実存を超克すること，その本質は《他者》から承認を得ることではなく，《他者》に自らの存在を供することにある．それ自体として〔即自的に〕存在することとは，自らを表出すること（s'exprimer）であり，すなわち，すでに他者に仕えることなのである」(TI, p. 158/268).

(99)「《他》を知り《他》に到達したいという自負は，他者との関係のうちで成就する．この関係は言語という関係のうちに潜んでおり，その本質は呼びかけ（interpellation）であり，呼格である」(TI, p. 41/88–89).

(100) Cf. AE, p. 183/327.

(101) AE, p. 156/281. また Stéphanie Lahache, «Le messianisme dans la pensée d'Emmanuel Levinas», in Danielle Cohen-Levinas et Shmuel Trigano (dir.), *Emmanuel Levinas. Philosophie et judaïsme, op. cit.*, p. 358 も参照．ネエルは，アブラハムの「われここに」を «me voici» ではなく «Oui, Moi» と翻訳することを提案している（André Neher, *L'exil de la parole*, Paris, Seuil, 1970, p. 185).

(102) Jean-Louis Chrétien, *L'appel et la réponse, op. cit.*, p. 42. クレティアンはレヴィナスとハイデガーの差異は，前者が神に言及する点のみだとしている．

(103) SuZ, p. 129/上 281. 強調はハイデガー.

(104) SuZ. p. 177/上 376.

(105) SuZ, p. 269/下 99. 強調はハイデガー.

（106） Cf. SuZ, pp. 132-133/上 288-289.

（107）「情態性」に関しては『存在と時間』の第29節,「了解」については同31節,「話」については同34節をそれぞれ参照.

（108） SuZ, pp. 161-162/上 347.

（109） SuZ, pp. 163-165/上 349-353.

（110） SuZ, p. 272/下 105.

（111） SuZ, p. 273/下 106.

（112） SuZ, pp. 273-274/下 108.

（113） SuZ, p. 274/下 108-109. 強調はハイデガー.

（114） SuZ, p. 276/下 114.

（115） SuZ, p. 188/上 396.

（116） SuZ, p. 288/下 139.

（117） SuZ, pp. 296-297/下 156.

（118） Paul Ricœur, «Heidegger et la question du sujet», in *Le conflit des interprétations*, Paris, Seuil, 1969; Jean-Luc Marion, «L'interloqué», in *Cahiers Confrontation*, 20, 1989; Jean-François Courtine, «Voix de la conscience et vocation de l'être», in *Heidegger et la phénoménologie*, Paris, Vrin, 1990.

（119） Jean-Luc Marion, «L'interloqué», art. cit., pp. 184-185.

（120） *Ibid.*, p. 186. ハイデガーはこの転回のために,『存在と時間』が主題化し得たすべてを犠牲に捧げたとまで言われている. それ以後ハイデガーにおいて問題となるのはむしろ「存在の呼び声（Stimme des Seins）」である. Cf. «Nachwort zu "Was ist Metaphysik?"» [1943], in *Wegmarken*, GA9, *op. cit.*, pp. 306-307.

（121） 呼び声と応答の場面における不確実性に関してデリダは次のように言う.「その名に値する呼び声, その名に値する名の呼び声は, 名宛人の側のいかなる確実性にも場を与えてはならないはずである. そうでなければ, それは呼び声ではない」（Jacques Derrida, «Abraham, l'autre», in Joseph Cohen et Raphael Zagury-Orly（dir.）, *Judéités. Questions pour Jacques Derrida*, Paris, Galilée, 2003, p. 17）.

（122） SuZ, p. 271/下 103.

（123） AE, p. 189/338.

（124） TI, p. 146/249; 191/316. この表現は『全体性と無限』では, 他者の発語がもつ「高さ」の次元を指すために用いられている.『存在するとは別の仕方で』の結論部の最終盤では, より暗示的にこう述べられる.「ある声が彼岸から到来する. ある声が, すでに語られたことを語るのを中断する」（AE, p. 230/408）.

（125） とりわけ講演「…のために死ぬこと」（1987年）を参照. そこでは『存在と時間』の死の議論を追いつつ, 他者への責任から言わば逆向きに各私性が導きだされている.「隣人に責任を負うように選ばれ, それゆえ自己に対して同一的であり, それゆえ自己自身であるような者の〈私〉. これこそが選びの唯一性なのだ！」（Emmanuel Levinas, «Mourir pour...» [1987], in EN, p. 229/288）.

(126) Martin Heidegger, *Lettre sur l'humanisme*, trad. par Roger Munier, Paris, Aubier, 1957, pp. 182–185. マリオンは，現存在と「われここに」の双方に「暴露（exposition)」の性格を読み取っているが，このボーフレ宛書簡は二つの暴露の差異を明るみに出していると述べている．「一方で，〈そこ〉は他者の対面への暴露の場所となるのだが，他方では，ほかのいかなる参照もないまま，暴露の目的そのものでありつづける」(Jean-Luc Marion, «Note sur l'indifférence ontologique», art. cit., p. 58, n. 12).

(127) Giorgio Agamben, *Le langage et la mort* [1982], traduit de l'italien par Marilène Raiola, Paris, Christian Bourgois, 1997, p. 82. 強調はアガンベン．

(128) Cf. *ibid.*, p. 150.

(129) *Ibid.*, p. 165. またヘーゲルの絶対者とハイデガーの「性起（Ereignis)」の関係を印欧諸語の再帰語 *se から出発して考察した論文も参照．Cf. Giorgio Agamben, «**Se*: Hegel's Absolute and Heidegger's *Ereignis*», in *Potentialities. Collected Essays in Philosophy*, edited and translated with an Introduction by Daniel Heller-Roazen, Stanford, California, Stanford University Press, 1999.

(130) Cf. Giorgio Agamben, *Le langage et la mort, op. cit.*, pp. 104–105.

(131) AE, p. 49, n. 28/420.

(132)「本書で提案された思考法は，存在を過小評価すること〔…〕に存するのではない．しかし，むしろ存在は近さから出発することによって，正当な意味を獲得するのである」(AE, p. 19/53).

第三章　「非場所」のさまざまな相貌

(1) レヴィナスの芸術論を扱った研究の大部分において，レヴィナスの論文「現実とその影」(1948年）の芸術批判が一つの主要な論点となっている．たとえば Françoise Armengaud, «Éthique et esthétique: De l'ombre à l'oblitération», in *Cahier de l'Herne. Emmanuel Lévinas, op. cit*, p. 499 を参照．

(2) Emmanuel Levinas, «Personnes ou figures（À propos de "Emmaüs" de Paul Claudel)» [1950], in DL, p. 163/164.

(3) 本節はレヴィナスのツェラン論を扱った数少ない研究であるヒルの優れた論文 Leslie Hill, «"Distrust of Poetry": Levinas, Blanchot, Celan», *MLN*, 120, 2005 に多くを負っている．

(4) リクールに捧げられたこのテクストはまず *La Revue de Belles-Lettres*, n° 2–3, 1972 に掲載されたのち，本書が依拠する『固有名』(1976年）に再録された．初出時の雑誌にはレヴィナスのほかに，ブランショ，イヴ・ボンヌフォワ，スタロバンスキ，アンリ・ミショー，アンドレ・デュ・ブーシェらが寄稿している．その後，レヴィナスのテクストは，アレクサンドル・オランによる淡彩画とミショーの短文（前掲のツェラン特集号に掲載された詩とは別のテクスト）とともに，ファタ・モルガナ社より独立の単行本としても出版されている（*Paul Celan, de*

l'être à l'autre, Fontfroide-le-Haut, Fata Morgana, 2002).

(5) Emmanuel Levinas, «Paul Celan. De l'être à l'autre» [1972], in NP, p. 59/60. 先行する部分を含むツェランの原文は「本物の手だけが本物の詩を書くのです．私は握手と詩とのあいだに根本的な違いがあるとは思いません」(Paul Celan, «Brief an Hans Bender» [1960], in *Gesammelte Werke in fünf Bänden*, hrsg. von Beda Allemann und Stefan Reichert unter Mitwirkung von Rolf Bücher, Bd. 3, Frankfurt am Main, Suhrkamp, 1986, p. 177)．ベンダー宛書簡の翻訳は『パウル・ツェラン詩論集』，飯吉光夫訳，静地社，1986 年に収められている．

(6) Emmanuel Levinas, «Paul Celan. De l'être à l'autre», art. cit., in NP, p. 59/60–61.

(7) *Ibid.*, p. 60/61–62.「自分の口から引き離されるパン」という，『存在するとは別の仕方で』で繰り返される贈与の形象との対照も興味深い．「与えること，自己に反して，とはいえ対自を中断しつつ〈他者のために存在すること〉とは，自分の口からパンを引き離すことであり，私自身の断食によって他者の飢えを養うことである」(AE, p. 72/143)．

(8) *Ibid.*, p. 60/62. 強調はレヴィナス．

(9) Paul Celan, «Der Meridian» [1960], in *Gesammelte Werke in fünf Bänden*, Bd. 3, *op. cit.*, p. 196. レヴィナスも引用している（p. 61/63)．「子午線」の翻訳には，前掲『パウル・ツェラン詩論集』所収のものと，『照らし出された戦後ドイツ　ゲオルク・ビューヒナー賞記念講演集（1951–1999)』(谷口廣治監訳，ビューヒナー・レーデ研究会ほか訳，人文書院，2000 年）所収の柴嵜雅子訳がある．

(10) Cf. Martin Heidegger, «Die Sprache» [1950], in *Unterwegs zur Sprache*, GA 12, *op. cit.*, p. 10.

(11) Emmanuel Levinas, «Paul Celan. De l'être à l'autre», art. cit., in NP, p. 59/61. 強調はレヴィナス．

(12) *Ibid.*, p. 60/61. ツェランのテクストは，Paul Celan, «Gespräch im Gebirg» [1959], in *Gesammelte Werke in fünf Bänden*, Bd. 3, *op. cit.*, pp. 170–171 を参照．「山中の対話」の翻訳は，前掲『パウル・ツェラン詩論集』に収められている．

(13) *Ibid.*, p. 169. レヴィナスも引用している（p. 65/69)．

(14) Emmanuel Levinas, «Paul Celan. De l'être à l'autre», art. cit., in NP, p. 61/62. ツェランは「詩は他者の方に向かおうとします，詩はこのような他者を必要としています，詩には向かい合う人が必要なのです」と述べている（Paul Celan, «Der Meridian», art. cit., p. 198)．

(15) Emmanuel Levinas, «Paul Celan. De l'être à l'autre», art. cit., in NP, p. 61/62–63. 強調はレヴィナス．訳文中，通常の強調と区別するため，ツェランからの引用はゴシック体とした．引用されているツェランの原文は以下．Paul Celan, «Der Meridian», art. cit., p. 198.

(16) Emmanuel Levinas, «Paul Celan. De l'être à l'autre», art. cit., in NP, p. 62/64.

(17) *Ibid.*, p. 63/66–67. 強調はレヴィナス．引用されているツェランの原文は以下．

Paul Celan, «Der Meridian», art. cit., p. 192; *ibid.*, p. 199.

(18) Emmanuel Levinas, «Paul Celan. De l'être à l'autre», art. cit., in NP, p. 64/67. レヴィナスは「存在者の存在への開け」の箇所に注を付し，ハイデガー『形而上学入門』を引用して「しかるに芸術とは存在者の存在の経験である」とドイツ語で記しているが，「経験（Erfahrung）」とあるのは「開け（Eröffnung）」の誤記である（Martin Heidegger, *Einführung in die Metaphysik*, GA40, *op. cit.*, p. 140）.

(19) Paul Celan, «Der Meridian», art. cit., p. 196. 強調はツェラン．レヴィナスは別の箇所を引用しながら「まったき他者」に触れている（p. 61/63）.

(20) ツェランは「ユートピアの光」という表現を提示する直前に，「場所の探索でしょうか？」という問いを発している（*ibid.*, p. 199）.

(21)「一月二〇日」はビューヒナー『レンツ』の冒頭に出てくる日付だが，ユダヤ人問題の「最終解決」を決定した 1942 年のヴァンゼー会議が行われた日でもある．

(22) Paul Celan, «Der Meridian», art. cit., p. 201.

(23) *Ibid.*, p. 202. 強調はツェラン．

(24) Emmanuel Levinas, «Paul Celan. De l'être à l'autre», art. cit., in NP, p. 64/67-68.

(25) ラクー＝ラバルトが指摘しているとおりである．「〔…〕講演の流れのなかで「子午線」というこのタイトル――より正確にはこの語――が出現するとき，このタイトルないし語は転義（tropes）と回帰線＝熱帯地方（tropiques）に関するある種の機知（Witz）と交差あるいは合致しないわけにはいかない――それと「出会う」ことなしには済まされない．すなわち Trope の複数形 Tropen に関する機知であり，この複数形は転義と同様に回帰線＝熱帯地方をも意味することができるのである」（Philippe Lacoue-Labarthe, *La poésie comme expérience*, Paris, Christian Bourgois, 1986, pp. 61-62）.

(26) Jacques Derrida, *Schibboleth. Pour Paul Celan*, Paris, Galilée, 1986, p. 27. 強調はデリダ．日付をめぐる絶対的な特異性と反復の問題については，「子午線」の詳細な読解である同書第 1 章の全体を参照．

(27) Emmanuel Levinas, «Paul Celan. De l'être à l'autre», art. cit., in NP, pp. 64-65/68. 強調はレヴィナス．

(28) フランス＝ラノールの著作から引用．Hadrien France-Lanord, *Paul Celan et Martin Heidegger. Le sens d'un dialogue*, Paris, Fayard, 2004, p. 85.

(29) *Ibid.*, p. 85, n. 1. フランス＝ラノールは「子午線」で言われる「ユートピア」が現存在の「現（Da）」であるとまで述べている．このような「情報に富んではいるが，がっかりするほど一方的で，ハイデガーのみを支持するような解釈」に対してヒルは，「現存在様態」という語を（しかものちに消去されるこの語を）使用しているというだけで，詩人の身振りをハイデガー的な解釈のみに従わせることがどこまでできるのかと問うている（Leslie Hill, «"Distrust of Poetry": Levinas, Blanchot, Celan», art. cit., p. 1003, n. 9）.

(30) Philippe Lacoue-Labarthe, *La poésie comme expérience, op. cit.*, p. 50. 強調はラクー＝ラバルト．「詩作」と「思索」が強調されているのは，ハイデガーにおける «Dichten» と «Denken» の関連に注意を促したものだろう．芸術と「無気味なもの」の本質的な関連を述べている点で「〔…〕「子午線」は〔…〕ハイデガーへの一つの応答である」(*ibid.*, p. 67）とも言われる．

(31) *Ibid.*, pp. 97–98. 強調はラクー＝ラバルト．

(32) Jacques Derrida, *Schibboleth. Pour Paul Celan, op. cit.*, p. 94. デリダは同じようにブーバー，レヴィナス，ブランショらについても言及を差し控えるとする．

(33) Emmanuel Levinas, «Paul Celan. De l'être à l'autre», art. cit., in NP, p. 187, n. 1/70–71. 強調はレヴィナス．

(34) 一つの可能性としては，高等師範学校でツェランの同僚だったデリダを通じて，ということが考えられるが，まったく推測の域を出ない．デリダはペーター・ソンディの仲介で 1968 年 7 月にはじめてツェランに会ったと述べている（Cf. Jacques Derrida, *Schibboleth. Pour Paul Celan, op. cit.*, pp. 35–36）．ソンディは 1967 年 12 月のツェランのベルリン訪問の同行者である．レヴィナスがポワチエからパリ（ナンテール）に移るのが 1967 年だから，いずれにしてもレヴィナスがこの「証言」に接したのはこの辺りの時期だろう．1968 年にデリダ，レヴィナス，ブランショの 3 人が会う機会をもったことについてはデリダの証言がある（Cf. Jacques Derrida, *Adieu à Emmanuel Lévinas, op. cit.*, p. 20）．

(35) バルバラ・ヴィーデマンによる注釈つきの詩全集から引用．Paul Celan, *Die Gedichte. Kommentierte Gesamtausgabe in einem Band*, Herausgegeben und kommentiert von Barbara Wiedemann, Frankfurt am Main, Suhrkamp, 2005, p. 806. ツェランとハイデガーに関しては以下も参照．平野嘉彦「物語の余白にツェラーンと〈哲学者〉たち」，野家啓一（編）『物語　現代哲学の冒険 8』所収，岩波書店，1990 年；宇京頼三「ツェランとハイデガー：詩「トートナウベルク」をめぐって」，『人文論叢』，三重大学人文学部文化学科研究紀要，第 21 号，2004 年．

(36) 同じくヴィーデマンの注釈から引用（*ibid.*）．

(37) Paul Celan, «Todtnauberg», in *ibid.*, p. 282.

(38) Cf. Philippe Lacoue-Labarthe, *La poésie comme expérience, op. cit.*, p. 58. ラクー＝ラバルトは，詩「トートナウベルク」は「そのなかでアウシュヴィッツが発声された，アウシュヴィッツを発声した言語」について，つまりは「失望がいかなるものだったか」について語っていると述べている（*ibid.*, p. 57）．それに対して前出のフランス＝ラノールは，「「トートナウベルク」がそれについて語っていること（ce dont parle *Todtnauberg*）」と，詩それ自体として「「トートナウベルク」が言っていること（ce que dit *Todtnauberg*）」とを分けなければならないとしたうえで，ツェランが「子午線」でパスカルを引きつつ言及する詩の「曖昧さ」(Paul Celan, «Der Meridian», art. cit., p. 195）に依拠し，詩には，伝記的な事実によっては解読されえない曖昧な部分が本質的に残るとしている．それで

は1967年7月25日のトートナウベルクの山荘での1日を括弧に入れたとき，この詩が「言っていること」とはなにか．フランス＝ラノールは，詩人がそれを聞く希望を胸中に抱いた「言葉」は，来たるべき詩の言葉そのものだとしている．「「トートナウベルク」――かくしてこの詩が名指しているのは，おそらくあらゆる詩の可能性そのものの「ユートピア的な」場所である」（Hadrien France-Lanord, *Paul Celan et Martin Heidegger. Le sens d'un dialogue, op. cit.*, p. 161）．このように「トートナウベルク」を非場所化することでこの議論からハイデガーを解放しようとする試みは，まさにツェランがこの固有名に託したもの，そしてまさにこの場所で起こった哲学者と詩人の出会いの特異性を軽視することにつながるのではないか．

（39）Paul Celan, «Der Meridian», art. cit., p. 198. 強調はツェラン．

（40）Cf. Philippe Lacoue-Labarthe, *La poésie comme expérience, op. cit.*, p. 70.

（41）Martin Heidegger, «Heimkunft/An die Verwandten» [1943], in *Erläuterungen zu Hölderlins Dichtung*, GA4, Frankfurt am Main, Vittorio Klostermann, 1981, p. 23.

（42）*Ibid.*, p. 24.

（43）『われわれのあいだで』（*Entre nous*）は，「〈他者へ向けて思考すること〉をめぐる試論（Essais sur le penser-à-l'autre）」という副題をもつ1991年のレヴィナスの論文集の題名である．

（44）Cf. Leslie Hill, «"Distrust of Poetry": Levinas, Blanchot, Celan», art. cit., pp. 990–991.

（45）Paul Celan, «Cello-Einsatz», in *Die Gedichte. Kommentierte Gesamtausgabe in einem Band, op. cit.*, p. 200.

（46）Emmanuel Levinas, «Paul Celan. De l'être à l'autre», art. cit., in NP, pp. 65–66/69–70. 強調はレヴィナス．引用されているツェランの原文は以下．Paul Celan, «Der Meridian», art. cit., p. 202; p. 199.

（47）残念なことに，一般にもっとも普及していると思われる『固有名』の文庫版は，«als es ist» をひとまとまりとして «alles ist weniger,» に続けて印刷するという致命的な誤植を犯している．それ以外のヴァージョン（初出の雑誌版，『固有名』初版，単行本版）ではすべて正しく印刷されている．

（48）Paul Celan, «Lob der Ferne», in *Die Gedichte. Kommentierte Gesamtausgabe in einem Band, op. cit.*, p. 37. Cf. AE, p. 125/232. この詩はレヴィナスのツェラン論が掲載された雑誌特集号にも収められている（*La Revue de Belles-Lettres*, n° 2–3, 1972, pp. 14–15）．

（49）«Edmond Jabès aujourd'hui», *Les Nouveaux Cahiers*, n° 31, hiver 1972–1973, p. 51. 以下，レヴィナスの回答のみ，それが収録された『固有名』から引用する．

（50）«découvrons edmond jabès», par R. [Wladimir Rabi], *L'Arche*, 26 février 1972, p. 71.

（51）Emmanuel Levinas, «Edmond Jabès aujourd'hui» [1972], in NP, pp. 93–

94/97-98. 強調はレヴィナス．最後に引かれているのは『アエリ』の一節であり，この声に次の声が続く．「私の顔を君にあげよう．それがかつて君の顔だったかのように，私はその顔を愛そう」．Edmond Jabès, *Aely*, repris in *Le livre des questions, II*, Paris, Gallimard, «L'imaginaire», 1989, p. 424.「衝-天（ex-cellence）」については本書313頁以下および369頁以下を参照．

(52) Edmond Jabès, «L'absence de lieu» [1956], in *Le Seuil. Le Sable. Poésies complètes 1943-1988*, Paris, Gallimard, «Poésie», 1990, p. 25.

(53) デリダはこの詩の冒頭に言及したあと，こう続けている．「そして『問いの書』は，決然と，街と砂漠のあいだの空き地のなかに――非場所のなかに――身を置く．そこでは，根もまた同様に拒まれ，あるいは枯らされている」（Jacques Derrida, «Edmond Jabès et la question du livre» [1964], in *L'écriture et la différence, op. cit.*, p. 105）.

(54) これは『ユーケルの書』第4部冒頭の章のタイトルである．「地霊（génie du lieu/genius loci）」への反駁として選ばれた言葉だろう．

(55) Edmond Jabès, *Le retour au livre* [1965], repris in *Le livre des questions, I*, Paris, Gallimard, «L'imaginaire», 1988, p. 427.

(56) Edmond Jabès, *Du désert au livre. Entretiens avec Marcel Cohen* [1980], nouvelle édition revue et corrigée, Pessac, Éditions Opales, 2001, p. 44.

(57) ジャベスにおける「不在の神話」を指摘しつつ，その作品とカバラーとの近接を広範な観点から示したものとして，Matthew Del Nevo, «Edmond Jabès and Kabbalism after God», *Journal of the American Academy of Religion*, n° 2, 1997を参照．カバラーへの過度の接近は，アンリ・メショニックが「ユダヤ教の幻想」として批判していた点でもある．Cf. Henri Meschonnic, «Maurice Blanchot ou l'écriture hors langage» [1974], in *Poésie sans réponse* (*Pour la poétique, V*), Paris, Gallimard, 1978, p. 127.

(58) ジャベスにおける「書くこと」と神の不在については，三浦直希「エドモン・ジャベスにおける神と言語の問題」（『Lingua』，第18号，上智大学一般外国語教育センター，2007年）を参照．

(59) AE, p. 229/405-406.

(60) ゲイリー・D. モールは，レヴィナスはジャベス論においても「彼の根深い詩の不信」をあらわにしていると言う．「〔…〕レヴィナスはジャベス読解において，ジャベスを賞賛すると同時に留保を置いてもいる．賞賛しているのは主体性からの断絶があるからであり，留保を置いているのはこの断絶に倫理的文脈が欠けているからである」（Gary D. Mole, *Lévinas, Blanchot, Jabès: Figures of Estrangement*, Gainesville, University Press of Florida, 1997, p. 13）.

(61) Emmanuel Levinas, «Edmond Jabès aujourd'hui», art. cit., in NP, p. 95/100.

(62) *Les Nouveaux Cahiers*, n° 31, hiver 1972-1973, p. 56. 強調はデリダ．

(63) François Laruelle, «Edmond Jabès ou le devenir-juif», *Critique*, n° 385-386, juin-juillet 1979, p. 577.

(64) Shmuel Trigano, «L'apostasie du Messie. Le paradoxe de l'Emancipation», *Esprit*, mai 1979, p. 9.

(65) *Ibid.*, p. 8.

(66) Shmuel Trigano, *La nouvelle question juive. L'avenir d'un espoir* [1979], avec la postface inédite, Paris, Gallimard, «Folio-Essais», 2002, p. 64. また，まさしく「場所」と題された論文 Shmuel Trigano, «Lieu», *Les Temps Modernes*, septembre 1979 も参照．そこでも「非場所の神格化」が批判されている (p. 550)．『レ・タン・モデルヌ』誌の同号には，第V部で触れるレヴィナスの論文「政治はあとで！」も収録されている．

(67) Edmond Jabès, *Du désert au livre, op. cit.*, p. 106.

(68) *Ibid.*, p. 97.

(69) たとえば「私はユダヤ人であることの困難について語った．この困難は書くことの困難と混ざり合っている．なぜならユダヤ教とエクリチュールは，同じ一つの待機，同じ一つの希望，同じ一つの摩耗にほかならないからだ」という『問いの書』の一節を参照．Edmond Jabès, *Le livre des questions*, repris in *Le livre des questions, I, op. cit.*, p. 136.

(70) Henri Raczymow, «Qui est Edmond Jabès ?», *Cahiers obsidiane*, n° 5, 1982, p. 166.

(71) Edmond Jabès, *Le livre du partage*, Paris, Gallimard, 1987, p. 27.

(72) Emmanuel Levinas, «Le hors-de-soi du livre (*En guise de lecture talmudique*)», supplément à *Instants*, n° 1, 1989. 強調はレヴィナス．このテクストはジャベスに捧げられた同雑誌の付録に収められており，丁付がされていない．雑誌本体にはブランショをはじめ，ジャック・デュパン，ステファン・モーゼス，ミシェル・レリス，マッシモ・カッチャーリらが寄稿しているが，レヴィナスとジャック・ルボーのテクストのみ，付録の形で別冊となっている．その事情については付録にこう書かれている．「これらのテクストは郵便局によってどこかに迷い込んでしまい，それがわれわれのもとに届いたのは，論集がすでに印刷にかけられていたときだった．われわれはこれらのテクストを読者から奪うことは望まなかった．それゆえこの冊子がある」．これはある意味でジャベスに捧げられた雑誌にふさわしい，書物の外部を表すエピソードだろう．このテクストはレヴィナスの著作に再録されていないが，邦訳がある．「本の忘我　タルムード解釈のために」(港道隆訳，『現代詩手帖』，1991 年 6 月号)．

(73) Edmond Jabès, *Aely, op. cit.*, p. 425.

(74) Emmanuel Levinas, «Philosophie, justice, amour», art. cit., in EN, p. 127/155.

(75) ジャベスはレヴィナスに捧げられた論文集『エマニュエル・レヴィナスのためのテクスト』(1980 年) に「砂漠のなかにしか痕跡はない」という文章を寄せている．「痕跡を探しにいくこと，それはおそらく書きつづけること，見いだしえない痕跡の周りをめぐることだ」(Edmond Jabès, «Il n'y a de trace que dans le désert», in François Laruelle (dir.), *Textes pour Emmanuel Levinas*, Paris,

Jean-Michel Place, 1980, p. 19). レヴィナスの思想との協働作業がジャベスの側では書くという行為に賭けられていると言ってよいだろう.

(76) AE, p. 126/233-234.

(77) AE, p. 5/25. 強調はレヴィナス.

(78) AE, pp. 5-6/26.

(79)「息の休止」はツェランが「子午線」で用いている表現である（Paul Celan, «Der Meridian», art. cit., p. 197).

(80) あるインタヴューでの発言を参照.「〔…〕ブロンデルは〔…〕フロイトに非常に敵対的な，とりわけベルクソン的な心理学を展開しました――この敵意は，深く消えることのない印象を私に与えました」(Emmanuel Levinas, «Ethics of the infinite» (an interview with Richard Kearney), in Richard Kearney, *Dialogues with Contemporary Continental Thinkers*, Manchester, Manchester University Press, 1984, p. 49). 別の場所でレヴィナスはエディプス・コンプレックスを異教的な概念と見なし，父性を疎外とは異なる範疇で考察しなければならないとしたうえで，精神分析を厳しく断罪している.「少なくともこの点で精神分析は，現代の感受性における一神教の深刻な危機を実証している．この危機は，なんらかの教条主義的な命題を拒否することに帰着するものではない．この危機は反ユダヤ主義の究極の秘密を隠しもっているのである」(Emmanuel Levinas, «La volonté du ciel et le pouvoir des hommes» [1974], in NLT, p. 21, n. 2).

(81) レヴィナスとラカンに関しては優れた論集 Sarah Harasym (ed.), *Levinas and Lacan. The Missed Encounter*, New York, State University of New York Press, 1998 を参照．ウィニコットとの関係に関しては，とりわけ Jean Pisanté, «Lévinas-Winnicott, le rendez-vous manqué», *La psychiatrie de l'enfant*, 45, 2002 を参照．いずれにおいても「出会い損ない」が論題の一部をなしている.

(82) レヴィナスの哲学を現象学と精神病理学の方法論で読解する先駆的研究は村上靖彦によって数多くなされている．日本語で読めるものとして村上靖彦『レヴィナス　壊れものとしての人間』(河出書房新社，2012年）を参照.

(83) すでにミシェル・デュピュイは〈ある〉の雰囲気をめぐるレヴィナスと精神病理学の議論の近さに本書と同様の関心を寄せていた．Cf. Michel Dupuis, *Pronoms et visages. Lecture d'Emmanuel Levinas*, Dordrecht/Boston/London, Kluwer Academic Publishers, 1996, p. 42.

(84) この領域でレヴィナスがもっとも親しかった人物は，ハイデガーなどの現象学研究から出発したのちに『精神病』(1971年）を著したド・ヴェーレンスだろう．レヴィナスはド・ヴェーレンスの思い出に捧げたテクストで，彼にとって精神分析は「人間の精神性についての根底的な探究」だったと述べている．またその文脈で唯一ラカンへの言及が見られる．Cf. Emmanuel Levinas, «In memoriam Alphonse de Waelhens» [1984], in HS, p. 160/174.

(85) Eugène Minkowski, *Vers une cosmologie* [1936], Paris, Payot, 1999, p. 115. 強調はミンコウスキー.

（86）*Ibid.*, p. 119.

（87）Eugène Minkowski, «Espace, intimité, habitat», art. cit., p. 179.

（88）Hubertus Tellenbach, *Geschmack und Atomosphäre*, Salzburg, Otto Müller Verlag, 1968, p. 155. 強調はテレンバッハ.

（89）*Ibid.*, p. 156. 強調はテレンバッハ.

（90）「住むことは感情の安定性に対していかなる役割を果たすか」と題された論文を参照. Hermann Schmitz, «Was leistet das Wohnen für die emotionale Stabilität?», *Curare*, 1/1979, p. 58.

（91）TI, pp. 125-126/219-220.

（92）特に Yasuhiko Murakami, *Hyperbole. Pour une psychopathologie lévinassienne*, Amiens, Association pour la promotion de la Phénoménologie, 2008 の第二章「住まいと，ウィニコットにおける移行領域」を参照. この議論においては，家の保護的役割のみならず，レヴィナスが家と結びつける「女性的なもの」の解釈も問題となる.

（93）EE, p. 95/115.

（94）EE, p. 104/125.

（95）AE, pp. 226-227/400-401. 強調はレヴィナス.

（96）AE, p. 229/405-406.

（97）AE, p. V/3. この献辞については本書 363 頁でふたたび触れる.

（98）ビンスワンガーやマルディネを引きながらレヴィナスにおけるメランコリーの問題を扱った論文に Jean-Luc Lannoy, «Questions d'humeurs: Levinas et la mélancolie», in Michel Dupuis（dir.）, *Lévinas en contrastes*, Bruxelles, De Boeck, 1994 がある.

（99）この著作では，主体と他者との「近さ」が問題となるというよりもむしろ，「ますます近く」という仕方で隔たりが狭まっていく運動の果てに近さの「最上級」としての「私」が俎上に載せられる. これは他者に対して近い主体ではなく，近さとして構造化されている主体であり，それをあらためて一個の概念として考えることはできない. そこからレヴィナスはこう述べる.「もはや《自我》（Moi）や《私》（Je）がなんであるのかを言うことはできない. いまや一人称で語らなければならない」（AE, p. 104/198）. ここから一人称で語る哲学という『存在するとは別の仕方で』の叙述の意義をあらためて考察しなければならない. この一人称もまたレヴィナスの倫理がもつ非対称的な性格を示している.

（100）Emmanuel Levinas, «La compréhension de la spiritualité dans les cultures française et allemande», art. cit., p. 133.

（101）*Ibid.*, p. 134. ハイデガーはアーレント宛のある書簡で，『魔の山』では「現存在がいかにその環境によって生かされているか」が見事に描き出されていると伝えている. Cf. Hannah Arendt/Martin Heidegger, *Briefe 1925 bis 1975 und andere Zeugnisse* [1998], aus den Nachlässen herausgegeben von Ursula Ludz, 3 Aufl., Frankfurt am Main, Vittorio Klostermann, 2002, p. 40.

（102）Emmanuel Levinas, «De l'utilité des insomnies»（Entretien avec Bertrand Révillon）［1987］, in IH, p. 199/182.

（103）EE, p. 111/133.

（104）AE, p. 209/372. 村上靖彦は，かつては他者の不在とされていた〈ある〉が『存在するとは別の仕方で』では他性と同一視されるに至る転換に死者というモチーフの介入を見ている．Cf. Yasuhiko Murakami, *Hyperbole. Pour une psychopathologie lévinassienne, op. cit.*, pp. 89–94.

（105）TI, p. 116/204.

（106）Cf. Emmanuel Levinas, «Sans nom»［1966］, in NP, pp. 178–179/187. ユダヤ人の同化の脆弱さをあらわにしたヒトラー主義の時代には，「私たちは砂漠に，風景なき空間に，あるいは，ただ私たちを含むためだけに――墓のように――つくられた空間に戻ってきた．私たちは容器としての空間に戻ってきたのだ」（*ibid.*, p. 179/188）と言われている．

（107）AE, p. X/9.

第Ⅴ部　レヴィナスとイスラエル

第一章　離散とイスラエルのはざまで

（1）レヴィナスの教育論を扱った数少ない論文として Annette Aronowicz, «L'éducation juive dans la pensée d'Emmanuel Levinas», in Danielle Cohen-Levinas et Shmuel Trigano (dir.), *Emmanuel Levinas. Philosophie et judaïsme, op. cit.* がある．同論文はレヴィナスの教育観とローゼンツヴァイクの「自由ユダヤ学舎（Freies Jüdisches Lehrhaus)」の比較を行っている点で興味深い．また教育者レヴィナスの姿を伝える論文集として *Emmanuel Lévinas, philosophe et pédagogue*, Paris, Nadir, 1998 がある．

（2）1840 年，カプチン会修道士トマーゾ神父の失踪を受けて，ダマスカスのユダヤ教徒らに「儀式殺人」の嫌疑がかけられる．十数人のユダヤ教徒が逮捕・勾留され，拷問を受けて自白を強要された．これに対してロンドン，パリ，ニューヨーク，フィラデルフィアなど各地のユダヤ共同体が抗議し，とりわけモーゼス・モンテフィオーレ（イギリス）とクレミューおよびサロモン・ムンク（フランス）からなる使節団が仲介に向かい，最終的に，拷問を受けて死亡した者を除く拘留中のユダヤ教徒の解放を勝ち取ることに成功した（cf. *Encyclopaedia Judaica*, «Damascus affair», *ad loc.*）．

（3）1858 年 6 月 23 日，ボローニャのユダヤ人家庭の 6 歳の息子エドガルド・モルタラが教皇の憲兵隊に連れ去られる．一時期モルタラ家で女中をしていたカトリックの少女が，4 年前にエドガルドが病気になったときに，彼の魂を救おうと秘密裡に洗礼を受けさせたことを告白したのが原因だった．世界中のユダヤ共同体がこの誘拐事件に抗議し，ナポレオン 3 世ら諸国のカトリック君主も世論を重視

するよう教皇ピウス9世に進言したが，洗礼を受けている以上キリスト教徒によってキリスト教徒として育てられなければならないとする教皇はこれを聞き入れなかった．その後10年以上にわたって抗議が続けられたが，成人したエドガルド自身もキリスト教徒に留まる意図を表明した．結局彼はカトリックの聖職者として一生を送ることになる（cf. *Encyclopaedia Judaica*, «Mortara case», *ad loc.*）.

(4) ルヴァンはその著作『五十年の歴史　世界ユダヤ連盟（1860-1910年）』（第1巻1911年，第2巻1920年）でも知られ，連盟の歴史家としての側面ももっている．第Ⅰ部で扱った『平和と権利』誌所収のレヴィナスの論文のなかでは，「東方ユダヤ師範学校史」（1936年）にルヴァンのこの著作への言及がある．Cf. Emmanuel Levinas, «Une histoire de l'École Normale Israélite Orientale» [1936], in CH, p. 148/62-63. 翻訳は『現代思想　3月臨時増刊号』所収.

(5) 世界ユダヤ連盟と各地のユダヤ共同体の関わりについては，モロッコ（Michael M. Laskier, *The Alliance israélite universelle and the Jewish communities of Morocco, 1862-1962*, Albany, State University of New York Press, 1983），トルコ（Aron Rodrigue, *French Jews, Turkish Jews: the Alliance israélite universelle and the politics of Jewish schooling in Turkey, 1860-1925*, Bloomington and Indianapolis, Indiana University Press, 1990）など，いくつかの歴史的な研究が行われている．また，地中海沿岸の各地域における連盟の教育活動をさまざまな視点から扱った論集として次を参照. Jérôme Bocquet (dir.), *L'Enseignement français en Méditerranée. Les missionnaires et l'Alliance israélite universelle*, Rennes, Presses Universitaires de Rennes, 2010.

(6) Cf. Emmanuel Levinas, «La réouverture de l'Ecole Normale Israélite Orientale» [1946], *Les cahiers de l'Alliance Israélite Universelle*, n° 11, décembre-janvier 1946-1947, p. 2. 前掲の「東方ユダヤ師範学校史」にも引用がある（p. 147/61）．なお同論文はナヴォンの『東方ユダヤ師範学校七十年史』（1935年）に捧げられている．

(7) *Ibid.*, p. 2.

(8) 師範学校でのレヴィナスについては，レスクーレの伝記よりも，かつての生徒のインタヴューなども交えたマルカの描写の方が具体的な状況を伝えてくれる．Cf. Salomon Malka, *Emmanuel Lévinas. La vie et la trace*, *op. cit.*, pp. 99-119.

(9) レヴィナスが哲学コレージュで行った講演は，これまで1946/47年の「時間と他者」のみが既刊だったが，その他の講演を遺稿から復元したものが2011年刊行の『著作集』第2巻に収録された．

(10) Emmanuel Levinas, «Réflexions sur l'éducation juive» [1951], in DL, p. 340/351. 以下，『困難な自由』の初版から引用する場合にはDL1と略記し，原書頁数と初版の邦訳（『困難な自由　ユダヤ教についての試論』，内田樹訳，国文社，2008年）の頁数を記す．

(11) *Ibid.*, pp. 340-341/352.

(12) *Ibid.*, p. 344/355.

(13) 文献学と化したユダヤ学は資料を「期限切れ」のものとして扱うとする「十年の教育」(1954年) の主張も参照 (Emmanuel Levinas, «Dix ans d'enseignement» [1954], in DL1, p. 305/359). ユダヤ学関連でレヴィナスがもっとも近かったのは，ブダペストに生まれ高等研究実習院で教鞭を執ったジョルジュ・ヴァイダだろう．レヴィナスはヴァイダの記念論文集に寄稿している．Cf. Emmanuel Levinas, «Exégèse et transcendance. À propos d'un texte du traité *Makoth* 23b», in Gérard Nahon et Charles Touati (dir.), *Hommage à Georges Vajda*, Louvain, Peeters, 1980. 両者の関係を扱った研究として Perrine Simon-Nahum, «Entre Vajda et Lévinas. Les études juives en France après 1945», *Cahiers du judaïsme*, n° 3, automne 1998 を参照.

(14) Emmanuel Levinas, «Le problème actuel de l'éducation juive en Occident» [1960], in DL1, p. 283/335-336. 強調はレヴィナス.

(15) Emmanuel Levinas, «Dans quel sens il nous faut une haute science juive?» [1955], in DL1, p. 319/377. ドイツからの補償金をこうした国際的なユダヤ研究教育機関の創設のために用いるべきだというのがテクスト全体の論旨である.

(16) Cf. «La tournée de conférences de M. Emmanuel Levinas en Afrique du Nord», *Information juive*, n° 62, janvier 1955.

(17) トゥムリリンはアズルーに注ぐ川の名前で Toumliline と Tioumliline の二通りの表記がある.

(18) 各回の詳細については，おもに Marie-Rose Mayeux, «Cours internationaux d'été de Toumliline: 1956-1957-1958-1959», *Archives des sciences sociales des religions*, v. 9, n° 1, 1960 による．13ヵ国175名の参加者を集めた1958年には1週間ごとに異なる主題が設けられた（共同体，ムスリム国家における個人の地位とその進化，コーランに基づいた伝統的教育と現代的教育の選択，同一の土地における諸文明の共存）．1959年には経済発展の問題が討議された.

(19)「ですから，倫理についても逆現象が同時展開しているのだと考えたのです．これはパリ大学での一連の講義で述べられ，1957年にトウムリリンの国際宗教哲学会でレヴィナスやマシニオン，クリセク，ラコムブ，ノースロップ，ヤフヤたちとそれぞれ1時間の講演をしたときに更に磨きをかけて話しました」(今道友信『知の光を求めて　一哲学者の歩んだ道』，中央公論新社，2000年，111頁).

(20) Cf. Emmanuel Levinas, «Une mission à Tioumliline», *Les cahiers de l'Alliance Israélite Universelle*, n° 119, juillet-août 1958, p. 26.

(21) *Tioumliline*, I, 1957.

(22) Emmanuel Levinas, «Une religion d'adultes», art. cit., in DL, p. 25/14.

(23) *Ibid.*, p. 31/20-21.

(24) *Ibid.*, p. 25/14.

(25) *Ibid.*, p. 29/19. 強調はレヴィナス.

(26) TI, p. 73/138.

(27) TI, p. 146/249-250.

(28) トゥムリリン講演について書かれた別の文章でも，対面的な相互了解が人間を「子ども時代」から抜け出させると言われる．「成立しつつある普遍的社会が一個の超抽象物とならなければならないとすれば，そのような社会は人間たちを和解させることも満足させることもないだろう．普遍的社会によって人間たちは，語のほとんど物理的な意味において，たがいに面と向き合うことができるのでなければならない．無反省な所属に基づくような了解は，人間が子ども時代にある証拠である．人間たちがたがいに語り，たがいに話を聞くからこそ結びつく——そのとき普遍的社会は始まるのである」（Emmanuel Levinas, «Rencontres», *Les cahiers de l'Alliance Israélite Universelle*, n° 112, novembre 1957, p. 13）.

(29) Emmanuel Levinas, «Les Enseignements» [1950], in *Œuvres 2, Parole et Silence et autres conférences inédites au Collège philosophique*, volume publié sous la responsabilité de Rodolphe Calin et de Catherine Chalier, Paris, Grasset/Imec, 2011, p. 178.

(30) Emmanuel Levinas, «Parole et Silence» [1948], in *ibid.*, p. 85.

(31) Emmanuel Levinas, «Une mission à Tioumliline», art. cit., pp. 26–27.

(32) 前者については他者との絆を「宗教」と呼ぶ 1951 年の論文「存在論は根源的か」（本書 125 頁で引用）を参照（«L'ontologie est-elle fondamentale ?», art. cit., in EN, p. 20/14）．後者については「成年者の宗教」の冒頭を参照（«Une religion d'adultes», art. cit., in DL, p. 25/14）.

(33) Emmanuel Levinas, «Une religion d'adultes», art. cit., in DL, p. 31/21.

(34) Emmanuel Levinas, «Le problème actuel de l'éducation juive en Occident» [1960], in DL1, pp. 281–282/334.

(35) Emmanuel Levinas, «La réouverture de l'Ecole Normale Israélite Orientale», art. cit., p. 3.

(36) このことは同時期の別のテクストでも明言されている．「連盟の将来の教師たちのパリ滞在には，単に学位取得だけが含まれているわけではない．彼らを教育する者たちの活動は，西洋的価値と彼らの過去由来のユダヤ的価値とのあいだの均衡を彼らの精神のうちに作り出すことにも存している」（Emmanuel Levinas, «Une enquête à l'École Normale sur la vie religieuse», *Les cahiers de l'Alliance Israélite Universelle*, n° 20–21, février-mars 1948, p. 13）.

(37) Emmanuel Levinas, «La réouverture de l'Ecole Normale Israélite Orientale», art. cit., p. 3.

(38) Emmanuel Levinas, «Quand les mots reviennent de l'exil...», *Les cahiers de l'Alliance Israélite Universelle*, n° 32, avril 1949, p. 4; repris in *Cahiers d'Études Lévinassiennes*, «Lévinas-Sartre», n° 5, 2006, pp. 213–214.

(39) これは病床にあったローゼンツヴァイクの 40 歳を記念した論文集に収められたテクストであり（「われわれの言語について　告白」），1985 年にモーゼスにより発見され，その仏訳がモーゼスの解説とともに公表された．Cf. Stéphane Mosès, *L'ange de l'histoire. Rosenzweig, Benjamin, Scholem*, Paris, Seuil, 1992,

pp. 239-259. また，このテクストを扱ったデリダの「言語の眼」も参照（«Les yeux de la langue», in *Cahiers de l'Herne. Jacques Derrida, op. cit.*）.

(40) Emmanuel Levinas, «Quand les mots reviennent de l'exil...», art. cit., p. 4.

(41) Emmanuel Levinas, «Une conférence de culture et d'éducation juive», *Évidences*, n° 15, 1950, p. 40. 事実的な事柄に関しては，同じく Emmanuel Levinas, «Conférence d'éducation et de Culture Juives», *Les cahiers de l'Alliance Israélite Universelle*, n° 48-49, décembre-janvier 1950-1951 も参照.

(42) Cf. Emmanuel Levinas, «Une religion d'adultes», art. cit., in DL, p. 33/22.

(43) Emmanuel Levinas, «Dix ans d'enseignement», art. cit., in DL1, p. 306/361.

(44) *Ibid.*, p. 307/362.

(45) Emmanuel Levinas, «L'assimilation aujourd'hui» [1954], in DL, p. 327/338.

(46) *Ibid.*, p. 327/339.

(47) Emmanuel Levinas, «Le lieu et l'utopie» [1950], in DL, pp. 134-135/136-137.

(48) *Ibid.*, p. 135/137.

(49) *Ibid.*, p. 136/138-139. イスラエル国の創設と正義との関係に関しては，宗教的シオニズムに関するレヴィナスの立場を示したテクストである「イスラエル国とイスラエルの宗教」（1951 年）でも述べられている.「かつて，ある土地のうえに存在することは正義の実践によって正当化されていたのと同様に，社会的約束への国家の従属がイスラエル再生の宗教的意義を分節化するのである」（Emmanuel Levinas, «État d'Israël et religion d'Israël» [1951], in DL, p. 282/291）.

(50) レヴィナスは 80 年代の対談で，なぜ無ではなく存在があるのかというライプニッツ以来の問いに，「私が存在することで，私は殺してはいないだろうか」という問いを対置している. Cf. EI, p. 130/156.

第二章　困難なシオニズム――六日戦争とその後

(1) ユダヤ教の「パリ学派」に関しては，特に Shmuel Trigano, «Qu'est-ce que l'Ecole juive de Paris? Le judaïsme d'après la Shoa face à l'histoire», *Pardès*, n° 23, 1997 を参照.

(2) ペルシア王キュロスの言葉に由来する.「あなたたちの中で主の民に属する者はだれでも，上って行くがよい」（「歴代誌　下」36, 23）.

(3) たとえば 1986 年のインタヴューではこう言われている.「イスラエルに住んでいないために私には語ることができないことがたくさんあると申し上げましょう. 私はイスラエルに住んでおらず，この気高い冒険と偉大な日常的危険を冒しておりませんので，私はイスラエルについて語ることを自分に禁じているのです」（François Poirié, *Emmanuel Lévinas. Essai et entretiens, op. cit.*, p. 167）.

(4) Emmanuel Levinas, «Terre promise ou terre permise», in QLT, pp. 113-148. コロックでの発表時のタイトルには «Terre promise ou terre permise?» と疑問符が付されている.

(5) アルゼンチンは肥沃な国だが人口密度が低く，ユダヤ人に対して領土を提供することは共和国政府にとっても大きな利益になるとされた．対してパレスチナは忘れることのできないユダヤ人の歴史的故郷であり，この名そのものがユダヤ人の統合の象徴だった．さらに，パレスチナに建設されたユダヤ人国家はアジアに対するヨーロッパの防塁として役立つものとされた．なお『ユダヤ人国家』が出版される時期には，ヘルツルの思考はすでにパレスチナに焦点化されていたとされる．Cf. Walter Laqueur, *A History of Zionism. From the French Revolution to the Establishment of the State of Israel* [1972], with a new preface by the author, New York, Schocken Books, 2003, p. 95.

(6) Cf. Emmanuel Levinas, «Politique après!» [1979], in ADV, p. 225/307.

(7) Emmanuel Levinas, Introduction à QLT, p. 10/9.

(8) Emmanuel Levinas, «Terre promise ou terre permise», art. cit., in QLT, p. 117/138.

(9) *Ibid.*, p. 121/142.

(10) *Ibid.*, p. 129/151. 暗示されているハイデガーの議論については本書 130 頁以下を参照.

(11) *Ibid.*, p. 131/153.

(12) *Ibid.*, p. 143/167.

(13) *Ibid.*, p. 144/168.

(14) *Ibid.*, p. 141/164.

(15) *Ibid.*, p. 147/171.

(16) *Ibid.*, pp. 141-142/164-165.

(17) Raymond Aron, «Le temps du soupçon» [1967], in *De Gaulle, Israël et les Juifs*, Paris, Plon, 1968, p. 45.

(18) *Esprit*, avril 1968, p. 579.

(19) Emmanuel Levinas, «L'espace n'est pas à une dimension», in DL, pp. 332-339. 以下，レヴィナスのテクストのみ，それが再録されたこの『困難な自由』第 2 版から引用する．

(20) *Esprit*, avril 1968, p. 585. 強調は原文.

(21) Pierre Vidal-Naquet, «Après (10 juin 1967)» [*Le Monde*, 13 juin 1967], in *Les Juifs, la mémoire et le présent* [1991], Paris, Seuil, «Points-Essais», 1995, pp. 123-128.

(22) *Esprit*, avril 1968, p. 588.

(23) *Ibid.*, p. 589.

(24) *Ibid.*, pp. 600-601.

(25) *Ibid.*, p. 601. このあとマリエンストラスは，むしろユダヤ人が身体的にゲットーのなかにいた頃は，シオニストたちの心的空間はゲットーの地理的外縁を超え出ていたと続けている．

(26) *Ibid.*, p. 607.

(27) Emmanuel Levinas, «L'espace n'est pas à une dimension», art. cit., in DL, p. 332/343. 本文に先立つ導入の数段落は斜体で印刷されている．

(28) Éliane Amado Lévy-Valensi et Jean Halpérin (dir.), *Israël dans la conscience juive. Données et débats*, Paris, PUF, 1971, p. 181. あるタルムード講話での指摘も参照．「これは問いである．われわれのテクストはこの問いを解決するわけではない．問いに下線を引くのである」(Emmanuel Levinas, «Les dommages causés par le feu» [1975], in DSAS, p. 165/241).

(29) Emmanuel Levinas, «L'espace n'est pas à une dimension», art. cit., in DL, p. 333/344.

(30) *Ibid.*, p. 334/345.「『エスプリ』誌によると」と訳した箇所は，初出時から『困難な自由』まですべて «selon l'esprit» と印刷されているが，«selon *Esprit*» と考えないと意味が通らないと考え，そのように解釈した．この特集の冒頭に掲げられた文章内の「われわれは，フランス人であることの新しい仕方をも創出しなければならないのだろうか」(*Esprit*, avril 1968, p. 580) という箇所が具体的に指示されていると思われるからである．おそらくは誌上討論への参加を依頼するために『エスプリ』誌側によって書かれたこの文章が念頭に置かれていると考えるのが妥当だろう．

(31) *Ibid.*, p. 334/345.

(32) *Ibid.*, p. 335/346.

(33) *Ibid.*, p. 335/347.

(34) *Ibid.*, p. 336/347.

(35) *Ibid.*, p. 336/347-348.

(36) *Ibid.*, p. 338/349-350.

(37) *Ibid.*, p. 339/350-351.

(38) たとえば AE, p. 95/183 などを参照．

(39) レヴィナスは 1986 年のインタヴューのなかで，フランス語とフランスの「土地 (sol)」との密接な結びつきを語っている．「私にとってフランスの土地というのはこの言語の土地のことなのです．お分かりでしょうか……．〔…〕1939 年の戦争が始まったとき，われわれはフランス語を守るために戦争をしているのだと私はよく考えたものでした！　極端な言い方に思われるかもしれませんが，私は本気でそう考えていたのです．この言語のうちにこそ，私は土地の精髄 (les sucs du sol) を感じているのです」(François Poirié, *Emmanuel Lévinas. Essai et entretiens, op. cit.*, p. 74).「土地」という語は環境世界を指すためにレヴィナスが頻繁に用いる語でもある．

(40) Éliane Amado Lévy-Valensi et Jean Halpérin (dir.), *Israël dans la conscience juive. Données et débats, op. cit.*, p. 200. この回の会議ではレヴィナスのタルムード講話は行われておらず，議事録のなかにも名前が見られない．

(41) Cf. Emmanuel Levinas, «Terre promise ou terre permise», art. cit., in QLT, p. 118/139. 既存の邦訳はここでレヴィナスが名前を挙げている「ラビ」とは，

レヴィナスのタルムードの師ラビ・シュシャーニのことだと思われるとしているが，会議の主要メンバーであるウラジミール・ラビだと考えるのが自然だろう．シュシャーニはこの時期すでにパリを離れ南米に移住し（60年代のどこかで一時的にパリにいた可能性もあるとの由），68年にモンテヴィデオで亡くなったと言われている．レヴィナスは『タルムード四講話』の印刷中に師の逝去の報に触れたと述べている（QLT，p. 22/21）．謎に包まれたシュシャーニ師に関する証言を集めたものとして，Salomon Malka, *Monsieur Chouchani. L'énigme d'un maître du XXe siècle*, Paris, JC Lattès, 1994 を参照．

（42）Éliane Amado Lévy-Valensi et Jean Halpérin (dir.), *Israël dans la conscience juive. Données et débats, op. cit.*, p. 353. またこの箇所でのラビの発言から，前述の『エスプリ』誌上討論がこの会議の2日目である1968年1月29日の午前中に行われたことが知られる．

（43）Wladimir Rabi, «La nouvelle trahison des clercs», *Les Nouveaux Cahiers*, n° 28, printemps 1972, pp. 2-9. ネエル，ヴィーゼルに加えて，アシュケナジ（マニトゥ），アマド・レヴィ＝ヴァレンシの名を挙げたあと，ラビは次のように続ける．「レヴィナス崇拝（levinasâtrie）はまだ存在していない，なぜならこの究極の称賛が表明されるときにはある種の品位がともなっているからだ」（*ibid.*, p. 5）．

（44）Wladimir Rabi, «Les intellectuels juif sont-ils des robots ?», *Les Nouveaux Cahiers*, n° 29, été 1972, p. 73. レヴィナスはこう応じている．「私たちは占領者としての反応をもちはじめているようですね．しかし，私たちはパリサイ人としての品位を放棄する権利はもっていないのです．私たちの会議〔フランス語圏ユダヤ知識人会議〕は，私たちのためらいの場でなければなりません」．ここに引かれた一連の発言は Wladimir Rabi, *Un peuple de trop sur la terre ?*, Paris, Les presses d'aujourd'hui, 1979 の冒頭で引かれている．またこの箇所は合田正人『レヴィナス』（前掲）の506-511頁で詳しく紹介されている．

（45）Éliane Amado Lévy-Valensi et Jean Halpérin (dir.), *Israël dans la conscience juive. Données et débats, op. cit.*, p. 320.

（46）Wladimir Rabi, *Un peuple de trop sur la terre ?, op. cit.*, p. 23. とはいえラビは，レヴィナスにも見られる反シオニズムと反ユダヤ主義の混同には注意を促していた．Cf. Wladimir Rabi, «La nouvelle trahison des clercs», art. cit., p. 7.

（47）Emmanuel Levinas, «L'Etat de César et l'Etat de David» [1971], in ADV, p. 209/285-286.

（48）*Ibid.*, p. 219/298.

（49）この主題は70年代後半以降のレヴィナスのタルムード講話における一大トピックだが，本書では詳しく論じることができない．特に「国家における国家の彼方」と題された最晩年の講話を参照．Cf. Emmanuel Levinas, «Au-delà de l'Etat dans l'Etat» [1988], in NLT, pp. 43-76.

（50）Emmanuel Levinas, «Politique après !» [1979], in ADV, p. 222/303.

（51） *Ibid.*, p. 223/304.

（52） Emmanuel Levinas, «L'actualité de Maïmonide», art. cit., in CH, p. 144/142.

（53） Emmanuel Levinas, «Politique après!», art. cit., in ADV, p. 226/308-309.

（54） *Ibid.*, p. 228/311.

（55） Cf. Joëlle Hansel, «La promesse et le droit: la notion de "terre promise" dans l'œuvre d'Emmanuel Levinas», *Perspectives*, n° 11, 2004, p. 39.

（56）「トーラーはシオンから出る，という預言はやはり実現しなければならないものなのだ」（小林玲子「レヴィナスとイスラエル」，『理想』，第673号，2004年，57頁）．

（57） この点に関して，通常この著作の中心部とされる第4章「身代わり」ではなく，第三者の次元がはじめて論じられる第5章第3節「語られたことから語ることへ，あるいは欲望の叡智」から出発してこの著作を読解すべきだとするジャック・ロランの指摘は重要である．Cf. Jacques Rolland, «Subjectivité et anarchie», *Cahiers de la nuit surveillée*, n° 3, 1984, pp. 176-193. 実際，『存在するとは別の仕方で』の前半部分には，この第5章への参照を促す注がしばしば付けられている．

（58） AE, p. 202/360.

（59） AE, p. 205/365.

（60） AE, p. 200/357-358. 強調はレヴィナス．

（61） Emmanuel Levinas, «La tentation de la tentation», art. cit., in QLT, p. 86/97.

（62） Emmanuel Levinas, «Les villes-refuges» [1978], in ADV, p. 70/93.

（63） AE, p. 232/411. 強調はレヴィナス．

（64） クレティアンは，非場所が場所のうちに入ったこの出来事はキリスト教における「受肉」を意味すると述べているが，場所と正義の関連を重視するならばこの解釈には無理があるだろう．Jean-Louis Chrétien, «Lieu et non-lieu dans la pensée d'Emmanuel Levinas», art. cit., p. 129.

（65） AE, p. 203/362.

（66） Cf. Stéphane Mosès, «L'idée de justice dans la philosophie d'Emmanuel Levinas», *Archivio di filosofia*, n° 61, 1993, p. 455.

（67）「国家社会主義者たちによって殺害された六百万人の者たちのなかでももっとも近き者たちの思い出に．そして，信仰や国籍を問わず，他者に対する同一の憎悪，同一の反ユダヤ主義の犠牲となった数限りない人間たちの思い出に」（AE, p. V/3）．

（68） Emmanuel Levinas et Alain Finkielkraut, «Israël: éthique et politique», *Les Nouveaux Cahiers*, n° 71, hiver 1982-1983, p. 4. 邦訳は「虐殺は誰の責任か――イスラエル　倫理と政治」（内田樹訳，『ユリイカ』，1985年8月号）に所収．

（69） *Ibid.*, p. 3. 強調はレヴィナス．

（70） レヴィナスの「他者」の思想を継承しつつも，デリダがそれに留保を置きつづけ，「あらゆる他者はまったき他者である（Tout autre est tout autre）」という定式を用いることになるのはそのためだろう．Cf. «Derrida avec Lévinas»,

propos recueillis par Alain David, *Magazine littéraire*, n° 419, avril 2003, p. 33.

(71) Emmanuel Levinas et Alain Finkielkraut, «Israël: éthique et politique», art. cit., p. 4.

(72) *Ibid.*, p. 5.

(73) Emmanuel Levinas, «L'espace n'est pas à une dimension», art. cit., in DL, p. 339/350.

(74)「引用するかしないかは別として，レヴィナスがカール・シュミットの政治神学を参照していることはきわめて明らかである」(Paulo Amodio, «Difficile sionisme. Pensée d'Israël et allégorie de la politique», in Danielle Cohen-Levinas et Shmuel Trigano (dir.), *Emmanuel Levinas. Philosophie et judaïsme, op. cit.*, p. 321). レヴィナスとシュミットの関連について言及したのはデリダが最初だと思われる．Cf. Jacques Derrida, *Adieu à Emmanuel Lévinas, op. cit.*, p. 161, n. 1. また倫理と政治を分ける境界線の決定不可能性という論点は，デリダが「暴力と形而上学」以来レヴィナスに投げかけてきた数々の問いを集約するものだろう．Cf. *ibid.*, pp. 172-173.

(75) Carl Schmitt, *Der Begriff des Politischen. Text von 1932 mit einem Vorwort und drei Corollarien*, 7. Aufl. der Ausgabe von 1963, Berlin, Duncker & Humblot, 2002, p. 27.

(76) EE, p. 162/185-186.

(77) Cf. Gil Anidjar, *The Jew, the Arab: A History of the enemy*, Stanford, California, Stanford University Press, 2003.

(78) とりわけヴァンニの研究を参照（Michel Vanni, *L'impatience des réponses. L'éthique d'Emmanuel Lévinas au risque de son inscription pratique, op. cit.*).

(79) Emmanuel Levinas, «Politique après!», art. cit., in ADV, p. 226/308.

(80) AE, p. 58/118.

(81) Emmanuel Levinas, «Idéologie et idéalisme» [1973], in DQVI, pp. 24-25/27. 強調はレヴィナス．

(82) Cf. TI, p. 20/57.

(83) DMT, p. 150/179-180. 強調はレヴィナス．

(84) DMT, pp. 234-235/289.

(85) Emmanuel Levinas, «De l'éthique à l'exégèse» [1982], in AHN, p. 129/186.

(86) AE, p. 231/409.

(87) AE, p. 231/410. 強調はレヴィナス．

(88) TrI, p. 39/48.

(89) Emmanuel Levinas, «Les villes-refuges», art. cit., in ADV, p. 69/92.「上昇(alyah)」という語はイスラエルへの移住を指す語だが，シナゴーグでのトーラーの朗唱も「トーラーへの上昇（alyah la-Torah)」と呼ばれる．

(90) Cf. Emmanuel Levinas, «État d'Israël et religion d'Israël», art. cit., in DL, p. 284/293.

（91）*Ibid.*, p. 282/291.
（92）AE, p. 233/413. 強調はレヴィナス.
（93）AE, p. 110/209.
（94）Emmanuel Levinas et Alain Finkielkraut, «Israël: éthique et politique», art. cit., pp. 7-8. 同様の記述はマルレーヌ・ザラデル『ハイデガーと起源の言葉』（1990年）への序文にも見られる. Cf. Emmanuel Levinas, Préface à Marlène Zarader, *Heidegger et les paroles de l'origine*, Paris, Vrin, 1990, pp. 12-13.
（95）Cf. Catherine Chalier, *De l'intranquillité de l'âme* [1999], Paris, Rivages poche, 2005, p. 127.
（96）レヴィナスも引用している（AE, p. 200/357）.

結び　「場所」をこえて

（1）Salomon Malka, *Emmanuel Lévinas. La vie et la trace, op. cit.*, p. 294.
（2）Cf. Jurate Baranova, «Emmanuel Levinas de retour en Lituanie», traduit du lituanien par Liudmila Edel-Matuolis, *Cahiers Lituaniens*, n° 7, automne 2006, p. 27. 2006年のレヴィナスの生誕100周年に合わせて，生家があったと思われる通りにプレートが設置されたという.
（3）Emmanuel Levinas, «Judaïsme et révolution» [1969], in DSAS, p. 20/25. サランテルとレヴィナスの関係を簡潔にまとめたものとして Salomon Malka, «Israël Salanter et Emmanuel Levinas, une sagesse du monde», in Joëlle Hansel (dir.), *Levinas à Jérusalem, op. cit.* を参照. また19世紀前半を代表するリトアニアのタルムード学者ヴォロズィンのラビ・ハイーム（1759-1821）に関しては，レヴィナス自身のテクストがある. Cf. Emmanuel Levinas, «"A l'image de Dieu", d'après Rabbi Haïm Voloziner», in ADV, pp. 182-200. 両者の関係については Catherine Chalier, «L'âme de la vie. Lévinas, lecteur de R. Haïm de Volozin», in *Cahier de l'Herne. Emmanuel Lévinas, op. cit.* を参照.
（4）Emmanuel Levinas, «Transcendance et hauteur», art. cit., in LC, p. 69/250.
（5）Jacques Derrida, «Violence et métaphysique», art. cit., p. 166. 強調はデリダ.
（6）ただしレヴィナスはデリダによる批判に先立って，まさに「隠喩」を肯定的な意味で論じてもいた.「隠喩とは彼方であり，超越である」（Emmanuel Levinas, «Notes sur la métaphore», art. cit., p. 32）.
（7）レヴィナスの生誕100周年を記念して2006年に国際哲学コレージュで行われたシンポジウムは「エマニュエル・レヴィナス――思考の諸領土」（«Emmanuel Levinas: Les territoires de la pensée»）と題されていた. デリダの批判の要点は，レヴィナスにおける外部の思想そのものというよりはむしろ，外部を「書く」というレヴィナスの哲学的エクリチュールに関わるものだったから，問題となるのはレヴィナスの思想そのものの「脱領土化」ということになるだろう.
（8）Cf. Emmanuel Levinas, «La tentation de la tentation», art. cit., in QLT, pp. 75-

79/85-90.

(9) Cf. Emmanuel Levinas, «La traduction de l'Ecriture» [1984], in AHN, p. 65/85.

(10) Emmanuel Levinas, «Le pacte», in ADV, p. 94/128.

(11) Jacques Derrida, «Violence et métaphysique», art. cit., p. 228.

(12) EPP, p. 94.

(13) Jacques Derrida, «Avouer—L'impossible: "retours", repentir et réconciliation», in *Comment vivre ensemble?*, Actes du XXXVIIe Colloque des intellectuels juifs de langue française, textes réunis par Jean Halpérin et Nelly Hansson, Paris, Albin Michel, 2001, p. 215.

(14) Cf. *ibid.*, pp. 183-184.